다이애나의 드레스 다이애나는 패션모델이 되어 주기도 했는데, 아끼던 드레스 80점을 1997년 6월, 크리스티 경매장에서 팔아 암·에이즈 환자 퇴치를 위한 기금으로 내놓았다.

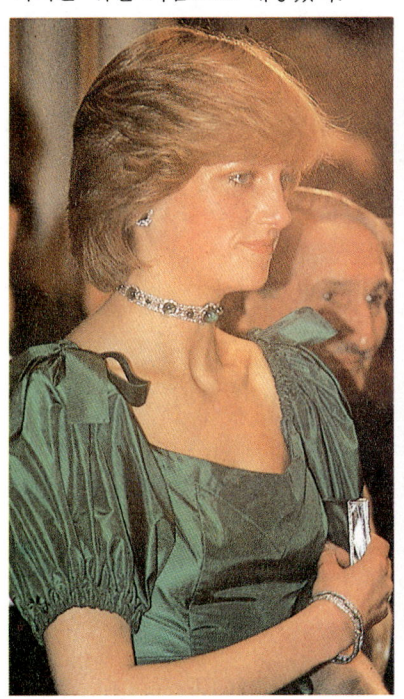

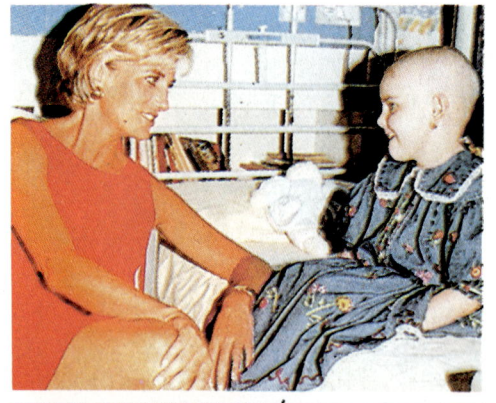

[上] 병원을 찾은 다이애나 다이애나는 가난한 자와 짓눌린 자, 환자, 고아들을 가슴으로 위로하고 격려했다. 1997년 7월 21일, 런던 노스윅 파크 병원의 어린이는 그녀가 마지막으로 문병한 환자가 되었다.
[下] 앙골라를 방문한 다이애나 개인 지뢰가 매설되어 있는 지역을 통과하기 위해 특수 장비를 착용한 다이애나가 지뢰 전문가의 뒤를 따르고 있다.

[上] 다이애나와 얽힌 사람들 [左] 다이애나의 승마 교관 제임스 휴이트 소령. 그는 다이애나와 한때 진한 염문을 뿌렸다. [中] 파키스탄 출신 심장전문 의사 해스냇 칸. 다이애나와 결혼할 것 같았지만 이슬람교도인 부모의 반대로 무산되었다.
[右] 찰스 왕세자의 애인 카밀라 파커 볼스. 유부남인 찰스와 다년간 밀회를 하며 지내다가 1995년 이혼했다.
[下] 다이애나와 파파라치 다이애나가 있는 곳에는 언제나 파파라치가 거머리처럼 따라붙었다. 다이애나의 교통사고 참사도 이 파파라치를 따돌리려다가 당한 것이다.

[上] 다이애나와 도디 알 파예드 참변을 당하기 전, 지중해에서 도디와 요트를 타고 즐기는 다이애나의 모습이 파파라치의 카메라에 잡혔다. 그들은 진정한 행복을 찾았다며 곧 결혼 발표를 할 예정이었다.

[下] 한국을 방문한 다이애나와 찰스 왕세자 1992년 11월, 다이애나와 함께 한국을 방문한 찰스 왕세자가 방명록에 서명하고 있다. 이것이 이들 부부의 마지막 공식 외국 방문이었다.

[上左] 통곡하는 조객
[上右] 애도하는 소녀
[下] 다이애나의 운구 행렬 1997년 9월 6일 오전 9시 8분, 켄싱턴 궁을 출발한 다이애나 왕세자비의 관은 영국 왕실기(王室旗)에 덮이고 그 위에는 백합꽃으로 장식되었다.

[上] 다이애나를 애도하는 조객들 [左] 힐러리 클린턴 미국 대통령 부인.
[中] 조가(弔歌) 〈안녕, 영국의 장미여〉를 부른 다이애나의 친구 앨튼 존.
[右] 도디 알 파예드의 아버지 모하메드 알 파예드.
[下] 장례식에 참석한 다이애나의 친정 유족들 다이애나의 어머니 프랜시스 샌드 키드[中]와 언니 사라[左]와 제인[右].

머리말

   1997년 8월 31일 0시 35분, 이혼한 영국 왕세자비 다이애나가 갑작스런 교통사고로 참변을 당했다는 소식은 온세계 사람들을 경악케 했다. 미모와 매력을 갖춘 36세의 다이애나, 신데렐라처럼 등장하여 찰스 영국 왕세자와 세기의 결혼식을 올렸고, 그후 온갖 갈등과 이혼 등, 화제를 많이 뿌렸던 다이애나이기에 그녀의 죽음을 애석하게 여기지 않을 수 없다.
   1961년 7월 1일, 스펜서 백작가(伯爵家)의 셋째딸로 태어난 다이애나는 파란만장한 인생을 살았다. 여섯 살 때, 아버지 에드워드 존 스펜서와 어머니 프랜시스는 4남매의 자녀를 두고 있었건만 이혼을 한다. 어머니는 벽지 공장 사장과 재혼을 했고, 아버지는 친구의 아내를 부인으로 맞아들였다.
   다이애나의 두 언니는 부모와 계모를 저주했지만 다이애나는 부모를 용서하는 데 그치지 않고 이해하려고 노력했다. 그러나 어린 가슴에 받은 상처는 너무 컸다. 주위의 눈길은 또 얼마나 따가웠을까.
   다이애나는 그런 시련기를 겪으며 학교를 졸업하자 유치원 보모로 일했다. 순진무구한 어린아이들과 보내는 시간이 그녀로서는 실로 행복했다. 그리고 찰스 왕세자의 청혼을 받아들인 다이애나는 세기의 결혼식을 올렸다. 1981년 7월 29일의 일이다. 이제 그녀는 당당히 영국의 왕세자비가 된 것이다.
   그러나 결혼생활은 평탄치 못했다. 왕실의 엄격한 법도와 규율 속에서 그녀는 스트레스를 받아야 했고, 찰스 왕세자의 염문 때문에 고민을 해야 했다. 그러는 동안에 윌리엄과 해리, 두 아들을 출산했다. 다이애나는 이 아들들을 영국의 왕손이기 이전에 평범한 아이로 기르고 싶었다. 이 문제로도 엘리자베스 여왕과 갈등을 빚었다.

찰스 왕세자를 용서하려고 애써 본 다이애나였지만 찰스가 텔레비전 인터뷰에서 자신의 불륜을 시인하자 마침내 별거에 들어갔고, 자신도 염문을 퍼뜨리다가 엘리자베스 여왕의 권유로 이혼을 하고 말았다.

다이애나는 해방감과 배신감과 고독감을 함께 느껴야 했다. 그러나 그녀는 각종 자선사업에 더욱 적극적으로 참여함으로써 아픈 상처를 달래며 삶의 보람을 찾고자 노력했다.

아직 늦지 않았으니 자신의 인생을 찾아보겠노라며 몸부림치던 다이애나——. 그러나 파파라치를 비롯, 각종 언론이 조용히 살도록 내버려두지 않았다. 그 결과 그만 꽃다운 나이에 비명횡사하고 만 것이다.

비운의 왕세자비 다이애나——. 그녀는 갔지만 그녀의 숭고한 사랑 정신, 병든 자와 짓눌린 자와 외로운 자를 가슴으로 사랑했던 그 아름다운 정신은 영원히 남아서 이어질 것임은 그녀의 장엄한 장례식이 있은 후, 그녀의 추모 자선사업비 모금액이 증명해 주고 있다.

'안녕, 영국의 장미여!'

1997년 孟秋 편자 씀

차 례

머리말 13

우리 또 만나요 19

유치원 보모가 된 다이애나 38

장미꽃을 두고 간 햄릿 60

자선 파티에서의 진한 눈빛 76

윈드서핑장에서의 해프닝 96

발모럴 궁에 초대되다 118

왕세자 생일날에 흘린 눈물 140

사랑의 늪에 빠진 두 연인 162

하이그로브에서의 기나긴 대화 186

여왕의 눈에 비친 다이애나 211

구혼(求婚)의 그 순간 232

낳아 준 어머니 프랜시스 255

신부 수업을 받으며…… 278

신의 축복이 내리던 날 302

갈등, 그리고 이혼 326

'안녕, 영국의 장미여' 354

비운의 왕세자비
다 이 애 나
-그 짧고도 영원한 생애와 사랑-

우리 또 만나요

 가을을 누구보다도 좋아하는 다이애나는 자욱하게 안개가 깔린 웨스트 히드 교정(校庭)에 한 잎 두 잎 낙엽이 지는 것을 기숙사 창 밖으로 넋을 잃은 듯 바라보고 있었다.
 그녀의 입에서는 한 줄기 가는 한숨이 새어 나왔다. 그 한숨은 16세 사춘기 소녀의 감상 때문만은 아니었다. 지금으로부터 2년 전——그녀의 나이 14세 때——평화스러운 가정에 새엄마가 모습을 나타내면서부터 습관처럼 몸에 밴 한숨이었다.
 그녀는 코트를 어깨에 걸치고 방문을 열었다. 낙엽을 벗삼아 안개 속을 거닐기 위해서였다. 바로 그때, 5, 6명의 클래스메이트가 신문 한 장을 들고 몰려 들어왔다. 그녀의 주변에는 항상 친구들이 들끓었다. 자기의 슬픔이나 한숨을 드러내보이지 않고 언제나 밝은 웃음으로 다른 사람을 대해 온 그녀의 성격 때문이었다.
 "다이애나, 너의 언니가 신문에 났어."
 "우리 언니가?"

"축하한다, 다이애나!"

반신반의하며 신문을 받아 본 다이애나는 순간 눈을 의심했다. 신문에는 큰언니 사라가 왕세자 찰스와 나란히 앉아 경마를 구경하는 사진과 '새로운 찰리스 엔젤'이라는 커다란 제목이 붙어 있었다. 찰리스 엔젤이란 찰스 왕세자의 천사, 다시 말해 연인을 가리키는 애칭이다.

"왕세자 형부를 두어서 다이애나는 좋겠다."

제마는 이렇게 말하며 이상한 눈으로 다이애나와 그녀의 침대 머리맡에 놓여 있는 찰스 왕세자의 사진을 번갈아 보았다. 호기심이 많고 상상력이 풍부한 제마는 왕세자를 놓고 자매끼리 삼각관계의 갈등이 있지나 않나 하는 의혹에 찬 눈길이었다. 다이애나는 그저 담담한 표정이었다.

"왕세자를 마지막 본 게 언제였지?"

호기심이라기보다 자신이 펴낸 상상을 확인하기 위해 제마가 물었다. 다이애나가 어깨를 들어 보이며,

"글쎄……."

하고 말꼬리를 흐리자, 제마는 그 말꼬리를 이어 질문했다.

"신문을 본 기분이 어때?"

"뭐라 대답해야 할지 모르겠어."

"미안해. 괴로운 질문을 한 것 같구나."

언니에게 사랑을 빼앗긴 다이애나를 위로하듯 제마는 다이애나의 손을 꼭 쥔 뒤, 친구들과 우르르 방에서 몰려 나갔다. 다이애나는 굳이 변명을 하려들지 않았다. 귀족 사회에서는 항간에 떠도는 소문 따위는 무시해 버리는 것이 하나의 관례로 되어 있었다.

교내에서 참새들의 소문은 삽시간에 퍼져나갔다. 바람둥이로 소문난 왕세자의 '찰리스 엔젤' 수는 지금까지 헤아릴 수 없이 많았으나, 이번에 선택된 애인 뒤에 남몰래 울어야 하는 다이애나가 있다는 소문은

그야말로 교내를 발칵 뒤집어놓고 말았다. 참새떼들은 실연(失戀)의 아픔을 달래고 있을 다이애나의 모습을 보기 위해 그녀의 방으로 몰려갔다. 문틈으로 안을 엿본 그녀들의 눈에 차분하게 신문 기사를 읽고 있는 다이애나의 모습이 보였다.

"틀림없이 신문을 다 읽고 나면 울고 말 거야."

제마를 비롯한 참새떼들은 극적인 장면을 잔뜩 기대하며 다이애나가 무슨 드라마틱한 행동을 하지 않을까 지켜보았다.

아니나 다를까, 기사를 읽어 내려가던 다이애나는 신문을 쓰레기통에 꾸겨 넣고 나서 벗었던 코트를 어깨에 걸치는 것이었다. 신문을 쓰레기통에 꾸겨 넣는 장면을 본 것만으로도 소기의 목적을 달성한 참새떼들은 재빨리 옆 복도로 몸을 피했다. 비록 신문을 갈기갈기 찢어 버리고 흐느끼는 극적인 장면은 보지 못했지만······.

잠시 후, 방을 나온 다이애나는 긴 한숨을 내쉬며 고통스러운 표정으로 그들 앞을 스쳐 기숙사를 빠져나갔다. 지금처럼 괴로워하는 다이애나의 모습을 참새떼들은 처음 보았다.

다이애나는 언니와 찰스 왕세자가 나란히 찍혀진 사진 때문이 아니라, 가족을 소개하는 기사 중에서 새엄마 레인 다트마우스의 이름을 들먹인 수치스러운 내용 때문에 한숨이 나왔다.

한창 무지개 꿈을 피울 나이이긴 해도 13세나 연상인 찰스 왕세자를 놓고 신데렐라를 꿈꾸어 본 적은 단 한 번도 없었다. 그렇다고 찰스 왕세자와 아주 인연이 없는 것은 아니었다. 조상인 16대로 거슬러 올라가면 찰스와 이어지는 유서 깊은 혈통인 것이다.

다이애나는 이러한 스펜서 가문에서 1961년 7월 1일에 태어났다. 그녀는 나면서부터 귀족이었고, 8대째 계승된 그녀의 아버지 스펜서 백작은 여왕과 필립 전하의 절친한 친구이며 여왕의 시종 무관을 지낸 적도 있었다. 그리고 샌드링엄 영지에 살고 있었기 때문에 다이애나는 어릴 때 돌담을 넘어 온 왕자와 공주와 함께 파크 하우스 잔디에서 자주 어울려 놀기도 해 서로 잘 아는 사이였다.
　이때의 놀이 상대는 찰스 왕세자가 아닌, 천사와 같은 용모를 갖춘 그녀보다 두 살 위인 앤드루 왕자였다. 이 무렵의 찰스 왕세자를 다이애나는 도저히 생각해 낼 수가 없었다. 그녀가 파크 하우스에서 개구쟁이 노릇을 하며 앤드루 왕자와 어울려 놀 무렵, 찰스는 기숙사가 있는 귀족 사립학교에 다니고 있었으며 나이도 무려 13세나 차이가 나 대화를 나눈 기억조차 없었다.
　그러므로 언니가 찰리스 엔젤 명단에 끼었다고 질투나 시기를 할 이유가 없었다. 다만 그녀로 하여금 한숨을 자아내게 한 것은 결점이 있는 집안 내력을 들추어내며 새로운 연인과 왕세자의 관계가 오래 가지 않을 것이라고 단정하다시피 한 레이 와트 기자의 기사 내용에 수치와 충격을 받은 것이다.
　레이 와트 기자는 찰리스 엔젤의 숨겨진 이면을 캐내어 폭로 기사를 쓰는, 이른바 가십 기자단의 베테랑이었다. 그가 쓴 폭로 기사 중에는 다이애나에게 있어 되새기고 싶지 않은 내용은 물론이려니와 알고 싶지 않은 내용, 심지어는 다이애나가 잘 모르고 있던 내용들이 자세하고도 적나라하게 실려 있었다.
　1954년, 귀족 출신의 아버지 에드워드 존 스펜서가 퍼모이 남작의 영애(令愛) 프랜시스와 웨스트민스터 사원에서 성대한 결혼식을 올릴 때, 여왕 부처를 비롯한 영국의 모든 귀족 사회에서는 두 귀족 가문의 결합에 박수를 보냈다.
　그러나 13년 후, 어머니 프랜시스는 31세가 되었을 때 가족들 앞에서 홀연히 그 모습을 감추고 말았다. 맏딸 사라가 12세, 둘째딸 제인이 10세, 셋째딸 다이애나가 6세, 막내이자 장남인 찰스가 겨우 3세 때의 일이었다.

그 후 프랜시스는 귀족 사회의 비난 따위는 아랑곳없다는 듯이 평민 출신의 벽지 공장 사장과 재혼하여 어린 다이애나의 가슴에 심한 상처를 입혔다.

다이애나는 어머니가 왜 아버지와 자식들을 버리고 이혼을 해야 했는지, 그 자세한 내용을 알려고도 하지 않았을 뿐더러 실제로 모르고 있었다. 그런데 레이 와트의 기사를 통해 어머니가 부정을 저질렀다는 사실을 알게 된 것이다. 그것이 진실인지 거짓인지의 여부는 둘째치고 이런 창피한 내용이 세상에 알려지고, 남의 입에 오르내리게 됐다는 사실이 그녀로서는 참을 수 없는 고통이었다.

다행히 영국 영해인 북해에서 본격적인 석유 채굴이 시작되어, 연일 석유에 관한 기사가 신문의 지면을 차지하여 스캔들 기사가 여론의 관심 밖으로 밀려났다고는 하나 스펜서 가문으로서는 얼굴을 들고 다닐 수 없는 형편이었다.

설상가상으로 막내 찰스가 병으로 고생하고 있었으나 아버지는 4남매를 키우며 재혼할 생각도 하지 않았다. 다이애나는 이런 아버지가 자랑스러웠고, 귀족만이 다닐 수 있는 초등학교인 리틀 스워드 홀에 입학할 무렵에는 이 세상에서 가장 존경하는 사람으로 서슴없이 아버지의 이름을 꼽았다. 그리고 귀족 사회에서도 귀족의 체모를 지키며 고독한 생활을 하는 스펜서에게 동정과 존경을 보냈다.

1975년에 조부인 스펜서 백작(7대)이 세상을 떠나자 8대 스펜서 백작이 된 아버지 에드워드 존 스펜서는 막대한 유산을 상속받고 파크 하우스에서 웅대한 저택이 있는 앨소프로 이사했다.

그로부터 1년 후, 예기치 않았던 충격적인 사건이 터졌다. 느닷없이 아버지가 여자를 집안에 끌어들인 것이다.

"내 이름은 레인 다트마우스라고 해요. 앞으로 한 식구가 될 테니까 잘 지내요."

그녀가 어색한 미소를 짓고 나서 아버지와 함께 방으로 사라진 그 때 일을, 다이애나는 잊을 수가 없었다. 다이애나는 흥분한 두 언니를 뒤로 한 채 코트를 걸치고 밖으로 나왔다. 그녀는 안개에 휩싸인 채 낙엽 깔린 넓은 정원을 몇 시간이고 거닐었다.

다이애나는 땅에 수북이 쌓인 낙엽을 밟으며 구둣발에 밟히는 눅눅하면서도 푹신한 낙엽의 감촉이 그 당시와 같음을 느꼈다. 사춘기에 접어든 소녀들에게 이런 분위기는 무지개 같은 낭만을 안겨 주게 마련이었으나, 상처받은 그녀에게는 악몽이 되살아나는 그런 기분이었다.

짙은 안개 속에 유서 깊은 웨스트 히드의 고색창연한 빨간 벽돌 건물이 윤곽을 나타냈다. 그녀는 학교 건물 주위를 맴돌기 시작했다. 새엄마가 들어온 작년 이맘때에도 다이애나는 이곳을 줄잡아 열 바퀴는 더 돌았었다.

"다이애나! 넌 저 여자를 어떻게 생각해?"
"난 절대로 받아들일 수 없어!"

두 언니는 이렇게 말하며 완강한 태도를 보였다. 그 당시 다이애나는 아무런 대꾸나 의사표시를 하지 않았다.

새엄마를 첫대면한 순간적인 감정은 두 언니와 다를 바 없었으나, 유독 셋째딸인 그녀만은 인내로 주어진 숙명을 감수할 마음의 준비를 하고 있었던 것이다. 두 언니는 새엄마를 평화스런 가정에 끌어들인 아버지, 그리고 가정을 버리고 집을 뛰쳐나가 딴 남자와 결혼한 친엄마에게까지 저주의 욕설을 퍼부었으나, 천성이 곱고 인내심이 강한 그녀는 경련이 이는 입술을 지그시 깨물며 아버지와 어머니, 그리고 새엄마를 용서했던 것이다.

아버지와 새엄마가 결혼하는 날, 다이애나는 두 언니와 함께 집에 있었다. 언니들처럼 그들의 결혼을 저주하지는 않아도 축복해 줄 마음도 나지 않았다.

그들의 결혼식은 축하객 한 명 없는 가운데 두 입회인만이 지켜보는 초라한 것이었다. 귀족 사회에서 그들의 결합을 모두 외면했던 것이다. 그럴 수밖에 없었다. 여류 소설가의 딸인 레인은 18세 때, 후에 공작이 된 근위병 장교인 귀족 출신의 제럴드 레기와 결혼했다. 만인의 축복 속에 거행된 성대한 결혼식이었다. 신랑인 제럴드와 이튼 학교 동기동창이던 다이애나의 아버지도 식장에 참례하여 그들의 앞날을 축하했다.

주위의 축복을 한몸에 받은 레인의 시작은 화려했다. 23세라는 약관의 나이로 웨스트민스터 최연소 의원이 되는가 하면 남편은 사회 복지 활동가로서 귀족 사회에 이름을 날렸다. 그런데 다이애나의 아버지 에드워드가 8대 스펜서 백작이 되고 많은 유산을 물려받은 그 무렵, 갑자기 남편과 이혼하고 나서 불과 2개월 만에 8대 스펜서 백작 부인으로 변신한 것이다.

보수와 전통을 생활신조로 삼고 있는 영국 국민들은 스펜서 가문에 화살을 당겼다.

"하필이면 여자가 없어 친구 부인을 가로채다니……"
하며 스펜서 백작을 헐뜯었다. 혹은,
"남편을 버리고 남편 친구와 재혼을 하다니……"
하며 레인 다트마우스를 혐오했다.

특히 완고한 귀족들간에는 그들의 결합을 불륜으로 단정짓고 저주하는 사람까지 있었다.

"저 애가 누군지 아오? 그 스펜서 백작의 셋째딸이라오."
다이애나는 등 뒤에서 수군거리는 어른들의 이런 소리를 수없이 들으며 자랐다. 한마디로 말해 그녀의 사춘기는 그늘로 얼룩진 것이었다.

이즈음 막대한 유산을 물려받고 파크 하우스에서 앨소프로 옮겨 온 스펜서 백작은 거액의 상속세를 갚을 수가 없어 파산 일보 직전에 있었다. 다이애나를 에워싸고 있던 부귀가 뿌리째 흔들린 것이다. 사라와 제인 두 언니는 저주받은 여인이 집에 들어와 가문이 몰락하게 되었다고 발악하다시피 했지만, 다이애나만은 집안을 일으키기 위해 옷소매를 걷어올리고 나선 새엄마를 말없이 지켜보았다.

새엄마는 광대한 저택을 관광지로 개방하여 휴게소와 다방, 음식점을 짓는가 하면 마구간을 토산물 가게로 개조하여 상품을 채워넣고 관광객을 유치했다.

"당신은 우리 집안이 백작 가문이라는 사실을 알고나 있나요?"

집 구조를 마음대로 뜯어고치며 설치는 새엄마를 보다 못한 사라와 제인이 정면으로 대들고 나섰다.

"사라! 제인! 내 말을 잘 들어요. 백작 가문의 체모를 지키자는 너희들의 뜻은 이해를 해. 하지만 경제적으로 파산을 당하고 나면 지켜야 할 백작의 체신 같은 것은 사라지고 만다는 사실을 알아야지."

새엄마는 두 언니를 타이르며 이해시키려고 애를 썼으나 막무가내였다.

"그러면, 이런 천한 장사라도 해서 돈을 벌어야 가문이 지켜진다는 건가요?"

"물론이지. 돈 때문에 뿌리째 흔들린 가문을 치료할 수 있는 처방은 돈뿐이야. 내가 하는 일을 이해해 주기 바래."

"차라리 파산되는 게 나아요. 관광객들 앞에 우리들이 동물원 원숭이가 되기보다는……."

두 언니와 새엄마의 의견은 평행선을 그은 채 좀처럼 좁혀지지 않았으나, 레인은 관광 사업에 몰두했고 많은 관광객이 모여들어 성황을 이루었다. 체면만을 내세우다 몰락할 뻔한 스펜서 백작 가문을 새엄마가 일으킨 것이다. 그뿐이 아니었다. 스펜서 백작이 뇌혈전으로 쓰러지자 노샘프턴셔 병원으로 옮겼다. 그런데 진찰한 담당 의사가 가망이 없다면서 환자를 외면하는 것이었다.
"의사인 당신이 살릴 수 없다면 아내인 내 손으로 남편을 살리겠어요."
새엄마는 스펜서 백작을 딴 병원으로 옮기고 피를 나누어 주며 헌신적인 간호를 했다. 이 눈물겨운 광경을 지켜보던 다이애나는 그녀 앞에 무릎을 꿇으며 '어머니'라고 불렀다. 다이애나에게 비친 그녀의 모습은 스펜서 가문을 지켜 주고, 아버지의 목숨을 살려 준 은인이었다.
이런 까닭으로 사춘기에 접어든 다이애나는 가문과 아버지를 헌신짝처럼 버린 낳아 준 어머니와, 백작 가문을 지켰고 아버지의 생명을 구한 새엄마를 가슴에 간직해야 하는 운명 속에서 자랐다.
안개 속에서 낙엽을 밟으며 학교 건물을 다람쥐 쳇바퀴 돌듯 수십 바퀴를 맴돌고 난 다이애나가 기숙사로 발길을 옮겼을 때, 창가에서 내다보고 있던 클래스메이트와 눈이 마주쳤다. 다이애나는 밝게 웃어 주었다. 그러나 제마를 비롯한 클래스메이트들은 그녀의 웃음에 적이 당황했다.
"어머, 다이애나가 웃고 있잖아?"
"하지만 그 웃음은 울음보다 더 아픈 것 아니겠니?"
"다이애나에 비한다면 우린 얼마나 다행인지 몰라. 적어도 우리 언니가 찰리스 엔젤이 아니니 말야."
어릴 때부터 신데렐라의 동화를 들으며 자란 사춘기에 접어든 소녀들은 신데렐라의 꿈을 놓고 언니와 경쟁을 벌이지 않는 것만도 다행스럽게 여겨졌다.
신붓감을 고르기 위해 유럽의 공주, 귀족의 영양 등을 차례로 선을 보며 염문을 뿌리던 찰스 왕세자가 데이트 상대를 평민 처녀들에게까지 확대하자 유럽의 모든 미혼 여성들은 환희의 함성을 질렀다. 왕족이나 귀족의 전용물로 알고 있던 버킹엄 궁전의 안주인 자격이 평민 여성에게까지 그 가능성이 넓어졌기 때문이었다.

그런 의미에서 찰스 왕세자가 퍼뜨리고 다닌 염문은 어느 특정 인물의 스캔들에 그치는 것이 아니라, 유럽 여성들에게 환희와 생기를 불어넣었고, 나아가서는 관심에서 멀어져 가고 나날이 쇠퇴해 가던 영국 왕실을 흥미와 화제의 대상으로 끌어올리는 데 기여했다고도 할 수 있다.

다이애나가 피로에 지친 다리를 이끌고 기숙사 현관에 들어서자, 복도 구석구석에서 수군거리던 여학생들의 시선이 집중되었다. 마치 극장 무대에서 비련을 연출하는 여주인공과 아픔을 같이하는 관객과도 같았다.

다이애나는 그들에게도 미소를 건네고 2층 복도를 올라 방문을 밀고 안으로 들어갔다. 침대 머리맡에 있는 사진틀 속의 찰스 왕세자가 마치 자기를 지켜보고 있는 것 같은 착각이 들었다.

"찰스! 왜 우리 언니를 찰리스 엔젤로 택하셨죠? 새로운 엔젤이 나타났을 때 흘려야 하는 언니의 한숨과 눈물을 무엇으로 보상하시려고요."

그녀는 혼자 중얼거렸다. 언니와 찰스 왕세자의 관계가 어디까지 왔는지 전혀 알 수 없었으나, 화제를 불러일으키던 언니의 이름이 한때 반짝이다 사라지는 샛별의 운명이 되지나 않을까 하는 염려와 불길한 예감이 앞섰을 뿐 친구들이 느끼는 것 같은 자매간의 갈등은 없었다.

그렇다고 언니의 스캔들로 어깨가 으쓱 올라가는 철부지도 아니었다. 다만 마음에 걸리는 것이 있다면 세월과 더불어 파묻혔던 집안 내력이 되살아난 것이 유감스러울 뿐이었다.

한편 신문 기사에서 새로운 찰리스 엔젤이 된 사라의 사진을 본 스펜서 백작과 새엄마 레인은 흥분을 감추지 못했다. 큰딸이 왕세자비가 될 수도 있다는 허황된 바람보다 귀족 사회에서 백안시당했던 스펜서 가문에서 왕세자의 데이트 상대가 생겼고, 또 왕세자와 나란히 찍은 사진이 신문에까지 보도됐다는 사실은 곧 가문의 복원을 의미하는 영광스러운 경사가 아닐 수 없었다.

그도 그럴 것이 불과 두 달 전만 해도 찰리스 엔젤은 룩셈부르크의 메리 애스트리드 공주였다. 그런데 룩셈부르크가 비록 소국이라고는 해도 주권을 갖춘 한 나라 공주의 뒤를 딸인 사라가 이었으니 상처투성이의 스펜서 가문으로서는 결과야 어찌 되었든간에 더없는 영광이었다.

스펜서 백작 부부는 이 영광에 답하기 위해 찰스 왕세자를 여우 사냥에 초대했다. 사냥개를 풀어 여우를 쫓게 하고 나팔을 불며 말을 달려서 여우를 잡는 영국의 전통적인 사냥이다. 찰스 왕세자도 스펜서 백작의 초대에 쾌히 승낙했다. 이로써 스펜서 가문은 잃었던 권위를 되찾은 것이다.

여우 사냥의 주인공 찰스 왕세자가 도착하기 하루 전, 다이애나는 졸업을 앞두고 마지막 겨울 방학을 보내기 위해 집으로 돌아오다 그만 질려 버리고 말았다. 수십 명의 기자와 카메라맨들이 바추카 포 같은 망원렌즈를 들고 집 주변을 서성거리고 있었기 때문이었다.

그들 속에 레이 와트 기자와 찰스 왕세자의 뒤를 그림자처럼 따라다니는 〈더 선〉지(紙)의 아더 에드워드 사진 기자도 끼어 있었다. 에드워드는 다름아닌 찰스 왕세자와 사라가 나란히 앉아 있는 다정한 모습을 처음으로 카메라에 담았던 사진 기자였다.

특종 기사에 혈안이 된 기자들이 다이애나를 보고 달려가려다 주춤했다. 레이 기자가 사라의 가족에 대한 자세한 사전 조사에 의하여 다이애나는 관심 밖으로 돌려 버렸던 것이다. 실상 기자들이 그녀를 둘러싸고 질문의 화살을 폈다 해도 다이애나가 줄 수 있는 것은 조용한 미소였을 뿐이다.

아무튼 레이 기자 덕분에 곤욕을 치르지 않고 무사히 통과할 수 있었던 그녀가 철대문을 들어서자, 집안은 온통 경사를 맞기 위한 준비로 법석대고 있었다. 하인들은 집단장을 하랴, 정원을 가꾸랴, 말을 조련하랴 정신이 없었으며, 아버지는 사냥개를 훈련시키고 있었다.

사냥개 하리가 다이애나를 보고 달려와 가슴에 뛰어들며 반겼다. 성격이 온순하고 귀부인 같은 우아함이 있어 귀여워해 준 개였다.

"안녕하셨어요, 아버지?"

다이애나가 인사를 하자 얼굴에 희색이 만면한 스펜서 백작이 딸의 가방을 받아들고 반갑게 맞아주었다.

"신문 봤냐?"

말이 적은 아버지의 첫마디였다.

"네, 아버지."

"언닌 방에 있다. 가서 축하해 주렴."

다이애나는 언니에게 무슨 말로 축하를 해야 할까 궁리하며, 반쯤 열린 방문을 밀고 안으로 들어갔다. 사라가 새로 맞춘 승마복을 입고 거울 앞에서 옷맵시를 보고 있었다.

"언니, 나 신문에서 봤어. 뭐라구 축하를 해야지?"

다이애나가 난처한 표정을 지으며 말했다. 식구 누구보다도 들떠 있을 줄 알았던 사라의 담담한 표정을 본 다이애나는 할 말을 잃었다.

"축하할 일 하나도 없어. 공연히 신문에서 떠들었을 뿐이야."

"하지만 신문에 찰스와 나란히 찍은 사진까지……"

"어디 그런 사진이 나뿐이니? 낡은 승마복을 입고 왕세자를 대하는 것이 예의가 아니어서 새옷을 맞추어 입긴 했다마는 하나도 대수로울 게 없어. 지금까지 찰리스 엔젤의 수를 꼽는다면 열 손가락 가지고도 모자라. 내일 너도 사냥을 가야지?"
 대수롭지 않게 말하는 언니를 본 다이애나는 안도의 숨을 내쉬었다. 찰스에게 또다른 새로운 엔젤이 나타나더라도 언니만은 한숨이나 눈물 따위를 흘리지 않을 것이라는 확신이 섰기 때문이다. 다이애나는 그런 언니를 둔 것을 못내 자랑스럽게 여기며 방을 나왔다.
 창 너머로 바라보이는 찌푸린 하늘에서는 금방이라도 빗방울이 뿌려질 것 같았다.
 이튿날 아침, 승마복으로 말쑥하게 갈아 입은 다이애나는 나팔 소리의 방향을 찾아 말을 몰아 사냥개의 뒤를 쫓았다.
 구름 한 점 없이 맑게 갠 초겨울 날씨였으나 둔덕진 벌판에서 불어오는 맞바람이 제법 뺨에 차가웠다. 수시로 변하는 영국의 날씨를 점칠 수는 없어도 사냥하기에는 가장 좋은 날씨를 택했다고 생각하면서, 여우를 쫓아 마구 짖어대며 달리는 개의 무리를 뒤쫓았다.
 개의 무리가 두 갈래로, 네 갈래로, 그리고 다섯, 여섯 갈래로 나뉘어져 달렸다. 그 갈래마다 여우가 쫓기고 있었다. 초대된 찰스 왕세자와 귀족들은 그 갈래를 골라 뿔뿔이 흩어져 말을 달렸다.
 다이애나도 예외는 아니었으나 사냥이 목적이 아닌 그녀는 뒤에 떨어져 천천히 말을 몰았다. 찰리스 엔젤과 왕세자를 한 장면 속에 잡으려는 사진 기자들의 모습이 곳곳에 보였다.
 다이애나는 고삐를 당겨 말을 세우고 주위를 살펴보았다. 사진 기자들처럼 그녀도 찰스 왕세자와 언니가 함께 있는 모습에 흥미가 당겨서였다.
 바로 그때였다. 개를 쫓아 숲속에서 뛰쳐나와 그녀의 앞을 가로지르는 귀족 청년 한 명이 고삐를 당기며 말을 세웠다. 다름아닌 찰스 왕세자였다.
 "아가씬 누구지요?"

왕세자에게 비친 그녀의 첫인상은, 마치 화가가 막 그림을 끝낸 미공개의 청순한 소녀상을 대하는 것 같았다.

순간 다이애나는 온몸이 굳어지는 것 같았다. 사냥을 떠나기 전에 식구와 함께 인사를 할 때만 해도 관심조차 안 보였던 그가 말을 걸어오자 당황한 것이다. 지금까지 다이애나에게 그런 눈으로 바라보며 말을 걸어온 이성이라고는 단 한 명도 없었다.

"아니, 이제 보니 다이애나 아니야?"

그녀는 '네'라는 짧은 대답마저 안 나와 입 속에서 굴렸다.

"난 또 어느 댁 아가씬가 했지. 그 동안 몰라보게 예뻐졌군."

찰스는 그녀의 균형잡힌 성숙한 몸매를 이모저모 훑어보았다. 순간 다이애나는 왕세자의 시선을 감당할 수가 없어 몸을 움츠렸다.

"다이애나, 우리 또 만나요."

짧은 미소를 남기고 말을 몰아 사라져 가는 왕세자의 늠름한 뒷모습을 바라보던 다이애나는 얼굴이 화끈 달아올랐다. 4년 전 찰스 왕세자를 만났을 때도 지금 같은 감정은 전혀 느껴보지 못했다.

그러니까 지금의 앨소프 저택으로 이사하기 전의 일이었다. 파크 하우스 후원 잔디에서 언니와 함께 놀고 있을 때, 돌담 너머에 찰스와 앤드루, 앤이 나타났다. 장난이 심한 다이애나는 돌담을 넘어가서 탭 댄스를 가르쳐 달라고 찰스의 손을 잡고 졸라댔다.

다이애나의 억지에 못이긴 찰스는 마지못해 탭 댄스 흉내를 냈다. 난생 처음 추어 보는 스텝이 제대로 될 리 없었다. 결국은 웃음이 앞서 깔깔대다가 다리가 엉켜 잔디 위에 뒹굴고 만 적이 있었다.

그렇듯 장난스럽기만 하던 그들의 관계가 어찌하여 이성의 눈길을 주고받는 사이로 변해 버린 것인가? 다이애나는 찰스 왕세자의 그런 눈빛을 이해할 수가 없었다. 아니, 그보다 아직까지 아무런 감정을 가진 적이 없던 찰스 왕세자 앞에서 낯을 붉히고 가슴을 두근거려야 했던 자기 자신을 더 이해할 수가 없었다.
 찰스의 모습이 언덕 너머로 사라진 지 한참이 지났으나, '우리 또 만나요'라고 한 그의 말이 계속 귓전에 울리고 있었다.
 "하필이면 왜 우리라는 복수를 썼을까? 차라리 또 만나요라고만 했던들 내 가슴이 이렇듯 뛰지 않으련만…… 안 돼! 우린 또 만나선……."
 혼자 중얼거리던 다이애나는 말머리를 돌려 집으로 말을 몰았다. 찰리스 엔젤인 언니의 얼굴이 떠올랐기 때문이었다.
 미친듯이 말을 몰아 집으로 돌아온 그녀는 자기 방으로 들어가 문을 잠궈 버렸다. 누구에게도 밝힐 수 없는 야릇한 감정을 밀폐된 방에서 혼자 정리하고 싶었다.
 멀리 사냥터에서 개 짖는 소리와 여우의 방향을 알리는 나팔 소리가 바람결에 들려왔다. 문득 그녀는 찰스 왕세자와 사라 언니가 나란히 말을 몰며 여우를 쫓는 다정스러운 환상이 떠올랐다. 환상 속의 그들은 활짝 웃고 있었다.
 그 환상을 떨쳐 버리듯이 고개를 내젓고 난 다이애나는 침대 위에 몸을 내던지듯이 털석 주저앉았다. 언니와 다정한 웃음을 주고받으며, 동생인 자기에게 '우리'라는 말을 서슴없이 내뱉어 머리를 어지럽게 만든 찰스 왕세자가 야속하게만 느껴졌다.
 "유치해! 아니 유치한 건 찰스가 아니고 나야. 대수롭지 않게 내뱉은 말을 가슴에 담고 고민을 하다니……."
 억지로라도 이런 결론을 내리지 않을 수 없었던 다이애나는 한결 마음이 후련하고 가벼워지는 느낌이었다. 그리고 그녀는,
 "아직 나는 어리다. 어리다……."
라는 말을 수없이 중얼거렸다.
 거울 앞에서 승마복을 벗고 평상복으로 갈아 입으며 다이애나는 거

울에 비친 자신의 균형잡힌 몸매에 놀랐다. 갑자기 사랑을 할 수 있는 성숙한 처녀가 된 것 같았다. 밖에서 인기척이 나고 둘째 언니 제인이 뭔가 내키지 않는 표정으로 들어왔다.
"언닌 사냥 안해?"
다이애나가 고개를 갸웃거리며 물었다.
"다 시시해. 넌 왜 사냥 안하지?"
"나도 시시해. 그런데 큰언닌?"
"신나서 찰스와 몰려다니더라."
"행복해 보여?"
"그렇지는 않아. 그저 즐거워하는 표정이었어."
다이애나가 보기에도 큰언니의 표정은 행복하기보다는 찰스 왕세자와 왕족, 귀족들을 초대하여 사냥을 한다는 것이 즐거운 것 같아 한결 마음이 가볍고 죄의식이 덜했다.
그러나 같은 시각, 같은 장소에서 큰언니의 데이트 상대인 찰스 왕세자를 가슴에 담았던 가책만은 견딜 수 없는 것이었다. 사냥을 끝내고 돌아올 언니와 찰스를 아무렇지 않은 듯이 대할 자신이 없는 다이애나는 가방에 옷을 챙겼다. 생모 프랜시스가 살고 있는 스코틀랜드의 시일 섬으로 피하기 위해서였다. 그녀는 천성이 다정다감하고 이해심이 많아, 언니들과는 달리 어머니를 용서했고 자주 찾아가서 만났다.
론틴 역에서 특급에 몸을 실은 다이애나는 해질 무렵에야 시일 섬에 도착했다. 긴 여정이었으나, 사냥터에서 있었던 일을 생각하느라 지루한 줄 몰랐다.
기차에서 내려 유람선을 갈아 타고 시일 섬으로 가는 동안 그녀는 자신이 주인공이 된 여러 편의 영화를 본 듯한 그런 느낌이었다. 한 편의 영화는 찰스 왕세자를 놓고 자매끼리 삼각관계를 이루며 갈등을 벌이는 추태스런 줄거리였고, 다른 두 편의 줄거리는 언니의 행복을 빌며 돌아서서 남몰래 흐느끼는 비참한 자신의 모습과 그 반대의 경우였다.

　유람선 갑판에서 으레 벌어지는 승객들의 전통적인 스코틀랜드 민속춤도 다이애나는 눈에 들어오지 않았다.

　섬에 도착한 그녀가 저택 현관 앞에서 택시를 내리자 어머니가 뛰어나와 반겼다. 만날 때마다 느끼는 감정이지만 담뿍 웃음을 담은 그 얼굴 어딘가에 깊은 그늘이 져 있는 것 같았다.

　다이애나는 어머니의 그 그늘이 행복을 찾아 스펜서 가(家)를 버리고 벽지 공장 사장인 피터 샌드 키드를 택했으나 시일 섬에서 얻을 수 없는 행복, 다시 말해서 두고 온 세 딸 때문이라는 것을 잘 알고 있었다. 그래서 그녀는 연휴가 겹친 주말이나 방학 때면 먼길을 찾아와 어머니와 시간을 같이했다.

　"그래, 다이애나 넌 찰스 왕세자와 사냥을 안했니?"

　어머니가 의아하다는 듯이 물었다. 사냥터의 소문이 다이애나보다 매스컴의 전파를 타고 먼저 와서 그녀를 기다리고 있었다.

　거실에 들어온 어머니가 그녀 앞에 석간 신문을 펴보였다. 말 위에서 승마복 차림의 찰스 왕세자와 사라가 활짝 웃는 사진이 실려 있었다. 사냥터에서 카메라맨이 찍어 전송한 사진이었다.

　"엄마, 언니가 행복해 보이죠?"

　다이애나는 둘째 언니 제인에게 질문했던 것과 같은 질문을 했다. 큰언니를 낳았고 키운 어머니의 정확한 판단을 듣고 싶어서였다.

　"글쎄, 남들 눈엔 행복해 보일지 모르나, 내가 보기엔 그저 즐거운 것 같구나."

　"즐겁다는 것은 곧 행복하다는 뜻 아녜요?"

　"같은 것 같으면서도 다르단다. 즐겁다는 것은 순간의 이음이고 행복이란 영원을 전제로 한 것이란다. 언니는 찰리스 엔젤 이상의 것을 기대하고 있지 않을 거다."
"어떻게 아시죠?"
"사라는 내가 낳았어. 내 젖을 먹여 키웠고……."
둘째 언니 제인에게서 얻은 결론과 같은 결론을 얻은 다이애나는 시일 섬에 오기를 잘했다고 생각했다. 만약에 앨소프 집에 머물러 있었다면 일찍이 가져보지 못했던 번민 속에 시달려야 했을 것이다.
피터가 사업차 출장중이어서 다이애나는 어머니와 함께 밤 깊은 줄 모르고 오랜만에 다정히 얘기를 할 수 있었다. 모녀간의 정을 가로막는 인위적인 장벽이 없어서일까, 꿈 같은 일주일을 보내고 시일 섬을 뒤로 했다. 예전 같으면 다 못한 말을 가슴에 담은 채 석별에 목이 메어야 했지만, 보내는 어머니의 마음도, 떠나는 다이애나의 마음도 이번만은 흡족했다.

"소리 소문도 없이 다녀왔니?"
앨소프에 도착하자 사라 언니가 눈을 흘기며 말했다.
"가면 안 되나, 뭐?"
"그런 건 아니지만…… 엄마가 뭐라고 하셔?"
"찰스와 같이 찍은 사진을 보고 좋아하셨어."
"정말 좋아할 사람은 너희들이야."
사라는 다이애나와 제인에게 생색을 냈다.
"찰리스 엔젤은 언닌데 왜 우리가 좋아해?"
퉁기듯이 제인이 말했다.
"머리 회전이 왜 그리도 느리니? 백작 가문이 되살아났으니 너희들은 좋은 가문에 시집갈 수 있게 됐지 않느냐 말이다."
다이애나의 눈에 비친 언니는 분명히 왕세자에게 선택된 여인으로서의 희열보다는 땅에 떨어졌던 가문이 되살아난 데 더 큰 비중을 두는 것 같았다.

그날 저녁, 식탁에 둘러앉은 가족들은 신문 기사를 돌려 읽으며 찰스 왕세자에 관한 얘기로 화제의 꽃을 피웠다. 다만 다이애나만은 고개를 다소곳이 숙인 채 수프를 떠먹으며 듣고만 있었다. '우리 또 만나요'라고 한 찰스의 말을 가슴 깊이 묻어둔 채······.

저녁 식사가 끝나고, 장소를 거실로 옮겼어도 화제는 여전히 찰스 왕세자에 관한 것이었다. 다이애나는 끈기 있게 입을 다문 채 가족들의 얘기를 듣고 있었다. 혹시나 그가 사냥을 끝내고 앨소프를 떠날 때, 모습을 감추어 버린 자기의 얘기를 하지나 않았을까 하는 기대 때문이었다.

그러나 찰스 왕세자가 앨소프를 다녀간 후 전보다 배가 넘는 관광객이 몰렸다는 장사 얘기로 화제가 옮겨가자 그녀는 슬그머니 자리를 뜨고 말았다. 가족들한테까지 숨기고 가슴 깊이 묻어 두었던 찰스 왕세자의 약속이 지나가는 빈말이 아닐까 하는 회의가 들었다.

실상 사냥을 끝내고 앨소프로 돌아온 찰스 왕세자는 눈에 띄지 않는 다이애나를 두리번거리며 찾았다. 탭 댄스를 가르쳐 달라고 돌담을 넘어와 억지를 부리던 장난꾸러기 다이애나의 성숙함을 더 가까이에서 대하고 싶었던 것이다.

그런 줄을 전혀 모르는 다이애나는 2층 자기방으로 올라와 불도 켜지 않은 채 캄캄한 창 밖에 무수히 빛나는 별을 바라보며 한숨을 내쉬었다. 밤하늘을 수놓은 찬란한 별이 슬프게만 보였다.

유치원 보모가 된 다이애나

앨소프에서 맞이한 겨울 방학은 다이애나에게 성숙을 재촉했다.
밝고 티없이 맑기만 하던 웃음이 조용한 미소로 바뀌었고, 눈에 띄게 말이 적어졌다. 어디 그뿐이랴. 식구들과 어울려 흥을 돋구던 그녀가 혼자 있는 시간이 많아졌다. 이성의 특별한 눈길을 체험한 그녀는 고독 속에 자신을 정리할 시간이 필요했던 것이다.
"다이애나가 왜 저렇게 변했지?"
"무슨 일이 있는 것이 아닐까?"
가족들이 수군댔지만 장본인인 다이애나가 입을 굳게 다물고 있어 그 이유를 알 수가 없었다.
긴 방학이 끝나고 졸업을 앞둔 클래스메이트 사이에도 변모한 다이애나의 모습이 화제의 초점이었다. 그들은 다이애나가 찰스 왕세자를 놓고 언니와의 경쟁에서 한 발 물러서지 않을 수 없는 실연의 아픔 때문일 것이라고 수군거렸다.
며칠 후, 그 수군거림을 뒷받침하는 염문이 꼬리를 물고 일어났다.〈새들의 집〉이라는 무용을 상연하는 로열 오페라 하우스에 나란히 나타난 찰스 왕세자와 사라의 사진이 신문의 지면을 화려하게 장식한 것이다.
 물론 이 신문도 제마에 의해 다이애나에게 전해졌다. 찰스 왕세자의 로맨스가 나날이 찌들어가는 국운과 경제로 이맛살을 찡그리던 영국 국민에게 청량제 구실을 하듯이, 졸업을 앞둔 이들 처녀들의 초조한 가슴에도 윤기를 더해 주었다. 더욱이 자매간에 사랑 다툼을 벌이고 있는 것으로 단정해 버린 클래스메이트들은 삼각관계의 주인공 다이애나가 눈앞에 있다는 것은 큰 흥미거리였다.
 그러나 생모와 제인 언니, 그리고 장본인인 사라 언니에게서 진상을 알고 또 확인까지 한 다이애나는, 가문을 복원하기 위해 찰리스 엔젤의 역할을 다하며 활짝 웃고 있는 신문에 난 언니 사진을 보고 그저 언니가 고맙고 자랑스러울 뿐이었다.
 다이애나 주변에는 항상 친구들이 들끓었다. 찰리스 엔젤의 동생이라는 이유에서라기보다 대인 관계에서 자기 주장을 내세우거나 강요한 적이 없고, 항상 남의 얘기를 듣고 이해하려는 그녀의 착한 천성 때문이었다.
 개학한 지 며칠 안 되는 어느 날의 일이었다. 밤 10시 30분이 되자 다이애나는 읽던 소설책을 덮고 침대에 들어가 불을 껐다. 기숙사 규율에 의하면 아침 6시 30분에 기상하여 세수와 아침 식사를 마친 다음 8시 30분부터 밤 7시까지 학습이 계속되도록 되어 있었다. 주말인 토요일에도 오전중에는 보충수업을 해야 했다.
 그런데 제마가 취침 시간에 방을 빠져나와 다이애나의 방으로 숨어 들어온 것이다.
 "웬일이니? 아직 안 자고······."
 다이애나는 잠옷바람으로 서성거리는 제마에게 물었다.
 "네 침대에서 재워 줘. 오늘 밤은 잠을 못 잘 것 같아."

그녀의 말소리에는 울음이 섞여 있었다. 그녀의 신변에 큰 고민이 있음을 직감한 다이애나는 담요를 걸어 제마를 침대에 앉도록 했다.
"아무래도 발레를 포기해야 할까 봐."
제마는 한참 만에야 한숨 섞인 어조로 말했다. 늘씬한 몸매와 감정 표현이 풍부한 그녀는 선천적으로 발레리나의 소질을 안고 태어났다고 해도 과언은 아니었다. 그리고 교내 발표회에서도 갈채를 받은 적도 있었다.
"발레는 네 인생의 전부라고 말한 적이 있잖아. 그런 발레를 포기한다는 것은 곧 네 인생을 포기하는 것 아니니?"
침대에서 벌떡 일어나 앉은 다이애나가 놀란 눈으로 물었다. 그녀는 제마가 착실히 무용 수업만 쌓으면 훌륭한 발레리나가 될 줄 믿고 있었다.
제마의 말에 의하면 집에서도 반대할 뿐만 아니라, 남자 친구인 브라운도 반대를 한다는 것이었다. 브라운은 반에서 가장 인기가 좋은 남학생으로서 한때 다이애나에게도 접근했던 미소년이었다. 그러나 남학생에 별 관심이 없던 그녀가 상대해 주지 않자, 제마와 친한 사이가 되었던 것이다.
"다이애나, 브라운을 한 번 만나 줘."
"무용을 할 수 있게 설득해 달라, 그 말이니?"
"그래, 네 말이라면 들을 거야."
"그 문제라면 사양하겠어."
다이애나가 매정하게 거절을 하자 그녀는 다소 실망한 표정을 지었다. 지금까지 친구의 청을 거절한 적이 없던 그녀이기에 이번 부탁도 선뜻 받아 줄 것이라고 믿었던 것이다.
"제마, 내가 사양한 이유는 간단해. 브라운을 설득해야 할 사람은 내가 아니고 바로 너이기 때문이야."

"아무리 얘기해도 안 들어."
"네가 강요를 하니까 설득시킬 수 없다고 봐. 너의 부모도 마찬가지일 거야."
"그럼 어떡하면 되지?"
다이애나는 곰곰이 생각하고 나서 제마의 두 손을 잡으며 차분하게 입을 열었다.
"너의 부모님이나 브라운은 네가 무용에 소질이 있다는 것을 다 알고 있을 거야. 하지만 제마, 너는 그 이상의 것을 그들에게 보여 주지 않았기 때문이야."
"그 이상의 것이 뭐지?"
"무용에 대한 정열과 학구적인 네 태도라고 생각해."
그녀의 말에 깊이 깨달은 제마는 이튿날 도서관에 가서 무용에 관한 카드 한 장을 뽑아 들었다. 다이애나의 충고가 있기 전까지 제마는 단 한 권의 무용 서적도 읽은 적이 없었다. 그저 무용이 좋고 또 무용을 할 수 있는 육체적인 조건과 소질이 있기에 발레리나를 꿈꾸었던 것이다.
세계 2대 발레국이라는 영국에는 로열 발레단을 비롯해서 새틀러즈 웰스 발레단 등 세계적인 무용단이 있어 제마와 같은 무용 지망생들이 수를 헤아릴 수 없게 문을 두드리지만, 정작 뜻을 이룬 무용가의 수는 손꼽을 정도였다.
학생들간에 인기와 덕망이 있는 다이애나는 제마의 고민을 대신해서 브라운을 설득할 자신이 있었다. 그러나 제마가 도중에서 탈락하지 않는 무용가, 영국에서 손꼽히는 무용가가 되기를 바라기에 그녀의 청을 거절하고 학구적인 태도와 정열을 부채질한 것이다.
제마가 처음 손에 쥔 무용 서적은 A. 해스켈이 쓴 《발레광(狂)》이었다. 이 책의 저자는 영국 발레계의 거성으로 알려진 무용의 이론가였다. 그녀는 학교 도서관에 있는 무용 서적을 차례로 읽어 가며 무용가로서의 소양을 쌓았다.

그로부터 2개월 후, 제마와 브라운의 대화가 무용에 관한 얘기로 메꾸어졌음을 본 다이애나는 틀림없이 그녀의 부모도 무용을 이해하게 될 것이라고 믿으며 제마의 장래를 마음속으로 빌어 주었다.

이처럼 다이애나는 교내에서 친구들의 상담자 역할까지 맡았다.

웨스트 히드 생활은 더없이 행복한 것이었다고 후일 본인이 말했듯이, 꿈 많은 사춘기를 보낸 이곳에서의 학교 생활은 다이애나에게 있어 매우 즐거운 것이었다. 남을 보살펴 주기를 좋아했고 고민을 덜어 주던 그녀는 학교를 떠날 때 교내 봉사를 치하하는 상이 수여되기도 했다.

항상 남을 위해 어둠을 밝혀 주는 촛불이 되기를 간청한 다이애나는 이듬해, 자신이 가야 할 길을 밝힐 때가 왔다. 상급 학교 진학 문제였다.

영국의 교육제도는 5세에서 15세까지 의무제이며 따라서 공립의 초등·중등 과정은 무료이다. 그러나 귀족은 일반 아동처럼 공립에 보내지 않고 특수 사립학교에 입학시킨다.

한국의 사립 초등학교와는 달리 일류 사립학교에 입학하려면 취학 아동이 출생하기 전부터 신청을 해놓아야 한다. 이렇듯 사립학교에 입학을 하려면 막대한 비용이 드는데, 태어나면서부터 귀족이었던 다이애나는 이런 특수 사립학교에서 계속 교육을 받았다.

그러나 성품이 소탈하고 겸손한 그녀는 귀족 교육을 받고 자랐으면서도 사고방식과 행동거취에는 귀족티가 없고 너무나도 서민적이었다.

"다이애나, 너는 어느 학교에 진학할 생각이냐?"

웨스트 히드 졸업장을 받아 본 아버지가 물었다. 셋째딸인 다이애나에 대한 아버지의 기대는 귀족으로서의 고등교육을 마치고 명문 가문에 시집을 가서 귀부인으로 행세하는 자랑스러운 모습을 보는 것이었다.
 그러나 다이애나가 인스티튜트 앨핀 비드마네트에 진학하고 싶다는 말을 하자, 스펜서 백작은 아연실색했다.
 "아니, 스위스에 있는 인스티튜트 말이냐?"
 스펜서 백작은 자기 귀를 의심하듯 딸에게 되물었다.
 "네, 아버지. 외국에 나가 공부하고 싶어요."
 "각국에서 좋은 교육을 받기 위해 영국으로 오는데 굳이 외국에 나가 공부를 하겠다니 납득할 수 없구나. 더군다나 인스티튜트는 영국 귀족이 선택하기에는 격이 떨어진다."
 "알고 있어요. 중류 이상의 자녀들이 다닌다는 것을……."
 "그리고 그 학교의 성격은 신부 교육을 중점으로 하는 곳이다."
 "알고 있어요. 제가 전공하고 싶은 과목도 가정학과예요."
 "원서를 낼 때까지는 아직 시간이 있으니 좀더 두고 생각하기로 하자."
 스펜서 백작은 시간을 벌어 딸을 설득하려고 했다. 부모의 말을 거역한 적이 없던 그녀이기에 아버지가 원하고 바라는 대로 갈 것으로 믿고 있었다. 그러나 아버지는 딸이 외유(外柔)한 것 같으면서도 내강(內剛)한 일면이 있음을 잘 모르고 있었다. 결국은 다이애나가 제시한 원서에 사인을 할 수밖에 없었다.
 그녀의 생모 프랜시스도 예외는 아니었다. 비록 스펜서 가를 버리고 나왔다고는 하나 항상 스펜서 가의 영광을 빌고 있던 그녀는 적지않게 실망했다.
 "아버지가 실망하셨겠구나."
 원서를 내보이며 동의를 구하는 다이애나에게 어머니가 말했다.
 "네. 하지만 제가 가야 할 길은 제가 선택해야 하잖아요."

"내가 어머니로서 무슨 자격이 있어 이래라 저래라 하겠니. 네가 택한 길이니까 열심히 노력하거라."
라고 말하면서도 어머니라고 찾아와서 의논하는 다이애나가 너무 고마워 프랜시스는 다이애나를 두 팔에 얼싸안았다.

산간 계곡마다 요들송이 넘치는 관광의 나라 스위스는 다이애나를 매혹하고도 남았다. 경상남북도와 전라남도를 합친 정도의 작은 면적이긴 해도 알프스 산맥, 쥐라 산맥이 빚어놓은 절경은 그야말로 선경(仙境)을 현실에서 보는 듯했다.
두 산맥 기슭 일대에는 맑고 푸른 물이 넘쳐흘러 수많은 호수를 이루어 백조가 노닐고, 한여름에도 백설이 뒤덮인 알프스의 봉우리가 하늘을 찌를 듯이 솟아 장관을 이루는가 하면, 숲속에 산재해 있는 고성(古城)이 동화의 세계를 연출하는 듯했다.
신부 수업을 위한 인스티튜트 앨핀에서는 정규 과정 이외에도 사교상의 몸가짐 등 중류 이상의 여성을 위한 일반 교양을 중점적으로 가르쳤다. 스스로 선택한 학교이기도 했으나, 다이애나는 스위스의 풍경과 교육 과목에 애정을 가지게 되었다. 더욱이 남에게 봉사하기를 즐기는 그녀의 주변에는 웨스트 히드 때처럼 많은 학생들이 들끓었다.
"얘들아, 다이애나가 영국 백작 가문이래."
"그래? 그런데 전혀 그런 티가 없으니 웬일이지?"
"그래서 우리가 다이애나를 좋아하는 게 아니겠니."
어느 사회나 마찬가지겠지만 여성이 무리를 이루는 곳에는 으레 소문이 빠른 법이다. 어렸을 때에는 샌드링엄 황실 영지에서 살며 찰스, 앤드루, 마가렛, 앤 등 왕세자, 왕자, 공주와 친하게 사귀며 놀았고, 왕궁을 방불케 하는 앨소프의 웅대한 저택에는 박물관을 무색하게 하는 많은 골동품이 가득 차 있다는 소문은 미처 일주일도 채 안 되어 전교에 퍼져 나갔다. 물론 생모가 가정을 버리고 평민과 결혼했고, 계모가 들어왔다는 수치스러운 소문도 예외일 수는 없었다.

특히 여학생들의 관심의 초점은 다이애나의 언니가 찰리스 엔젤이라는 소문이었다. 그 중 스잔나라는 여학생은 수집광이어서 찰리스 엔젤의 사진과 기사를 모두 스크랩하고 있었다.

"다이애나의 언니도 미인인데……."

"어울려."

참새떼들이 스크랩북을 보며 재잘거리자 스잔나가 말했다.

"더 어울리는 엔젤이 있어."

"더 어울리는 엔젤이 누군데?"

"어서 얘기해 봐. 감질나 죽기 전에……."

"보여 줄게, 놀라지 마."

하며 스잔나는 다음 장을 넘겼다. 순간 함성이 일었다. 카메라 앞에 손을 흔드는 찰스 왕세자 옆에 사라 대신 다이애나의 사진을 오려 붙인 것이다.

"너무 어리잖아?"

"하지만 멋지게 어울려. 그 우아한 미소하며 품위 있는 몸가짐……."

참새들의 장난은 이에 그치지 않았다. 그들은 몽타주한 새로운 찰리스 엔젤의 사진을 들고 다이애나를 찾아간 것이다. 짜증을 내거나 화낸 적이 없는 그녀를 한번 골려주고 싶었던 것이다. 가슴속에 담긴 것을 억제해야 하는 사춘기의 소녀들은 곧잘 좋은 일에도 화를 내게 마련이다. 그러나 마음이 워낙 너그러운 다이애나는 사진을 받아 본 순간 당황했으나, 곧 참새떼들의 짓궂은 장난에 장단을 맞추어 주며 같이 어울렸다.

그로부터 일주일 후, 다이애나는 예기치 않던 일에 직면했다. 여학생들한테 구름처럼 둘러싸인 언니 사라가 학교에 나타난 것이다.

"언니, 웬일이야?"

"내일이면 알게 돼."

몇 마디의 간단한 안부 인사를 나눈 후 그들은 헤어졌다. 언니가 교문을 나서자 기다렸다는 듯이 기자들이 마이크를 들이대고 플래시를 터뜨리는 모습이 보였다. 두뇌 회전이 빠른 다이애나는 내일까지 기다리지 않아도 언니가 스위스에 나타난 이유를 알고도 남음이 있었다.

예상한 대로 이튿날 아침, 교내가 발칵 뒤집혀졌다. 스키를 즐기는 찰스 왕세자와 사라 언니의 사진이 대문짝만하게 실린 것이다.

"다이애나, 우리 또 만나요."

라고 한 찰스 왕세자의 말이 귓전을 울렸다.

그러나 이틀 후, 그들은 구름처럼 스위스를 떠나가 버렸다. 다이애나는 새삼스럽게 기자들에게 둘러싸인 채 찰스 왕세자와 함께 활짝 웃고 있는 언니의 사진을 눈여겨보았다. 흰 이를 드러내고 웃고 있는 언니의 표정은 결코 즐거운 것만이 아니라 행복한 웃음처럼 보였다.

다이애나는 어머니까지도 미처 모르고 있던 언니의 속마음을 발견한 느낌이었다. 어떤 막연한 기대가 순식간에 와르르 무너져내리는 것 같은 공허가 그녀의 좁은 가슴에 밀어닥쳤다.

"지나가는 말이었어. 공연히 해 본 말이었을 거야. 그런 걸 가지고 공연히……."

갑자기 자신이 쑥스러워져 얼굴이 화끈 달아오른 다이애나는 기억 속에서 찰스 왕세자가 남긴 말을 의식적으로 지워 버렸다. 왕세자에 대한 연모의 정이 미처 가슴에 뿌리를 내리지 않아서일까 잊어야 하는 아픔 같은 것은 없었다. 그녀는 언니가 즐거운 찰리스 엔젤이 아니라 행복한 엔젤이 되어 주기를 빌며 기사로 눈을 옮겼다.

그 기사에는 다음 찰리스 엔젤은 누구일까라는 대목이 실려 있었고,

혼기에 접어든 귀족 영양들의 기라성 같은 이름이 나열되어 있었다. 그 속에 다이애나 스펜서의 이름은 그림자도 없었다. 면도날처럼 날카롭고 거머리처럼 집요한 레이 와트 기자도 감히 다이애나에게 눈을 돌리지 못했다.

며칠 후, 재잘거리던 참새떼도 조용해져 다이애나는 정상으로 돌아가 공부에 열중했다. 달라진 것이 있다면 잠을 이룰 수 없는 것이다. 침대에 누워 독서를 하다가 책을 덮고 불을 끄기만 하면 아무 잡념 없이 깊은 잠에 빠질 수 있던 그녀였으나 아무리 잠을 청해도 잡념만이 밀려올 뿐이었다. 어쩌다 간신히 잠이 들었다고 해도 악몽에 시달리다 잠을 설치기가 일쑤였다.

날이 갈수록 학과에는 취미를 잃었고 잠을 청하기 위해 갖은 애를 다 써야 하는 밤이 무서워졌다. 찰스 왕세자를 기억 속에서 지워 버렸다고는 하나 난생 처음 마음속에 새겨진 이성의 눈길이 그녀에게 번민을 가져다 준 것이다. 입학한 지 두 달 만에 다이애나는 짐을 싸들고 고향으로 돌아왔다.

얼굴이 수척해서 돌아온 딸을 본 스펜서 백작은 매우 놀랐다.

"다이애나, 도대체 어떻게 된 일이냐?"

"집이 그리워 와 버렸어요."

"도무지 너답지 않구나. 그래 앞으로 어떡할 생각이냐?"

차근히 두고 생각해 보겠다는 말을 남기고 방에 들어간 다이애나는 두문불출하다시피 하고 일주일을 지낸 후에 예전의 그 밝은 웃음을 지으며 아버지 앞에 나타났다.

"결심이 섰냐?"

"네, 아버지."

"어떤?"

"취직해서 자립하겠어요."

"뭐라구?"

새삼 놀라는 스펜서 백작을 남긴 채 다이애나는 신문 구인 광고를 들고 집을 나갔다.

그녀가 찾은 곳은 유치원이었다. 다이애나가 내민 이력서를 펴 본 원장은 고개를 가로저었다. 인상에서 풍기는 인품이나 성품은 합격이었으나 귀족들의 주거지인 그녀의 현주소가 마음에 걸린 것이었다. 귀족 출신이라는 사회적인 지위가 항상 부담스러웠던 그녀는 이력서에 신분을 밝히지 않았던 것이다.

"보아하니 부잣집 딸 같은데 이런 구차스런 보모일을 해낼 수 있을까?"

원장이 고개를 가로저으며 물었다.

"하고 싶어서 찾아왔습니다."

"문제는 하고 싶은 데 있는 게 아니고 해낼 수 있느냐에 있어요. 그럼 직접 해보고 나서 결정짓도록 해요."

학창 생활에서도 남을 돕는 데 보람을 찾던 다이애나에게 천진난만한 어린이들과 어울려 놀며 돌봐주는 일은 천직인지도 모른다.

무사히 스위스 유학을 마치고 돌아와 영국 사교계에 데뷔해서 신분에 어울리는 짝과 결혼하기를 바라고 있던 스펜서 백작은 다이애나가 유치원 보모로 취직했다는 말에 크게 실망했으나, 자립하겠다는 딸의 결심을 굳이 막지는 않았다.

그는 출퇴근할 자가용 한 대와 고급 주택이 즐비한 올드 브롬프턴 로드 가(街)에 있는 고급 아파트 한 채를 사주었다. 영국의 귀족 계급 아가씨가 사는 집치고는 절대로 사치스러울 정도의 것은 아니었다.

다이애나는 세계가 주시하는 버킹엄 궁전이 2마일도 채 안 되는 거리에 있고 유명한 해롯, 나이트브릿지 같은 상점이 10분 거리에 있는 아파트가, 위치상으로나 주거 환경상으로나 썩 마음에 들었다. 그곳에서 귀족이면서도 서민적이고 대인 관계에 상냥한 그녀는 수퍼마켓이나 도로, 백화점에서 쉽게 좋은 친구를 사귈 수 있었다.

그 중에서도 세 살 위인 버지니아 휘트먼, 동갑내기인 앤 볼턴, 캐롤린 프라이드와 알게 된 것은 그녀의 인생에 있어 큰 수확이었다. 다이애나는 집을 떠나 혼자 생활하면서도 이들 세 아가씨가 있기에 외롭지 않았다. 틈만 있으면 넷이 어울렸고 번갈아 가며 초대해서 고전 음악을 감상하며 즐겼다. 세 아가씨가 하나같이 상류 가정의 출신이어서 취미나 교양면에서도 잘 맞았다.

어느 날, 넷이 영화 구경을 하고 돌아올 때의 일이었다. 요란한 휘파람 소리가 나기에 뒤돌아보았다. 건달 같은 청년 넷이 뒤따라오며 수작을 걸어오는 것이 아닌가. 늦은 밤 으슥한 거리라 모두가 섬뜩했다.

"아가씨! 보아하니 변변한 짝 하나 없는 것 같은데……."

"어때, 우리 넷!"

"같이 고고 클럽에 가서 밤새워 춤추며 기분 내는 게……."

사태가 심상치 않자 언니뻘되는 버지니아가 상대하지 말자는 듯이 일행을 몰고 걸음을 서둘렀다. 그렇다고 놓칠 건달들이 아니었다. 요란하게 휘파람을 불며 그녀들을 둘러쌌다. 모두들 파랗게 질렸다. 바로 그때였다. 다이애나가 얼굴빛 하나 변하지 않고 미소를 지으며 그들 앞에 성큼 다가섰다.

"제대로 빠졌는데. 강제로 납치라도 해야겠어."

건달 하나가 다이애나의 손목을 낚아채듯 덥석 움켜쥐었다.

"이런다고 무서워할 줄 아셨나요? 난 댁이 하나도 무섭지 않아요. 밤거리에서 휘파람이나 부는 속빈 남자……."

"그럼 어떤 남자가 무섭지?"

"친절하고 매력있는 남자!"

경망스럽게 휘파람이나 불어대는 골빈 남자는 안중에도 없다는 뜻이다. 결국 다이애나에게 당하고 만 건달은 잡았던 손목을 놓고 멋쩍게 물러섰다.

지금까지 고함 한 번 질러 본 적이 없는 조용하고 잔잔한 그녀였으나, 매사에 침착하고 대담한 그녀는 타고난 기지로 위기를 넘긴 것이다. 이런 다이애나의 또다른 일면을 본 세 아가씨들은 자신들의 방어를 위해서도 다이애나와 같이 살기를 원했다.

"생활비는 넷이서 공동으로 분담하면 되잖아. 경제적이고……."

"방세는 지불할게. 어차피 나가야 할 돈이니까."

세 아가씨의 제안에 다이애나는 네 식구가 살고도 남을 충분한 공간이 있으므로 쾌히 승낙했다. 아파트 방세는 필요없었으나 세 아가씨가 부담감을 가질 것 같아 명목상의 액수만을 받기로 했다.

이튿날 버지니아와 앤, 캐롤린은 다이애나의 아파트로 밀어닥쳤다. 그런데 세 아가씨가 가방에서 제일 먼저 꺼내 침대 머리맡을 장식한 소지품은 다름아닌 찰스 왕세자의 사진이 든 액자였다. 물론 다이애나의 침대 머리맡에도 찰스 왕세자의 사진이 놓여 있었다.

영국 사람들은 대체로 보수적이고 전통을 존중하는 민족성을 지니고 있었다. 이런 국민성은 전통 왕실에 대해 열광적이다. 제1차 세계대전 이후 유럽의 왕관이 차례로 빛을 잃기 시작하자 혹자(或者)는 2천 년대에는 지구상의 모든 왕관이 떨어지고 오직 남는 나라는 영국이 될 것이라고 예언했다.

이처럼 영국 국민에게 왕실은 국민의 상징이라기보다 종교인 것이다. 그런 의미에서 이들이 찰스 왕세자의 사진을 지니고 있는 것은 찰리스 엔젤을 꿈꾸거나 신데렐라의 행운을 바라서가 아니라 총각 왕세자에 대한 신앙심 같은 것이다.

그렇다고 국왕에게 신을 대신한 절대 통치권이 있는 것은 아니다. 영국에서는 모든 일이 국민으로부터 출발한다. 제반 개혁도 하부 조직에서 이루어질 뿐 상부에서 압력을 가한다고 일이 되는 것이 아니다. 정치도 지방 자치 행정에서 비롯되는 것이지 중앙 관리의 지시에 따라 이루어지지 않는다.

미국에 이민을 한 것도 국가의 이민 계획에 의한 것이 아니고 국민의 자의에 의한 것이다. 상공 계급의 발전이나 노동 조합의 육성도 국민의 필요에 의해 생겨난 것이다. 학교나 병원도 예외일 수 없다. 국립학교가 생겨난 것은 1870년인데, 현재 영국의 유명한 대학은 거의가 사립학교이며 병원도 필요에 의해 자선가들이 희사한 돈으로 건립됐다.

다시 말해서 정부의 권력이 국민 생활의 세부에까지 미치는 하향식이 아니라 국민이 기조가 되는 상향식이다. 따라서 정부는 국가를 관장하는 권한을 국민으로부터 위임받은 기관에 불과하다고 국민들은 믿고 있다.

현재의 국왕도 마찬가지이다. 이론상으로는 국회의 일부이고 모든 헌법상의 권한은 국왕으로부터 유래한다. 국회를 소집하고 폐회하는 의식도 국왕만이 주재할 수 있다. 그밖에 어떤 법안이 법률로서 효력을 가지려면 국왕의 동의가 있어야 한다.

그런데 국왕은 내각의 동의를 얻지 않고서는 행동할 수 없다. 즉 내각의 동의나 승인에 의해서만이 대원수, 고관의 임명 그리고 전쟁과 강화의 결정자가 된다. 그리고 국왕은 여·야 어느 편도 들지 않는다. 국왕은 이론상으로 절대권자이면서도 의회나 사법에 관여하지 않고 정부가 행정력을 구사하는 데 제한을 받듯이 권력을 행사하는 데 구속을 감수한다.

이런 제도 때문에 국왕은 국민의 국왕으로 군림할 수 있고, 나아가서는 생활양식과 풍속이 다른 영연방을 하나로 결속할 수 있었다고 보아야 할 것이다. 한마디로 말해서 매우 작으면서도 큰 나라로 보이는 것이 영국이고, 왕이 현존하는 제국이면서도 민주주의 국가로 보이는 것이 또한 영국이다.
 변덕스러운 날씨와 안개로 런던 시는 음산했으나 버지니아, 앤, 캐롤린을 맞이한 다이애나의 도회지 생활은 즐겁고 생기가 넘쳤다.
 유치원에서도 원생들은 그녀를 엄마처럼 따랐고 원장에게는 그녀가 없어서는 안 될 소중한 존재가 되었다. 어린 나이로서 처음 가지는 직장이었으나 헌신적인 그녀의 태도는 동료 보모들의 귀감이 되었다. 더욱이 어린이들의 기저귀를 갈아 주는 등 궂은 일을 도맡아하는 그녀가 지체 높은 백작 가문의 영양이라는 사실을 알았을 때, 모두들 입을 벌렸다.
 이와 같은 일이 아파트에서도 벌어졌다. 이 세상에 비밀은 없는 법. 우연한 기회에 다이애나의 신분을 알아 버린 세 아가씨는 혀를 찼다.
 "다이애나! 그렇게 우릴 감쪽같이 속일 수 있어?"
 "내가 뭣을 속였다는 거지?"
 "이젠 더이상 숨겨도 소용없어. 아버지가 스펜서 백작이라는 사실 말이야."
 "그게 어쨌다는 거지? 나는 그저 너희들과 더없이 친한 친구일 뿐이야."
 소박하고 겸손한 다이애나의 인간성에 세 아가씨는 반해 버리고 말았다.
 "그럼 종전처럼 허물없이 대해도 되는 거야?"
 "당연하지 않아? 난 너희들의 친구니까."
 신분이 노출된 후에도 항상 서민이기를 바라는 다이애나의 태도에는 아무런 변화도 없었다. 주말이나 집안에 행사가 있어 앨소프로 가게 되어도 그녀는 사교계에 얼굴을 내밀지 않았다. 귀족 사회를 혐오하지는 않았으나 격식에 얽매이는 그런 생활보다는 자유롭게 행동하며 살기를 원했던 것이다.
 그렇다고 방종한 생활을 뜻하는 것은 아니다. 부모의 간섭을 벗어나 자유롭게 아파트 생활을 하면서 그 흔한 담배나 술은 입에도 대지 않았다. 다만 그녀의 생활에 변화가 있었다면 세 아가씨와 왕실에 대한 얘기를 자주 했을 뿐이다. 그러나 말이 적은 그녀는 항상 피동적이며 듣는 편이었다.
 "그럼 어렸을 때 왕세자를 자주 만났겠네?"
 "응, 어렸을 때 자란 파크 하우스가 샌드링엄 영지에 있었으니까……."
 "찰스의 성격이 어땠어?"
 "잘 모르겠어."
 이런 투였다. 오히려 찰스 왕세자에 대해서 속속들이 알고 있는 쪽은 다이애나가 아니라 세 아가씨였다. 1948년 11월 14일에 찰스 왕세자가 버킹엄 궁전에서 태어났다는 사실도 그들을 통해서 알았고, 왕세자의 까다로운 계보와 공식 명칭이나 직함도 다이애나는 처음 알았다.
 앞으로 영국 국왕이 될 찰스 왕세자의 정식 직함은 '찰스 필립 아더 조지 왕세자(프린스 오브 웨일스)' 전하 외에도 체스터 백작, 콘웰 및 로데세이 공작, 캐리크 백작, 렌프류 남작, 아일즈 경, 그레이트 스튜어드 오브 스코틀랜드 가터 훈작 사이다.
 세 아가씨 중에서 찰스 왕세자에 대해 제일 정통한 캐롤린이 남의 말을 막으며 신바람이 나서 말을 이었다.
 영국 왕실 80년 만에 태어난 남자, 왕위 계승자인 찰스 왕세자는 어려서부터 활발하고 외향적인 앤 공주와는 대조적으로 소심하고 내향적이었다는 것이다. 사실이 그러했다. 아장아장 걸음마를 배울 무렵부터 응석꾸러기였고 여왕인 엄마품을 떨어질 줄 몰랐다. 한마디로 말해 남자다운 데가 없고 그저 온순하고 나약하기만 했다.
 여왕과 필립 전하는 장차 영국의 국왕으로서 다음 세대를 짊어져야 하는 굳센 왕세자로 찰스를 키워야겠다고 생각했다. 여왕 부처는 장차 공직에 익숙하도록 표정을 움직이지 않고 위엄을 갖춘 채 오랜 시간 서있는 훈련을 시켰다. 공식 석상에서 어린 왕세자를 보여 달라는 간청이 많았으나 일체 거절했다. 신비의 베일 속에 숨겨두기 위해서였다.

그렇다고 여왕은 왕위가 수여될 때까지 궁전의 낭비자로서 기다리기만 하는 조역으로 남겨두지는 않았다. 역대 왕가에서 왕실 재산이나 국고를 낭비하는 그런 왕족을 수없이 보아 온 여왕은 국왕의 직무를 훌륭하게 수행할 수 있는 교육 방법을 택했다. 왕실에서는 자녀의 교육을 귀족이나 일반 자녀들과 격리시켜 개인 교수를 초빙하여 위탁했다.

그러나 여왕은 이런 관습을 깨고 찰스를 일반 학교에 보냈다. 영국 왕실에서 80년 만에 탄생한 왕세자를 온실 속의 화초처럼 나약하게 키우지 않고 거센 풍파에 시달리며 자랄 수 있게 하기 위해서였다.

찰스 왕세자의 교육 방법에 대해서 필립 전하도 여왕과 뜻을 같이 했다. 영국 왕실에서는 전통적으로 엄한 가정 교육을 시켰다. 그 하나의 예를 조지 5세에서 찾을 수 있다. 그는 자기의 교육 방법에 대해 다음과 같이 얘기한 적이 있다.

"아버지는 할아버지를 두려워했고 나는 아버지를 두려워했다. 앞으로 나는 아들에게 가장 두려운 존재로 군림할 것이다."

그러나 필립 전하는 두려운 아버지로 군림하기를 원치 않고 자상하면서도 위엄 있는 아버지가 되기를 원했다. 그는 찰스 왕세자에게 강인한 체질을 물려주기 위해 엄동설한에 황무지로 데리고 가서 사냥을 하는가 하면 수영을 할 줄 모르는 어린애를 버킹엄 궁전의 풀장 속에 던지는 등 스파르타식 교육을 시켰다. 풀장에 빠진 찰스는 초주검이 되어 풀장에서 기어나왔지만 여왕도 지켜보고만 있을 뿐 구원의 손을 뻗치지 않았다.

찰스 왕세자의 학교 선택은 필립 전하의 의견에 따랐다. 전하는 아들이 특수 사립학교에 진학하기에 앞서 버크셔 변두리에 있는 팀 스쿨에 보냈다.
"팀 스쿨이 어떤 곳인데?"
캐롤린의 말에 매혹된 다이애나가 물었다.
"귀족 교육으로 전통이 있는 학교였어. 운동장이 65에이커나 되고 17세기 초에 세워진 학교야."
"시니어 스쿨은 어딜 다녔지?"
언니뻘되는 버지니아가 물었다. 그녀는 찰스 왕세자에 대해 정통한 캐롤린에게 내심 놀라고 있었다.
필립 전하가 선택한 시니어 스쿨은 스코틀랜드 북부 보레이셔에 있는, 학교 중에서도 제일 역사가 깊은 고든스토운이었다. 모교라는 얄팍한 인연 때문이 아니라 그 학교가 전통적으로 답습해 온 교육 이념 때문이었다.
이 학교는 건물이 하도 낡아서 오두막집을 모아 놓은 듯한 느낌을 주는 초라한 곳이었다. 지체 높은 왕세자에게 주어진 공간이라고는, 원형조차 찾아볼 수 없는 벗겨진 벽과 삐걱 소리가 나는 마룻바닥, 딱딱하고 불편한 나무 침대가 전부였다. 으리으리한 버킹엄 궁전에서 태어나고 자란 찰스에게 빈곤과 인내의 세계를 체험시키려는 아버지의 의도가 숨어 있었다. 보레이셔는 아주 험한 황무지로 스코틀랜드에서도 몹시 추운 지방이었다. 그러나 이 학교에서는 기후에 관계 없이 매일 아침에 일어나 냉수 마찰을 해야 했다.
전통과 역사로 점철된 낡은 이 학교의 교시(敎示)는 '보다 향상된 자기'이며, 그 엄격한 규율은 육체적으로 정신적으로 또는 지적으로 그 능력을 최대한도로 향상시키는 것이 교육 이념이었다. 이 이념은 독일의 교육자 구르트 한 박사의 이상을 바탕으로 삼은 것이다.
고든스토운에서는 귀족의 자제라든가 장차 국왕이 될 왕세자라는 신분 따위는 일체 참작되지 않았을 뿐더러, 학교 규율에 따라 평등하게 다루어졌다.

입학한 지 얼마 지나지 않아서의 일이었다. 평생 웃어 본 적이라고는 단 한 번도 없어 보이는 무뚝뚝한 사감 선생이 신입생들을 한자리에 모이게 했다.

"학생 여러분, 지금부터 여러분이 맡아야 할 책임 부서를 정하겠습니다."

사감 선생이 말하자 신입생들의 표정이 굳어졌다. 썩은 냄새가 풍기는 쓰레기 청소 당번으로 낙착되지나 않나 하는 걱정 때문이었다. 하나같이 귀족 가문의 자제들인 이들은 교정을 쓸거나 교사 안 청소까지는 참을 수 있어도 본 적조차 없는 쓰레기통 청소는 상상할 수도 없었다. 학생들은 법정에서 선고를 기다리는 피의자처럼 사감 선생의 입을 주시했다.

"찰스!"

"네."

"담당은 쓰레기 청소!"

순간 왕세자는 울상을 지었고 나머지 학생들은 안도의 숨을 내쉬면서도 동정의 눈길을 그에게 보냈다. 한 나라의, 그것도 영국의 왕세자가 어떻게 그런 일을 감당할 수 있을까 하는 염려 때문이었다.

선생들의 의견도 학생들과 같았다.

"사감 선생님, 좀 지나친 처사가 아닐까요. 쓰레기 청소를 담당시킨 그 학생이 대영제국의 왕세자라는 사실을 아시는지요?"

교장이 유감스런 표정을 지으며 말했다.

"네, 알고 있습니다."

"아시면서 쓰레기 청소를 시켰다는 것인가요?"

"네. 하지만 사감인 저에겐 한낱 학생일 뿐입니다."

학교의 규칙을 따르는 사감 선생에게 더이상 추궁할 수가 없는 교장은 찰스 왕세자가 맡은 바 임무를 무사히 수행해 주기를 빌며 지켜보았다. 교정을 쓸던 학생들도, 유리창을 닦던 학생들도 일손을 멈추고 지켜보았다. 예측한 대로 왕세자는 코를 막고 겁에 질린 표정으로 쓰레기통으로 다가갔다. 그런데 쓰레기통 뚜껑을 열자마자 질겁을 하며 물러서는 것이 아닌가.

마음 같아서는 달려가 왕세자의 일을 같이 도와주고 싶은 것이 지켜보는 사람들의 심정이었으나, 엄한 규율이 가로막고 있기에 그럴 수도 없었다. 그러나 가정에서 책임 소재에 관한 엄한 교육을 받고 자란 찰스 왕세자는 그 누구도 기피하는 더러운 청소를 거뜬히 해내었다.

이렇듯 책임감이 강한 찰스 왕세자는 학업 성적도 뛰어나 첫 학기부터 수석이었다.

"혹시 왕세자라는 신분을 고려해서 봐준 학점이 아닐까?"

캐롤린의 말을 반신반의하며 듣고 있던 앤이 말했다.

"절대 아니야. 고든스토운의 전통이 그런 부정을 허락하지 않아. 그 하나의 예를 스포츠에서 찾으면 돼. 만능 선수였던 찰스 왕세자는 학교 운동부의 주장이었으니까."

그녀는 눈으로 본 듯이 자신 있게 말했다.

다이애나는 그녀가 왕가의 계보나 내력, 더욱이 찰스의 성품과 사생활까지 알고 있다는 것이 무척 자랑스러워 보였으며 또 즐거운 것같이 보였다. 사람이란 취미가 각양각색이어서 골동품을 수집하는 고급스러운 취미에서부터 유명인의 자동차를 모으는 사치스러운 취미, 작게는 우표, 담뱃갑, 성냥갑 등 이루 헤아릴 수 없다.

그 중에서도 유명인의 사랑이 담긴 엽서까지 수집하는 괴짜가 있고 보면 캐롤린을 탓할 수만은 없었다. 이는 왕실을 존중하고 열광하는 영국인의 기질이라고 할 수 있다.

아무튼 어릴 때부터 시스터 보이 같던 찰스 왕세자는 여왕과 필립 전하의 혁신적인 교육 방법으로 책임감 있는 씩씩한 젊은이로 성장한 것이다. 고든스토운을 졸업한 그는 케임브리지 대학의 트리니티 칼리지에 진학했다. 전공은 고고학과 인류학이었으나 성적은 중 이하였다. 전통의 케임브리지에서도 학점에는 일체의 신분이 고려되지 않았다.

선택한 학과의 적성 여부를 스스로 판단했던 찰스 왕세자는 일대 결단을 내리고 현대사로 바꾸었다. 학사 학위를 받을 때 그의 학점은 수석이었다. 물론 여기에도 왕세자라는 그의 신분은 전혀 참작되지 않았고 당시의 성적표와 논문은 윈저 성에 있는 도서관에 보관되어 있다.

찰스 왕세자는 과외 활동도 활발하게 했다. 만능 선수로 운동부의 주장을 맡는가 하면 연극부를 조직하여 자신이 직접 출연하기까지 했다.

"아니 왕세자가 얼굴에 분을 칠하고 배우 노릇을 했단 말이니?"

도무지 믿어지지 않아 다이애나가 물었다.

"그렇다니까. 심지어 찰스는 자신을 익살스러운 왕자라고 평하기까지 했단다."

"어떤 연극을 했는데?"

"직접 쓴 풍자극이야."

"어떤 내용인데?"

"보지 않아 자세히는 몰라도 희극이야, 코미디……."

보지 않고서도 왕실의 이야기나 왕세자의 사생활을 소상하게 알고 있는 그녀가 연극을 보지 않아 내용을 모른다는 것이 다이애나로서는 우스웠으나, 캐롤린을 통해 찰스 왕세자에 대해서 많이 안 것만은 사실이었다.

그녀가 찰리스 엔젤인 언니를 들추어내며 스펜서 가의 자랑스럽지 못한 내력을 펼쳐 놓지나 않나 하고 걱정했으나, 일단 찰스에 관한 이야기는 끝을 맺었다.

"다음 기회에는 왕세자의 연애 행각에 대해 말해 줄게. 그 속에는 다이애나의 언니 사라도 포함되어 있으니까 여러분께서는 기대하시라."

하며 캐롤린은 부엌으로 들어갔다. 오늘의 저녁 담당은 그녀였다.

다이애나는 캐롤린이 부엌 담당이기 천만다행이라고 생각하며 창가로 눈을 옮겼다. 자욱하게 안개가 깔린 창 밖에 어둠이 찾아오고 있었다.

장미꽃을 두고 간 햄릿

　우중충한 겨울이 가고 봄철로 접어들자 건조한 북풍과 동풍이 불어와 맑은 날씨가 계속되었다.
　다이애나와 룸메이트인 버지니아, 앤, 캐롤린은 함께 템스 강변을 거닐었다. 눈 닿는 곳마다 파릇파릇한 새싹이 돋아났고 얇아진 옷자락을 스치고 지나가는 봄바람이 상쾌했다. 때마침 주말이어서 곳곳에서 젊은 남녀가 짝을 지어 사랑을 속삭이고 있었다.
　"다이애나, 우리 여기 있다가는 바람나겠다. 가자."
　벤치에서 벌떡 일어서며 버지니아가 말했다. 누구의 간섭도 받지 않고 자유로운 생활을 하면서도 남자 친구가 고작이고 사랑을 속삭일 만한 상대가 없었다. 그 중에서도 다이애나는 이렇다 할 남자 친구마저 없었다. 그들은 쇼핑도 할 겸 런던 시내로 향했다.
　흔히들 영국의 수도 런던이라고 하면 인구 850만을 헤아리는 세계 굴지의 대도시로 알고 있다. 그러나 이것은 이른바 대 런던을 말하는 것이며, 그 본래의 런던 시, 즉 시장이 직할하고 있는 시티 오브 런던은 세인트 폴 성당을 중심한 사방 1마일 정도의 구역으로 인구도 겨우 5천 몇백 명에 불과하다.
　시티 오브 런던은 주택이 적고 상가나 사무실이 많아 낮에는 50만 명 가량이나 상주 인구는 1세기 전과 비슷하다. 이렇듯 런던은 시티를 중심으로 한 금융, 상거래의 지역과 웨스트민스터를 중심으로 한 행정 지역으로 분류된다.

"다이애나, 어딜 갈까?"
"런던 탑."
"관광객도 아닌데 런던 탑은 왜?"
"아직 못 가 봤어."
"런던에서 헛살았구나."
　번화가에서 쇼핑을 끝낸 다이애나와 그 일행은 템스 강변에 있는 성채로 향했다. 그녀는 말로만 들어 왔던 유서 깊은 런던 탑을 처음 본 것이다. 많은 변천을 겪어 건물도 변했지만 천 년의 역사를 지닌 고색창연한 성이다. 런던 탑은 성벽과 깊은 호로 둘러싸인 전형적 노르만계 성곽이다.
　원래는 요새로 설계되었으나, 왕궁으로 사용되기도 했으며 시대의 흐름에 따라 정치범의 감옥으로 사용되기도 했다. 유명한 왕과 왕족들이 여기에 수용되었는가 하면 억울하게 교수대의 이슬로 사라져 영국 역사의 암흑기를 상징하는 명소이기도 하다.
　다이애나는 런던 탑이 지닌 슬픈 이야기를 더듬으며 역대 왕가의 무상함을 되씹었다. 그들이 막 런던 탑을 나올 때의 일이었다.
"다이애나, 뒤에서 따라오고 있는 저 청년 누구지?"
　앤이 말하자 일제히 뒤를 돌아보았다. 옷을 단정히 입은 청년이 뒤를 따라오다 수줍은 듯이 머뭇거리는 것이 아닌가.

"틀림없이 템스 강에서 봤어. 거기서부터 우리를 따라온 거야."
캐롤린이 말했다.
"우릴 따라온 게 아냐. 우리 중에 누구 하나를 따라온 것이지."
언니뻘되는 버지니아가 말했다. 분명히 넷 중에서 하나를 따라온 것인데 누구인지 알 수가 없었다.
"누굴까?"
"가서 물어보면 금방 알 수 있을 게 아냐."
다이애나가 무관심하게 말했다.
"그렇다고 다가가서 누구를 따라오시나이까 하고 물을 수도 없는 일 아니니?"
"그럼 모른 척해."
"저렇게 잘생긴 청년을?"
"마치 햄릿 같아. 이 세상에 널려 있는 괴로움을 혼자 안고 있는 것 같은……."
"다이애나, 모른 척하기엔 너무 멋있어. 미남이고……."
남자를 사귀어 보지 못한 다이애나는 별 관심이 없었으나, 세 아가씨는 그나마 사랑은 아니더라도 교제하던 과거의 남자 친구와 비교해 보며 그가 뒤쫓고 있는 여주인공이 자기였으면 하는 바람에 가슴이 두근거렸다.
그런데 줄곧 뒤를 밟던 햄릿이 다이애나의 아파트 부근에서 모습을 감춘 것이다.
"어머, 사라져 버렸잖아."
캐롤린이 아쉽다는 듯이 말했다.
"우리가 너무 냉정했던 게 아냐."
"우리가 아니고 우리들 중에 하나가 너무 틈을 주지 않았던 거야."
"글쎄, 우리들 중의 하나가 누구냐고?"

"가서 물어보면 알잖아."
"물어볼래야 이젠 물어볼 사람도 없어."
"그렇게 쉽사리 사라지는 사나이라면 물어볼 가치도 없지 않을까? 공연히 혼자 좋아하지 말고 들어가. 나 배고프단 말이야."
다이애나가 룸메이트들을 몰다시피 하고 안으로 들어갔다.
방에 들어와서도 룸메이트들은 창밖을 내다보며 햄릿에 관한 얘기로 화제의 꽃을 피웠으나 식사 당번인 다이애나는 앞치마를 두르고 부엌으로 갔다.
저녁 준비가 거의 다 됐을 무렵이었다. 별안간 거실에서 함성이 일어났다. 그 햄릿이 꽃을 들고 아파트 앞에 나타난 것이다.
"다이애나, 왔어!"
캐롤린이 부엌으로 뛰어들어오며 소리쳤다.
"편지가?"
"햄릿이 창밖에 나타났단 말이야. 가서 봐!"
"저녁은 어떡하고?"
"그까짓 한 끼쯤 굶으면 어때."
캐롤린이 손을 잡아끌었으나, 애당초부터 관심이 없던 다이애나는 저녁상 차리기에 바빴다.
"햄릿이 들고 있는 저 빨간 꽃이 무슨 꽃이지?"
"사랑의 장미 아냐."
"오, 멋있어. 얼마나 낭만적이야."
앤은 장미꽃을 받아 쥔 듯 황홀해했다. 바로 그때였다. 창밖을 내다보며 가슴 설레이던 세 아가씨가 또 한 차례 함성을 질렀다. 길 건너에서 망설이던 햄릿이 꽃을 들고 현관으로 다가오고 있었다. 세 아가씨들은 더욱 술렁거렸다.
"초인종이 울리면 누가 나가지? 앤, 네가 나갈래?"

캐롤린이 물었다.
"싫어. 장미꽃의 주인공이 내가 아니면 무안해지지 않아."
"그럼 내가 나갈까?"
캐롤린이 그 답을 기다리고 있기나 했다는 듯이 나서자, 버지니아가 가로막았다.
"넌 안 돼."
"여기에도 연령순이 있나?"
"그게 아니고 이 아파트 주인은 다이애나야. 그러니까 주인이 문을 열어야 해."
모두 좋다고 동의했다. 그러나 만장일치로 선출된 다이애나는 절대로 초인종이 울리지 않을 거라고 하며 저녁 식사를 독촉했다. 그녀가 예언한 대로 끝내 초인종은 울리지 않았고 창 너머 햄릿이 길을 건너 돌아가는 모습이 보였다.
"빈손이야."
"장미꽃을 현관에 놓고 갔어."
누군가의 말이 떨어지자, 세 아가씨는 앞을 다투듯이 몰려나가 싱싱한 장미꽃 한 다발을 들고 들어왔다.
그녀들은 주인 모를 장미꽃을 식탁 한가운데 꽂아놓고 저녁 식사도 잊은 채 바라보고 있었다. 꽃의 주인이 자기일지도 모른다는 뿌듯함에 하나같이 식욕을 잃은 것이다. 다만 다이애나만이 분주하게 손을 움직이고 있었다.
"다이애나, 넌 이 장미꽃도 안 보여?"
"응, 보여."
"그런데 빵이 넘어가?"
"꽃을 보고 있기만 하면 배가 부른가 뭐."
세 아가씨들은 다이애나의 무관심에 고개를 가로저었다. 그러나 그로부터 1년 후, 왕세자비로 간택된 사실을 전제했을 때, 그녀는 은연중에 자신의 행실을 지켜왔다고 보아야 할 것이다.

이튿날 아침, 룸메이트와 자가용을 타고 출근할 때도 햄릿은 길 건너에서 지켜보고 있었다. 퇴근 때도 마찬가지였다. 차안에서도 방안에서도 룸메이트들은 햄릿 얘기에 정신이 없었다.

"얘들아, 아무래도 우리 긴급 회의를 열어야 할까 봐."

버지니아의 제안이었다. 그녀는 모두 한자리에 모아놓고 심각하게 말을 이었다.

"분명 저 장미꽃의 주인은 우리 넷 중에 하나인데 전부 다 들떠 있다는 것은 코미디야."

"그리고 햄릿에게 더이상의 아픔을 준다는 것도 죄악 아니니?"

앤이 다이애나와 캐롤린에게 동의를 구하듯이 발언을 했다.

"그러니까 장미꽃이 시들기 전에 주인을 찾아내야 돼. 오늘 회의의 주제는 어떤 방법으로 찾아내느냐를 토의하자는 거야. 다이애나, 좋은 의견이 있으면 이야기해 봐."

다이애나는 대답 대신 빙그레 웃고 말았다. 그럴 수밖에 없었다. 그녀는 런던 탑에서 처음 햄릿을 보았을 때부터 그의 눈길을 헤아렸기에 심각하게 긴급 회의까지 여는 그들이 우스워 보였던 것이다.

그녀로서는 이성한테서 두 번째 받아 보는 시선이었다. 그 하나는 16세 때 찰스 왕세자가 준 눈길이었고, 두 번째가 햄릿이었다. 그런데 찰스 왕세자의 눈길은 찡하니 가슴에 와닿아 아무리 지우려고 애써도 어느 한구석에 흔적이 있었으나, 햄릿의 눈길만은 좀처럼 가슴에 와닿지가 않았다.

다이애나의 얼굴에서 미소가 사라지기도 전에 요란하게 전화벨이 울렸다.

"여보세요?"

버지니아가 전화를 받았다. 누가 그렇게 하자고 제안한 것도 아니었으나, 벨이 울리면 언니뻘되는 버지니아가 수화기를 들었다.
"여보세요…… 전화를 걸었으면 말을 해야지요."
라고 추궁하던 그녀의 표정이 굳어졌다. 햄릿한테서 걸려온 전화였다.
"언니, 누구야. 햄릿?"
캐롤린이 묻자 버지니아는 고개를 끄덕이며 통화를 이었다.
"현관에 장미꽃을 놓고 가신 분이죠? 누구를 바꿔 드릴까요?"
모두 숨을 죽이고 결과를 기다렸다. 가는 금속성 소리가 울리고 나서 버지니아가 당연하다는 듯이 다이애나에게 수화기를 넘겼다. 그 순간 앤과 캐롤린은 쑥스러움과 놀란 표정으로 그녀의 거동을 살폈다. 애당초부터 관심이 없었기에 수화기를 받아들지 않을지도 모른다는 생각이 들어서였다. 그러나 다이애나는 한 가닥의 망설임도 없이 당연하다는 듯이 수화기를 받아들었다.
"여보세요, 전화 바꿨습니다. 다이애나예요. 그러지요."
수화기를 놓자, 버지니아가 끼어들었다.
"뭐라고 그래?"
"만나고 싶대."
"그래, 만날 생각이니?"
"거절할 이유가 없잖아. 만나자면 만나 주는 거지 뭐."
거울 앞에서 옷맵시를 고치고 나서 콧노래를 부르며 방을 나가는 다이애나의 뒷모습에 세 아가씨들은 어이가 없다는 듯이 고개를 내저었다. 햄릿이 빼어나게 예쁘고, 늘씬한 다이애나를 점찍은 것까지는 이해한다 해도, 남자에게 무관심한 척 곁눈도 주지 않던 그녀가 콧노래까지 부르며 나서는 모습에 배신감 같은 것을 느꼈다.
"새침한 계집애!"
"난 그럴 줄 몰랐어."

"우린 속은 거야."
 배신감에 패배 의식까지 든 세 아가씨들은 허탈한 상태로 천장을 향해 한숨만을 내뱉었다. 속과 겉이 다른 다이애나를 두고 더 할 말이 없었던 것이다.
 한편, 약속한 길모퉁이에서 햄릿을 발견한 다이애나는 상냥한 미소를 지으며 다가갔다. 가슴 깊이 연모하던 여인의 미소를 대한 햄릿은 온몸이 굳어 버렸다.
 "우리 걸어요."
 다이애나가 자연스럽게 햄릿과 어깨를 맞대고 걸었다.
 "보내 주신 장미꽃 고마웠어요."
 다이애나는 여전히 웃으며 말했으나, 상기된 그는 말을 잃고 있었다. 그녀는 차분하게 말을 이었다.
 "하지만 그 장미꽃은 저를 기쁘게 했다기보다 당황하게 만들었어요. 아무래도 그 이유를 말씀드려야겠죠?"
 다이애나의 말에 그는 간신히 고개를 끄덕였다.
 "향긋한 장미꽃 향기에 제 마음이 흔들렸기 때문이에요. 전 마음이 흔들려선 안 될 입장에 놓여 있어요. 이미 정한 사람이 있어요."
 그 말에 햄릿의 얼굴이 비참하게 일그러졌다. 그는 상냥한 다이애나의 미소가 다가오던 순간부터 가슴 태웠던 사랑의 결실이 이루어진 것으로 착각을 했던 것이다. 다이애나는 이런 그에게 용서받을 수 없는 큰 죄를 진 것만 같아 가슴이 저리도록 아팠다.
 무슨 말로 그를 위로하고 단념시킬 수 있을까 궁리하던 그녀는 걸음을 멈추고 마주 섰다. 여전히 곱고 상냥한 웃음을 웃고 있었다.
 "이런 부탁을 드려도 될까요? 전 비바람에 흔들리지 않고 조용히 피고 싶어요. 한 송이 들국화처럼 —— 저를 좋게 보신다면 고이 지켜봐 주세요. 꺾으려 하지 마시고요. 그렇게 해 주시는 거죠?"

애원하다시피 하는 다이애나에게 도리질을 할 수 없던 햄릿은 간신히 고개를 끄덕였다. 꺾고 나면 시들고 말 들국화를 차라리 한 발 뒤에서 바라보며 지켜줘야겠다는 생각이 들어서였다. 천성이 착하고 지혜로운 다이애나는 짝사랑하는 그와 아픔을 같이하며 마음을 돌려놓은 것이다.

다이애나는 날 것만 같은 가벼운 걸음으로 문을 밀고 들어왔다.

"어떻게 됐니, 그 햄릿?"

"또 만나기로 했어?"

"언제?"

세 아가씨가 호기심에 찬 표정으로 둘러쌌으나 다이애나는 아무 말 없이 신문지에 장미꽃을 싸서 치워 버렸다. 사랑의 승자로 군림하며 장미꽃을 훈장처럼 자랑할 줄 알았던 세 아가씨는 그녀의 뜻밖의 행동에 그저 눈이 휘둥그래질 따름이었다.

"다이애나, 속시원히 얘기해 줘. 대체 어떻게 된 거니?"

가슴 태우던 버지니아가 다가서며 추궁하듯 물었다.

"다시는 이런 장미꽃을 보내지 않을 거야."

"멋있게 차 버렸단 말이니?"

"내게 그런 자격이나 있나?"

"그럼?"

"멀리서 날 지켜 주기로 했어."

흔히들 자랑삼아, 장난삼아 쫓아다니는 사내를 차 버렸다는 얘기쯤 쉽게 할 수 있는 것이 여자이련만 다이애나에게는 그런 얄팍한 오만기를 찾을래야 찾아볼 수가 없었다. 세 아가씨들은 그런 다이애나를 쉽게 오해했던 자신들이 부끄러워 고개를 숙였다. 그리고 멀리서 다이애나를 지켜 줄 햄릿처럼, 세 아가씨들도 착하고 슬기로운 그녀를 지켜 주어야겠다고 마음속으로 다짐했다.

이렇듯 고마운 룸메이트가 있기에 런던에서의 다이애나의 생활은 즐거운 것이었다. 그러던 어느 날의 일이었다. 무심코〈더 선〉지를 펴 본 그녀는 눈을 의심하며 신문에 실린 사진을 주시했다. 찰스 왕세자 옆에 있어야 할 언니의 모습 대신 딴 여인이 활짝 웃고 있었다.

그럴 리가 없다는 듯이 그녀는 신문 기사로 눈을 옮겼다. '새로운 찰리스 엔젤, 수잔 조지'라는 활자가 찍혀 있었다. 다이애나의 언니 사라의 엔젤 시대는 막이 내리고 수잔의 엔젤 시대가 온 것이다. 사라와는 대조적으로 섹시한 금발 미녀였다.

다이애나는 이 신문을 보고 있을 언니의 모습이 떠올라, 그길로 아파트를 뛰쳐나와 앨소프로 차를 몰았다. 실연의 아픔을 견뎌내느라 혼자 괴로워하고 있을 언니를 위로해 주기 위해서였다.

그러나 언니를 본 그녀는 오히려 자신이 쑥스러워졌다. 찰스 왕세자와의 헤어짐이 불과 며칠 전 일이련만 강아지를 쓰다듬고 있는 언니의 표정은 마치 기억조차 할 수 없는 아득한 일로 까마득하게 잊고 있는 사람 같았다.

"주말도 아닌데 웬일이니?"

"그저 들러 봤어."

"그래? 어제 난 강아지야. 예쁘지? 전부 네 마리야. 어울리는 이름을 지어 줘야겠는데 고민이야. 좋은 이름 생각나는 것 있니?"

다이애나는 아무런 상처도 입지 않은 언니가 고마우면서도 한편으로는 당연하다고 생각되었다. 찰리스 엔젤로 항간에 소문을 퍼뜨릴 당시 백작 가문이 되살아났으니 너희들은 좋은 가문에 시집갈 수 있게 됐다고 하던 언니의 말이 생각나서였다.

사라와 함께 강아지 이름을 지어 주고 나서 런던으로 되돌아오면서 기울어졌던 가문을 바로세우고 찰리스 엔젤에서 물러선 언니가 마치 올림픽에서 국가에 금메달을 안겨 주고 조용히 은퇴한 금메달리스트처럼 자랑스럽게 느껴졌다.

그 후 얼마 안 있어 찰스 왕세자의 염문은 꼬리를 물었다. 찰리스 엔젤의 자리가 애나 월레스로 바뀌었다. 그들의 로맨스는 연일 신문에 보도되었고 많은 사람들의 관심을 끌었다. 특히 레이 와트 기자도 애나에 대해서만은 호의적인 기사를 아끼지 않았다. 예외적인 일이었다.

찰스 왕세자의 염문에 별 신경을 쓰지 않던 다이애나도 이번만은 달랐다. 나이가 성숙한 때문만은 아니다. 신문 기사에 자극받은 이유도 있었으나, 사라 언니가 아닌 애나이고 보면 남들이 찰리스 엔젤에 질투를 느끼는 그런 감정을 얼마든지 가질 수 있기 때문이다.

1979년 9월, 찰스 왕세자와 처음 만났다는 억만장자의 딸인 애나는 뛰어난 미인이었다. 거기에다 점점이 박힌 주근깨가 매력을 더해 주었다.

"이번 찰리스 엔젤, 정말 매력 있어. 미인이고……."

다이애나가 버지니아에게 말했다. 지금까지 이런 종류의 얘기를 하며 화제를 유도해 본 적이라고는 단 한 번도 없던 그녀였으나 웬일인지 그러지 않고는 견딜 수 없었다.

"찰스도 이번만은 열심인 것 같아."

"그럼 왕세자비가 되는 게 아냐?"

다이애나는 숨 돌릴 사이도 없이 말꼬리를 물었다. 뭔가 막연하게나마 소중한 것을 영영 놓치고 마는 것 같은 조바심이 났다.

신문 기사에서 왕세자가 지금까지 사귀던 여자 중에서 가장 매력 있는 여자라고 평가했듯이 애나 월레스는 미모로 보나 집안으로 보나 왕세자비로서의 조건을 고루 갖춘 명문가의 아가씨였다. 그리고 그녀의 아버지 해미슈 월레스 회장은 잉글랜드와 스코틀랜드에 많은 부동산을 소유하고 있는 재계의 거물이다. 만약에 찰스 왕세자가 애나 월레스와 결합된다면 그야말로 귀(貴)와 부(富)가 조화를 이룰 것이다.

사흘이 멀다하고 찰스 왕세자와 애나가 데이트하는 장면이 사진 기자들에게 포착되어 지면을 채웠다. 그럴 때마다 다이애나는 화제를 유도했다.
"둘이 멋지게 어울려. 안 그래, 버지니아?"
"너 참 이상하다. 이번 일에 왜 그렇게 열을 올리지?"
"열을 올리긴, 그저 그렇다는 거지 뭐……."
다이애나는 화끈 달아오른 얼굴을 숨기기 위해 얼굴을 돌렸으나 룸메이트들은 별 관심을 두지 않았다. 13년이나 연하인 다이애나가 노총각 찰스 왕세자와 세기적인 로맨스의 주인공이 되어 왕세자비로 간택되리라고는 생각지도 않았기 때문이다.
화제가 끊일 사이 없이 왕세자와 애나의 사진이 신문에 게재됐다. 그런데 지금까지의 찰리스 엔젤과는 색다른 면이 있었다. 행복한 듯 활짝 웃던 애나의 사진이 짜증스러운 표정으로 바뀌더니 최근에 와서는 겁에 질린 표정을 짓기가 일쑤였다. 카메라 기피증에 걸린 것이다. 심지어는 카메라 렌즈를 가리려고 필사적으로 손을 휘젓는 사진까지 실렸다.
"기자들이 너무 짓궂은 것 같지 않아? 둘이 마음놓고 사랑할 수 있게 내버려두지 않고서……."
다이애나가 신문 사진에서 눈을 떼며 룸메이트들에게 말했다.
"기자나 카메라 노이로제에 걸릴 정도라면 장차 왕세자비가 될 자격이 없는 여자라고 평가해야 될 거야. 국민이 찰스에 대해서 알기를 원하고 있는데 그 권리를 박탈하려든다면 국민이 먼저 그 여자의 자격을 박탈해 버릴 거야."
다이애나는 버지니아의 의견에 반대 의사를 표시했다.
"하지만 그들에게도 사생활을 간직해야 할 권리는 있지 않을까?"
이런 두 갈래의 해석은 그녀들만이 아니라 국민들도 마찬가지였다.

"레이, 아무래도 나 신문사를 그만두고 사진관이나 차려야 할까 봐."
 편집장실을 나온 아더가 푸념하듯 말했다. 그는 막 편집장으로부터 신문의 질을 떨어뜨리는 그런 사진은 그만 찍으라는 주의를 받았다.
 "그럼 편집장은 국민의 눈과 귀를 막자는 건가? 그것이 신문의 품위야?"
 "아무튼 이번 찰리스 엔젤에 대해서만은 손을 떼고 싶어."
 항상 자기 몸의 분신인 양 카메라를 지니고 다니던 아더는 빈몸이었다. 그는 신문의 격이 떨어질까 봐 우려해서도 아니고 웃사람에게 주의를 받은 때문만도 아니었다. 지금까지 등장했다가 사라진 수많은 찰리스 엔젤 중에서 애나만은 장차 왕비로서의 자격을 갖춘 유일한 여인이라고 믿었기에 그들의 장래를 축하해 주는 의미에서도 스캔들을 파헤치는 일에서 손을 떼고 싶었던 것이다.
 "그렇다면 왕세자가 지금까지 배필을 정하지 못하고 방황한 책임이 우리에게 있었다는 건가?"
 레이가 정색을 하고 물었다.
 "아무래도 그런 것만 같은 생각이 들어. 우리가 집요하게 파헤치지만 않았던들 영국 국민은 벌써 왕세자비를 가질 수 있었을 게 아닌가? 그러면서 난 요새 가책을 느껴."
 "난 오히려 긍지를 가지고 있네. 그 한 좋은 예가 대비나라는 여자야. 아더, 자네도 그 일을 기억하지? 그러니 우리가 하는 일에 긍지와 용기를 갖게!"
 레이 기자는 신문 기자를 그만두고 사진관이나 차리겠다는 아더에게 용기를 주며 계속해서 말을 이었다.
 "아더! 생각해 보게나. 영국 언론계에 우리 같은 유능한 기자가 없었던들, 영국 국민은 뭇 사나이 품에서 놀아난 대비나를 왕세자비로 모실 뻔하지 않았어. 그런 의미에서 우린 비록 폭로 기사를 쓰고 있다고는 하지만 전통과 권위를 자랑하는 영국 신문과 사회에 공헌하고 있는 거야."

레이의 말에 용기를 얻은 아더는 다시 카메라를 들고 유명한 힐튼 호텔 뒤편에 있는 호화롭고 거대한 애나의 저택으로 향했다. 아더는 저택이 한눈에 내려다보이는 위치에 카메라를 숨기고 그녀가 나타나기를 기다렸다. 언제 모습을 나타낸다는 기약도 없는 기다림이었으나, 그는 끈기와 긍지를 가지고 버티었다. 흥미와 폭로 기사로 밥을 먹기 위해서가 아니라, 국민이 염원하는 왕세자비를 기자의 이름으로 찾고 있다는 보람에 지루한 줄 몰랐다.

드디어 기다리던 애나의 모습이 나타났다. 셔터를 누르고 난 아더와 레이는 부랴부랴 카메라를 거두고 그녀의 차를 뒤쫓았다. 왕세자와 밀회를 즐기는 새로운 장면을 찍기 위해서였다. 그런데 그녀가 만난 사람은 찰스 왕세자가 아니라, 한 상원 의원의 동생인 존이었다.

대비나의 과거를 용서하지 않았던 그들로서는 남자를 숨겨두고 찰리스 엔젤의 탈을 쓰고 있는 애나에게 커다란 충격을 받았다.

"쳐들어가서 진상을 캐내자!"

사명감에 불탄 그들은 플래시를 터뜨리며 들이닥쳤다. 그런데 놀란 쪽은 애나가 아니라 기자들이었다. 기자 기피증에 걸려 카메라만 들이대도 기겁을 하던 애나가 보란 듯이 존의 팔짱을 끼고 미소까지 지어 보이니 말이다. 정녕 여우한테 홀린 기분이었다.

"안녕하세요?"

그녀는 두 기자에게 인사를 했다. 일찍이 없던 행동이었다.

"절 추적하며 여기까지 오시느라 수고가 많았어요."

"아니, 그럼 알고 있었단 말입니까?"

"우리집을 카메라로 겨냥하고 있을 때부터 알고 있었어요. 특종을 캐셨네요."

두 기자는, 밀회 현장을 잡히고 나서도 당황하는 표정은 고사하고 농담까지 할 수 있는 그녀의 대담성에 놀라, 벌린 입이 다물어지지 않았다. 그러나 레이와 아더는 그녀의 진심을 알지 못했다.

찰스 왕세자를 알고 나서부터 줄곧 기자들에게 시달려 온 그녀는, 밤낮으로 매스컴과 국민을 의식하며 짜여진 일정표에 의해 공무에 쫓겨야 하는 왕세자비가 되기보다는 조용하고 평범하게 살고 싶어 존을 택하기로 결심했고, 그 결심을 신문을 통해 밝힐 계획으로 두 기자를 현장까지 유도했던 것이다. 애나는 왕세자에서 등을 돌린 첫번째 여자이며, 찰리스 엔젤의 자격을 스스로 포기한 마지막 여자였다.

이튿날, 왕세자비 후보였던 애나 윌레스와 존이 팔짱을 끼고 활짝 웃는 사진을 본 영국 사람들은 그럴 수가 있느냐는 듯이 그저 고개만 내저었다.

여인으로 인해 두 번째 실연의 아픔을 당한 장본인인 찰스 왕세자는 말할 나위 없고 그들의 결합을 바라고 있던 여왕 부처도 적지않게 상심했다. 또 얼마나 오랫동안 방황을 할 것인가 하는 우려 때문이었다. 영국을 위시해서 전세계에서 신데렐라의 꿈을 품고 있는 여성의 수가 수백, 수천만에 이를 것이다.

그러나 왕세자는 그 속에서 단 한 명의 배필을 찾기 위해 10여 년 동안 방황했으나 끝내는 두 차례의 아픈 사랑의 얼룩진 상처만을 안고 말았다. 더욱이 한편으로는 찰스 왕세자에게 동정을 표하기보다 왕세자비의 영광을 헌신짝처럼 버리고 평범한 생활을 택한 애나에게 국민들은 갈채를 보냈다.

"얼마나 멋진 여성이니. 왕세자비의 왕관을 마다하고 존과 결혼하기로 결심한 애나의 슬기 말이야."

버지니아가 말하자, 앤과 캐롤린도 그녀에게 동조를 했다. 그러나 유독 다이애나만은 입을 굳게 다문 채 신문을 응시하고 있었다. 애나 월레스의 슬기를 찬양하기에 앞서 사랑하는 여인을 놓친 찰스 왕세자의 아픔이 마치 자기 것인 양 저리도록 가슴에 와닿았기 때문이었다.

그녀는 뚫어지게 들여다보고 있던 신문을 내팽개치고 창가로 다가갔다. 존의 팔짱을 끼고 행복한 포즈를 취한 애나의 웃음이 역겨워서였다. 그리고 왕세자비의 왕관을 마다한 그녀의 슬기가 오히려 주어진 책임과 의무를 외면하고 개인의 안일만을 추구하는 천박한 개인주의처럼 느껴졌다.

그녀는 문득 폭로 기자들이 애나를 괴롭히지 않고 내버려두었다면 어떻게 되었을까 하고 자문해 보았다. 그 답은 명백했다. 틀림없이 왕세자비로 간택이 될 것이고 오래지 않아 왕비로 추대될 것이다. 다이애나의 자문은 계속되었다.

매스컴의 각광을 받을 왕비, 공식 석상에서 경호원에 둘러싸여 기자들의 플래시 세례를 받아야 하는 왕비가 기자 기피증에 걸려 공식 석상, 또는 대중 앞에 나서기를 꺼린다면 어떻게 될 것인가 하고…… 그 답도 명백했다. 애나는 인생을 후회하는 왕비가 될 것이고, 그런 왕비를 가진 국민도 후회할 것이다. 그리고 이혼조차 할 수 없는 찰스도 평생을 후회 속에 보내야 하는 가장 불행한 국왕이 될 것이다.

그런 의미에서 애나 스스로가 왕비관을 포기하게끔 몰아세운 폭로 기자들은, 영국이 원하는, 왕세자가 바라는 보다 완벽한 왕세자비의 탄생을 위해, 큰 공헌을 했다는 생각이 들어 다이애나는 그들을 미워했던 것을 후회했다.

비라도 뿌릴 것같이 뿌옇게 흐렸던 하늘에서 한 줄기 햇살이 두터운 구름을 뚫고 쏟아져 내리고 있었다.

자선 파티에서의 진한 눈빛

애나 윌레스가 떠나간 지 얼마 안 있어 찰스 왕세자는 새로운 엔젤을 동반하고 파티 장소에 나타났다. 수잔 조지는 섹시하고도 선정적인 몸매를 가진 여자였다.

신문에 소개된 그녀의 사진을 보고 모든 사람들은 혀를 차며 고개를 가로저었다. 영화 광고란에 실린 육체파 여배우의 사진이라면 눈요기로 보아줄 수 있으나, 왕세자비를 마다한 애나와 비교할 때 너무 격이 떨어질 뿐더러 찰리스 엔젤로서의 자격도 없었다.

"찰스는 국민이 원하는 왕세자비를 찾기보다 젊음을 즐기려는 게 아닐까?"

"왕세자의 바람기에는 정말 두 손 다 들었어. 어디 여자가 없어 하필이면 그런 여자를…… 무덤에서 되살아난 마릴린 먼로 같잖아?"

"왕세자의 입장에서 보면 많은 것 같으면서도 없는 것이 바로 여잘 거야."

"왜 없어. 이 방에도 적임자가 있는데……"

"누구?"

"누군 누구야, 다이애나지!"

룸메이트인 버지니아, 앤, 캐롤린은 다이애나의 이름을 들먹거리며 화제를 즐겼다. 신세를 지고 있는 다이애나의 비위를 맞추기 위해서가 아니라 생활을 통해 느낀 다이애나의 인상은 과단성 있는 대비나, 지적인 애나에게 없는 포근함이 있다는 것이다.

생활을 같이하며 얻어진 그들의 판단은 옳았다. 다이애나에게는 주위를 깜짝 놀라게 하는 과단성이나 면도날같이 날카로운 지적인 면은 없다 해도 새털 같은 포근함이 있었다. 룸메이트들은 입을 모아 세상은 좁은 것 같으면서도 넓다고 한숨을 지었으나, 애당초 신데렐라의 꿈을 꾸어 본 적이 없던 그녀는 세 아가씨의 말을 귓전에 흘리며 새로 선택한 엔젤 때문에 비방을 받고 있는 왕세자를 한없이 동정하고 싶어졌다.

다이애나는 레이와 아더 두 기자가 수잔 조지와의 스캔들을 폭로하는 기사에서, 왕세자가 애나를 놓친 허전한 마음을 메꾸기 위해 전혀 유형이 다른 육체파 엔젤을 선택했을지도 모른다는 대목에 수긍이 갔다.

"머지않아 다른 엔젤로 배턴이 넘어갈 텐데…… 다음은 누구라고 생각하나?"

입맛을 다시며 묻던 레이가 수첩을 폈다. 그 안에는 혼기에 접어든 명문 귀족 아가씨의 명단이 꽉 차 있었다. 그 명단 속에는 방년 18세의 다이애나 스펜서의 이름은 끼어 있지도 않았다. 족집게처럼 집어내는 베테랑 기자였으나 찰스 왕세자와 연령 차이가 13년이나 벌어진 그녀에게 레이는 눈도 돌리지 않았다.

"있다! 서필드!"

수첩을 훑어 내려가던 레이가 소리쳤다.
"나도 서필드를 점찍고 있었어. 집안도 좋고 교양도 있으니 말이야. 머지않아 사교계에서 찰스의 눈에 띌 거야. 가자구!"
그들은 런던 교외에 있는 그녀의 집으로 차를 몰았다. 넓은 뜰에 분수까지 있는 호화 저택이었다. 아더는 집 전경을 카메라에 담고 나서 그녀가 나타나기를 숨어서 기다렸다.
"나온다!"
레이가 아더에게 사인을 보냈다. 예상하지도 못한 큰 수확이었다. 서필드가 핫팬츠 차림으로 늘씬한 각선미를 자랑이라도 하듯 남동생과 함께 테니스 코트에 나타난 것이다.
터질 듯한 앞가슴의 볼륨, 가는 개미 허리에서 활처럼 휘어 흘러내려오는 엉덩이의 곡선, 라켓을 휘두르는 선정적인 율동 등 그야말로 잘 다듬어진 팔등신의 미인이었다. 아더는 분주하게 셔터를 눌러댔다. 테니스가 끝나고 한 시간쯤 기다리고 있으니, 이번에는 애완용 푸들을 끌고 정원에 나타났다.
"테니스를 즐기는 서필드, 그녀는 푸들을 사랑했다……."
숨어서 보던 레이 입에서 지상의 그녀를 소개하는 타이틀이 줄줄 흘러나왔다.
"이 친구야! 하늘을 봐야 별을 따고 꿈을 꾸어야 임을 볼 수가 있지 않나. 아무리 좋은 사진이 있고 멋진 타이틀이 있다 해도 왕세자와 서필드가 데이트를 해야 쓸모가 있지 않느냐 말일세."
"모레까지만 기다려. 특종을 캘 수 있을 테니까."
레이가 말하는 이틀 후에는 귀족을 위한 패션 쇼가 벌어지는 날이다. 그의 말에 의하면 왕세자와 서필드가 한자리에 어울리게 된다는 것이다. 그의 수첩에는 귀족 처녀들의 명단뿐만 아니라 파티 장소와 일정까지 수집되어 있었다.

그러나 그의 추리는 빗나갔다. 기다렸던 찰스 왕세자는 끝내 모습을 나타내지 않았고, 일주일 후에 열린 자선 파티에는 서필드가 나오지 않았다. 카메라에 모터드라이브 장치까지 해놓고 기다리고 있던 아더는 김이 빠졌다.

"레이, 우리가 헛잡은 게 아닐까?"

"천만에. 양극이 부딪치면 불꽃이 튀듯 왕세자와 서필드가 한자리에서 만나기만 하면 사랑의 불꽃을 피우게 마련이야. 끈기 있게 기다리자고. 그게 우리의 직업이니까."

끈기 있게 기다린 보람은 헛되지 않았다. 보름달이 휘황찬란한 3월 하순, 리치먼드 공작의 구드우드 하우스에서 호화로운 대무도회가 베풀어졌다. 거기에 찰스 왕세자에 이어 서필드가 자동차에서 내려 파티장으로 들어갔다. 아더는 가슴을 두근거리며 마구 플래시를 터뜨렸다.

그런데 그녀의 뒤를 이어 또 한 대의 자동차가 서고 수잔 조지가 내리는 것이 아닌가. 엉덩이의 율동이 요란한 그 걸음걸이부터가 마릴린 먼로를 닮았다. 어디 그뿐이랴. 입맞춤을 바라는 듯한 반쯤 열린 그 요염한 입술도 마릴린 먼로 그대로였다. 찰스 왕세자와 서필드, 수잔 조지가 한자리에 모인 파티에 기대를 걸고 레이와 아더는 부푼 가슴을 안고 안으로 들어갔다.

파티의 주빈은 역시 찰스 왕세자였다. 모든 귀부인과 아가씨들이 인사를 하며 그의 주위를 맴돌다가 물러섰다. 드디어 서필드 차례가 왔다. 그러나 기대가 너무 컸기 때문일까. 레이와 아더는 크게 실망했다. 찰스 왕세자는 처음 대하는 그녀에게 관심을 보인 듯했으나, 소개 인사를 끝내자 구석진 곳에 서성거리고 있는 아가씨에게 몸소 다가가 다정하게 말을 나누는 것이었다.

"누구더라, 어디서 본 듯한 아가씬데."

레이가 뒷머리를 긁으며 중얼거렸다.

"자네가 모르면 누가 알아? 생각났다! 흘러간 찰리스 엔젤 사라의 동생이야. 앨소프 저택 앞에서 만났던 여고생!"
"맞았어! 그러고 보니 다이애나도 사교계에 나올 나이가 됐어."
"한 방 터뜨릴까?"
"내버려 둬."
"누가 알아? 다음 찰리스 엔젤이 될지……."
"아직 어려."
"어린 건 나이뿐이야. 완전하게 성숙한 숙녀가 아니냔 말이야."
"숙녀 같은 소리 하고 있네."

레이 기자는 도무지 아더 기자의 말을 귀담으려 하지 않았다. 원숭이도 나무에서 떨어질 때가 있다. 예감과 판단력으로 스캔들을 파헤치던 그도 1년 후 왕세자비가 될 다이애나에 대해서만은 한 치 앞을 내다보지 못했다. 파티에 모인 귀부인과 귀족 아가씨들도 마찬가지여서 다정하게 얘기를 주고받는 왕세자와 그녀에 대해선 곁눈질도 하지 않았다.

"다이애나, 그 동안 몰라보게 예뻐졌군."

이브닝드레스로 화려하게 정장을 한 그녀의 성숙한 몸매를 눈부시게 바라보며 찰스 왕세자가 말했다.

"3년 전 사냥터에서 봤을 때도 똑같은 말씀을 하셨어요."

티없이 맑은 웃음을 지으며 다이애나가 말했다. 지금까지 수없는 엔젤의 웃음을 대해 왔지만 다이애나의 웃음 같은 맑은 웃음을 대하기는 처음이었다.

"그때도 내가 같은 얘기를 했던가? 그렇다면 다이애나는 만날 때마다 예뻐지는 모양이지? 그렇지?"

"감사합니다, 왕세자님."

"왕세자님이라고 부르니까 우리 사이가 멀어지는 것 같아. 앞으로는 파티 장소에서 자주 만나게 되겠군."
"뵙지 못할지도 몰라요. 저는 이런 모임을 별로 좋아하지 않으니까요."
"그럼 지금 당장 춤을 신청해야겠군."
 장내에 감미로운 왈츠곡이 흐르자, 찰스 왕세자는 다이애나의 손을 이끌고 풀로어로 나와 춤을 추기 시작했다.
 그때까지만 해도 왕세자를 겨냥하던 귀족 아가씨들은 물론 귀부인, 심지어 두 기자까지도 숙녀 문턱에 들어선 다이애나를 축하해 주기 위해 춤상대를 해주는 것으로 생각하고 대수롭게 보지 않았다. 등잔 밑이 어둡다는 속담 바로 그대로였다.
 다이애나가 이 자선 파티에 참석한 것은 자의에 의해서가 아니라 새엄마 레인의 간청 때문이었다. 그것도 성숙한 딸을 귀족 사교계에 데뷔시키기 위해서가 아니라 자신이 사교계에 발을 붙여 스펜서 백작 가문의 건재를 시위하기 위한 방편으로 다이애나를 앞장세우고 온 것이다.
 악단의 왈츠곡이 서서히 고조되기 시작했다. 어릴 때 탭 댄스를 배운다고 함께 손을 맞잡고 춤을 추다 스텝을 잘못 밟아 한덩어리가 되어 뒹군 적도 있던 그녀였으나, 왈츠곡을 추면서 왕세자에게 느낀 감정은 그때와는 전혀 다른 것이어서 구름을 밟는 것 같은 황홀한 기분이었다. 지금까지 남자 교제가 없던 그녀로서는 처음 느껴 보는 감정이었다.
 몇 걸음의 스텝과 몇 바퀴의 스핀을 돈 것 같은 짧은 시간이었는데 어느새 왈츠곡이 끝나 버렸다. 다이애나는 시간이 이처럼 아쉬운 것인지 미처 몰랐다.
 새로운 곡으로 바뀌자 찰스 왕세자는 실크드레스가 몸에 찰싹 달라붙어 몸의 곡선을 그대로 드러낸 여인과 춤을 추었다. 다이애나는 그녀가 신문에서 얼굴을 익힌 수잔 조지임을 금방 알 수 있었다. 장내의 시선을 모으며 달콤한 멜로디에 맞추어 춤을 추는 그들의 모습이 다이애나에게는 행복해 보이지가 않았다. 그저 애나를 잃은 그 아픔을 감추기 위해 만인 앞에서 즐거운 듯이 춤을 추어야 하는 찰스 왕세자가 한없이 가엾기만 했다.

이어서 멜로디가 바뀌고 서필드에게 왕세자가 춤을 청했다. 그 차례를 기다린 사람은 본인보다도 줄곧 분위기를 지켜보던 레이와 아더 두 기자였는지도 모른다. 그들은 때가 왔다는 듯이 서로 손을 맞잡고 기뻐했다.

그러나 낯선 새로운 여자와 춤을 추고 있는 찰스 왕세자의 모습에서 다이애나는 대비나를 잃었을 때와 같이 새로운 엔젤을 찾아 방황을 되풀이하는 것 같은 느낌을 받으면서 파티에 온 것을 후회했다.

그녀와 춤을 끝낸 찰스 왕세자는 주최측과 몇 마디 대화를 나누고 나서 작별 인사를 나누었다. 이윽고 다이애나 앞을 스쳐가던 그가 걸음을 멈췄다.

"다이애나, 우리 또 만나요."

순간 다이애나의 가슴이 찡하니 울렸다. 3년 전 사냥터에서 헤어질 때 남긴 말과 똑같았다. 그녀는 경호원에게 둘러싸여 출입구를 나가는 왕세자의 뒷모습을 바라보며 만날 기약도 없이 우리라는 복수를 써 가며 다시 만나자고 인사한 그 말뜻을 이해할 수가 없었다. 사냥터에서 만난 이후 그녀는 '우리'라는 아리송한 말 때문에 치러야 했던 번민을 상기할 때 겁부터 앞섰다.

"그때처럼 생각 없이 내뱉은 말일까? 그렇게도 찰스는 실없는 사람일까? 우리라는 그 말 한마디 때문에 내가 그처럼 괴로워한 줄도 모르고…… 야속한 찰스…… 잊어야지! 잊어야지."

집으로 돌아오는 차안에서 다이애나는 3년 전에 되풀이한 말을 계속 입 속으로 되새기며 굴렸다.

"다이애나, 찰스 왕세자하고 춤추는 너를 멀리서 보니까 아주 어울리더라."
새엄마가 넌지시 말을 걸었으나 다이애나는 귀에 들어오지 않았다.
"춤을 추며 널 바라보는 왕세자의 눈길이 예사의 것이 아닌 것 같았어. 넌 그런 걸 못 느꼈니?"
"절대 그럴 리가 없어요. 어머니가 그렇게 보신 거죠, 뭐."
완강히 부정하면서도 마음에 짚이는 데가 있었다. 춤이 절정에 이르렀을 때 무심코 얼굴을 들어 왕세자를 쳐다보았다. 그 순간 그의 너무도 진한 눈길에 그만 당황하여 시선을 거두었던 것이다. 그때의 찰스 왕세자의 눈빛은 분명 사냥터에서 마주쳤던 그 눈빛보다 더 진하고 뜨겁고 눈부셨다.
집에 도착한 그녀는 서둘러 옷을 갈아 입고 런던으로 돌아왔다. 계속 찰스 왕세자의 말을 꺼내는 새엄마에게 일일이 답하기가 귀찮아서였다.

"오늘 파티 멋있었니?"
다이애나가 아파트 방문을 밀고 들어서자마자 룸메이트인 세 아가씨가 몰려들며 물었다. 모두가 상류 가정의 출신이라고는 하지만 영화를 통해서나 볼 수 있던 귀족 사교계의 내막이 관심거리였다.
"어땠어? 아주 화려했을 테지. 영화 장면처럼······."
"그저 그렇고 그랬어."
"왕세자도 나왔고?"
"음."
"그럼 춤도 추어 봤겠구나."
"음, 한 번······."
말이 채 끝나기도 전에 세 아가씨들은 환성을 지르며 토끼춤을 추었다.
"무슨 곡이었니?"
"왈츠."
순간 버지니아와 앤은 서로 어울려 콧노래로 왈츠곡을 부르며 춤을 추었고, 그나마 짝이 없는 캐롤린은 의자를 품에 안고 곡에 맞추어 스텝을 밟았다. 정작 파티에서 왕세자와 춤을 춘 다이애나보다 그들이 더 들떠 있었다.
"그때 기분이 어땠어?"
"그저그래."
"거짓말! 아직도 그때 분위기에서 깨어나지 못하고 있으면서……."
"그래 무슨 얘기를 주고받았니?"
"별로……."
"서로 벙어리도 아닐 테고 무슨 말을 해도 했을 게 아니니?"
"아무 말도……."
"요 깍쟁이!"
얄밉다는 듯이 눈을 흘기는 룸메이트에게 피곤하다는 말을 남기고 침실로 들어간 다이애나는 불도 켜지 않은 채 침대 위에 누웠다. 캄캄한 방이 아늑해 좋았다. 그녀는 눈을 감았다. 왕세자의 품에 안겨 춤을 추던 장면이 떠올랐다. 눈부시게 내려다보고 있는 그의 진한 눈길도…… 이어서 '우리 다시 만나요'하며 작별하던 모습이 떠올랐다.

그 순간 다이애나는 벌떡 일어나 마치 환상을 쫓아 버리듯 불을 켰다. 만날 기약도 없는 찰스 왕세자의 말을 되새기며 번민하고 싶지 않아서였다.

이튿날 아침, 당번이 아닌 그녀는 우유에 날계란 하나를 타 마시고 나서 아파트를 빠져나왔다. 갈 데가 있는 것도, 오라는 곳이 있어서도 아니었다. 때마침 일요일이어서 룸메이트가 종일토록 왕세자에 관한 애기를 물어올 게 뻔했고 그 답이 구차스러워서였다. 다이애나는 어젯밤 찰스 왕세자와 있었던 일을 말끔히 잊고 싶어 거리로 나온 것이다.
 한편 소리도 없이 다이애나가 빠져나갔음을 뒤늦게 안 세 아가씨들은 어깨를 으쓱거리며 마주보았다.
 "다이애나가 어딜 갔지?"
 "몰라!"
 "이런 일이 없었는데……. 왜 우리를 피하는 거지?"
 "그 애의 깊은 속을 우리가 어떻게 알겠어."
 "혹시 찰스 왕세자한테서 어떤 상처를 받은 게 아닐까? 파티에 육체파 엔젤 수잔 조지도 있었다니까……."
 "그렇다면 다이애나가 왕세자를?"
 새로운 사실을 발견한 듯 세 아가씨들은 놀란 눈으로 마주보았다. 다이애나의 깊은 마음을 헤아릴 길이 없던 그들은 멋대로 해석을 해버린 것이다. 성급한 캐롤린이 옷을 갈아 입고 뛰어나가려 하자 버지니아가 말렸다.
 "다이애나를 찾아야 해. 그 애를 달래 줄 사람은 우리들뿐이야. 찾아야 해."
 "내버려 둬! 다이애나의 상처를 달래 줄 사람은 오로지 다이애나 자신뿐이야."
 "그럼 우린 지켜보고만 있어야 한단 말이야?"
 "다이애나가 우리에게 바라는 것이 바로 그걸 거야."
 룸메이트가 다이애나에 대한 걱정을 하고 있을 시각, 그녀는 웨스트민스터 성당에서 미사에 참례하고 있었다.
 혹자가 '영시(英詩)와 영국 교회를 이해하지 못하면 영국을 올바로 이해한다고 할 수 없다'라고 했듯이 영국 국민과 교회는 밀접한 관계가 있다. 헨리 8세의 종교 개혁으로 로마 카톨릭에서 이탈하여 오늘의 영국 국교를 이루게 되었지만 영국 카톨릭이라고 할 만큼 로마 카톨릭에 가깝다. 영국에는 이밖에 여러 종파가 있으나 종교의 주류를 이루고 있는 것은 우리나라에서 '성공회'라고 불리는 국교이다.

특히 웨스트민스터 성당은 역대 국왕의 대관식이 거행되었던 유서 깊은 성당이며 국왕과 왕후의 유골이 안치되어 있다. 전통과 명예를 소중히 여기는 영국 사람들은 사후에 이 성당 벽에 이름이 새겨지는 것을 최대의 영광으로 생각한다.

미사가 진행되는 동안에 다이애나는 역대의 왕세자가 그러했듯이 웨스트민스터 성당에서 호화로운 결혼식을 올리게 될 찰스 왕세자에게 그가 원하는, 그리고 국민 모두가 바라는 좋은 배필이 나타나 주기를 두 손 모아 빌었다. 하늘의 섭리는 인간의 지혜나 힘으로써는 헤아릴 수 없는 것. 지금 이 시각으로부터 1년 후, 왕세자가 원하는, 그리고 국민 모두가 바라는 좋은 배필로 다이애나 자신이 간택되리라고 어느 누가 알았겠는가.

미사가 끝나자 그녀의 마음은 한결 가벼워졌다. 성당에 들어갈 때에 잔뜩 찌뿌드드하게 흐렸던 하늘이 활짝 개여서만은 아니었다. 전능하신 하느님이 자기의 간절한 기도를 들어줄 것만 같은 생각이 들어서였다.

다이애나의 걸음은 어느새 하이드 파크로 향하고 있었다. 런던에 산재한 많은 공원 중에서 제일 크고 제일 유명한 공원이 하이드 파크로, 서쪽에 위치한 켄싱턴 공원까지 합치면 무려 80만 평이나 되는 녹지대이다. 그리고 공원 동쪽에서 피카딜리 가(街)로 조금만 가면 그린 파크가 있어 공원 전체의 길이는 5킬로미터나 된다.

다이애나는 이처럼 광대하고 푸른 공원이 런던에 있다는 것에 새삼 애착을 느끼며 하이드 파크 북동쪽에 있는 대리석 아치 문을 들어섰다. 그녀는 거기서 말로만 듣던 진풍경을 목격했다. 5, 6명의 연사들이 여기저기에서 많게는 2, 30명의 청중 앞에서 적게는 듣는 사람이 하나도 없는 곳에서 열띤 연설을 하고 있었다. 여기에서는 공산당도, 신흥종교가도, 피부색이 다른 흑인도 연설을 통해 자기의 주의 주장을 밝힐 수 있으며, 일체의 법적인 규제를 받지 않는다. 언론의 자유가 철저하게 보장된 나라인 것이다.

다이애나는 여러 연사 중에서 가장 격렬하게 두 주먹을 휘두르며 열변을 토하는 연사 앞으로 다가갔다. 작은 키에 곱슬곱슬한 머리, 까무잡잡한 피부색으로 보아 아랍인임이 분명했다. 그녀는 아랍인 연사의 첫마디부터가 귀에 거슬렸다. 세계 정치사에 가장 교활했던 영국은 중동 문제에 책임을 지라는 것이었다.

"여러분! 1870년대만 해도 팔레스타인에는 70만의 아랍인이 살고 있었는데 그에 반해 유태인은 고작 1만 명에 불과했습니다. 그렇다면 팔레스타인의 주인은 과연 누구입니까? 유태인이겠습니까?"

그의 질문이 끝나자 매부리코를 한 초로의 검은 옷을 입은 신사가 반박을 하고 나섰다. 첫눈에 유태인임을 알 수 있었다.

"여보시오, 젊은 연사! 팔레스타인은 신약, 구약 성서에서도 밝혔듯이 1천 년 전부터 이스라엘 땅이오!"

"노신사분의 말을 부인하지는 않겠습니다. 그러나 그 후 1천 년 동안 팔레스타인은 아랍인의 것이라는 사실도 아셔야 합니다."

"젊은이도 알아야 할 것이 있소! 유엔은 이스라엘의 독립을, 찬성 33표, 반대 13표, 기권 10표로 승인했소."

"바로 그것이 영국의 교활한 국제 정치의 표본이란 말이오. 제1차 세계대전이 일어나자 독일의 힘을 감당할 수 없던 영국은 팔레스타인의 독립을 승인한다는 감언이설로 아랍인을 전쟁터로 끌어넣었던 것입니다. 제2차 세계대전 때는 정반대의 속임수를 썼습니다. 국가 재정이 바닥이 나자 이스라엘의 건국을 보장하겠다는 감언이설로 유태인의 돈을 징발했습니다.
 다시 말해서 팔레스타인을 놓고 아랍인과 유태인에게 이중 계약을 한 셈입니다. 제2차 세계대전을 승리로 이끈 영국은 팔레스타인 문제를 감당할 수 없자 유엔에 떠맡기고 투표에서 기권표를 던졌습니다. 이처럼 교활한 영국을 어떻게 용서할 수 있겠습니까? 그 후 네 차례에 걸친 중동전에서 아랍인들은 많은 피를 흘렸습니다. 이 피의 대가를 영국은 무엇으로 보상하겠느냐 그 말입니다!"
 열띤 연설에도 불구하고 단 한 사람의 박수도 없었다. 아니, 청중 자리를 마지막까지 지켰던 다이애나마저 자리를 뜨고 말았으나 그 아랍인의 연설은 계속되고 있었다.
 다음에 다이애나가 기웃거린 곳에서는 점잖은 영국 신사가 연설을 하고 있었다. 그러나 외형과는 달리 그의 연설 내용은 왕실에 대한 비방으로 일관했다. 마가렛 공주의 탈선에서부터 시작해서 찰스 왕세자에 이르기까지 그의 독설은 차마 들을 수 없는 것이었다.
 "여러분! 찰스 왕세자는 국민의 피땀어린 세금으로 수없이 여자를 갈아치우며 향락을 즐기고 있습니다. 국민은 이런 왕족들을 용서해서는 안 됩니다."
 "그럼 어떡하자는 거요!"
 누군가가 질문했다.
 "마땅히 왕실에 지출되는 예산을 반으로 줄여야 합니다. 그들은 국비를 낭비하는 돈벌레입니다."
 "옳소!"
 "연사가 누군지 말 한 번 속시원하게 잘한다."
 많은 청중이 왕실을 비방하는 연설 내용에 찬동을 했으나 경찰관은 뒷짐을 지고 그 앞을 스쳐 지나갈 뿐 아무런 제재도 가하지 않았다. 다이애나는 못 볼 장면을 본 듯 그 자리를 피하며 국민이 납득하는 배필을 찾지 못해 방황하는 찰스 왕세자를 동정하는 세력보다 비난하는 세력이 적지 않음을 알고 다소 놀랐다. 그녀는 웨스트민스터 성당에서 기도했던 내용을 되풀이하며 하이드 파크를 나왔다.

성당을 나올 때 활짝 개어 있던 하늘은 어느새 빗방울을 뿌리고 있었다. 우비를 갖추지 않은 다이애나는 서둘러 택시를 잡아타고 아파트로 돌아왔다.

"어딜 혼자 쏘다녔니? 얼마나 걱정했다고."

일요일인데도 외출도 하지 않고 기다려 준 친구들에게 다이애나는 마음속으로 고마움을 느꼈다. 세 아가씨들은 약속한 대로 찰스 왕세자에 대한 얘기는 일체 묻지 않고, 트럼프놀이를 하기도 하고 고전 음악을 듣기도 하며 다이애나와 즐거운 한나절을 보냈다. 가족과 떨어져 살아야 하는 런던 생활에서 이들 세 아가씨를 만날 수 있었던 것이 그녀로서는 더없이 다행스러운 일이었다.

저녁때가 되자, 수위가 석간 신문을 건네주었다. 그 신문에는 찰스 왕세자의 첫사랑에 관한 기사가 특집으로 다루어져 있었다. 기사는 예외없이 레이의 글이었고 루지아 산타크루스의 사진은 아더가 찍은 것이었다. 그러니까 10여 년 전부터 왕세자의 스캔들을 추적한 경력의 소유자니, 타의 추종을 불허하는 두목격의 베테랑 기자들이다.

신문을 보고 놀란 것은 어디서 정보를 입수했는지 첫사랑의 시리아 태생인 루지아의 근황과 애를 안고 남편과 찍은 사진까지 실려 있었다. 찰스 왕세자에게 새로운 기삿거리, 즉 예상했던 대로 서필드와의 관계가 진전되지 않자 12년 전 일을 들추어낸 것이다.

"너무했다. 신문과 이름을 팔기 위해 케케묵은 옛날 일까지 들추어 내니 말야."

라고 하면서도 버지니아는 기사를 흥미있게 큰 소리로 읽었다.

아더와 레이가 노린 것이 바로 그것이다. 너무했다는 비난을 각오하면서까지 멀어져 가는 찰스 왕세자에 대한 관심을 환기시켰고, 그것을 자기들의 사명으로 알고 있었다.

찰스 왕세자가 루지아를 처음 안 것은 그가 18세 때의 일이었다. 그러니까 초대 찰리스 엔젤인 셈인데, 라틴계의 미인인 그녀는 시리아의 영국 주재 대사의 딸이었고 옥스퍼드 대학에서 역사학을 전공했다. 주영 각국 대사를 위해 베푼 파티에서 대사인 아버지와 함께 참석한 루지아를 보고 찰스 왕세자는 첫눈에 반해 버렸다. 왕세자는 손에 든 잔에서 술이 반 이상 쏟아지는 것도 모르고 검은 머리의 그녀에게 넋을 잃고 말았던 것이다.

의례적으로 대사가 딸을 소개할 때도 찰스 왕세자는 까만 눈에서 신비스러운 빛을 발하는 그녀에게 단 한마디도 할 수 없었다. 파티가 거의 끝나갈 무렵에야 그는 신비의 루지아와 말을 나눌 수 있었.

그녀가 버틀러 경의 회고록 작성 일을 하고 있는데 영국 역사를 잘 몰라 어려움이 많다고 자기 소개를 하자, 찰스 왕세자는 비로소 말문이 열리기 시작했다. 영국에 대한 역사를 설명해 준 것이다.

영국은 유럽 서북부에 위치한 섬나라에 지나지 않는다. 안개가 많은 이 섬나라에 옛날부터 유럽 대륙에서 여러 민족이 이주해 오는가 하면 정복해 왔다. 로마가 영국을 지배하기 전에는 켈트 족이 안개섬의 주인이었으나, 기원전 1세기부터 로마군이 상륙하여 지배권을 장악하자 로마의 속국이 되고 말았다.

그러다가 5세기 경에 이르러 북독일의 앵글로색슨족이 대거 이주하여 쇠퇴한 로마군을 몰아내고 잉글랜드 왕국을 건립했다.

"그러니까 영국인의 핏속에는 게르만 민족의 피도 섞여 있단 말씀이군요."

흑진주 같은 까만 눈을 깜박거리며 루지아가 물었다. 전혀 생소한 얘기는 아니었으나 영국 왕세자의 입을 통해 듣는 영국의 역사가 그녀로서는 퍽 흥미로웠다.
 찰스 왕세자는 신이 나서 말을 이었다.
 11세기 경에 이르러 북프랑스의 노르만족이 쳐들어와 노르만 왕국을 세웠다. 이것이 영국 역사에 큰 전환점을 가져다 준 노르만 정복이다. 이로 인해 유럽 대륙에서 발달한 봉건 제도가 이식되기 시작했다.
 12세기 중엽에는 프랑스의 앙주 백작 헨리가 잉글랜드 왕위를 이어받아 강력한 왕권을 세우고, 법률, 제도 등을 도입하여 근대 국가의 형태를 갖추었다. 그리고 신임 잉글랜드 왕은 프랑스에 넓은 영지를 소유하고 있었으므로 라틴 문화를 수입하여 소박한 게르만계의 앵글로색슨 문화와 융합시켜 영국의 독자적인 문화를 형성하기에 이르렀다.
 "그렇다면 잉글랜드는 게르만과 프랑스의 복합 민족 국가란 뜻인가요?"
 루지아가 물었다.
 "12세기까지는 그랬습니다. 그러나 유명한 장미 전쟁 이후 생활양식이나 의식구조가 다른 잉글랜드가 형성됐지요."
 찰스 왕세자는 대영제국의 왕세자다운 긍지로 위대한 영국의 역사를 설명했다.
 그 후 영국은 장미 전쟁이란 대봉건 귀족인 랭커스터와 요크 양가 사이의 백 년 동안 계속된 내란으로 끝내는 많은 귀족과 기사의 세력이 몰락하고 헨리 7세가 튜더 왕정의 터전을 굳혔다. 헨리 7세는 중앙 귀족 대신 지방 귀족, 평민 등의 중류 계급을 관리에 등용해 중상주의(重商主義) 정책을 채택하여 상공업을 장려하는 등 새로운 잉글랜드의 국가 형태를 구축하였다.
 이렇듯 내실을 다진 영국은 1588년 스페인 무적 함대를 격파함으로써 해양 대국의 자리를 굳혔다. 그리하여 유럽의 최강대국으로 군림한 영국은 종교 개혁을 단행하여 로마 법왕과 결별하고 독자적인 국교를 확립하는 등 세계 일등국으로 해 지는 때가 없는 나라를 만들었다. 엘리자베스 여왕의 치적이었다.

1603년 평생 독신으로 지낸 여왕이 서거하자, 스코틀랜드의 제임스 1세가 잉글랜드 왕위를 이어받았다. 그러나 국내 사정에 어두웠던 왕은 새 시대의 급변하는 정세를 이해하지 못하여 신흥 계급의 의향을 반영하는 의회와 잦은 충돌을 빚었다. 마침내는 내란으로 확대되었다. 드디어 크롬웰이 영도하는 정예 군대는 1649년 국왕군을 격파하고 공화제를 수립하였다. 이것이 유명한 청교도 혁명이다.

크롬웰은 여세를 몰아 스코틀랜드와 에이레를 정복하고 군사 독재의 지배권을 신장했다. 그러나 영국 국민은 군사 독재에 저항하여 1666년 찰스 2세를 옹립하고 왕정 복고를 실현하여 왕권과 의회의 권력 균형에 의한 입헌 체제를 확립하려고 모색하였다.

그 후 정당 내각제가 발달하여 '국왕은 군림하나 통치하지 아니한다' 는 전통이 이루어져 오늘에 이른 것이다.

루지아에게 영국 역사를 설명하고 있는 왕세자에게 어느덧 파티 장소를 떠나야 할 시간이 다가왔다. 생각 같아서는 영국의 역사가 아니라 사랑에 대한 얘기를 나누고 싶었다. 짜여진 시간과 정해진 스케줄에 의해 움직여야 하는 찰스 왕세자에게는 그런 자유마저 허락되지 않았다.

하고 싶은 얘기, 해야 할 얘기를 단 한마디도 나누지 못하고 파티장을 나온 왕세자의 가슴속은 루지아로 꽉 차 있었다. 행동거지가 자유롭지 못한 왕세자의 신분, 더군다나 18세라는 어린 나이로서는 주위의 눈을 피해 가며 첫사랑을 속삭일 만한 요령도 없었다. 그는 처음으로 자신의 더없이 존귀한 신분을 후회했다.

그러나 선천적인 조심성 때문에 용기는 없어도 남다른 집념이 있는 왕세자는 첫사랑의 아픔을 가슴속에 묻어두고 물러설 위인이 아니었다. 그는 구실을 만들어 버틀러 경의 저택으로 루지아를 찾아가 호젓한 후원에서 재회했다. 그러나 그들이 나눈 대화는 사랑과 무관한 것이었다. 찰스가 영국 역사를 들려주었으므로 루지아에게 시리아의 역사를 들려 달라고 했다.

"영국이 로마 제국에게 점령당했듯이 시리아도 한때 정복당한 적이 있어요."

루지아가 나지막한 목소리로 차분하게 시리아의 역사를 설명했다. 찰스 왕세자는 그녀의 빨간 입술에서 눈을 떼지 않았다.

지금의 시리아 땅에는 기원전 5천 년부터 셈어(語)를 사용하는 인종이 살고 있었다. 그들은 당시만 해도 문명국이었던 이집트, 앗시리아, 페르시아, 알렉산더 대왕, 그리고 로마 제국에 이어 비잔틴 제국의 지배를 받아왔다. 그 후 이슬람 교도인 아랍인들이 이 비잔틴 제국을 몰아내고 새로운 사라센 제국을 건립하여 수도 다마스커스를 이슬람교의 중심지로 삼았다.

그 후 여러 변천을 거쳐 1516년 터키 제국에 병합되어 4백 년 동안 그 압정에 시달리다가 제1차 세계대전 때에 독일편에 가담했던 터키가 붕괴됨에 따라 겨우 그 굴레에서 벗어나는 듯하였으나, 1922년 국제연맹의 결의에 의해 레바논과 더불어 프랑스의 위임 통치하에 놓이게 되었다. 그러나 제2차 세계대전중에 프랑스가 독일에 항복한 틈을 타서 독립 운동을 벌여, 마침내 1944년 1월에 공화국으로서 완전한 독립국가가 되었다.

"시리아가 그처럼 오래된 나라라면 다마스커스에는 많은 유적이 있겠지요?"

찰스 왕세자가 물었다.

"신시가와 구시가로 나뉘어져 있어요. 신시가에는 시멘트와 유리로 쌓아올린 고층 건물뿐이지만 구시가에는 사라센 문화의 고적이 그대로 남아 있어요. 세계에서 가장 오래된 수크 해미디스 시장도 그대로 있고, 사막을 건너온 상인들의 말을 매 두는 말의 여관도 보존되어 있어요."
"그밖의 유적은 없습니까?"
"깜짝 놀라실 유적이 있어요. 살로메의 요염한 춤 때문에 죽은 세례 요한의 목을 모셔둔 사당도 있어요."
"아니, 그럼 이슬람의 요람인 다마스커스에 그리스도교의 유적이 보존되어 있다는 겁니까?"
"예수의 제자가 제일 먼저 전교(傳敎)한 곳이 바로 시리아였어요."
 찰스 왕세자는 사랑하는 루지아의 손 한 번 잡아 보지 못하고, 하고 싶은 얘기, 해야 할 얘기를 다음으로 미루고 헤어졌다. 두 번째 그녀를 찾아갔을 때에도 찰스 왕세자는 마찬가지였다. 드디어 세 번째 만났을 때 찰스 왕세자는 떨리는 손으로, 회교국에서 태어나 이슬람 관습과 계율을 지키며 살아온 루지아의 손을 잡았다. 해야 할 얘기, 하고 싶은 얘기를 털어놓기 위해서였다.
"루지아, 지금부터 내가 하는 얘기에 꼭 대답해 줘야 합니다."
 왕세자의 말에 그녀는 흑진주 같은 눈을 크게 뜨고 긴장했다.
"만약에 루지아의 알라신이 루지아의 사랑을 가로막는다면……."
"네, 네?"
 찰스 왕세자의 말이 미처 끝나기도 전에 사랑과 알라신을 연관지어 생각해 본 적이 없던 루지아는 놀란 표정으로 반문했다.
"사랑을 버리겠습니까?"
 찰스 왕세자를 사랑하고 있는 그녀는 완강히 고개를 저었다.
"그렇다면 알라신을 버릴 수 있단 말입니까?"
 그 말에 차마 고개를 끄덕일 수 없는 루지아는 비통한 표정을 지었다. 금세라도 울음이 터져나올 것 같은 그런 표정이었다.

그녀의 확답을 들을 수 없는 왕세자는 괴로웠다. 아니 루지아가 고민하는 것이 더 괴로웠는지도 모른다. 찰스 왕세자는 잡았던 루지아의 손을 놓고 답은 듣지 않아도 알았다는 듯이 조용히 일어나서 가 버렸다.

그로부터 며칠 후, 그들은 수상이 베푼 가든 파티에서 다시 만났다. 그러나 찰스 왕세자는 그녀에게 단 한 번의 시선도 주지 않았다. 루지아에 대한 사랑이 식어서가 아니라, 국민이 원하는 배필이 아님을 자각한 그는 첫사랑을 꽃피워 보지도 못한 채 묻어 버리고 만 것이다.

왕세자의 첫사랑을 다룬 특집 기사를 읽고 난 버지니아와 앤, 캐롤린은 한동안 숙연한 자세로 입을 열지 못했다. 스스로 첫사랑을 묻어 버렸던 어린 찰스 왕세자의 아픔이 가슴에 와닿았기 때문이었다.
"가엾어. 찰스 왕세자가……."
"우린 그런 줄도 모르고 바람둥이로 낙인을 찍었으니 말야."
"왕세자라는 신분이 그렇게도 괴로운 직분이라는 것을 처음 알았어. 루지아, 대비나, 애나 등 사랑했던 여인들을 모두 잃어야 하니 말야."
룸메이트들은 한결같이 입을 모아 찰스 왕세자를 동정했다.
이런 광경을 묵묵히 지켜보던 다이애나는, 특집 기사를 실어 국민의 여론을 찰스 왕세자에게 호의적으로 모아준 기자들에게 감사했다. 그리고 세 여인이 찰스 왕세자의 곁을 떠난 것은, 찰스 왕세자에게 실연의 아픔을 주기 위해서라기보다 국민이 원하는, 그가 바라는 배필에게 왕세자를 돌려주기 위한 신의 섭리였을 것이라는 생각이 들었다.
그날 밤, 다이애나는 침실에서 특집 기사를 읽고 또 읽으며 신의 섭리가 하루 속히 고독한 왕세자 주변에 일어나기를 빌었다.

윈드서핑장에서의 해프닝

하루 걸러 한 차례씩 비가 내리다시피 하는 런던의 여름은 찌는 듯한 무더위가 없어서일까, 길 가는 남자들의 대다수가 신사복 차림에 넥타이를 단정히 매고 우산을 하나씩 들고 있었다. 전통 있는 신사 나라의 체면을 지키기 위해서라기보다 여름이 한창인 7월의 평균 기온이 기껏해야 17도를 넘어서지 않는 알맞은 날씨여서 정장이 생활화되고 있는지도 모른다.

한 주일이 시작되는 월요일 아침에도 날씨가 흐려 있어 다이애나는 비옷을 들고 아파트를 나왔다.

"자동차가 새는 것도 아닐 텐데 왜 비옷을 갖고 나가니?"

버지니아가 따라나오며 물었다. 자동차로 유치원과 아파트를 오고가는데 비옷이 무슨 필요가 있느냐는 뜻이다. 그러나 다이애나는 대답 대신 웃어 주었을 뿐 해명을 하지 않았다. 런던에서 서민 생활에 애정을 느낀 다이애나는 유치원 일이 끝나면 미술관에 갈 예정이었다.

하이드 파크에서 들은 왕실과 찰스 왕세자를 비난하는 연설은 그녀에게 큰 충격을 주었으나, 서민의 소리를 직접 귀로 듣고 몸으로 체험한 사실은 퍽 유익하다고 생각했다. 실상 귀족 생활 테두리에서 벗어나 런던에서 아파트 생활을 하기 전까지는 왕실이나 왕세자를 공공연하게 비난하는 그런 자리에 입회한다는 것은 상상도 할 수 없는 일이었다. 그런 의미에서 서민과 자주 접할 수 있는 런던 생활이야말로 장차 왕세자비, 나아가서는 왕비가 될 그녀에게 산교육이 되었음은 두말할 나위도 없다.

더욱이 그녀는 관광객이 많이 모이는 박물관이나 미술관에서 그들의 입을 통해서 영국을 알고 싶었던 것이다.

평상시대로 다이애나는 룸메이트들을 직장 앞에 내려 주고 유치원으로 차를 몰았다. 차고에 차를 넣고 직원실 문을 열자, 수군거리던 보모들의 눈이 일제히 다이애나에게 집중됐다. 다이애나는 보모 손에 찰스 왕세자와 루지아의 사진이 실린 신문이 쥐어져 있는 것을 보고 그들이 나눈 대화 내용을 듣지 않아도 알 수 있었다.

"다이애나, 신문 봤어? 왕세자의 첫사랑을 다룬……."

"네, 봤어요."

"읽고 난 소감이 어때요?"

서민 출신인 그들은 귀족 출신인 다이애나의 해석에 퍽 흥미를 느끼고 있는 것 같았다.

"글쎄요. 나도 영국 사람이니까 신문을 본 사람과 같은 느낌이겠죠, 뭐."

다이애나의 출근을 기다리기나 했듯이 둘러쌌던 보모들은 그녀의 평범한 말에 실망한 표정을 지었다. 적어도 귀족 출신인 그녀에게서는 자기들이 예상도 못했던 색다른 해석이 있을 줄 알았다. 특히 귀족을 신망하고 왕실에 무조건이다시피 열광하는 국민성이고 보면 백작 가문의 다이애나와 같은 직장에서, 같은 일을 맡아보며, 같은 대우와 보수를 받고 있다는 것이 더할 나위 없는 자랑이며 영광으로 알고 있었다.
"그래도 다이애나는 가문이 우리와 다르니까 생각도 다를 게 아녜요?"
"그럴 리가 있겠어요. 스스로 첫사랑을 멀리해야 했던 왕세자가 가엾을 따름이죠."
"우리도 그런 생각을 했어요. 왕세자의 직분이 그렇게 힘든 것인가 하고······."
제각기 한마디씩 하는 보모들의 이야기도 룸메이트와 같은 내용이었다. 다이애나는 준비물을 챙겨 들고 홀로 나가면서 여론을 하나로 집약시키는 매스컴의 힘을 새삼스럽게 실감하며, 앞으로 간택될 왕세자비는 애나 월레스처럼 기자를 혐오의 대상으로 삼지 않는 현명한 여인이기를 마음속으로 간절히 바랐다.
다이애나는 이번 기사를 통해서 자칫 물과 기름처럼 유리(遊離)되기 쉬운 황실과 국민을 융화시키고 다리를 놓아 줄 수 있는 기관이 바로 매스컴이라는 것을 배운 셈이다.
다이애나가 뒷날 왕세자비로 간택된 사실을 전제해 놓고 볼 때, 그녀는 한낱 호기심이나 모험심으로 미지의 런던 서민 생활을 택한 게 아니고 이런 배움을 얻기 위해서였다고 할 수 있겠다. 그래서일까, 그녀는 자기가 택한 보모 생활에 만족했고 또 성심성의를 다했다.
이런 그녀의 노력은 헛되지 않아 원아들은 엄마의 얼굴에서 본, 인자하고도 따스한 미소가 넘쳐흐르는 다이애나를 친엄마처럼 따랐다. 유치원 일은 일반 직장과 달리 오후에 시간이 많아 다이애나는 예정했던 대로 국립 미술관을 찾았다. 많은 그림 중에서도 유독 그녀의 눈을 끈 작품은 레오나르도 다 빈치의 〈동굴 속의 마리아〉였다.
소장된 작품을 두루 감상한 다이애나가 미술관을 나올 때의 일이었다. 여행자로 보이는 50대 신사가 말을 걸어 왔다.

"아가씬 영국인인가요?"

"그렇습니다만······."

하고 답한 다이애나는 수상쩍은 신사를 훑어보았다. 분명 레오나르도 다 빈치의 그림에 넋을 잃었던 그 사람이었다.

"아가씨가 영국 사람이라니 정말 행복하겠어요. 〈동굴 속의 마리아〉를 마음대로 감상할 수 있으니까······."

"선생님도 감상하시지 않았어요?"

"물론 감상했지요. 생각 같아선 내일 한 번 더 보고 싶지만 저녁 비행기로 떠나야 합니다. 런던에 들릴 때마다 그 명화를 감상하기 위해 이곳에 옵니다만 보면 볼수록 좋아요. 그 섬세한 질감과 명암에서 우러나오는 신비스러운 색감, 그리고 예수의 시신을 안고 있는 마리아의 오뇌에 찬 표정은 바로 옆에서 보고 있는 듯한 생생한 느낌을 주고 있어요."

다이애나는 그가 화가는 아니더라도 미술 애호가임을 알 수 있었고 그런 그에게 친근감을 느꼈다. 신사는 미술관 현관 앞 돌층계를 내려오며 영국 미술을 평했다. 그의 말에 의하면 영국은 미술 분야에 한해서만은 다른 유럽 여러 나라에 비해 후진국이라는 것이다.

"아가씨, 난 영국을 알 것 같으면서도 모르겠어요. 문호인 셰익스피어가 있는 나라에 어째서 미술에서는 레오나르도 다 빈치나 라파엘로 같은 화가가 없지요?"

"저는 그 원인을 17세기에 일어난 청교도 혁명으로 돌리고 싶어요. 그때 미술사에 남을 만한 고딕 건축과 르네상스 무렵의 건축물이 많이 파괴되어 유럽에 비해 영국 미술이 뒷걸음을 친 거예요."

다이애나의 말에 노신사는 쉽게 동의하려 하지 않았다. 그의 말에 의하면 청교도 혁명 이후 다른 예술 부문에서는 눈부신 활약이 있었으나 미술만은 이렇다 하게 내놓을 만한 화가와 작품이 없다는 것이다.

노신사는 나름대로 영국 미술의 후진성에 대한 결론을 내렸다.
"아무래도 영국 사람들은 습기, 구름, 안개 등이 많아 청명한 날씨를 자랑하는 지중해 연안국보다 미술적 감각이 뒤진 것 같아요. 거기다 종교적인 윤리관이 작용한 때문이 아닐까요?"
"저도 동감입니다. 그러나 영국은 미술의 후진성을 솔직히 시인하면서 유럽 대륙의 미술을 모방하기보다 오히려 영국의 풍토, 기후 및 일상생활에 밀착하여 독창적인 미술 분야를 개척했다고 봐요. 영국 풍경화의 창시자 레널즈가 유럽 대륙으로 건너가 아카데믹한 초상화계의 주종을 이룬 것이 그 대표적인 예일 겁니다. 세계 여러 나라 교과서에 실린 위인들의 초상화의 원화가 거의 다 영국 박물관에 소장되어 있는 작품이라는 사실을 아셔야 합니다."
"혹시 아가씬 미술학도인가요?"
"아니예요."
"그렇다면 영국 미술의 내일을 기대하겠습니다. 미술 애호가가 그처럼 영국 미술에 대해 애정을 가지고 있으니……."
이름 모를 여행자와의 대화는 이렇게 끝났으나, 다이애나는 그 노신사의 그릇된 영국 미술관을 바로잡아 주었다. 아마도 이런 일이 왕세자비가 된 이후에 생겼다면 온 영국 국민은 물론 미술에 관심 있는 인사들은 그녀의 해박한 미술관과 재치 있는 화술에 칭찬을 아끼지 않았을 것이다.

한 차례 비가 쏟아질 것만 같던 날씨는 어느새 활짝 개어 있었고 빼알간 놀이 서산으로 기울고 있었다. 바로 그 시각 다이애나는 〈더 선〉 신문사 앞을 지나 아파트를 향해 차를 몰고 있었다. 그녀는 '왕세자의 첫사랑'이란 특집을 실어 왕세자를 동정하게끔 여론을 일으킨 레이 와트 기자와 아더 에드워드 사진 기자에게 새삼 감사했다.

한편 암실에서 사진을 뽑아 가지고 나오는 아더의 표정은 착잡했다.
"아더, 사진 나왔어?"
레이 기자가 물었다.
"나오긴 했는데……."
아더가 내민 사진은 다름아닌 서필드와 왕세자가 오페라 로열 박스에 나란히 앉아 웃고 있는 장면이었다.
"아더, 왜 그런 우거지상을 하고 있지? 우리가 겨냥했던 사진이 잘 나왔는데……."
"다음 작업을 맡을 자네가 걱정이 돼서……."
아더가 말하는 다음 작업이란 레이가 맡아야 할 기사를 두고 하는 말이다. 왕세자의 첫사랑이라는 특집 기사로 찰스 왕세자에게 국민적인 동정을 모아 준 팀이 서필드와의 염문을 폭로하면 기자로서의 일관성도 없을 뿐더러 독자들이 혼동을 일으킬지도 모른다는 우려였다. 그렇다고 알 권리가 있는 국민들에게 숨긴다는 것은 기자의 양심이 허락치 않아 아더는 우거지상을 지었던 것이다.
그러나 레이 기자는 그의 마음을 읽었다는 듯이 빙그레 웃고 나서 원고지에 '서필드는 과연 왕세자에게 무엇을 줄 것인가?'라는 타이틀을 적어 보였다.
타이틀을 받아 본 아더는 고개를 갸웃거렸다. 그 타이틀이 무슨 의미인지 알 수가 없어서였다.
"무엇을 주다니, 잘 모르겠는데. 도대체 서필드가 준다는 것이 뭔가?"
아더가 물었다.
"궁금한가?"
"궁금하니까 묻는 게 아닌가?"
"그렇다면 그 타이틀은 대성공이야. 이 레이가 그 궁금한 내용을 기사로 쓸 테니 자네도 읽어 보게나."

레이는 타자기를 끌어당겨 키를 두드렸다. 종이에 찍혀 나오는 활자를 옆에서 읽던 아더는 그제서야 만족한 듯 고개를 크게 끄덕였다. 그 기사 내용은 감히 생각지도 못한 것이었기 때문이었다. 지금까지 레이의 기사는 사건의 전모를 파헤치는 데 그쳤으나 이번 기사에서는 사건을 분석하고 답을 구하는 데 중점을 두었다. 기사의 격이 많이 높아진 것이다.

그는 찰스 왕세자가 서필드를 첫사랑 루지아, 과단성 있는 대비나, 지성적인 애나처럼 깊이 사랑하게 될 것으로는 보지 않았다. 세 여인에 대한 상처가 아물지 않아서가 아니라 서필드 자신이 왕세자의 사랑을 받아들일 마음의 자세가 되어 있지 않기 때문인 것으로 해석한 것이다.

그의 해석은 옳았다. 이미 30고개를 넘어선 노총각 찰스 왕세자는 비록 마음이 조급하긴 했어도 그림같이 곱고 호수같이 잔잔하기만 한 그녀가 모든 국민이 바라는 여인상이 아님을 잘 알고 있으면서도 데이트 상대로 선택한 것은, 지금까지 교제한 여인에게서 없던 그 잔잔한 성격에 마음이 끌려서였다.

그는 호수 같은 잔잔한 분위기 속에서 숱한 여인이 남기고 간 자국과 세 여인이 준 상처를 말끔히 씻고 구원하던 여인을 맞기 위해 자신을 정리하고 싶었는지도 모른다.

그런 의미에서 서필드도 마찬가지였을 것이다. 찰스 왕세자가 데이트를 신청해 왔을 때 혹시나 그의 방황이 자기에서 끝나는 것이 아닐까 하는 생각은 하지도 바라지도 않았다. 그러기에 그녀는 한 가닥 흥분도 설레임도 없이 그의 데이트에 응했던 것이다.

그리고 잠시 머물렀다가 사라질 왕세자에게 무엇을 줄 것인가 하는 생각으로 꽉 차 있었다. 굳이 그녀가 소원하는 것이 있다면, 생활을 벗해 주는 푸들의 재롱이 더 늘어 주기 바라는 정도라고나 할까. 전혀 욕심이 없는 여인이었다.

푸들이 재롱떠는 사진이 곁들인 왕세자와 서필드의 데이트 기사는 첫사랑을 다룬 특집 기사 못지않게 국민으로 하여금 호감을 얻었다. 지금까지 찰리스 엔젤이 바뀔 때마다 '또 바뀌었어?' '이번엔 과연 얼마나 오래 갈까?' 하는 것이 첫 반응이었다. 그러나 이번만은 기사 첫머리에 실린 타이틀이 말해 주듯이 과연 왕세자가 서필드에게서 무엇을 얻을 것인가에 화제를 모았다.

심지어 왕세자의 스캔들에 이맛살을 찡그리던 극보수주의자들도 이번 서필드와의 관계를 선의로 받아들이려 했고, 왕실의 스캔들을 캐먹고 사는 저질 기자라고 레이와 아더를 경멸하던 사람들까지도 기자로서의 그들의 존재 가치를 인정하기에 이르렀다.

한편 신문사에 연달아 걸려오는 독자들의 격려와 감사 전화에 레이와 아더는 그저 싱글벙글했다.

그들은 자축하는 그런 기분으로 카페에서 맥주잔을 높이 들었다. 바로 그때였다. 5, 6명의 타사 스캔들 기자들이 우르르 몰려와 두 기자를 둘러쌌다.

"맥주 한잔 사시오. 이제 스타 기자가 됐으니 사인을 받으러 몰려드는 장면이나 구경하게요."

빈정대는 말처럼 레이 와트와 아더 에드워드 사진 기자의 이름은 전번 특집과 이번 특종으로 널리 알려졌다.

"아닌 게 아니라 레이와 아더를 한 번 만나 보고 싶어."

기사 끝에 적힌 기자 이름을 확인하고 난 캐롤린이 말했다.

"스타로 착각한 것 아니니?"

버지니아가 눈을 흘기자 앤이 끼어들었다.

"난 스타 이상이라고 생각해. 지금까지 우리가 아는 스타의 개념은 특정 분야에 한해서 팬을 갖고 있는 사람을 말해 왔어. 배우나 가수, 스포츠맨 같은 사람 말이야. 하지만 두 기자는 영국 국민을 거의 다 팬으로 갖고 있거든. 안 그래, 다이애나?"

아까부터 말이 없던 그녀는 계속 입을 다문 채 미소로 대답을 대신하고 있었다. 할 얘기가 없어서가 아니라, 하고 싶은 얘기를 그들이 대신해 주었기 때문이었다. 그녀는 그저 세 친구가 하는 소리를 동의하듯 웃으며 듣고 있으면 그만이었다.

이런 그녀의 성품을 잘 알고 있던 세 아가씨들은 아예 다이애나를 제쳐놓고 서로 말을 앞지르고 가로막으며 자기 주장을 펴나가다 까르르 웃음을 터뜨리기가 일쑤였다. 다이애나는 슬며시 일어나 주방으로 갔다. 참새들의 조잘거림에 귀도 따가웠으려니와 커피를 마시며 나름대로의 시간을 갖고 싶었던 때문이었다.

다이애나는 세 아가씨들이 자리를 뜨는 것도 모르고 자기네들끼리 재잘거리며 웃고 있는 것이 오히려 부담을 주지 않아 좋았다. 혼자 있기를 바라며 마시는 커피맛은 여럿일 때보다 입 속에 더 구수하고 향기로웠다. 그녀는 문득 신문을 보았을지도 모르는 찰스 왕세자와 서필드가 지금쯤 어떤 생각을 하고 있을까 몹시 궁금했다.

그리고 레이 기자의 글처럼 찰스 왕세자는 지금까지의 엔젤에게 없던 것을 서필드에게서 찾고, 서필드는 찰스 왕세자가 원하는 것을 차분히 내주어 보다 완전한 배필을 고르는 데 기여해 주기를 다이애나는 빌었다.

그녀의 기도가 하늘에 닿았음일까, 신문에서 자기에 관한 기사를 읽고 난 서필드는 자신의 진로에 대해 명확한 답을 얻은 것 같아 가슴이 후련했다. 실상 그녀는 전화로 데이트 신청을 받았을 때 기꺼이 응했다. 신데렐라의 요행을 바라서도 아니고 그렇다고 왕세자에 대한 호기심에서도 아니었다. 굳이 이유를 캔다면 귀족 가문의 아가씨로서 왕세자에 대한 예의를 갖추기 위해서였다.

그러나 신문을 보고 난 그녀는 찰스 왕세자에게 예의를 갖추는 데 그치지 않고 레이 기자가 지적했듯이 옆에서 그가 조용히 생각할 수 있게 도와주어야겠다는 생각이 든 것이다. 그녀는 난생 처음 스크랩을 하기 위해 신문을 오렸다.

이때 전화벨이 요란하게 울렸다. 그 벨소리에 놀라 옆에서 재롱을 떨다 품속에 뛰어드는 푸들을 안으며 서필드는 수화기를 들었다.

"여보세요!"

혹시 왕세자의 전화가 아닌가 하는 예감이 들어 조심스러웠다.

"미스 서필드지요? 나 찰스요."

"안녕하셨어요."

라고 답하며 '여보세요'라는 단 한마디를 듣고 상대를 알아보는 그의 예민한 청각에 서필드는 내심 놀랐다.

"신문에 난 사진을 보니까 푸들이 예쁘던데요. 재롱도 잘 떨고…… 이름이 뭐지요?"

"네로예요."

"네로? 로마 제국의 폭군 말입니까? 하필이면 예쁜 푸들에게 그런 이름을 지어 주었지요! 차라리 클레오파트라 쪽이 어울릴 텐데요?"

"암캐가 아니고 수캐예요."

전화로 한바탕 웃고 나서 찰스 왕세자가 네로를 보고 싶다고 하자 서필드는 쾌히 승낙했다.

이튿날 찰스 왕세자는 마치 사열을 하듯 길 양쪽에 즐비하게 서서 플래시를 터뜨리는 기자들에게 손을 흔들며 서필드의 저택을 방문했다. 이들 기자들 속에 레이 와트 기자와 아더 에드워드 사진 기자도 끼어 있을 것이라고 생각하니 친밀감마저 느껴졌다.

차가 현관에 도착하자, 빨간 리본까지 맨 네로를 안은 서필드가 미소를 지으며 기다리고 있었다.

"수캐에 빨간 리본은 더욱 어울리지 않는데요."

우스갯소리를 하며 찰스 왕세자가 차에서 내리자, 분위기는 더욱 부드러워졌다. 지금까지 엔젤과 데이트를 할 때에는 격식을 갖춘 파티나 극장 로열 박스 같은 곳이었으나 개를 보기 위해 여자 친구의 집을 방문하기는 이번이 처음이었다.

훈련이 잘된 네로는 서커스단에서 사육하는 개처럼 찰스 왕세자가 보는 앞에서 여러 가지 재롱을 연출했다. 같이 웃고 네로를 쓰다듬고 하는 사이에 그들의 화제는 개에 대한 얘기로 옮겨 갔다.

"미스 서필드, 개가 언제부터 인간과 생활을 같이한지 아십니까?"

"개의 역사에 대해선 아는 게 없어요."

"1만 2천 년 전부터입니다."

"네? 그렇게 오래됐어요?"

서필드가 믿기 어렵다는 듯이 눈을 크게 뜨며 반문했다. 개의 역사에 대한 확실한 문헌은 없으나 구석기 시대 말기의 유물 속에서 개의 유골이 발견됨으로써 1만 2천 년 전으로 보고 있다. 그리고 기원전 2천 7백 년경에 이르러서는 고대 이집트인과 페르시아인에 의해 번견(番犬)으로 사육됐으며 조각이나 벽화 등에 인간과 생활을 같이하는 개의 모습이 담겨져 있다.

"나는 개를 애완용으로 사육한다는 데는 저항을 느낍니다. 개의 체격이 크건 작건 간에 개는 인간의 반려자이지 결코 장난감은 아니라고 생각해요."

찰스 왕세자가 이렇게 말하자 서필드는 슬그머니 네로의 목에서 빨간 리본을 풀어 주었다. 그녀의 착하고 고운 마음의 일면을 보여 주는 행동이었다. 이런 장면은 담 밖 길 건너에서 망원렌즈로 겨냥하고 있던 사진 기자에 의해 포착되었음은 두말할 나위도 없다.

"미국의 블론디라는 만화를 봤는지요?"
"네, 그 만화에도 개가 나와요."
"디지라는 개지요. 그 개의 역할은 단순히 집이나 지키고 장난감 구실을 하는 것이 아니라, 주인과 희비애락을 같이하는 반려자로 묘사되어 있어요."
"말씀을 듣고 보니까 그런 것 같아요. 미국의 서민 생활이 자아내는 유머와 위트도 좋았지만 개의 능청스러운 표정에 호감이 갔어요. 주인이 태평스럽게 낮잠을 자면 옆에서 늘어지게 잠을 자고, 주인이 궁지에 몰리면 꼬리를 감추고 난처해하는 그 표정은 독자를 얼마나 즐겁게 해주는지 몰라요."
개에 대해 일가견을 가지고 있는 찰스 왕세자는 개의 사육법을 가르쳐 주고 나서 명견의 일화를 들려주었다.
"아일랜드에서 있었던 일입니다. 농부인 주인이 개와 아이를 집에 남겨두고 밭에 나가 일을 했다는 거예요. 그런데 늑대가 애에게 덤벼들자 명견은 필사의 저항을 해서 애를 구했어요. 저녁 늦게 집에 돌아온 농부는 애는 없고 개의 입에 핏자국이 묻어 있는 것을 보고 개를 때려죽였다는 겁니다."
"어머나 그럴 수가…… 애를 구한 건 갠데……."
"어둠 속에서 아장아장 걸어나오는 애와 마당 한구석에 쓰러져 있는 늑대를 보고 나서 주인은 죽은 개를 끌어안고 통곡했다는 얘기가 있어요. 착하고 가난한 소년과 생사를 같이한 벨기에의 개 플랜더스, 눈 덮인 알프스에서 죽음으로 조난자를 구한 세인트 버나드 등 이루 헤아릴 수 없이 많아요."
찰스 왕세자는 개의 왕자라고 할 수 있는 거대한 세인트 버나드를 좋아했다. 이 개는 6백 년의 역사를 가지고 있으며, 알프스 산맥의 세인트 버나드 언덕에 자리한 수도원 어거스틴에서 사육됐으며, 눈보라가 치는 날이면 목에 럼주(酒) 통을 매달아 풀어놓는다. 그러면 조난자가 럼주로 체온을 유지하는 동안에 체중이 1백 킬로그램이나 나가는 이 개는 수도원까지 조난자를 끌고와 인명을 구한다는 명견이다. 우리 나라에도 세인트 버나드가 있기는 하나 순종이 아니어서 체구도 작고 체중도 6, 70킬로그램밖에 안 나간다.

점심때가 될 때까지 그들은 개의 바른 사육법과 명견의 일화, 개의 치료법에 이르기까지 개에 관한 얘기로 일관했고, 서필드는 메모를 하며 왕세자와 취미를 같이했다. 그는 처음으로 왕세자라는 신분을 잊고 애견가로서의 즐거운 한때를 가질 수 있었고 이런 분위기를 만들어 준 서필드에게 마음속으로 감사했다.

그날 석간 신문에 찰스 왕세자와 서필드의 데이트를 다룬 신문들은 가두 판매대에 그대로 쌓여 있었으나, '애견가의 만남'이란 표제를 붙인 〈더 선〉지는 날개 돋친 듯이 팔려 나갔다. 보신탕이라는 간판을 버젓이 달 수 있는 우리나라와는 달리, 개의 공동묘지까지 있는 서양 사람, 더욱이 유산을 개한테 물려주는 사례까지 있는 그들이고 보면 왕세자가 자기네들과 같은 애견가라는 사실은 더없는 즐거움이었다.

이런 점을 노린 〈더 선〉지는 왕실과 국민 사이를 잇는 데도 큰 역할을 한 것이다. 어디 그뿐이겠는가. 왕세자가 애견가라는 사실이 알려지자 전통적으로 왕실에 열광하는 영국 국민들은 그와 취미를 같이하기 위해 앞다투어 수의과 병원으로 몰려가 개를 사 갔다.

'애견가의 만남' 이후에도 찰스 왕세자는 엔젤인 수잔 조지와의 교제를 계속했다. 그러나 그녀와의 관계는 왕세자의 자격을 전제로 한 것이고, 서필드와는 같은 애견가의 자격으로 자주 만났으며 그녀 쪽에서도 수시로 전화가 걸려오기도 했다. 찰리스 엔젤 중에서 수시로 왕세자에게 전화를 걸 수 있던 여자는 서필드가 처음이자 마지막이었을지도 모른다.

"안녕하셨어요, 저 서필드예요."
"미스 서필드, 네로에게 무슨 일이 있었나요?"
찰스 왕세자는 서필드의 전화는 직접 통화할 수 있게 비서한테 시달한 바가 있었다.
"이틀째 통 밥을 안 먹어요. 쿵쿵거리기만 하고……."
"코가 말라 있지요?"
"예, 전혀 윤기가 없어요."
"감기예요. 아스피린을 먹이십시오."
왕세자는 친절하게 치료법을 가르쳐 주고 나서 개의 건강 관리법을 일러주었다. 개는 네 계절 중에 특히 여름에 병을 앓는 수가 많다. 일반적으로 추위에 대한 저항력은 강하나 한선(汗線)의 퇴화로 더위를 이겨내지 못해 잔병을 앓게 된다. 특히 우기에는 운동부족에서 오는 식욕감퇴, 일광부족으로 비타민 D의 공급과 태양빛 등을 쪼이고 세심한 주의를 하라고 당부했다.

찰스 왕세자와 서필드와의 관계는 통념적인 찰리스 엔젤이 아니라 애견가와의 관계였다. 그러므로 부담없이 만날 수 있었고, 또 기자들을 피하느라 실랑이를 할 필요도 없어 자연스러웠다. 레이 기자가 평했듯이, 또 다이애나가 바라듯이 서필드는 찰스 왕세자에게 왕세자라는 무거운 신분을 잊고 순수한 자연인의 자격으로 취미생활을 할 수 있는 공간을 준 것이다.

7월도 저문 어느 주말, 다이애나는 새엄마로부터 꼭 집에 들르라는 전화를 받고 그길로 차를 몰아 앨소프로 갔다.
"다이애나, 네가 안 올까 봐 얼마나 걱정했는지 아니?"
새엄마는 상기해 있었다.
"무슨 일이 있었어요?"

"왕실에서 초대장이 왔어. 카우즈 항에서 벌어지는 요트 레이스에……."
라고 말한 그녀는 초대장을 보낼 만큼 스펜서 백작 가문이 복권된 데 대해 그 기쁨을 주체하지 못하는 것 같았다. 다이애나는 그런 번거로운 모임이 내키지 않았으나 새엄마의 들뜬 기분을 상하게 하고 싶지 않아 밝은 표정으로 응했다.

정기적으로 행해지는 와이트 섬 카우즈 항에서의 요트 레이스는 귀족과 평민, 선수들이 한데 어울려 대성황을 이루었다. 거기다 관광객까지 모여들었으니 그야말로 국가적인 행사를 방불케 했다. 이 시합은, 여느 스포츠 행사와는 달리 오대양을 정복했던 영국의 지난 영광을 되새기는 일종의 기념식과 같은 것이었다.

"야아, 굉장한데! 영국 귀족의 퍼레이드 아냐?"

관광객들은 함성을 지르며 연방 셔터를 눌렀다. 세계적인 추세로 보아 왕정이 차례로 무너지고 귀족이 빛을 잃는 현대사회에서 영국이 아니고서는 볼 수 없는 풍경이었다.

셔터를 누르며 신이 난 사람들은 관광객뿐만이 아니라 사진 기자들도 마찬가지였다. 이들 속에 아더 기자와 레이 기자가 끼어 있음은 두말할 나위도 없다. 그들은 왕실 어용선(御用船)인 브리태니아 호에 마련된 로열 박스를 겨냥하여 쉴 새 없이 셔터를 눌러 댔다. 거기에는 찰스 왕세자를 비롯해서 근래에 화제를 모은 서필드와 수잔 조지도 있었다. 사진 기자들이 노리는 표적은 근엄한 왕세자의 판에 박힌 듯한 표정이 아니라, 염문을 뒷받침할 만한 두 엔젤과의 사사로운 눈길이나 얘기를 나누는 다정한 포즈였다.

이때까지만 해도 많은 귀족 가문의 아가씨 속에 한 떨기 백합처럼 피어 있는 다이애나의 존재를 기자들은 눈여겨보지 않았다.

레이스가 끝나자 브리태니아 호 선상에서 파티가 벌어졌다. 항상 그랬듯이 찰스 왕세자의 주변에는 가문과 용모를 자랑하는 아가씨들이 들끓었다. 하나같이 부를 자랑하듯 몸에는 값비싼 보석을 걸치고 있었다.

그런데 유독 왕세자 눈에 띄는 아가씨가 있었다. 이렇다 할 보석도 몸에 지니지 않은 청순한 다이애나였다. 숙녀로 변신한 그녀의 모습을 옥내 파티가 아닌 옥외에서 가까이하기는 이번이 처음이었다.

"다이애나, 이런 파티에선 다시는 못 만날 줄 알았는데 또 만나게 됐군."

찰스 왕세자가 그녀에게 다가가며 말했다. 그는 4개월 전 파티 석상에서 다이애나가 한 말을 기억하고 있었다.

"왕세자님을 다시 만날 수 있어 반가워요."

뜨거운 태양빛을 담뿍 받으며 활짝 웃는 그녀의 표정에서 찰스 왕세자는 샘솟는 듯한 젊음을 느꼈다.

"샹들리에 불빛에서 보는 다이애나보다 태양빛 아래에서 보는 다이애나가 더 예쁜데. 건강하고……."

"감사합니다, 왕세자님."

"자꾸 왕세자님이라고 부르니까 거리감이 생기는데……."

"4개월 전에도 같은 말씀을 하셨어요."

"리치먼드 공이 베푼 파티에서 그랬었지."

다이애나는 4개월 전에 나눈 자기와의 대화를 다 기억하고 있는 찰스 왕세자가 고마웠다.

"다이애나, 윈드서핑 타 보았지?"

"아니요. 아직……."

윈드서핑이란 수상 스키와 비슷한 스포츠 용구인데, 모터보트가 끄는 것이 아니고, 돛을 달아 풍력을 이용한다. 그리고 혼자 서서 조종하는 이 배에는 앞을 볼 수 있게 투시용 비닐 창문이 달려 있다.

"그럼 내가 가르쳐 주지. 파티가 끝나면 수영복으로 갈아 입고 바다로 나와요."

찰스 왕세자는 처음으로 다이애나에게 직접 초대를 한 것이다. 그는 격식 속에 얽매인 다른 귀족 아가씨보다, 발랄하고 젊음이 넘치는 다이애나와 찬란한 7월의 바다를 즐기고 싶었던 것이다.

"다이애나, 조건이 하나 있어."

"어떤 조건이죠?"

"탭 댄스를 배울 때처럼 자꾸 웃으면 안 돼요."

"그땐 왕세자님도 웃으셨어요."

"그랬던가?"

그들은 그때의 웃음을 재현하듯 마주 웃었다. 이 광경을 아더가 놓칠 리 없다. 그는 모터드라이버가 장치된 카메라를 겨냥하고 재빨리 셔터를 눌렀다. 그런데 정말 중요한 장면에서 카메라가 움직이지 않았다. 필름을 다 찍은 것이다. 그는 재빨리 보조 카메라에 망원렌즈를 갈아 끼우고 다시 겨냥했으나 때는 이미 늦었다. 찰스 왕세자가 어느새 다른 아가씨들에게 둘러싸인 것이다.

"하필이면 이럴 때 필름이 끊어진담. 모두 레이 자네 때문이야."

아더는 분하다는 듯이 주먹을 쥐어 보이며 투덜댔다.

"카메라에 필름이 떨어진 게 왜 내 탓인가?"

"자네가 다이애나에게 관심도 두지 말라고 하지 않았느냐 말이야. 그래서 안심하고 딴 장면을 다 찍어 버렸단 말이야. 봤지, 자네두! 찰스 왕세자와 다이애나가 마주 보며 웃는 그 표정을……"

"예사의 웃음이 아니었어. 앞으로는 두 사람에게 핀트를 맞추게!"

다이애나와 찰스 왕세자가 나눈 대화 내용은 거리상 파악할 수 없었으나, 마주 웃는 그 웃음의 농도로 보아 주목을 해야 할 관계처럼 느껴진 것이다.

선상에서 벌어진 점심을 겸한 파티가 거의 끝나갈 무렵 왕세자와 귀족들을 태운 브리태니아 호는 와이트 섬을 우회해서 한적한 해변에 닻을 내렸다. 거기에는 벌써 찰스 왕세자와 귀족들이 탈 수 있는 윈드보트가 기다리고 있었다.

귀족 아가씨들이 몸매를 자랑이나 하듯 비키니 차림으로 바다속에 뛰어들었다. 다이애나도 새엄마가 챙겨 준 비키니로 갈아 입고 그들 속에 끼었다. 이윽고 만능 스포츠 선수인 찰스 왕세자가 시범을 보이듯이 멋진 폼으로 윈드서핑을 몰고 바다 위를 미끌어지듯 가자 요란한 박수가 일었다.

귀족 아가씨들은 다음 차례의 찰리스 엔젤 자리를 노려 파티와 여흥에 참석했다기보다, 귀족 청년들 중에서 신분에 맞는 상대를 선택하기 위한 복선이 깔려 있었으나 그런 일에 관심이 없던 다이애나는 혼자서 수영을 즐겼다. 늘씬하고 균형잡힌 몸매인 그녀는 뛰어나게 수영을 잘했다.

"다이애나를 놓치지 말게, 다이애나를……."

레이 기자가 아더에게 주의시키며 윈드서핑을 하고 있는 찰스 왕세자와 수영을 하고 있는 그녀가 한 앵글 속에 잡힐 수 있는 각도로 모터보트를 몰았다. 용의주도한 그들은 딴 기자들은 생각지도 못한 모터보트까지 준비해 놓고 사진을 찍고 있었다.

갑자기 아더 기자가 신들린 사람처럼 셔터를 눌러대기 시작했다. 크게 원을 그리며 윈드서핑을 하던 찰스 왕세자가 다이애나에게 다가간 것이다.

"마구 찍어대! 기관총을 쏘듯이……."

"그 중에 한 장만 제대로 나오면 성공이다!"

"다이애나, 어디 있는지 몰라 한참 찾았어."

찰스가 다이애나 앞에 배를 세우며 말했다.

"전 왕세자님을 줄곧 지켜보고 있었어요."
"수영을 아주 잘하는데……."
"왕세자님도 윈드서핑을 잘 타세요. 약속대로 가르쳐 주시겠어요?"
"웃지만 않는다면……."
"왕세자님두요."

다이애나가 물 속에서 몸을 일으켰다. 그 순간 찰스 왕세자는 숙녀 초년생으로만 알고 있던 그녀의 성숙하고도 탄력 있는 몸매에 압도되었다. 정녕 성숙한 그녀의 육체를 가리기에 두 조각 비키니로는 너무 부족했다. 하지만 그 성숙은 이성을 부르는 관능적인 것이라기보다 뜨거운 태양빛 아래에서 활짝 피지 않고는 견딜 수 없는 한 송이 백합처럼 청순한 것이었다.

"다이애나는 만날 때마다 예뻐지는군. 왜 그렇지?"

찰스 왕세자의 물음에 다이애나는 대답을 잃고 빤히 그의 빛나는 두 눈을 쳐다보고 있었다. 찰스는 그녀에게서 얻지 못한 답을 자신에게 구해 보았다. 왜 만날 때마다 새로운 다이애나를 대하는 것처럼 예뻐 보이는 것일까 하고…….

지금까지 많은 엔젤을 대해 왔다. 그러나 하나같이 만날 때마다 그 얼굴에 그 느낌이었다. 왕세자는 자기에게서 얻으려던 답마저 찾지 못하고 때묻지 않은 맑고도 깨끗한 그녀를 응시하고 있었다.

"왜 그러시죠?"

여자의 본능일까 다이애나가 두 손으로 가슴을 가리며 물었다.

"지금까지 내가 모르고 있던 다이애나를 발견한 것 같아서……."
"윈드서핑을 타보고 싶어요."

이렇게 다이애나가 말머리를 돌리자, 그제서야 찰스 왕세자는 수면 위에 누운 마스트를 세웠다.

"윈드서핑은 몸의 균형이 제일 중요하니까 잘 봐요. 시범을 보여 줄 테니……."
하며 찰스 왕세자가 배에 올랐다.
 바로 그때였다. 생각하지도 못한 어이없는 일이 벌어졌다. 다이애나가 지체 높은 왕세자를 밀어 바닷물 속으로 밀어넣고 깔깔대는 것이 아닌가.
 "저, 저런 말괄량이!"
 왕세자와 다이애나의 소곤거리는 장면을 심상치 않은 눈으로 바라보던 귀족들은 이맛살을 찡그렸으나 다행히도 물 속에서 헤엄쳐 나온 왕세자의 장난기 어린 웃음을 보고 안도의 숨을 쉴 수 있었다.
 그러나 모터보트까지 동원해서 특종을 캐려던 레이와 아더의 실망은 이만저만한 것이 아니었다.
 "필름 빼버려! 처음에 무드 있게 잘 나가다 정작 끝판에 가서 잡쳤단 말이야. 이건 장난 아니야? 역시 우리가 잘못 짚었어."
 레이는 투덜대며 모터보트를 항구로 돌렸다.

 "다이애나! 왜 왕세자에게 그런 장난을 쳤지?"
 집으로 돌아오는 차안에서 새엄마가 추궁하듯 물었다. 다이애나는 아무런 대답도 않고 차창 밖으로 사라지는 경관을 바라보며 웃고만 있었다.
 "네가 왕세자를 물 속에 밀어넣었을 때, 나는 가슴이 철렁 내려앉았다. 갑자기 왜 그랬지? 그 이유를 알자꾸나?"
 "전 그때 그럴 수밖에 없었어요."
 "그럴 수밖에 없었다니?"
 "새엄마, 더이상 캐묻지 말아 주세요."
 말꼬리를 흐리면서 다이애나는 계속 미소를 짓고 있었다. 새엄마가 보기에, 그녀의 미소는 얼핏 보아 장난기가 어려 있는 것 같기도 하고 그 이상의 어떤 깊은 뜻이 숨겨져 있는 것도 같아 도무지 분간할 수가 없었다.

앨소프로 돌아온 다이애나는 옷을 갈아 입고 런던으로 가기 위해 아버지에게 작별 인사를 했다. 아버지는 왕세자를 바닷물 속에 밀어넣은 일에 대해 일언반구도 안했으나 가풍과 위신을 지켜야 하는 귀족들의 모임에서 딸이 저지른 장난에 몹시 체면이 상했다.

"잘 가거라. 하지만 내일 아침이 걱정이다."

문 밖까지 전송 나온 스펜서 백작이 말했다.

"신문에 날까 봐 그러시는 거죠?"

"신문 기자가 열심히 사진을 찍었다."

"저도 봤어요."

"보고도 그런 장난을 쳤단 말이냐? 조간 신문을 보고 남들이 뭐라고 손가락질하겠느냐. 스펜서 백작의 딸, 다이애나가 왕세자를 물 속에……."

"아버지, 그런 문제라면 걱정 안하셔도 돼요. 절대 신문에 나지 않을 테니까요."

다이애나는 자신있게 말하고 나서 차를 몰았다. 문득 그녀는 앨소프 사냥터에서 진한 눈으로 내려다봤던 왕세자의 얼굴이 떠올랐다. 이어서 리치먼드 공이 베푼 무도회에서 만난 왕세자의 얼굴, 그리고 브리태니아 호 선상과 윈드서핑장에서 마주친 그의 얼굴이…….

분명 찰스 왕세자는 만날 때마다 예뻐 보인다고 말했지만, 다이애나는 그를 대할 때마다 달리 느껴지는 눈빛을 의식하고 가슴이 두근거렸다.

그녀는 갑자기 왕세자를 다시 만나게 될까 겁이 났다. 만날 때마다 달라지는 그의 눈빛을 감당해 낼 자신이 없었던 것이다. 그럴 리가 없어. 찰스 왕세자는 탭 댄스를 가르쳐 달라고 졸랐을 때, 나를 바라보던 그때 그 눈이야. 그런데 내가 멋대로 다르게 느꼈을 뿐이지. 잊어야지. 잊어야 해.
 다이애나는 혼자 중얼거리며 발에 힘을 주어 악셀을 밟았다. 속력에서 오는 긴장감으로 허망한 잡념을 지워 버리기 위해서이다.
 아스팔트에 그어진 하얀 경계선이 화살처럼 날아와 차체에 꽂히는 것 같았다.

발모럴 궁에 초대되다

아침 일찍 일어난 다이애나는 문앞을 서성거리며 조간 신문이 배달되기만을 기다렸다. 런던 생활을 시작한 지 1년이 넘었지만 오늘처럼 가슴 조이며 신문을 기다린 적은 한 번도 없었다.

그럴 수밖에 없었다. 찰스 왕세자를 물 속에 밀어넣은 장난이 신문에 보도되어 백작 가문이 세상의 웃음거리가 되지나 않나 해서 염려하는 아버지에게 절대로 그럴 리 없다고 안심을 주기는 했어도 예측할 수 없는 것이 기자들이기에 그녀는 가슴이 조여 밤잠까지 설쳤던 것이다.

잠시 후, 문밖에서 관리인의 불규칙한 발자국 소리가 다가왔다. 관리인은 제2차 세계대전에 참가한 적이 있어 왼쪽 다리를 절었다. 문을 벌컥 열고 신문을 받아 쥔 다이애나는 제일 먼저 사회면 기사를 펴보고 나서 참았던 숨을 몰아쉬었다. 찰스의 사생활을 다룬 기사는 한 줄도 없었다.

"그러면 그렇지."

비로소 안심했다는 듯이 중얼거리고 난 그녀는 콧노래를 부르며 부엌으로 가서 가스레인지에 성냥불을 당겼다.
 요트 레이스의 기록과 우승자 사진만을 실은 기사는 한마디로 말해 김 빠진 것이었다. 조간을 받아 본 독자도 그랬으려니와 기사를 써 넘기고 난 레이 기자도 기분이 좋지 않았다.
 "여보게, 레이 기자! 재미있는 기삿거리가 그렇게도 없었나?"
 원고를 받아 본 편집장이 아쉽다는 듯이 말했다.
 "시시한 행사였습니다. 우승자의 기록도 형편없었구요."
 "뭔가 재미있는 뒷이야기가 있어도 있었을 게 아닌가. 찰스 왕세자 주변에……."
 "있긴 있었지요."
 "그럼 그것을 쓰게."
하며 원고지를 도로 내주었다. 다시 작성하라는 것이다.
 "기삿거리가 안 됩니다. 고작 사건이래야 어린애 장난 같은 일에 불과하니까요."
 편집장실을 나온 레이 기자는 아더와 쑥쓸한 기분으로 단골 카페에 들러 맥주를 들이키고 있었다. 그런데 별안간 아더 기자가 생각났다는 듯이 잔을 놓으며 말을 걸었다.
 "레이! 혹시 우리가 풋내기 다이애나한테 당한 게 아닐까?"
 "당하다니?"
 "찰스 왕세자를 물 속에 밀어넣은 그녀의 장난이 의도적인 행동일 수도 있지 않느냐, 그 말이야."
 아더의 말에 레이는 순간적으로 풋내기 다이애나가 파놓은 함정에 걸려들었다는 생각이 들었다. 만약에 그녀의 말괄량이 같은 장난기만 없었던들 찰스 왕세자와 진한 눈으로 마주 보는 사진 한 장만 가지고도 '비너스처럼 나타난 새로운 찰리스 엔젤, 다이애나'라는 표제를 달고 지면을 화려하게 장식하는 것이다.

그러나 레이는 '설마'라고 내뱉으며 고개를 저었다. 자타가 공인하는 대기자가 20세도 안 된 풋내기한테 당했다고는 생각하기도 싫었던 것이다.

바로 그것이 다이애나가 파놓은 또 하나의 함정인지도 모른다. 아무튼 그녀는 룸메이트를 깨워 아침상을 차리면서도 계속 콧노래가 흘러나왔다. 아버지가 신문을 보고 안도의 한숨을 내쉴 생각을 하니 그저 매사가 즐겁기만 했다.

한편, 찰스 왕세자는 눈을 뜨자마자 서재로 내려가 비서가 챙겨놓은 수북한 조간 신문에서 〈더 선〉지를 찾아내어 펴들었다. 선의든 아니든 간에 왕세자의 사생활을 자주 들먹거리는 신문이었기에 파티나 외부 행사가 있은 이튿날 아침에는 으례 〈더 선〉부터 펴보는 습관이 있었다. 더욱이 어제 있었던 다이애나의 장난을 레이 기자가 어떻게 보고 있는가에 신경이 쏠렸다.

그러나 다이애나가 벌인 해프닝의 스냅 사진은 고사하고 단 한 줄의 기사도 눈에 띄지 않자, 찰스 왕세자는 의문스러워 고개를 갸웃거렸다. 예전 같으면 귀족 아가씨에게 다정한 미소만 던져도 화려한 기삿거리가 되지 않았던가.

"왜일까?"

자문한 그는 답을 쉽게 찾을 수 있었다. 다이애나의 철없는 장난이 기삿거리가 될 수 없다는 답이었다. 그의 자문은 꼬리를 물고 계속되었다. 과연 그녀는 기자까지도 외면하리만큼 철부지일까, 아니면 구설수에 말려들지 않으려는 연극이었을까 하고……

전자라면 그녀의 구김살 없는 순진성에 애착이 들었고, 후자인 경우에는 사려깊은 그녀의 행동에 감명을 받은 것이다. 찰스 왕세자는 가까운 시일 안에 다이애나를 조용히 만나 보고 싶은 강한 충동을 느꼈다. 그녀가 벌인 해프닝이 장난에서 비롯된 것인가 아니면 사려깊은 행동이었는가를 확인하기 위해서라기보다는, 만날 때마다 새로운 매력을 던져 주는 그녀와 오붓한 한때를 가져 보고 싶은 욕망 때문이었다. 아니 그녀를 더 알기 위해서였는지도 모른다.

개인 비서를 통한다면 그녀와의 데이트는 쉽게 이루어질 수 있다. 그러나 찰스 왕세자는 흔히 취했던 그런 방법을 택하지 않았다. 왕세자의 사생활을 뒤쫓는 기자들에 의해 찰리스 엔젤 명단에 다이애나의 이름이 오르내리는 것이 싫었기 때문이다. 찰스 왕세자는 과거의 엔젤과 그녀와는 격을 달리 대하고 싶었던 것이다.

점심때에 그는 로버트 펠로스를 불러, 다이애나의 근황과 아파트의 전화번호를 은밀히 물었다. 로버트는 여왕의 비서보(補)이며 다이애나의 언니 제인과 결혼한 사이였다.

다이애나를 비롯해서 처녀 넷이 공동 생활을 하고 있는 아파트에서는 잇달아 핑크빛 경사가 일어났다. 버지니아, 앤, 캐롤린에게 남자 친구가 생긴 것이다.

보이 헌팅을 하자고 약속을 한 것은 아니었으나 언니격인 버지니아에게 애인이 생기자 전염병처럼 앤, 캐롤린에게도 번진 것이다. 저녁마다 뻔질나게 사랑을 이어주는 전화벨이 울렸다.

그럴 때마다 혼자 외돌토리가 된 다이애나에게 미안한 생각이 든 버지니아가 친구들을 모아놓고 회의를 열었다. 회의의 주제 안건은 다이애나에게 애인을 구해 주자는 것이었다.

"언니, 내 애인은 내가 구할게, 걱정하지 마."
"언제? 어느 세월에? 내 남자 친구가 오늘 저녁 친구 한 명을 데리고 온다니까 가서 만나 봐."
"싫어."

"싫고 좋고는 만나 봐야 알 게 아니니?"
"구차스러워."
"아니, 그럼 처녀 귀신으로 늙을래?"
"설마, 누군가가 데려가는 사람이 있을 테지 뭐."
룸메이트들이 가서 만나 보라고 옷을 입히는 등 야단법석을 떨었으나 다이애나는 약속이 있다며 빠져나갔다.
"혹시 다이애나에게 숨겨놓은 애인이라도 있는 게 아닐까?"
캐롤린이 문을 나서는 다이애나의 뒷모습을 바라보며 의심스럽다는 듯이 말했다.
"없어. 내가 보장해!"
버지니아가 자신 있게 말했다.
"없다면 누굴 만나러 가는 거지? 소개해 준대도 마다하고……."
"여자란 애인이 생기면 거울 보는 횟수부터 늘어. 그 다음은 차림새가 달라지고……. 그런데 다이애나는 우리가 처음 이 집에 발을 들여놓고 나서 지금까지 달라진 게 없잖아."
버지니아가 말했듯이 그녀의 생활은 너무도 변화가 없었다. 옷만 해도 그렇다. 화려하고 값비싼 옷을 입을 수 있는 위치와 환경에 있으면서도 세 아가씨 중에서 제일 수수했다. 백작의 딸 정도라면 초일류 디자이너를 단골로 두고도 남을 만한데 그가 출입하는 양장점은 일류라고는 할 수 없는 양장점이었다.
"다이애나 양, 올해의 파리 모드가 이건데, 어때요. 이 디자인…… 마음에 들지요?"
하고 주인이 물으면 다이애나는 한번도 싫다든가 흉하다는 말로 거절한 적이 없었다.
"좋네요, 그 디자인……."
"그럼 이걸로 맞추실까요?"

"하지만 그 옷을 입으면 남이 다시 한번 뒤돌아볼 것 같아요. 저 자신 없어요."
라고 듣기 좋게 거절했다. 그녀가 선택하는 옷감과 디자인은 남이 결코 두 번 뒤돌아보지 않는, 다시 말해서 남의 눈에 띄지 않는 수수한 것이었다. 그러니 사치하거나 화려한 것과는 생리적으로 인연이 멀었다.

오늘도 그녀는 룸메이트에게 부담을 줄 것 같아 평상복에 바바리 코트를 걸치고 거리로 나섰다. 바로 그때였다. 길 건너에 정지하고 있던 차에서 누군가 몰래 사진을 찍고 있는 것이 아닌가. 다름아닌 아더와 레이 기자였다.

그들은 설마 하면서도 뭔가 꼬리를 잡을 수 있을 것만 같아 다이애나의 뒤를 캐어 그녀의 아파트를 찾아내고 동태를 살피고 있었던 것이다.

"혼자 어딜 가는 것일까?"

"글쎄. 가서 물어볼 수도 없고······."

"혹시 찰스 왕세자와 밀회하러 가는 게 아닐까?"

"저런 옷을 입고?"

"우리 눈을 피하려는 연막일 수도 있어."

"추격하자!"

다이애나가 택시를 타자, 두 기자는 특종을 캘지도 모른다는 부푼 기대를 안고 그녀의 뒤를 쫓았다. 설사 왕세자와의 밀회 장면은 아니더라도 이성 관계를 잡아낼 수 있으리라고 믿었다. 그렇게만 된다면 필름 보관실에서 낮잠을 자고 있는 찰스 왕세자와의 윈드서핑장 사진과 남자 친구 사진을 한데 엮어 흥미로운 기사를 만들 자신이 있기 때문이다.

그런데 그 기대마저 무너지고 말았다. 다이애나가 택시를 세운 곳은 축구 경기장이었다. 모든 영국 사람이 스포츠를 좋아하듯 다이애나도 스포츠광이었다. 룸메이트가 데이트를 하기 위해 방을 비운 아파트에 혼자 남아 감상적인 음악에 젖기보다는, 넓고 푸른 잔디 위에서 벌어지는 힘과 기(技)의 제전을 보기 위해 찾아온 것이다.

별난 백작 가문의 영양이라고 할지 모르나 그녀의 취미는 친구들이 연애를 할 때 경기장을 찾을 만큼 밝고 건강했다. 그렇다고 그녀의 성격이 거칠거나 왈가닥은 아니다. 항상 얼굴에 웃음을 잃지 않는 그녀의 성품은 온순하고 수줍음을 잘 탔다. 다만 스포츠를 생활화하는 영국인의 기질과 타고난 건강이 그녀로 하여금 운동을 좋아하게 만든 것이다.

다이애나는 경기장에서 터져 나오는 흥분과 스릴, 통쾌감을 만끽하기 위해 축구광이 된 것이다. 항상 그랬듯이 그녀는 오늘도 약자의 편에서 경기를 관람했고 역전승의 골이 터지는 순간, 환희의 함성을 질렀다.

두 게임을 관람하고 아파트로 돌아오니 룸메이트들이 그녀를 맞이했다. 외돌토리가 된 다이애나가 마음에 걸려 데이트를 일찍 끝내고 집에 돌아온 것이다.

"어딜 갔었니?"

버지니아가 물었다.

"푸른 잔디가 넓게 깔린 곳이었어."

"멋있다."

"그런데 누구하고 갔었지?"

"혼자서……."

"에이, 멋이 없다. 대체 거기가 어딘데?"

"축구 경기장!"

"맙소사!"

룸메이트들은 하도 어이가 없어 눈만 굴렸다.

한편, 윈드서핑장의 해프닝 사진과 다이애나의 데이트 사진을 모아 기사를 쓰려던 레이와 아더 기자도 어이가 없어 눈을 굴렸다. 그녀의 뒤를 밟다가 하루를 공친 것이다.
 "다이애나의 이름을 수첩에서 빼 버려……."
 아더 기자가 카메라를 가방 속에 집어넣으며 말했다. 그의 판단으로는 다이애나가 찰리스 엔젤이 되기에는 연령 미달로 보였다. 레이 기자는 두 달 동안 끈질기게 그녀의 뒤를 추적하다 끝내는 엔젤 후보 명단에서 다이애나의 이름을 빼 버리고 말았다.
 그 동안 수차에 걸쳐 귀족들의 파티가 있었으나 다이애나는 끝내 모습을 비치지 않았을 뿐더러 기삿거리가 될 만한 사생활을 찾아낼 수 없었기 때문이었다. 그만큼 다이애나의 사생활은 모범적이었다.

 기승을 부리던 한여름의 더위도 고개를 숙인 8월 31일의 일이었다. 룸메이트들은 남자 친구의 애기를 털어놓으며 주말 계획을 세우느라 야단법석을 떨었다.
 1년 남짓 공동생활을 하다 보니 사생활의 비밀 같은 것이 없어져 애인과 있었던 사사로운 즐거움도 공동의 것이 되어 버렸다. 짝이 없는 다이애나는 주로 듣는 편이었지만 지금의 생활에 만족을 하고 있었기에 한 가닥의 시기나 질투도 없었다.
 바로 그때였다. 그들 세 아가씨에게 사랑의 메신저인 전화벨이 울렸다. 순간 모두 벌떡 일어섰다. 자기를 부르는 전화벨 소리로 들렸기 때문이다.
 "내가 받을게."
 전화 담당인 버지니아가 수화기를 들었다. 전화에 관심이 없는 다이애나를 제외하고 두 아가씨가 전화기 앞으로 다가갔다.
 "네, 그렇습니다. 누구신가요. 네? 기다리세요."
 수화기를 빼앗듯이 손을 뻗는 앤과 캐롤린을 제친 버지니아가 걱정스러운 표정으로 다이애나에게 다가섰다.

"다이애나, 네 전화야."
"고마워, 언니."
"그런데 어쩐지 장난 전화 같아."
"그럼 끊어 버려."
소파에서 일어서던 다이애나가 다시 앉으며 말했다.
"끊어 버릴 수가 없어."
"장난 전화라며?"
"아무래도 좀 이상해. 버킹엄 궁전이라면서 바꿔 달라는 거야."
버지니아는 이마에 주름을 지으며 말했다. 난처한 일이 생기거나 깊이 생각할 때 그녀는 이마에 잔주름을 짓는 습성이 있었다.
"어머머?"
앤과 캐롤린은 눈이 휘둥그래지며 놀랐으나 다이애나는 차분하게 일어나 버지니아가 넘겨 주는 수화기를 들었다.
"전화 바꿨습니다. 네, 알고 있습니다. 네."
전화 내용은 싱겁게 끝이 났으나 정중한 그녀의 태도로 보아 장난 전화가 아니라는 것을 세 아가씨들은 금방 알아차릴 수 있었다. 다이애나가 수화기를 놓고 세 아가씨들과 얼굴을 마주했을 때, 흥분한 쪽은 당사자인 그녀가 아니라 오히려 세 아가씨 쪽이었다.
"찰스 왕세자한테서 온 전화지?"
버지니아가 물었다.
"아니, 엘리자베스 여왕께서 날 발모럴 궁에 초대하신대."
다이애나의 말이 떨어지자 세 아가씨들은 함성을 질렀다. 그들은 왕세자의 초대보다도 여왕의 비공식 초대가 더 큰 의미를 지녔다고 해석한 것이다.
"축하해."
다이애나의 손을 맞잡은 세 아가씨들은 기쁨을 감추지 못했다. 속된

말로 여왕이 다이애나를 선보기 위해 부른 것으로 넘겨짚었다. 그러나 다이애나는 왕태후의 시녀로 있는 할머니의 청을 여왕이 대신한 전화로 알고 있었기에 룸메이트의 흥분이 오히려 우스꽝스럽기까지 했다.

발모럴 궁은 스코틀랜드 북해 연안의 한대 지방에 있는 역대 왕실의 피서지로 유명하며, 파산 지경에 있던 영국 경제를 구해낸 유전 지대로 더욱 알려진 곳이다.

다이애나의 아파트에 버킹엄 궁전에서 전화가 걸려올 무렵, 특종을 캐내지 못해 풀이 꺾인 레이와 아더 기자에게 눈이 번쩍 뜨이는 전화가 걸려왔다.

"레이! 왕실에서 내일 발모럴로 피서를 떠나."

"찰스 왕세자는?"

"왕세자의 경호원들이 막 발모럴을 향해 출발한 사실이 확인됐어. 빨리 카페로 나와 줘야겠어."

레이와 아더 기자가 약속한 카페에 나타나자 왕세자의 사생활을 전담하는 5, 6명의 기자들이 둘러쌌다. 기자들이 특종을 캐려는 공명심에서 역정보를 흘리는 등 불미스러운 일이 빈번해지자 레이 기자의 제안으로 합동 취재를 하기로 약속이 되어 있었다.

지휘자격인 레이 기자는 출발지인 히드로 공항과 기착지인 애버딘 다이스 공항에 기자들을 배치하고 나서 수첩을 폈다. 찰스 왕세자가 피서를 함께 즐길 만한 엔젤을 찾아내기 위해서였다.

"누굴 초대할까?"

기자의 말이 떨어지기도 전에 레이 기자는 수잔 조지와 서필드의 명단을 체크하고 나서 전담 기자를 배치했다. 물 샐 틈 없는 작전 계획을 짜놓은 것이다. 그러나 그가 작성한 작전에는 처음부터 큰 구멍이 뚫려 있었다. 명단에서 빼버린 다이애나에게는 신경도 쓰지 않았던 것이다.

9월 1일, 찰스 왕세자를 비롯해서 여왕 일가가 전용기편으로 발모럴을 향해 출발한 사실이 확인되었고, 9월 2일에는 점찍었던 서필드가 여행 준비를 하고 집을 나섰다는 정보가 사령탑에 버티고 있는 레이 기자에게 전화로 보고되었다.

"여행자 명단을 뒤져 서필드라는 이름이 있나 확인하게."

히드로 공항을 담당하고 있는 기자에게 레이는 제시했다. 잠시 후, 명단에서 이름이 확인되었다는 보고가 들어왔다. 레이 기자는 이 사실을 애버딘 공항을 담당하고 있는 기자에게 알리고 회심의 미소를 지었다.

바로 이 시각, 다이애나는 공항에 도착하여 줄을 서서 차례를 기다리고 있었다. 평범한 회색 스커트에 엷은 하늘색 파카 차림으로 얼핏 보아 흔히 있는 영국 아가씨의 차림새였다.

그런데 회심의 미소를 지으며 사령탑에서 지휘를 하고 있는 레이 기자에게 뜻하지 않은 전화가 걸려왔다. 미행하던 서필드의 차를 놓쳤다는 보고에 이어 문제의 엔젤이 공항에 나타나지 않는다는 보고였다. 비상구로 빠져나갈 수도 있으니까 철저히 점검하라는 지시를 내렸으나 되돌아온 보고는 마찬가지였다.

"아니 그럼 왕세자는 우리와 007을 연출하자는 건가? 틀림없이 서필드가 숨어 있을 테니 찾아내서 보고하게."

천하의 레이 기자도 이번 작전은 실수투성이였다. 다이애나의 이름을 흘렸다는 것과 공항에 직접 나가지 않고 사령탑에 앉아 지시만 하고 있었다는 사실이었다. 만약에 공항에 나갔더라면 다이애나를 발견했을 것이고, 그렇게 되면 틀림없이 덜미를 잡았을 것이다.

그리고 그의 실수는 서필드를 헛잡은 사실이다. 그녀의 발모럴 행은 찰스 왕세자와는 아무런 관계도 없었고, 집을 나올 때 전화로 항공표를 취소하고 행선지를 바꿔 버린 것을 모르고 있었던 것이다.

기자들이 이 잡듯 공항을 뒤지는 사이 다이애나는 비밀 경호원에게 둘러싸여 히드로 공항을 무사히 빠져나갈 수 있었다.
　트라텐트 제트 여객기 속에서 계속 감시하고 있는 사나이가 다름 아닌 경호원이라는 것을 다이애나는 쉽게 알 수 있었다. 그들은 최상위에 속하는 10명의 왕족을 경호하고 있는 런던 경찰청 소속의 민완 형사들이었다. 왕족 경호원은 지금까지 표면적인 활동을 하지 않았다.
　그러나 1979년 에이레 공화국이 밀파한 암살단에게 루이스 마운트버튼 경이 살해되면서부터 경호의 정도를 높였다. 살해당한 루이스 마운트버튼 경은 찰스 왕세자에게는 숙부가 되는 왕족이었다. 이 충격적인 사건이 있은 후부터 왕족과 그 초대 손님은 런던 경찰청의 경호를 받게 되었다.
　히드로에서 514마일 떨어진 북쪽의 애버딘은 금방이라도 비가 내릴 듯이 잔뜩 흐려 있었다. 기자들은 서필드를 찾아내는 데만 혈안이 되어 다이애나가 공항 로비에 들어섰으나 그녀를 의식하는 사람은 아무도 없었다. 그녀가 로비를 나오자 젊은 경호원이 정중하게 안내했다.
　"다이애나 양, 이리로 오십시오."
　경호원은 터미널 빌딩 곁에 세워 둔 자동차의 문을 열었다. 거기에는 주차 금지라는 푯말이 붙어 있었다.
　다이애나가 차에 오르자, 차는 A 930번 도로를 서쪽으로 향해 조심스럽게 달렸다. 이 도로는 애버딘에서 글렌타너의 아름다운 숲을 지나 디 강, 그리고 발모럴 궁이 있는 언덕까지 이어져 있었다.
　한편, 사령탑에서 보고를 받고 있던 레이 기자는 애버딘 공항에서 끝내 서필드를 찾아내지 못했다는 보고를 받자 합동 취재반을 해산하고 손을 들었다.
　"앞으로 어떡할 셈인가?"
　아더가 물었다.

"패장은 말이 없는 법."
"그럼 패장 밑에 있던 패잔병들은 흩어져 개인 행동을 할 수밖에 없겠군."
레이와 아더 기자는 야간 비행기편으로 발모럴에 가기 위해 히드로 공항으로 향했다.

"다이애나 양, 저기 보이는 성이 발모럴 궁입니다. 이젠 다 왔습니다."
경호원이 놀진 하늘에 우뚝 솟아 있는 성을 가리키며 말했다. 붉은 놀과 조화를 이룬 발모럴 궁은 아름답다기보다 신비스러웠다. 육중한 철문을 지나 잘 가꾸어진 정원을 거쳐 현관 앞에 이른 다이애나는 자신의 눈을 의심하듯 놀랐다. 찰스 왕세자가 맞아주었기 때문이었다. 왕세자가 발모럴에 있으리라고는 예측도 안했으려니와 몸소 현관까지 나오리라고는 상상도 할 수 없는 일이었다.
그보다 더욱 놀란 것은 여태 본 적이 없는 왕세자의 미소였다. 이성교제를 해 보지 못한 그녀로서는 사랑이 무엇인지는 몰라도 여자의 본능적인 느낌이랄까, 분명 찰스 왕세자의 미소 속에는 사랑이 담겨져 있는 것같이 느껴져 그녀는 일순간 숨을 쉴 수 없었다. 가슴이 두근거렸다.
"먼길을 오느라고 고생이 많았지요?"
말투부터가 달랐다. 다이애나는 그저 말을 잃고 두 달 사이에 너무도 변한 왕세자를 눈부시게 바라보고만 있었다.
"제일 먼저 뵙고 싶은 분이 루스 할머니겠지요? 들어갑시다."
다이애나는 '네'라는 말도 한마디 못한 채 찰스 왕세자가 안내하는 홀 안으로 들어섰다. 정중하게 대해 주는 그에게 압도되었기 때문이다.
홀 한가운데서 기다리고 있던 루스 할머니가 두 손을 벌려 그녀를 맞이했다. 오랜만에 만난 할머니였으나 궁중 생활에 젖어서일까 표정은 그저 근엄하기만 했다. 찰스 왕세자가 저녁 식사때 다시 만나자는 말을 남기고 사라진 후에야 루스 할머니는 손녀 다이애나를 얼싸안았다.
"다이애나, 네가 이렇게 어엿한 숙녀가 됐구나."
"할머니, 그 동안 안녕하셨어요?"
"집안은 다 별일 없고?"
"네, 할머니."
간단한 문안 인사를 나누고 난 그들은 2층 층계를 올라 구석진 방으로 들어갔다. 왕태후의 시녀 방이었다.
"어디 좀 보자."
할머니가 오랜만에 만난 손녀, 그것도 왕세자의 초대를 받을 만큼 성장한 다이애나를 세워놓고 이모저모 뜯어보았다. 정말 믿을 수 없는 일이었다.
그러니까 3일 전이었다. 여왕과 차를 마시고 돌아온 왕태후가 손녀 다이애나의 나이와 성품을 묻고 나서 손가락을 꼽아보더니,
"열세 살이나 차이지는군."
이라고 말했다. 그때 할머니는 다이애나를 찰스 왕세자와의 배필로 꼽아놓고 나이 차이를 셈하고 있음을 알았으나, 스펜서 백작 가문에 경사가 났다고 기뻐하기보다 우려하는 마음이 더 앞섰다. 왕세자를 바닷물 속에 밀어넣는 그런 철부지가 왕세자비, 나아가서는 왕비의 직분을 다할 수 없다는 생각이 들어서였다.
찰스 왕세자가 여왕인 어머니에게 다이애나를 하기(夏期) 별장에 초대하고 싶다는 말을 했을 때 엘리자베스 여왕도 루스 팔머와 같은 생각이었다. 그러나 아들 왕세자의 마음이 다이애나에게 쏠려 있음을 직감한 여왕은 어렸을 때 본 다이애나를 가까이에서 직접 보기 위해 초대했던 것이다.

할머니가 손녀에게 간단한 왕실 예절을 가르치고 있을 때, 찰스 왕세자가 들어와 만찬실로 안내했다. 만찬실은 눈이 부시도록 으리으리했다. 그리고 적과 싸울 때 영국의 상징으로 사용되었던 승리의 깃발이 장식되어 있었다. 고색창연한 이들 깃발은 대영제국과 왕실의 역사와 전통을 말해 주는 듯했다.

찰스 왕세자와 문가에 나란히 서서 여왕 부처를 기다리는 다이애나의 심정은 설레이기보다 도리어 차분했다. 왕세자의 따스한 인간성에 감동이 되었을 뿐, 신데렐라의 전설을 자기 것으로 하려는 야심 같은 것을 염두에 둔 적이 없었기 때문이었다.

"다이애나, 긴장하지 말고……."

찰스 왕세자가 안심하라는 듯 손을 잡으며 조용히 말하자 다이애나는 연한 미소로 답을 대신하였다.

잠시 후, 여왕 부처와 에드워드 왕자가 모습을 나타냈다. 다이애나는 한쪽 무릎을 꿇으며 고개 숙여 인사를 했다.

"어디 봐요, 다이애나. 아주 훌륭한 숙녀가 되었군."

여왕은 그녀의 성숙한 모습을 놀란 눈으로 바라보았다. 어릴 때 샌드링엄 영지의 담을 넘어와 놀던 그녀가 이처럼 어른스러워진 모습으로 변했으리라고는 생각지도 못했다. 더욱이 여왕의 호감을 산 그녀의 첫인상은, 자연스러운 미소가 흐르는 온화한 표정이었다. 필립 공은 옆에서 지켜볼 뿐 아무 말이 없었다.

만찬이 시작되었다. 식사는 왕실에서 좋아하는 로스트 비프에 야채가 곁들인 간소한 것이었는데, 대대로 물려 내려온 은식기에 아주 잘 어울리는 요리였다. 다이애나는 여왕을 비롯하여 왕가의 가족을 어릴 때부터 잘 알고 있었기에 함께 식사를 하면서도 어색하거나 긴장감 같은 것은 없었고 오랜만에 친척집에 초대받은 듯한 아늑하고 온화한 기분에 휩싸일 수 있었다.

이런 다이애나에 비해 오히려 찰스 왕세자는 부모인 여왕 부처가 그녀를 어떻게 보고 있는가에 무척 신경을 썼다. 식사가 끝나고 여왕 일가와 다이애나는 거실에서 한가롭게 이야기를 나누었다. 그러나 그 이야기 속에서 다이애나의 내면을 엿보려는 의도가 여왕에게 있음은 두말할 나위도 없었다.

혹 다이애나가 실수라도 저지르지 않을까 마음 조였던 찰스 왕세자는 망설임도 주저함도 없이 자기 소신을 솔직하게 말하는 다이애나를 보고 안도의 숨을 쉬었다. 여왕 부처도 그녀와 대화를 나누면서 그 침착성과 호수 같은 잔잔한 성품에 호감이 가면서도, 왕세자를 바다속에 밀어넣은 장난기에는 회의를 느꼈다.

"다이애나가 윈드서핑을 하는 왕세자를 바다속에 밀어넣었다면서?"

여왕의 말이 떨어지기가 바쁘게 찰스 왕세자가 끼어들려고 했다. 분명 얼굴을 붉히며 난처해할 다이애나를 변명하기 위해서였다. 그런데 다이애나는 '네'라는 대답을 서슴없이 하는 것이 아닌가.

"어릴 때 귀여운 장난을 잘 쳤는데, 그때의 순진한 버릇이 남아 있나 보지?"

"폐하의 말씀대로 어렸을 때 전 말괄량이였어요. 하지만 그땐 장난이 아니었습니다."

"아니라면 일부러 그랬다는 건가?"

"네, 신문 기자가 있었기 때문이에요."

"신문 기자가 있었다면 더군다나 그런 행동은 하지 않았어야 하지 않을까?"

"그런 철부지 같은 행동을 보임으로써 기자들의 관심에서 벗어나고 싶었습니다. 저 때문에 왕세자께서 신문에 오르내리는 것을 원치 않았습니다."

다이애나의 말에 여왕 부처는 놀란 눈으로 마주보았다. 이제 19세밖에 되지 않은 애송이의 사려 깊은 행동에 감탄한 것이다. 결국 그 한 마디로 다이애나는 여왕 부처에게 완전한 합격 점수를 따냈으며, 그녀의 재치로 구설수를 면한 찰스 왕세자는 그녀에게서 또 다른 매력을 발견했다.

그날 밤, 다이애나와 찰스 왕세자는 단둘만의 이야기는 나누지 못한 채 내일로 약속된 낚시를 위해 일찍 헤어져 잠자리에 들었다. 발모럴 궁의 밤은 바람도 잠든 듯이 고요하기만 했다.

다이애나는 그 동안 도시 생활에 젖은 탓일까, 창밖에 인적 하나 없는 발모럴 궁의 고요가 익숙치 않았음인지 쉽게 잠을 이룰 수가 없었다. 그녀는 여왕 부처와 같이 있을 때 느끼지 못한 설레임에 몸을 뒤척이다 한 시가 넘어서야 간신히 잠을 이룰 수 있었다.

이튿날 아침, 그들은 낚시 도구와 커피, 인스턴트 식품 등을 싣고 랜드로버를 몰고 디 강으로 향했다. 만능 선수인 찰스 왕세자의 운전 솜씨는 일품이었다. 차안에서 그들은 별다른 얘기를 나누지 않았으나 어느 누구의 감시도 없이 대자연 속에 단둘이 있다는 그 자체가 무엇에 비할 수 없이 행복했다.

왕세자가 좋아하는 낚시터는 발모럴에서 5마일 가량 떨어진 곳에 있었다. 여인의 나선(裸線)처럼 아름다운 곡선을 그리며 흐르는 디 강은 부드럽고 투명한 생물체가 가로누워 온몸에서 신비스러운 빛을 내뿜고 있는 듯했다.

이 낚시터는 낚시광이라는 평을 듣는 왕태후가 자주 찾는 곳이다. 여든이라는 고령임에도 불구하고 나이에 비해 훨씬 젊어 보이는 왕태후는 낚시를 하기 위해 이곳 발모럴 궁에 온다고 했다. 그러나 오늘만은 왕세자와 다이애나 두 사람만의 호젓한 자리를 마련해 주기 위해 양보한 것이다.

강 건너의 낚시터는 입장료를 지불하면 누구나 낚시를 즐길 수 있게 개방되어 있으나 발모럴 궁에 있는 낚시터는 왕족의 전용지이다. 수천 에이커에 이르는 광대한 왕가의 영지 발모럴 한가운데를 조용히 흐르고 있는 이 강에 찰스 왕세자와 다이애나는 낚시를 드리우고 어신 (魚信)을 기다렸다.

이제 찰스 왕세자와 다이애나는 친척끼리 나누는 옛 정이 아니라, 한 사람의 남자와 한 사람의 여자로서 사랑의 상(像)을 빚어올리기 시작했다. 가슴속에 첫사랑이 소용돌이쳐 온 다이애나는 이 순간의 행복을 놓치지 않고 영원히 간직하고 싶었다. 넓은 들을 가로흐르는 강도, 누렇게 물들기 시작하는 나뭇잎도, 파란 가을 하늘에 두둥실 떠있는 구름도 그저 아름답게만 보였다.

처음 잡아 본 낚싯대였으나 운동 신경과 순발력이 빠른 다이애나는 예민한 찌의 움직임을 파악해 자신도 놀랄 만큼 많은 숭어를 낚아 찰스 왕세자를 놀라게 했다.

"다이애나, 커피 한 잔 마시고 싶지 않소?"

찰스 왕세자가 물었다. 그녀를 바라보는 그의 눈길에는 사랑이 담겨져 있었다.

"마시고 싶으세요? 그럼 제가 끓이겠어요."

다이애나가 일어서자 왕세자가 말렸다.

"내가 끓일 테니 다이애나는 고기를 잡아요."

"여자가 끓여야 되잖아요."

"다음에. 이번만은 내가 다이애나를 위해 커피를 끓이고 싶소."

그녀가 그러했듯이 그도 왕세자라는 거추장스러운 신분을 버리고 마음을 주고 싶은 상대를 기쁘게 해주고 싶었다.

바로 이때였다. 금방 놓고 일어선 찰스 왕세자의 낚싯대가 끌려가는 것이 아닌가. 그 순간 다이애나와 찰스 왕세자는 거의 동시라고 할 만큼 몸을 던져 낚싯대를 움켜잡았다. 두 몸이 하나로 엉킨 그들은 얼굴을 들어 마주보았다. 코와 코가 마주 닿는 그런 짧은 거리였다.
　풀냄새와도 같은 신선하고도 향긋한 입김이 찰스 왕세자의 얼굴에 뿌려졌다. 그리고 다이애나는 난생 처음 이처럼 가까운 거리에서 이성의 내음을 경험한 것이다.
　그런데 별안간 찰스 왕세자가 몸을 벌떡 일으키며 강 건너쪽을 돌아보는 것이 아닌가. 어느 곳에서나 항상 기자를 의식하며 행동해야 했던 그는 혹시나 하는 예감이 들었던 것이다. 그의 예감은 적중했다. 마주 바라보이는 강 건너 숲속에서 10여 명의 기자들이 망원렌즈로 겨냥을 하고 있었다.
　"다이애나, 얼굴을 돌리고 차로 피해요."
　찰스 왕세자가 서둘러 말했다.
　"꼭 그래야 하나요?"
　"기자들에게 사진을 찍혀도 좋다는 건가요?"
　"그런 것은 아니지만 죄인처럼 피해 달아나는 장면을 찍히고 싶지는 않아요."
　"앞으로 그들의 성가신 공세를 감당할 자신이 있소?"
　"그건 잘 모르겠어요. 하지만 그건 다음 일이에요."
　부딪친 현실을 피하기보다 수긍하고 받아들이려는 그녀의 강한 의지에 찰스 왕세자는 지금껏 모르고 있던 그녀의 새로운 일면을 또 발견했다. 다이애나는 그가 말한 기자들의 성가심이 그들의 권리이며 왕실에 애정과 관심을 가지고 있는 영국 국민, 나아가서는 전세계의 바람이라고 생각하고 있었기에 자리를 뜨지 않고 자연스럽게 커피도 마시고, 함께 낚시도 했다.
　한편 30야드 강 건너 숲속에 숨어 셔터를 눌러대는 기자들 속에는 레이와 아더 기자도 끼어 있었다. 아니 타사 기자들이 그림자처럼 그들을 쫓아다니다가 횡재를 만난 것이다. 그러나 레이와 아더 기자로서는 행운이 아니었다. 틀림없이 낚시터에만 가면 무슨 건수가 있을 것이라는 다년간의 직업의식이 뜻하지 않은 행운을 만난 것이다.
"그런데 같이 있는 찰리스 엔젤은 누구지?"
실컷 셔터를 누르고 난 기자 하나가 옆 기자에게 물었다.
"누군 누구야, 서필드지."
"보고도 몰라? 수잔 조지야!"
"둘 다 눈이 삐었군그래. 그런 눈 가지고 어떻게 사진을 찍어?"
"그럼 자네가 보기에 누구란 말인가?"
"나도 몰라."
30야드 밖에서 스카프로 얼굴을 가리다시피 한, 그것도 생소한 다이애나를 몰라보는 것은 당연한 일이다. 다만 그녀를 열심히 추적한 바 있던 레이와 아더만은 스카프의 여인이 다이애나임을 확인하고 내심 놀라면서 한편으로는 어이가 없었다.
지금까지 그들은 찰리스 엔젤을 쫓아다니며 취재한 것이 아니라, 취재라는 그물을 쳐놓고 기다린, 다시 말해서 기자 아닌 연출가라고 자부하고 있었다. 그런데 이번 경우는 그야말로 풋내기 애송이한테 완전히 당하고 만 꼴이 된 것이다.
"레이, 저 찰리스 엔젤은 새로운 엔젤 같은데 누구지?"
확인할 길이 없던 기자 하나가 조언을 청하듯이 다가와서 물었다.
"글쎄?"
레이가 딴청을 하자 기자는 연방 셔터를 누르고 있는 아더 앞을 가로막았다.
"자넨 누구라고 생각하나?"
"글쎄?"
아더의 대답도 레이와 같았다. 합동 취재반을 해체하고 각자 개인 플레이를 하기로 된 이상 정보를 나누어 주어야 할 의무는 없었다.

"자네들은 누군지 알 게 아닌가?"
"그렇게 알고 싶은가?"
레이 기자가 가르쳐 줄 듯이 말하자 기자들이 수첩을 꺼내들고 그를 에워쌌다. 정확한 스펠링을 알아야 하기 때문이다.
"이름이 뭐야? 술 한잔 살게."
"쉬운 방법이 있어."
"글쎄, 그게 뭐냔 말이야."
"직접 가서 물어봐!"
저녁 신문에 '새로운 찰리스 엔젤 탄생'이라는 표제하에 낚시를 즐기는 찰스 왕세자와 스카프로 얼굴을 가린 여인의 사진이 실려 있었다. 그러나 레이 기자와 아더 사진 기자가 버티고 있는 〈더 선〉지에는 다이애나의 이름과 그녀의 신상이 자세하게 소개되었다. 타사 기자들은 그들에게 또 한번 KO패를 당하고 만 것이다.

왕실의 스캔들이나 폭로 기사를 많이 다루는 〈더 선〉지는 여왕 부처는 물론이거니와 왕족들은 거들떠보지도 않는다. 평민들의 소문 따위에 귀를 기울이지 않는 왕실의 전통과 소문에 초연해야 하는 체면 때문이다. 그러나 당사자인 찰스 왕세자는 예외였다.
비서가 건네주는 〈더 선〉지를 받아 본 찰스 왕세자는 아연실색했다. 미처 자기도 모르고 있는 다이애나의 전부가 상세하게 실려 있었기 때문이었다. 옆에서 같이 신문을 보고 있던 다이애나는 그저 웃고 있었으나, 찰스 왕세자는 그럴 수가 없었다.
다이애나는 아무렇지도 않은 표정이었으나, 나이 어린 그녀가 노련한 기자들한테 시련을 당할 생각을 하니 예삿일이 아니었다. 더욱이 그는 거머리떼처럼 모여드는 기자들을 감당할 수 없어 떠나 버리고 만 애나 월레스의 상처가 가슴 한구석에 남아 있었기에 다이애나를 기자들한테서 지켜 주어야 했다.

그리고 기사 중에 눈에 거슬리는 대목은 다이애나를 새로운 찰리스 엔젤이라고 표현한 글이었다. 적어도 그녀만은 기자나 사회가 과거의 엔젤과 동격으로 취급하는 것이 싫었다. 그러기 위해서는 기자와 술래잡기를 해서라도 다이애나와 같이 있는 장면을 카메라에 잡히지 않게 세심한 주의를 해야겠다고 찰스는 생각했다. 그러나 그것은 차후의 일이고 오늘 저녁 떠나야 하는 다이애나를 무사히 돌려보낼 수 있느냐가 당면 문제였다.

그는 경호원을 불러 대책을 의논했으나 왕실 전용의 헬리콥터를 동원할 수도 없는 일이고 보면 이렇다 할 묘안이 없었다.

"방법을 강구해 보시오. 찾으면 뭔가 찾아낼 수 있을 거요!"

찰스 왕세자는 명령했다.

"전하, 외람된 말씀입니다만 발모럴 궁 앞에는 레이와 아더 기자가 버티고 있습니다. 그들을 따돌린다는 것은 불가능한 일입니다."

"그럼 그 벌떼 같은 친구들한테 다이애나를 내맡겨야 한단 말이오!"

"방법이 없습니다."

풀이 꺾인 경호원이 고개를 떨구자 옆에서 듣고 있던 다이애나가 나섰다.

"제게 방법이 있어요."

"어떤 방법이오?"

"제가 알아서 제 나름대로의 방법을 쓰겠어요."

찰스 왕세자에게 더이상의 심려를 끼칠 수 없었던 그녀는 여왕 부처와 왕태후, 루스 할머니에게 작별 인사를 하고 처음 타고 왔던 차에 올랐다. 그리고 창 너머로 찰스 왕세자를 안심시키듯 밝은 낯으로 웃어 보이며 작별의 손을 흔들었다.

왕세자 생일날에 흘린 눈물

　다이애나가 탄 녹색 승용차가 발모럴 궁 정문을 빠져나가자 길목을 지키고 있던 기자들은 신바람이 나서 뒤를 쫓았다.
　그 시각, 다이애나를 추적해 보았자 색다른 기삿거리를 얻을 수 없을 것으로 판단한 레이와 아더 기자는 슬그머니 런던으로 돌아와 그녀의 아파트를 덮쳤다.
　"실례합니다. 〈더 선〉의 기잡니다."
　방문을 열고 나서 놀란 눈으로 바라보는 버지니아에게 레이 기자가 자기 소개를 했다. 세 아가씨들은 다이애나를 취재하기 위해 들이닥친 것이라고 금방 알아차렸다.
　"좀 들어가도 괜찮지요?"
　아더는 승낙이 떨어지기도 전에 성큼 방안으로 들어가 플래시부터 한 방 터뜨렸다. 장차 왕세자비가 될지도 모를 다이애나의 생활 주변을 스케치하기 위해서였다. 무례한 그들의 행동에 앤과 캐롤린은 약간 당황했으나 그 중에서도 언니뻘인 버지니아만은 오히려 그들에게 친근

감마저 느꼈다. 기사나 사진 끝에 표기된 그들의 이름을 볼 때마다 어떤 사람일까 하는 호기심이 있었기 때문이다.
"댁이 아더 기자고 댁은 레이 기자죠?"
버지니아가 물었다.
"어떻게 알았지요?"
"스타니까요."
"그럼 사인이라도 해 드릴까요?"
레이 기자가 볼펜을 꺼내들며 능청을 떨었다. 불청객에 대한 긴장감을 해소시키기 위해 꾸며 낸 연극이다.
"기자의 사인이요? 사양하겠어요. 다이애나의 사인이라면 모르지만……."
세 아가씨들은 까르르 웃었다. 분위기가 부드러워지자 레이 기자는 질문의 화살을 퍼부었다. 기상과 취침 시간을 비롯해서 취미, 기호 등 다이애나의 일상 생활에 관한 것이었다.
숨길 것이 하나도 없는 그녀의 생활이기에 침실 촬영만은 거절하고 모두 털어놓았다. 푸짐한 기삿거리를 얻은 레이와 아더 기자는 회심의 미소를 지으며 아파트를 나왔다.
한편 애버딘 다이스 공항까지 다이애나를 추격한 기자들은 그녀를 둘러싸고 마이크를 들이댔다.
"왕세자와 무슨 얘기를 나누었습니까?"
"지금의 소감을 말씀해 주십시오."
"앞으로도 계속 왕세자를 만날 건가요?"
"언제지요?"
나이 어린 다이애나에게 기자들은 숨 돌릴 사이도 없이 질문을 퍼부었다. 그런데 열아홉 나이답지 않게 다이애나는 당황하거나 짜증스런 기색 하나 없이, 연신 미소를 지으며 그들의 화살을 피하는 것이 아닌가.
"미안해요, 기자님. 여러분이 원하는 기삿거리를 드리지 못해서……."
"왕세자와 오고간 얘기 중에 그렇게도 비밀이 많았습니까?"
"그런 비밀은 없었어요."
"그렇다면 공개 못할 이유도 없잖습니까?"
"기자 여러분들이 제 입을 막고 있어요. 어느 질문에 먼저 답을 해야 할지 모르겠어요. 그리고 제 자신을 정리할 시간도 좀 주셔야 하지 않아요?"
지금까지 흘러간 찰리스 엔젤들은 하나같이 기자 공포증에 걸려 피하기가 일쑤였으나, 생글생글 웃으며 화살을 피하는 그녀의 침착성과 따스한 인간미에 매료되어 기자들은 포위망을 풀고 물러섰다. 다이애나로 하여금 자기 자신을 정리할 시간을 주기 위해서였다.
"이젠 많이 정리가 됐겠지요? 그럼 소감부터 한말씀……."
런던으로 돌아오는 기내에서 기자들은 또 한 번 그녀를 둘러쌌다. 다이애나는 짜증스러운 기색 하나 없이 생글생글 웃고 있었다.
"다이애나 양! 웃지만 말고 얘기 좀 합시다."
그녀의 알지 못할 웃음에 짜증이 난 쪽은 도리어 기자들이었다.
"찰스 왕세자와 은밀한 주말을 보낸 소감이 어떤가요?"
"아주 즐거웠어요."
"어떻게 즐거웠지요?"
"그걸 지금껏 정리중이에요."
히드로 공항에 도착했을 때까지도 기자들은 다이애나에게서 아무런 기삿거리를 얻어내지 못하고 말았다.
"아니, 이제 보니 우리가 다이애나에게 당한 거 아냐? 아무것도 캐낸 것이 없으니……."
다이애나가 손을 흔들며 아파트 안으로 사라지고 나서야 비로소 아차 하고 느낀 기자 하나가 동료 기자에게 말했다.
"그 정도로 만족하세. 레이와 아더는 아직도 다이애나가 출발한 사실을 모르고 있을 게 아닌가."
그런데 저녁 신문을 비교해 본 기자들은 기대가 컸기 때문일까, 하나같이 울상을 지었다. 모든 신문이 새로운 찰리스 엔젤을 스케치한 데 비해 유독 〈더 선〉지만은 다이애나의 방이 찍힌 사진과 일상 생활이 상세하게 실려 있었다. 기자들은 레이와 아더 기자에게 완전히 손을 들고 말았다.
한편 다이애나가 방에 들어서는 것과 동시에 전화벨이 울렸다.
"다이애나, 받지 마. 틀림없이 기자들일 거야."
언니격인 버지니아가 전화기를 가로막으며 말했다. 거머리떼처럼 몰려들 기자들에게서 다이애나를 보호하기 위해서였다.
"언니, 나 받을래."
"안 돼, 다이애나! 애나 월레스 알지? 기자들 등쌀에 넌덜머리를 내고 돌연 왕세자 곁을 떠나 버린……."
"설사 그들이 날 울리는 한이 있더라도 난 기자들을 용서할 수 있을 것 같아. 모든 국민들은 알 권리를 그들을 통해 얻고 있어. 그런 의미에서 기자는 왕실과 국민 사이를 잇는 다리와 같은 존재가 아니겠어?"
다이애나는 전화기 앞에 버티고 선 버지니아를 조용히 물리치고 수화기를 들었다. 앳된 그녀의 손이 가늘게 떨리고 있었다.
"여보세요, 다이애나예요. 어느 신문의 누구시죠?"
통화를 하던 그녀의 표정이 밝아졌다. 전화의 주인공은 다름아닌 찰스 왕세자였다. 기자들의 추격을 받으며 발모럴 궁을 떠나는 다이애나를 바라보던 찰스 왕세자는 마음이 놓이지 않아 항공 회사에 조회를 하여 도착 시간에 맞추어 전화를 건 것이다. 아마도 이런 정성의 반이라도 애나 월레스에게 쏟았다면, 그녀는 그렇게 왕세자의 곁을 떠나지 않았을지도 모른다.

"아니, 그럼 신문사에서 걸려온 전화인 줄 알면서 수화기를 들었단 말이오?"

'네'라는 말이 수화기를 통해 울려 온 순간, 찰스 왕세자는 가슴 한 구석에 남아 있던 애나 월레스의 상처가 흔적도 없이 말끔하게 지워지고, 그 빈 자리에 다이애나가 꽉 차는 것 같은 뿌듯함을 느꼈다. 기자들의 등쌀을 용서할 줄 모르던 애나는, 우는 한이 있어도 그들을 용서하려는 다이애나에게 자리를 넘겨준 여인이라고도 할 수 있다.

아무튼 그들의 사랑의 통화는 무려 한 시간 이상이나 이어졌다. 왕세자로서는 예전에 없던 일이었다.

통화가 끝나자 다이애나는 룸메이트에게 발모럴 궁에서 있었던 꿈 같은 일을, 되새기듯이 상세하게 말했다. 흥분과 환희로 뒤범벅이 된 룸메이트들이었으나, 굿나잇 인사를 하며 침실로 가는 다이애나에게 감히 축하한다는 말을 할 수가 없었다. 비록 다이애나가 지금까지 생활을 같이 해온 친구임에는 틀림없으나, 생활을 통해 관찰해 온 그녀가 자기들이 바라는 왕세자비의 모든 여건을 갖춘 여인이었기에 친구 간에 흔히 오가는 속된 축하인사를 할 수가 없었다.

뜬눈으로 지새웠던 그날 밤은 다이애나에게는 물론이려니와 버지니아, 앤, 캐롤린에게도 긴 밤이었다.

이튿날인 월요일, 다이애나는 평상시대로 8시 30분에 아파트를 나와 룸메이트들을 직장 앞에 내려 주고, 빅토리아 가에 위치한 핌리코 유치원으로 차를 몰았다. 일주일에 4일간 50명의 원아들을 돌봐야 하는 보모일이 시작된 것이다.

그러나 이제 그녀는 이미 전주(前週)의 다이애나가 아니었다. 영국의 모든 눈이, 아니 세계의 안목이 집중되는 화제의 여인이 되어 버린 것이다.

찰스 왕세자의 스캔들에 비교적 무관심하던 신문사나 잡지사까지 그녀의 사생활을 파고들었다. 어디 그뿐인가. 세계의 통신망을 가지고 있는 외국의 신문사나 통신사도 그녀의 사생활에 끼어들었다. 심지어는 무례한 카메라맨이 마구 터뜨려대는 플래시에 놀라 원아들이 겁에 질려 울어 버리기까지 했다. 어린이를 보살펴야 하는 보모가 애들을 울린 꼴이 되어 버린 것이다.

아이들이 귀여워 보모일을 택했고, 직장에 성실한 그녀로서는 모든 것은 다 이해하고 참을 수 있어도 원내 홀까지 몰려들어와 마구 사진을 찍어대어 애들을 울리게 하는 그런 사진 기자에게까지 미소를 던질 수는 없었다.

"사진 기자 여러분, 유리창을 깨고 제 침실을 찍어도 좋고, 욕실을 찍어도 좋으나, 제발 유치원 홀까지 몰려들어와 애들을 울리는 일만은 말아 주세요. 사진을 찍혀야 하는 저와 찍어야 하는 여러분들 때문에 어린애가 피해를 본대서야 되겠어요? 제발 나가 주세요."

항상 미소를 잃지 않던 그녀가 애원하는 표정은 카메라맨들에게 더없는 멋진 장면이었다. 그들은 더욱 요란하게 셔터를 눌러댔고 애들의 울음소리는 더욱 커졌다.

이 광경을 지켜보던 레이와 아더 기자는 머리를 내저었다.

"아더, 보통 일이 아닌데. 너무했어."

"이는 다이애나의 사생활을 포착하겠다는 것이 아니라, 사생활을 밟아 버리자는 거야. 이건 인권유린이란 말이네."

"난 도덕적인 문제를 따지자는 것이 아니야. 무례한 기자들을 이겨낼 수 있을까 그 점을 염려하고 있어. 나이도 어린 다이애나가……."

말끝에 나이도 어린 다이애나라고 강조한 것을 보아 그녀에게 애착을 가지고 있음이 분명했다. 그러기에 애나 월레스가 걸은 길을 되풀이하지나 않을까 염려가 되었다.
"이젠 그만하고 나가자구!"
그는 기자들을 설득하여 유치원 밖으로 끌고 나갔다. 남보다 앞서 특종을 캐려고 혈안이 되기보다 그녀를 기자의 양심으로 지켜 주고 싶어진 것이다. 물론 다이애나에게 카메라와 마이크를 들이대고 있는 기자들의 대부분은 직업에 과잉 충성파라고 할 수 있으나 그 중에는 개인의 영리를 앞세우는 기자도 없지 않았다.
"여보게! 혹시 자넨 다이애나와 재클린 오나시스를 혼동하고 있는 게 아닌가?"
아더 사진 기자가 미친듯이 셔터를 눌러대는 기자 한 명을 붙잡고 나무랐다.
"아더, 자네 무슨 얘기를 하고 싶어서 그러나?"
"재클린은 오나시스의 재산과 결혼한 여자니까 그 여자의 숨겨진 사생활을 찍어 돈을 번다는 것은 좋아. 하지만 다이애나는 다르지 않냐 그 말이네."
"뭐가 다른가? 달러와 바꿀 수 있는 피사체는 다 같아."
"엄연히 다르네! 다이애나는 의무 내지는 책임과 결혼할 여자야. 21세기를 짊어질 퍼스트레이디로서 말이네. 그런 여인의 사진을 찍어 돈을 벌 텐가? 사진 작가로서 일말의 양심은 있어야지."
"양심 같은 소리 하고 있네. 양심이 사진을 찍어 주나? 빵을 먹여 주느냐구?"
그 기자는 팔을 잡은 아더의 손을 뿌리치고 다시 셔터를 누르기 시작했다.
과연 의무와 책임과 결혼을 해야 하는 다이애나는 이들 용서받지 못할 카메라맨을 어디까지 용서하며 얼마나 많은 눈물을 흘려야 할 것인가?

유치원 일을 마치고 정문을 나올 때도 눈이 부시도록 터뜨리는 플래시를 향해 그녀는 미소로 답했다. 아파트 현관을 오를 때도 앞을 막고 셔터를 눌러대는 그들을 위해 웃어 주었다.

방안에 들어왔을 때, 그녀는 안면 근육이 굳어 울 수도 웃을 수도 없는 형편이었다. 그러나 그녀에게는 용기를 북돋아 주며 위로해 주는 룸메이트가 있었고, 사랑을 가꾸어 주는 찰스 왕세자의 전화가 있었기에 견뎌낼 수 있었다.

화요일에는 20명이 넘는 보도진이 그녀의 근무처인 유치원에서 진을 치고 다이애나가 나타나기를 기다리고 있었다.

"안녕하세요, 기자님 여러분."

막 도착한 다이애나가 피하기는커녕 차에서 내리자마자 손수 기자 앞으로 다가와 인사를 하자 그들은 눈이 휘둥그래졌다. 역대 찰리스 엔젤 중에서 자청하다시피 취재에 응한 여인은 다이애나가 처음이었기 때문이었다.

"우리 서로 시간을 아껴 쓰도록 해요. 그래야 직장에 충실할 수 있으니까요. 여러분은 제가 본의아니게 유치원에서 해고당하는 것을 원치 않으시죠?"

재치 있는 그녀의 말에 기자들은 폭소를 터뜨렸다. 원하는 사진을 빨리 찍고 일할 수 있게 해방시켜 달라는 뜻이었다.

"좋습니다. 저희들이 원하는 포즈를 취해 주시면 금방 찍고 사라지겠습니다."

"어떤 포즈를 원하세요?"

"금발이 돋보이는 역광 사진입니다."

"좋아요. 원아들과 함께 찍겠어요."

다이애나는 아장아장 다가오는 원아를 품에, 또 한 명은 손을 잡고 카메라맨이 지정한 자리에 서서 포즈를 취했다. 그 순간 같이 있던 레이와 아더 기자는 아찔해 눈을 감았다. 금발을 돋보이게 찍겠다는 사진 기자의 주문은 함정이었다.

콩을 볶는 듯한 셔터 소리가 일고 나서 사진 기자들은 만족한 표정을 지으며 구름처럼 흩어져 갔다. 다만 그 빈 자리에 레이와 아더 기자만이 침통한 표정으로 다이애나를 바라보고 있었다.

"왜 안 찍으시죠? 원하는 포즈가 아니었나 보죠?"

다이애나가 두 기자를 의아하다는 듯 바라보며 말을 건넸다. 그러나 그들은 아무런 말도 없이 의무와 책임을 다하려 애쓰는 그녀를 가엾게 바라보고만 있었다.

"어떤 포즈를 취할까요? 빨리 찍고 가셔야 저도 일을 할 수 있잖겠어요."

"괜찮습니다. 그냥 들어가십시오."

"고마워요."

다이애나가 밝게 웃어 주고 유치원 안으로 들어가자 레이와 아더 기자는 무거운 한숨을 내쉬었다. 몇 시간 지나면 그 천진스러운 맑은 표정이 눈물로 범벅이 될 것을 상상하니 가슴이 무거웠던 것이다.

원장과 보모들은 기자들을 쫓아 버리는 그녀의 재치에 놀랐다. 그런데 몇 시간 지나자 신문을 받아 본 그들은 더욱 놀랐다. 희미한 꽃무늬의 트리코트지 스커트를 통한 햇빛이 다이애나의 각선미를 그대로 비친 역광 사진이 실려 있었던 것이다. 그때 비로소 기자들의 장난에 놀아났음을 안 다이애나는 분하기보다 눈물이 앞섰다. 자진하다시피 친절하게 포즈까지 취해 준 카메라맨에게 배신감을 느낀 것이다.

문득 그녀는 그들의 등쌀에 못이겨 찰스 왕세자의 곁을 떠나 버린 애나의 심정을 이해할 수 있을 것만 같았다. 선천적으로 조용한 생활을 바랐던 그녀이고 보면 왕세자비로서 평생을 보도진에게 시달리며 살아야 한다고 생각할 때 당장이라도 모든 것을 팽개치고 달아나고 싶었다.

"나쁜 사람들. 그 많은 포즈 중에서 굳이 이런 사진을 찍어 신문에 낸담."

원장이 분노를 터뜨렸으나 다이애나는 맞장구를 치며 분노하기보다 찰스 왕세자가 이런 외설적인 사진을 보고 어떤 생각을 하고 있을까 생각하니 눈앞이 캄캄해졌다.

일을 끝낸 그녀는 초주검이 되어 아파트로 돌아왔다. 그녀를 맞는 룸메이트들도 울상을 짓고 있었다.

"다이애나, 어쩌다 이런 사진을 찍었니?"

캐롤린이 울먹이며 물었다. 신문에 실린 허벅지까지 훤하게 들여다보이는 사진 한 장이 다이애나의 꿈을 산산조각 내지나 않을까 하는 우려 때문이었다. 품위와 권위를 존중하는 영국 왕실에서 누드 모델 같은 포즈로 카메라 앞에 선 그녀를 외면할 것만 같아서였다.

"나도 몰라. 찍히고 보니까 이런 흉칙한 사진이 돼 버렸어."

"나쁜 자식들!"

버지니아는 평생 입에 담아 보지 못한 욕지거리를 내뱉었다. 지금까지 다이애나와 생활을 같이 해 오면서 그처럼 비참한 그녀의 표정을 본 적이 없던 룸메이트들은 모든 것이 끝나 버린 것으로 판단했다. 다이애나와 찰스 왕세자와의 사랑도 끝이 나고, 그녀가 짐을 싸들고 시골로 내려가 버리면 즐겁던 공동 생활도 끝나 버리는 것이다.

바로 그때였다. 요란하게 전화벨이 울렸다. 순간 다이애나는 물론이려니와 세 아가씨도 가슴이 철렁 내려앉았다. 사랑의 메신저 역할을 담당했던 전화가 종말을 전해 주기 위한 벨소리로 들렸기 때문이다.

벨소리가 다섯 번 울렸을 때, 다이애나는 비로소 수화기를 들었다.

"다이애나를 바꿔 주십시오."

찰스 왕세자의 목소리가 금속성으로 울려 왔다.
"저예요."
"오늘 석간에 난 신문 사진 봤소?"
"네."
 다이애나는 짧게 대답할 뿐 그 창피한 사진을 찍히기까지의 구차스런 변명은 하고 싶지도 않았다. 그녀는 이미 찰스 왕세자의 최후 통첩을 감수할 각오가 되어 있었다. 그런데 의외의 반응이 수화기에서 흘러나왔다.
"난 다이애나의 그 사진에 만족하고 있소."
"네에? 그 창피스런 사진을요?"
"창피스러운 사진이 아니고 멋진 각선미를 과시한 사진이었소. 고맙소, 다이애나가 그처럼 건강하니……."
 무려 30분 동안이나 계속된 긴 통화가 끝나자 룸메이트들은 함성을 지르며 새삼스럽게 사진을 들여다보았다. 175센티미터라는 늘씬한 키와 곧게 뻗은 다이애나의 각선미는 노총각인 찰스 왕세자의 마음을 사로잡고도 남을 만큼 건강하고 아름다웠다.

 두 사람이 사랑에 빠졌던 발모럴 궁에서의 주말이 있은 지 2주일이 지나서였다. 여왕 부처와 형제들에게 다이애나와 결혼을 하겠다는 의사를 밝히지 않았으나 이미 마음의 결심이 서있던 찰스 왕세자는 집을 가져야겠다고 생각했다.
 당시 찰스 왕세자는 콘웰 공작으로서 그로스타샤, 윌셔, 라이브온에 이르는 넓고 기름진 땅을 소유하고 있었다. 이것은 태어나면서부터의 찰스 왕세자의 권리이며 버킹엄 궁전에서 위탁받은 것이다.
 이토록 광대한 영지를 소유하고 있는 왕세자 신분에 어울리는 집, 다시 말해서 머지않아 결혼하게 될 다이애나와 호젓한 신혼 살림을 꾸밀 사랑의 보금자리가 절실하게 필요했다. 그는 부동산 회사의 소개로 런던에서 1백 마일 정도 떨어진 그로스타샤 소재의 도튼 마을로 현지 조사차 나갔다. 그의 최종 목적지는 마을에서도 깊숙이 들어간 하이그로브 에스테이트였다.

잘 정돈된 네 개의 응접실, 아홉 개의 침실, 여섯 개의 욕실, 346에이커나 되는 초원은 찰스의 마음에 꼭 들었다.

"전하, 마음에 드십니까?"

안내인은 찰스 왕세자의 의견을 물었다.

"네, 썩 마음에 듭니다."

"그럼 변호사를 보내 주십시오. 계약서를 작성하겠습니다."

"결정을 내릴 사람은 내가 아니고 따로 있소."

찰스 왕세자는 런던에 도착한 즉시 다이애나에게 전화를 걸었다.

"다이애나, 내일 아침에 시간을 내주어야겠소. 꼭 보여 줄 것이 있으니까."

기자들을 따돌려야 한다는 주문이 있었기에 약속 시간은 다이애나가 정했다.

이튿날 아침 8시 30분, 평상시대로 아파트를 나온 다이애나는 룸메이트들을 직장 앞에 내려 주고 방향을 틀어 약속 장소에서 찰스 왕세자와 합류했다. 전화로만 간신히 이어졌던 그들의 사랑은 2주일 만에 환희의 만남을 가질 수 있었다.

런던을 벗어난 찰스 왕세자와 다이애나는 하이그로브를 향해 차를 몰았다.

"다이애나, 보여 줄 것이 있다고 말했지요?"

"네, 이미 봤어요. 구름 한 점 없이 활짝 개인 하늘과 찬란한 태양, 그리고 드넓은 들녘…… 너무 아름다워요."

"다이애나가 봐야 할 것은 바로 저거요."

찰스는 1763년에 건축된 고색창연한 3층 벽돌집 앞에 차를 세웠다. 순간 다이애나는 왕세자가 신혼 살림을 차리기 위해 점찍은 집이라는 것을 금세 알아차렸다.

"어머! 정말 예뻐요. 아담하고……."

"다이애나도 마음에 들었소?"

"네, 더할 나위 없이……."

노샘프턴셔 공업 지대 부근에 있는, 다이애나의 아버지 스펜서 백작이 소유하고 있는 앨소프에 비하면 작은 규모이나 건물이 아담해 마음에 들었다.

엘리자베스 양식의 앨소프 저택에는 유럽에서도 가장 훌륭한 미술품과 골동품이 소장되어 있기도 하려니와, 저택의 규모나 부지가 광대하여 그런 곳에서 살아 온 다이애나에게는 하인들이 사는 별채 정도의 크기밖에 되지 않았으나, 신혼 살림을 꾸밀 집이라고 생각하니 흥분을 감출 수가 없었다.

가을에서 겨울에 걸쳐 다이애나와 찰스 왕세자의 데이트 코스는 하이그로브였다.

그곳은 이미 찰스 왕세자가 80만 파운드를 지불하여 그들의 소유가 되어 있었다. 그들이 올 때마다 저택도, 들판도, 삼나무로 에워싸인 정원도 알뜰하게 바뀌어 갔다. 특히 찰스 왕세자의 마음에 든 것은 50야드 떨어진 곳에 세워진 마구간이었다. 여기에 폴로용 준마 포니와 수렵용 말, 또 지난해 새로 구입한 열한 살난 경주용 말을 모두 매어 둘 수 있다는 점이었다.

그러나 그보다 왕세자의 마음을 흡족케 한 것은 그로스타샤라는 벽촌이었다. 여기라면 종일 아무데서나 사냥을 즐길 수 있기 때문이다. 특히 겨울철에 말을 타고 여우 사냥을 하기에 알맞은 곳이었다.

그뿐이 아니었다. 5마일 떨어진 개트콤 파크에는 앤 공주가 살고 있었다. 남편인 마크 필립 대위가 육군에서 제대하고 나서 목장을 경영하고 있었다. 그러니 잡다한 런던 생활을 떠나 한적한 시골에서 멀리 헤어져 있어야 했던 오누이와 가까이 지낼 수 있다는 것은 여간 즐거운 일이 아니었다.

다만 다이애나와 찰스 왕세자가 당면한 고민은 사랑하는 마음을 상대방에게 마음껏 전할 수 없다는 점이었다. 샴페인을 터뜨리며 서로의 행복을 나눌 수도 없고, 마음을 담은 빨간 장미꽃 다발을 보낼 수도 없었다. 가물거리는 촛불을 마주하고 앉아 사랑을 나눌 수도 없으려니와 분위기 있는 음식점에서 저녁 식사를 한다든가, 남들처럼 파티를 즐길 수조차 없었다. 고작해야 남의 눈을 피해 드라이브를 하거나 아니면 믿을 수 있는 친구 집에서 잠시 만날 뿐이었다.

특히 찰스 왕세자는 호기심에 찬 사람들의 눈길과 기자들의 카메라를 피하려 애쓰고 있었다. 다이애나가 그에 대한 불만이 있다면 지나치게 신중한 태도였다. 약속한 장소에 다이애나가 도착하면 으레 찰스 왕세자는 주위를 살피고 나서 기자가 눈에 안 띄어야 비로소 그녀를 반기곤 했다. 이런 그의 태도를 그녀는 이해할 수 없었다.

"기자들에게 적당한 기삿거리를 주고 나서 저희들만의 시간을 가질 수 있지 않을까요?"

참다 못한 다이애나가 새로운 제안을 했다.

"그건 안 되오. 하나를 주고 나면 둘을 요구하는 것이 기자들의 생리라오."

"그렇다면 둘을 주면 되잖아요. 그렇다고 꼭 셋을 요구할 거라고 단언할 수는 없어요."

"난 다이애나와 같이 있는 장면을 그들에게 찍히고 싶지 않아요. 그 이유는 간단하오. 지금까지 사진을 같이 찍은 여인들은 하나같이 사라져 갔소. 다이애나를 놓칠 순 없어요. 그래서 카메라를 피하는 거요."
 다이애나는 찰스의 말이 미신처럼 들렸다. 그러나 그의 미신의 근원이 사랑이라는 것을 안 순간, 눈물이 나도록 고마웠다.
 그들의 사랑은 날이 갈수록 더 깊어 갔다. 그러나 그들은 만나고 싶을 때 마음대로 만날 수가 없었다. 설사 만난다고 해도 기자의 눈을 피해야 했다. 마치 불륜의 불장난을 하는 사람들처럼 가슴 조이며 숨어다녀야 했다.
 "언니, 난 이제 지쳤어."
 찰스 왕세자와 드라이브를 하고 아파트로 돌아온 다이애나는 소파에 몸을 내던지며 말했다. 세 아가씨들은 깜짝 놀라며 그녀를 둘러쌌다.
 "무슨 좋지 않은 일이라도 있었니?"
 버지니아가 묻자, 다이애나는 고개를 저으며 말을 이었다.
 "아니, 드라이브는 그런 대로 재미있었어."
 "그런데, 왜?"
 "버지니아, 앤, 캐롤린!"
 다이애나는 묻는 말에 대답은 않고 룸메이트의 이름을 하나하나 부르며 금방이라도 울어 버릴 것 같은 표정을 지었다.
 "다이애나! 왜 그래?"
 "솔직히 말해 줘. 너희들 데이트할 때 어떻게 해?"
 "어떡하긴? 먼저 약속한 장소에서 만나고……."
 "어디니? 그 약속한 장소가……."
 "그야 뭐 카페일 수도 있고 공원이나 극장 앞 같은 곳이지 뭐."
 "사람들이 보는 앞에서……."
 "사람 사는 곳인데 당연하지 않아?"
 다이애나는 당연하다는 친구들의 말에 충격을 받았다. 누구나 누릴 수 있는 당연한 권리가, 남의 눈을 피해 가며 만나야 하는 자기에게만은 없는 것 같은 생각이 들어서였다.
"그래, 만나서 어떡하지?"
"남들처럼 데이트하는 거지 뭐."
"글쎄 남들처럼 어떻게 데이트하느냐구?"
"다이애나, 너 오늘 이상하다."
"언니, 얘기해 줘. 하나도 숨기지 말고……."
애원하는 그녀의 목소리에 울음이 섞여 있었다.
"팔짱을 끼고 산보도 하고, 영화구경도 하고, 때로는 키스로 애정을 표시하기도 하고……."
"그만! 이제 그만……."
두 손으로 귀를 막으며 다이애나는 침실로 뛰어갔다. 보지 않아도 침대에 엎드려 울고 있음이 분명했다. 세 아가씨들은, 남의 눈을 피해가며 찰스 왕세자를 만나야 하는 다이애나의 욕구불만, 그리고 왕세자라는 지체 높은 신분 때문에 만족한 사랑의 표현을 할 수 없는 절망감때문에 번민하고 있음을 알 수 있었다.
다이애나의 울음은 극히 짧았다. 불과 몇 분 후에 그녀는 밝은 표정을 되찾고 세 아가씨들 앞에 나타났다.
"미안해. 추태를 보여서…… 다시는 그런 꼴 안 보일게."
정상을 되찾은 것이다. 그러나 애써 웃으려고 노력하는 그녀의 표정을 바라보는 세 아가씨들의 가슴은 저리도록 아팠다.
실상 다이애나가 눈물을 거둔 것은 추태를 보이지 않기 위해서가 아니었다. 자기가 감정 내키는 대로 울고 있을 때, 문득 내키는 감정조차 억누르고 참아야 하는 찰스 왕세자의 아픔을 헤아릴 수 있었기 때문이었다.
이런 일이 있은 후부터 세 아가씨들은 기자들의 감시에서 다이애나를 빼돌리는 일에 적극 합세했고, 그녀와 찰스 왕세자는 조심스럽고 짧은 만남이기는 해도 자주 어울렸다.
 세상은 이미 두 사람의 관계를 흔히 있었던 찰리스 엔젤의 데이트로 보지 않게 되었다. 격조 높은 신문까지도 다이애나야말로 찰스 왕세자의 배필이라고 보도하기에 이르렀다. 가는 곳마다 보도진에 시달렸고 근자에 와서는 외국 기자들까지 몰려들었다.
 다이애나의 사진은 이제 가십 칼럼을 장식하는 정도가 아니고 제1면 상단에 커다랗게 취급될 만큼 무게 있게 다루어졌다. 지금까지 찰스 왕세자와 인연을 맺었던 여자 중에서 신문 제1면에 이름이 오른 것은 처음 있는 일이었다.
 다이애나 스펜서, 그 이름을 모르는 사람은 영국에 없을 만큼 알려졌고, 과거에 찰스 왕세자 주변에 줄줄이 따라다녔던 숱한 엔젤의 이름들은 빛을 잃고 매몰되어 기억에서 사라져 갔다.
 혜성처럼 나타난 다이애나이건만 그녀의 일상 생활은 예나 지금이나 변한 것이 없었다. 8시 30분에 시계 바늘처럼 정확히 아파트를 나왔다. 유치원에서는 변함없이 원아들의 손을 잡고 노래하며 춤을 추었다. 다른 것이 있다면 2주일에 2회 신체 부자유아들을 돌보기 위해 벨그라비아의 이든 스퀘어 아파트를 찾아가 봉사하는 일이었다.
 거의 다라고 할 만큼 고아원이나 신체 부자유 아동에게 관심조차 없다가도 퍼스트레이디가 되고 나면 언제 그랬느냐는 듯이 카메라를 앞세우고 온몸에 플래시 세례를 받으며 불우한 아이들 앞에 웃음을 흘리는 것이 상례로 되어 있으나, 유독 다이애나만은 퍼스트레이디 이전에 불우 아동들에게 깊은 관심과 애정을 가지고 있었다.

 찰스 왕세자와의 관계는 날이 갈수록 짙어갔고 왕세자는 매일 일정한 시각에 전화를 거는 정성을 보였다. 그럴 때마다 그들이 나누는 뜨거운 사랑의 통화를 지켜보는 세 아가씨들은 마치 자기가 찰스 왕세자와 사랑을 속삭이고 있는 듯한 착각마저 일으키곤 했다.
 그들의 사랑은 이제 그들 단둘만의 것이 아니라 생활을 함께하는 공동의 것이었다. 그러기에 공동의 로맨스를 꽃피우기 위해 세 아가씨들은 다이애나라는 여주인공을 앞에 내세우고 사랑의 묘목을 가꾸었다.
 "한발 늦었네요, 기자님들……."
 아파트에 들이닥친 기자들에게 세 아가씨들은 능청을 떨며 거짓말을 했다.
 "한발 늦다니요? 다이애나 양이 안에 없습니까?"
 "없으니까 한발 늦었다는 게 아녜요."
 "그럴 리가 없는데요. 아파트 앞에서 줄곧 지키고 있었는데……."
 "지키는 사람 열이 도둑 하나를 못 당한다는 속담도 모르세요? 다이애나를 도둑에 비유해서 안됐지만……."
 세 아가씨들은 까르르 웃었다. 연극이었다.
 "어딜 갔지요?"
 "그런 질문에 우리들이 답을 하리라고 생각하세요? 하지만 만날 수 있는 단 하나의 방법은 있어요."
 "뭐죠, 그 단 하나의 방법이?"
 "기자님 혹시 결혼했어요?"
 "아직……."
 말이 떨어지자 세 아가씨들은 함성을 질렀다.
 "아이, 핸섬도 하셔. 그럼 귀띔해 드리죠."
하며 앤이 총각 기자의 귀에 대고 소곤거렸다.
 "아파트 앞에서 기다리세요. 밤늦게야 돌아올 테죠, 뭐."
 "제기!"
 농락을 당한 기자들이 몰려나가 뿔뿔이 흩어졌다. 그제서야 외출복 차림의 다이애나는 버젓이 아파트 정문으로 나갈 수 있었다. 아마도 이들 세 아가씨의 정성과 노력이 없었다면 나이 어린 다이애나는 힘에 겨운 사랑을 이겨내지 못했을지도 모른다.

11월 14일이 다가오자 다이애나는 물론이려니와 세 아가씨들은 흥분에 휩싸였다. 그날은 바로 32세를 맞는 찰스 왕세자의 생일인 것이다.

"다이애나, 그날 초대되는 거지?"

버지니아가 흥분을 가라앉히며 물었다.

"음, 생일 파티에 초대하신댔어."

세 아가씨들은 함성을 질렀다. 찰스 왕세자가 생일 파티에 초대한다는 것은 다이애나가 숨겨진 애인이 아니라 어엿한 배우자로서 공식 파티에 참석한다는 뜻이다. 그렇게 되면 기자들의 눈을 피해 가며 만나지 않아도 되는 것이다.

"혹시 그 자리에서 찰스 왕세자가 약혼을 발표하는 것이 아닐까?"

"찰스 왕세자는 그런 계획인지도 몰라. 약혼을 발표하기에 생일 파티는 가장 적절한 시기니까 말야."

"다이애나, 마음의 준비를 해둬야겠어."

세 아가씨의 추리는 풍선처럼 부풀었으나 왕세자비로 간택되고 약혼이라는 형식을 빌어 세상에 공포되기까지는 건강진단에서부터 출산 가능성 여부, 가문의 적성 여부 등 면밀한 진단과 조사가 있은 후 까다로운 왕실의 절차를 거쳐야 한다는 사실을 그들은 까맣게 모르고 있었다.

"정식으로 약혼을 공포하기까지는 아직 지켜야 할 관문이 많이 남아 있어."

다이애나가 말했다.

"무슨 관문이 그렇게도 많으니? 서로 사랑하면 그만이지."

"그렇지 못한 것이 왕실이야."

"다아애나, 네 고민을 알만해. 하지만 그 공식 생일 파티에 네가 초대됐다는 것은 약혼을 공식적으로 발표하는 것과 같은 거야."
풍선처럼 부푼 추리였으나 버지니아의 생각은 옳았다. 실상 찰스 왕세자가 다이애나를 초대한 저의는 단지 생일을 같이 축하하자는 뜻이 아니라, 파티에 참석한 왕족이나 귀족들에게 약혼을 암시하기 위해서였다.
"다이애나, 그럼 당장 드레스를 맞춰야 하잖아?"
캐롤린이 말했다.
"있는 그대로 입고 참석하지 뭐."
"그것은 안 돼. 파티에 어울리는 드레스를 입고 참석한다는 것은 초대한 찰스 왕세자에 대한 예의 아니겠니?"
세 아가씨들은 서둘러 다이애나를 앞세우고 양장점으로 갔다. 물론 그들이 택한 곳은 엘리자베스 여왕, 또는 마가렛 공주의 전속 디자이너였으나, 다이애나는 굳이 자기 단골 디자이너를 찾았다. 그 이유는 타성에 젖은 전속 디자이너보다 단골에서 개성을 살리기 위해서였다.
한편 찰스 왕세자의 생일이 다가오자, 기자들은 특종을 얻기 위해 혈안이 되었다. 어디서 파티가 열리고, 누가 초대되느냐보다도 다이애나가 파티에 참석하느냐에 초점을 맞추었다.
"뭐라구? 다이애나가 양장점에서 나오는 것을 보았다구?"
타사 기자가 레이 기자에게 정보를 흘렸다.
"그러니까 다이애나가 왕세자의 생일 파티에 초대되었다, 그 말인가?"
레이가 물었다.
"물론이지. 그렇지 않고서야 왕세자 생일을 며칠 앞두고 옷을 맞출 리 없잖아."
"그런데 왜 그런 알맹이 정보를 나한테 흘리는 건가?"
"몰라서 묻나? 한 번 더 합동 취재를 벌이자, 그 말이네."

"한 번 실패했는데도?"
"원숭이는 같은 나무에서 두 번 안 떨어져."
"좋아!"

다이애나와 찰스 왕세자가 같이 있는 장면을 카메라에 담고 취재를 하기 위해 레이 기자는 파티가 열릴 만한 왕실 별장들을 점검하고 동태를 살피기 위해 기자들을 파견했다.

찰스 왕세자의 생일을 하루 앞둔 13일, 노폴크 주에서 움직일 수 없는 확실한 정보가 들어왔다. 인적이 뜸했던 그곳 왕실 별장의 분위기가 수상하다는 것이었다.

"다이애나는 내버려두고 현장을 덮치자."

다이애나를 추적하면 노폴크 행을 포기해야 할지도 모른다는 판단에서였다. 기자들은 카메라를 감춘 채 소리 소문없이 현장으로 향했다.

드디어 14일 아침이 되었다. 기자들을 따돌리기 위해 극비리에 파티 장소를 노폴크 왕실 별장으로 정한 찰스 왕세자는 런던을 출발하면서부터 심상치 않은 예감이 들었다. 으레 있어야 할 기자의 모습이 그림자도 보이지 않았기 때문이었다.

찰스 왕세자가 노폴크에 도착했을 때 그 예감은 확신으로 변했다. 현지 지방 신문 기자들의 모습마저 눈에 띄지 않았던 것이다. 기자 때문에 신경을 곤두세우고 있던 찰스 왕세자는, 그들이 함정을 파놓고 잠복하고 있음을 알아차렸다. 기자들의 눈을 피해 조용한 곳에서 가족과 다이애나와 함께 오붓한 생일 파티를 즐기려던 계획이 수포로 돌아가고 만 것이다.

한편 다이애나는 새로 맞춘 드레스를 가방에 챙겨 들고 룸메이트에게 인사를 하고 들뜬 기분으로 아파트를 나서다가 버지니아가 건네주는 수화기를 받아들었다. 찰스 왕세자한테서 걸려온 전화였다.

그런데 전화를 받던 다이애나의 표정이 비참하게 일그러지는 것이 아닌가. 찰스 왕세자가 초대를 취소한 것이다. 룸메이트들에게 다시는 추태를 보이지 않겠다고 약속했던 그녀는, 아랫입술을 지그시 깨물며 솟는 울음을 참았다.
"다이애나, 왜 그래?"
버지니아가 수화기를 힘없이 놓는 다이애나에게 다가가서 물었다.
"나, 파티에 참석 못해."
"드레스까지 맞춰놓고?"
"기자들 때문이야."
"말도 안 돼!"
캐롤린이 비집고 나서서 말을 이었다.
"찰스 왕세자는 지금까지 기자들과 술래잡기를 하듯 살아왔어. 그런 왕세자가 새삼스럽게 기자들 때문에 초대를 취소하다니…… 이건 다이애나에 대한 모욕이야! 횡포구!"
다이애나가 그 말에 왈칵 울음을 쏟자, 버지니아가 캐롤린을 나무라며 나섰다.
"책임 못질 말은 함부로 하는 게 아냐. 지금 찰스 왕세자는 다이애나 못지않게 괴로워하고 있어. 하지만 얼마나 아름다운 사랑이니? 기자들에게 시달릴 다이애나를 위해 엄청난 괴로움을 감수하는 왕세자가……."
버지니아의 말은 다이애나의 울음을 멈추게 했다. 그녀는 고맙다는 말을 남기고 침실로 들어가 가방 속에 챙겼던 드레스를 꺼내 정성스럽게 옷장에 걸었다. 찰스 왕세자에게 주려던 생일 선물도 서랍 속에 간직했다. 모두 다음 기회로 미룬 채…….
그러나 물밀듯이 와닿는 울음을 주체할 수 없던 다이애나는 소리를 죽여 가며 울고 또 울었다.

사랑의 늪에 빠진 두 연인

　찰스 왕세자 생일날에 흘린 눈물이 미처 마르기도 전에 다이애나는 또 한 번 눈물을 흘려야 했다. 3주일에 걸친 임과의 이별이 기다리고 있었던 것이다.
　공식 임무를 띠고 왕세자가 인도를 방문하기 위해 떠난 것이다. 3주일 동안이나 헤어져 있어야 한다는 것은 두 사람이 사랑을 가진 이후 처음 있는 일이었다. 이 3주일을 도대체 어떤 시간 단위로 재야 한단 말인가. 더욱이 가슴 아픈 일은 난생 처음 겪는 사랑과의 이별을 텔레비전으로 경험해야 하는 아픔이었다.
　그나마 찰스 왕세자가 6천 마일 떨어진 인도에서 성의 있게 전화를 걸어 주어 그 아픔을 달랠 수가 있었다. 그러나 그리운 임의 음성은 그리움을 더해 줄 뿐이었다. 긴 통화가 끊어지고 나면 다시 전화가 걸려 올 때까지 마음을 안정시킬 수 없어 다이애나는 종일 안절부절못했다.
　전화는 엉뚱하게도 새벽에 걸려오기도 하고 런던이 꿈속에 잠든 한밤중에 걸려오기도 했다. 인도와 런던은 5시간의 시차가 있고 공무에 쫓기다 보면 시간을 맞추어 전화를 걸 수가 없었다.
 다이애나는 전화벨 소리 때문에 룸메이트들이 잠을 깨지나 않을까 해서 무척 신경을 써야 했고 모처럼 걸려온 전화도 잡음이 많아 말귀를 알아들을 수가 없어 애태웠다.
 그러던 어느 날 아침의 일이었다. 조간 신문을 펴든 다이애나가 파랗게 질려 온몸을 부르르 떠는 것이 아닌가.
 "도대체 무슨 일인데?"
 다이애나 손에서 신문을 빼앗듯이 가져간 버지니아가 분을 못 참고 갈기갈기 찢어 버렸다. 그 신문에는 찰스 왕세자가 인도를 떠나기 전날 밤 영국 서부의 한 지선 철도에서 왕실 전용 열차를 호텔 삼아 다이애나와 불륜의 하룻밤을 보냈다는 내용의 기사가 실려 있었다.
 "영원히 잊을 수 없는 그 아름다웠던 추억의 밤을 이처럼 날조하고 더럽혀도 되는 거야, 언니……."
 다이애나는 지탱할 수 없는 몸을 버지니아에게 의지하며 마구 흐느꼈다.
 그날 밤, 이례적으로 마가렛 공주의 생일 파티에 다이애나는 초대되었다. 초청자는 공주였으나, 종용한 측은 찰스 왕세자였다. 기자의 횡포가 어떻든 간에 3주 동안 다이애나와 헤어져 있어야 하는 그로서는 다이애나를 만나지 않고서는 견딜 수가 없었다.
 파티 장소는 피카딜리에 있는 리츠 호텔이었다. 왕세자는 그녀가 도착하자마자 참석한 왕족들에게 소개를 하고 나서 밤새도록 춤을 추었다. 두 사람은 서로 사랑하게 된 이후 처음으로 멋지고 황홀한 밤을 가질 수 있었다.
 "다이애나, 옷이 아주 잘 어울려요."
 왈츠곡에 맞추어 춤을 추며 찰스 왕세자는 다이애나의 귀에 대고 속삭였다. 어깨를 드러낸 하늘색 실크드레스를 입은 그녀는 참신하고 아름다웠다.
"왕세자님 생일 파티 때 입으려고 장만했던 드레스예요."
"그 드레스를 도로 옷장에 넣으며 얼마나 울었소?"
"하지만 오늘 밤은 이렇게 웃을 수 있어요."
다이애나는 찰스 왕세자의 품에 안겨 스핀을 돌며 활짝 웃어 보였다. 티없이 맑은 웃음이었다.
"그때 날 얼마나 원망했소?"
"아무도 원망하지 않았어요. 그저 참고 견디었어요."
그 보람이 있어 다이애나는 꿈같이 아름다운 이 밤을 맞이할 수 있었다. 찰스 왕세자가 계속 춤을 청해 온 이상 왕족과 귀족들의 눈을 꺼릴 필요도, 주저할 필요도 없었다. 정녕 그녀는 온 세상의 기쁨과 영광을 혼자 독차지한 그런 기분이었다.
파티가 끝나고 회장을 나올 때까지도 다이애나는 찰스 왕세자와 밤새 춤을 춘 환상에서 깨어나지 못했다. 그런데 그 무지개처럼 아름답고 황홀했던 환상의 밤을 일부 신문에서 얼룩지게 만든 것이다.
"다이애나, 진정해. 우린 네 순결을 믿어. 찰스 왕세자와 너의 숭고한 사랑도……."
버지니아가 그녀를 위로했다.
"고마워, 언니."
"다이애나, 이럴수록 용기를 내야 해. 이까짓 날조된 신문 한 장에 흔들려선 안 돼."
"안 되고 말고! 다이애나 네게 진실이 있고 이 신문은 거짓이야. 진실이 거짓한테 짓밟힐 순 없잖아."
세 아가씨들은 애원하듯이 그녀의 손을 잡고 위로하며 격려했다.
다이애나는 허위로 날조된 신문이 분해서라기보다는 룸메이트들의 우정에 왈칵 울음이 솟구쳤다. 그녀는 한참 만에야 고개를 들고 안심하라는 듯 웃어 보였다.

"너무 걱정들 하지 마. 난 그렇게 약한 여자가 아니야. 이까짓 신문한 장에 이성을 잃을 만큼…… 옛말에도 있잖아. 나무가 크면 바람 잘 날이 없다고. 찰스가 너무 큰 나무이기 때문에 나까지 바람을 탄 거야. 어서 출근 준비나 해. 커피 끓일게."

주방 당번이었던 다이애나는 아무렇지도 않다는 듯이 부엌으로 들어갔다. 룸메이트들은 아픔을 스스로 달래며 참는 그녀의 강한 의지에 감탄할 뿐이었다.

이때 인도에서 장거리 전화가 걸려왔다. 신문 기사를 읽고 다이애나를 위로하고 격려하기 위한 찰스 왕세자의 전화였다.

"다이애나, 사실은 곧 밝혀질 거요. 내가 돌아갈 때까지 참고 견뎌요. 그 신문 보고 많이 울었소?"

"네, 눈물 두 방울…… 하지만 전화를 받자니 자꾸 눈물이 나오려고 해요. 제발 아무 말씀 마시고 인도에서 많은 성과 거두시기를 빌겠어요."

찰스 왕세자는, 그녀를 위로하기 위한 전화가 오히려 그녀를 울릴 것만 같아 전화를 끊었으나, 있지도 않은 일을 날조하여 스무 살도 채안 된 다이애나의 가슴에 못을 박은 무책임한 신문사를 용서할 수 없었다. 그는 비서를 불러 문제의 신문사에 엄중 항의하는 한편 사과를 요구하라고 명령했다.

지금까지 엔젤과의 날조된 기사가 여러 차례 신문에 보도된 적이 있었으나, 이번 사건처럼 찰스 왕세자가 강경한 자세로 나온 적은 처음이었다. 날조된 기사로 명예를 손상당하거나 정신적인 피해를 받을 경우 일반인들은 고소를 하여 피해보상을 받을 수 있으나 왕실의 사정은 그렇지 못하다. 평민 법관에게 사건을 제소하고 평민에 의해 내려지는 판결에 복종한다는 것은 왕실의 존엄성을 해치는 일로 해석하고 있다. 그러므로 왕실에 관한 중상 기사 같은 것은 어느 집 강아지가 짖고 있느냐는 식으로 개의치 않는 것이 왕실의 관례로 되어 있다.
"전하, 해당 신문사에 항의를 하고 사과문을 받는 것은 쉬운 일이나, 대상이 평민 출신의 편집장과 기자이고 보면 왕실의 존엄성이 흔들릴 것 같습니다."
명령을 받은 비서가 왕세자에게 다시 한 번 생각할 것을 간청했다.
"그럼 왕실이 평민에게 짓밟히는 것이 존엄성을 지키는 일이란 말이오? 더욱이 다이애나가 피해를 보고 있지 않소."
"아뢰옵기 황송합니다만 그것은 다이애나 개인의 일입니다."
"왕실은 개인의 권리를 지켜 줄 의무가 있소. 난 왕세자로서 그 의무를 수행하겠으니 당장 여왕 공보 비서를 통해서 사과문을 받도록 하시오."
비서는 사문이 아닌 공문으로 왕세자의 뜻을 전했고, 공보 비서는 해당 신문사에서 사과문을 받기에 이르렀다.
이 사실을 전해 들은 왕세자는 장거리 전화를 통해 다이애나에게 알리며 앞으로는 기자들이 근신할 것이라며 안심시켰다. 그러나 결과는 정반대였다. 유례 없는 찰스 왕세자의 강경한 태도에 기자들은 다이애나를 왕세자비로 점찍고 벌떼처럼 몰려들었다.
찰스 왕세자도 예외는 아니었다. 인도 기자들이 벌떼처럼 모여들어 영국과 인도의 우의를 다지는 담화를 요구하기보다는 왕세자와 다이애나와의 관계를 캐는 데 더 열을 올렸다. 그것도 그럴 것이, 인도 신문은 일제히 다이애나 사진을 싣고 그녀의 약력과 추측 기사로 메우고 있었다.
"전하, 다이애나 스펜서 양을 어떻게 생각하십니까?"
"흔히 있었던 찰리스 엔젤입니까? 아니면 왕세자비 후보입니까?"
"다이애나와의 관계가 어느 정도입니까?"

인도 기자들의 취재 초점이 다이애나에게 맞추어진 이상 찰스 왕세자는 한마디 하지 않을 수 없었다.
"다이애나는 아주 좋은 아가씨입니다."
 그는 처음으로 기자들에게 두 사람 사이를 털어놓았다.
"어디가 좋은지 구체적으로 말씀해 주십시오."
"다이애나는 일부 신문이 날조한 기사 때문에 괴로워하고 있어요. 그러나 그녀는 문제의 기자를 원망하기보다는 시련을 참고 견디어 내고 있어요."
 찰스 왕세자는 날조된 기사 때문에 다이애나가 깊은 상처를 받지나 않을까 염려된다고 솔직한 심정을 털어놓았다.
 기자들은 왕세자가 유도 심문에 걸려들었다고 좋아했으나, 그는 다이애나와의 관계를 명확히 밝혀야 할 시기가 왔다고 생각했으며, 또 그렇게 하는 것이 그녀의 상처를 아물게 할 수 있는 길이라고 판단했다.
 찰스 왕세자는 정치적인 문제는 제쳐놓고 끈질기게 다이애나에 관해서 질문의 화살을 퍼붓는 인도 기자들이 불만스러웠다. 그는 기자들이 몰려올 줄 알고 미리 인터뷰에 응할 자료까지 준비해 놓았으나 휴지가 되어 버렸다. 그러나 인도를 방문한 목적이 영연방 친선방문이고 보면 그들이 원하는 기사를 제공해 주는 것도 의미 있는 일이기에 찰스 왕세자는 참을성 있게 인터뷰에 응했다.
"왕세자비의 간택은 언제쯤 이루어집니까?"
"날 그렇게 재촉하지 말아요. 내가 서둔다고 되는 일이 아니고 모든 것은 때가 와야 하지 않을까요?"
"그때가 언제입니까?"
"언제까지 다이애나를 바라보고만 있으며 울릴 겁니까?"
 기자들은 찰스 왕세자의 가장 아픈 곳을 찔렀다.
"그 점에 대해 나를 나쁘다고 비난해도 나로서는 어쩔 수 없어요.

여러분은 좋아하는 아가씨가 있다면 당장이라도 결혼할 수 있을 테죠. 그러나 난 그런 입장에 놓여 있지 않다는 점을 알아야 합니다."

실상 찰스 왕세자는 왕위 계승자로서 특히 왕세자비의 선택에 일반인이 상상할 수도 없는 신중을 기해야 한다. 다이애나의 경우를 놓고 본다면, 우선 마음에 걸리는 것은 19세의 그녀가 과연 왕세자비로서의 임무를 수행할 수 있을까 하는 점이었다.

찰스 왕세자가 본 다이애나는 나이답지 않게 침착하고 참을성 많고 이지적이면서도 깊이가 있는 매력적인 아가씨임에는 틀림없다. 지금까지 사귀었던 엔젤 중에서 마음을 주었던 대비나와 애나 윌레스의 장점을 고루 갖춘 이상형의 아가씨였다.

그렇다고 그것만으로 쉽게 간택할 수 없는 조항이 너무도 많았다. 왕실과 영국 국민이 그녀를 왕세자비로 받아들이느냐가 더 큰 문제였다. 어느 한쪽에서라도 실망의 소리가 나온다면 왕세자 자신은 물론이려니와 영국의 불행인 것이다.

'세계에서 제일······'이라는 말은 빅토리아 여왕이 미래의 왕세자비가 될 알렉산더 공주에게 한 말이다. 지금의 영국은 세계에서 가장 크고 부유한 나라는 아니다. 그러나 군주국으로서 부동의 위치를 지키고 있으며 왕실은 사람들로부터 신뢰와 존경을 받고 있다. 엘리자베스 여왕과 필립 전하는 가장 존경받는 영국인의 상징으로 군림하고 있지 않은가.

그렇다면 과연 왕좌를 이어받았을 때 여왕과 필립 전하가 받던 국민의 신뢰가 뒤따르며 영국 국민의 상징으로 군림할 수 있을까 하는 문제가 가장 중대했다. 혹자들은 찰스 왕세자가 당시까지만 해도 마음의 결심을 못한 채 흔들리고 있는 것이라고 생각했다. 이는 찰스 왕세자의 깊은 뜻을 모르고 피상적으로 평가한 말이다.

찰스 왕세자는 그들이 평가하듯 결단력이 없는 나약한 사람도 아니고, 일부에서 혹평한 것처럼 왕세자라는 직분을 악용한 바람둥이도 아니었다. 그는 왕세자이기 이전에 성실한 남자였고 직분에 충실한 왕위 계승자였다. 그러기에 찰스 왕세자는 사랑하는 여인, 다이애나를 심판대에 내놓고 왕실과 국민의 호응을 유도하며 기다린 것이다.

그런 의미에서 날조된 기사가 뒤따른 인도 친선방문은 찰스 왕세자에게 있어서 가시밭길이었다. 현지에 첫발을 디디자마자 '찰스 고 홈'이라고 외치는 소리를 들어야 했다. 친선방문 첫날부터 불길한 기운이 그의 인도 친선방문 여정을 어둡게 했다. '고 홈'이라는 외침 위에 찰스의 이름이 올랐으나, 이는 왕세자에 대한 반감이 아니라 뿌리 깊숙이 박힌 인도 국민의 반영(反英) 시위였다.

찰스 왕세자는 데모 군중을 본 순간 1921년 11월 17일, 인도를 친선방문했던 원저 왕세자가 머리에 떠올랐다. 미국의 미망인 심프슨 부인과 결혼하기 위해 대영제국의 왕관을 미련없이 버린 로맨티시스트 원저 왕세자가 봄베이에 상륙하자 봄베이는 수라장으로 변하고 말았다.

왕세자의 방문을 환영하기 위해 항구에 나온 파시교도(敎徒)와 앵글로 인디언을 포함한 그리스도교도, 유태교도와 이를 반대하는 힌두교도와 이슬람교도 사이에서 충돌 사건이 일어났다.

이 충돌은 폭동으로 변하고 보복은 보복을 불러 피바다를 이루었다. 다행히 영국에 대한 무저항주의, 비협력 운동을 벌여 인도인의 정신적인 지주가 된 간디 옹의 설득으로 이틀 만에 진정이 되기는 했으나 결과적으로 원저 왕세자의 인도 방문 예정은 취소되고 말았다.

물론 영국의 식민지였던 당시의 인도와 영연방의 독립국인 지금의 인도와는 상황이 다르다고 해도 '고 홈'을 외치는 데모 군중의 구호를 '웰컴'으로 바꿔놓아야 하는 찰스 왕세자의 역할 앞에 검은 구름이 덮여 있었다.

인도는 1498년 포르투갈의 항해사 바스코 다 가마에 의해 발견된 후 유럽 세력이 진출하기 시작했다.

포르투갈은 고아 지방을 거점으로 하여 동양 각지에 통상로를 열고 인도의 여러 도시를 점령하는가 하면 실론 섬까지 세력을 뻗쳐 대부분의 영토를 장악하기에 이르렀다. 그 후 16세기 말에 네덜란드, 영국 등의 세력이 진출하게 되자 포르투갈의 세력은 점차 쇠퇴하면서 영국 식민지 시대의 서막이 오른 것이다.

특히 영국은 마드라스, 봄베이, 캘커타를 중심으로 통상 무역의 길을 텄고 동방 무역의 특허 회사인 동인도 회사를 창설하여 식민지의 뿌리를 내렸다.

이즈음 프랑스도 뒤늦게 인도에 진출하여 동인도 회사를 설립하는 등 영국과 장기간 패권을 다투어 오다가, 1757년 플라시 전투에서 영국군이 프랑스군을 격파하고 나서부터 영국이 인도를 완전 장악하게 되었다.

영국의 동인도 회사는 플라시 전투에서 승리하자, 무역을 목적으로 설립한 기업체에서 통치 기관으로 둔갑하여 벵골 지방을 회사 점유지로 하였고, 남·중부 인도까지 세력을 뻗쳐 마이소르, 마두라이를 일시에 점령해 버렸다. 영국은 이 세력을 몰아 서부 인도의 시크교도를 차례로 정복하여 19세기 중엽에는 인도 전역을 지배하기에 이르렀다.

이때 인도의 병사와 농민들이 영국 지배에 대하여 반기를 들고 1857년 반란을 일으켰다. 이 반란을 '세포이 반란'이라고 한다. 그러나 반란이 영국군에 의해 진압되자 반란의 배후 조정자인 무굴 제국이 붕괴되고 이듬해에 인도 통치권이 공포되면서 영령 인도 제국이 성립되었다.

식민지로서의 인도는 영국의 원료 공급지인 동시에 중요한 상품 시장 구실을 하게 되었다. 그 후 유럽식 교육이 보급되면서부터 반영 사상이 싹트기 시작했고, 국민회의가 민족 운동에 앞장을 서서 전국 규모로 확산되었다. 국민회의는 원래 총통이 주선한 친영 정치 단체로 인도의 상류 계급 출신으로 구성되어 있었는데, 간디와 네루가 역대 의장을 지낸 바 있다.
 그 후 제1차 세계대전이 발발하자 영국은 인도에 자치권을 준다는 조건으로 인력과 물자를 동원시켰으나, 전쟁을 승리로 마무리짓고 나서는 중동에서처럼 속된말로 오리발을 내밀고 말았다.
 이렇듯 손바닥을 뒤엎는 영국에 울분을 터뜨린 인도 국민들은 비협력, 비폭력, 불복종의 기치를 높이 들고 과감한 민족 운동을 전개했다. 윈저 왕세자가 인도를 방문한 시기가 바로 반영 소용돌이가 절정에 다다랐을 때였다.
 그로부터 60년이라는 세월이 흘러갔다고는 하지만 3세기에 걸친 한을 잊기에 그 시간은 너무 짧았다.
 찰스 왕세자는 인도에 늘어서서 왕세자를 환영하는 인파에 손을 흔들면서도 '고 홈'을 외치던 데모 군중이 뇌리에서 지워지지 않았다. 그는 문득 다이애나가 왕세자비의 자격으로 인도에 동행했다면 과연 데모 군중이 그녀의 맑고도 화사한 미소에 '고 홈'을 외치며 주먹을 내흔들었을까를 생각하며 옆자리로 눈을 옮겼다.
 있어야 하는, 그리고 있기를 바라는 다이애나의 모습은 그 자리에 없었다.

 "다이애나 양, 한마디만 묻겠습니다."
 유치원에서 하루의 일과를 마치고 나오는 다이애나 앞을 기자들이 가로막았다. 문제의 날조된 기사를 실었던 신문사에서 공개 사과를 한 직후여서 기자들에게 한마디 말을 안할 수 없는 처지이기에 그녀는 기꺼이 질문에 응했다.
 "진상이 밝혀진 지금의 소감이 어떻습니까?"
 기자가 마이크를 들이대며 물었다.

"제 표정이 답을 대신하고 있어요."
다이애나는 활짝 편 얼굴을 질문한 기자에게 돌렸다.
"모르겠는데요. 항상 웃고 있으니까……."
"혹시 문제의 기사를 읽고도 웃은 게 아닙니까?"
"울었어요. 조그맣게……."
"그때 기분은요?"
"왜 그런 기사를 실어야 했는지 이해할 수가 없어 미웠어요."
"지금도 미워합니까?"
"오히려 고맙게 생각하고 있어요. 그런 기사를 실어야 했던 이유를 알았기 때문이에요."
"그 이유가 뭐지요?"
"항간의 억측을 그 신문이 해명해 주었으니까요. 더 물어보실 말씀 없으시죠?"
뒷전에 서성거리는 기자에게 묻고 나서, 다이애나는 소형차 안으로 들어갔다. 뒷전에서 서성거리던 기자는 다름아닌 레이와 아더였다.
"나이치고는 말재간이 대단해."
아더 기자가 말하자 레이 기자가 반박했다.
"그게 어디 말재간인가, 마음에서 우러나온 고운 천성이지. 아무튼 다이애나 양은 합격이야."
레이가 말하는 합격이란 왕세자비의 자격을 두고 하는 말이다. 찰스 왕세자의 애정 편력을 캐내는 데는 베테랑이라고 자부한 그는 흘러간 엔젤과 후보에 오를 만한 엔젤 중에서 다이애나를 첫손에 꼽고 있었다. 당사자인 찰스 왕세자가 제일 염려하는 다이애나의 나이도 레이 기자는 전혀 문제시하지 않았다. 그 이유는 다이애나를 취재하면서 느낀 기자의 판단력에서였다.
그런데 그처럼 아끼고 관심 있게 지켜보던 다이애나가 동료 기자에 의해 수치스러운 중상을 당하자 그는 울화가 치밀었다.
"야아! 너 이런 엉터리 기사 내도 되는 거야? 누굴 못잡아 먹어서 그래!"
레이 기자는 수화기에 대고 거친 말투로 소리쳤다.
"흥분하지 말고 가만히 결과만 지켜봐."
"도대체 다이애나를 중상해서 얻는 게 뭐냐구?"
"그걸 모른다면 베테랑 자격 정말 없는데그래. 왕세자의 반응을 보면 그의 의중을 쉽게 알 수 있지 않느냐 말야."
"그런 졸렬한 수법으로 말인가? 붓 꺾고 사표 내!"
방법은 어떻든 간에 전례없이 엄중 항의하는 찰스 왕세자의 완강한 태도에서 그의 의중을 파악할 수 있었다. 그런데 사건은 꼬리에 꼬리를 물고 일어났다. 찰스 왕세자와 다이애나의 통화 내용이 지상을 통해 공개된 것이다. 물론 이 통화도 조작된 것이지만 내용이 하도 달콤하고 화끈해 항간의 화제를 휩쓸었다.
이 거짓 통화 사건으로 제일 득을 본 측은 찰스 왕세자였다. 냉랭하고 서먹서먹한 인도 방문의 분위기를 뒤바꾸어 놓은 것이다.
"왕세자 전하, 다이애나 양과 주고받은 통화가 공개된 데 대해 어떻게 생각하십니까?"
"아니, 그럼 그 통화가 바로 내 얘기란 말인가요?"
"그럼 아니란 말씀입니까?"
"난 그런 줄도 모르고 아주 재미있게 읽었지요. 로맨틱하던데요."
수도사처럼 말이 없고 표정이 없는 인도 사람들이었으나 세기의 로맨스를 몰고 온 찰스 왕세자는 그들에게 있어서 즐거운 방문자였다. 가는 곳마다 왕세자와 다이애나에 관한 이야기 꽃을 피웠고, 표정에는 웃음이 넘쳐, '고 홈'의 구호가 자취를 감추었다.
이런 가운데 찰스 왕세자의 인도 여행은 계속되고 있었다. 낮에는 영국 왕세자로서의 임무를 수행하느라 다이애나에 대한 그리움을 잊을 수 있었다. 그러나 공무에서 해방되어 홀로 있는 밤이면 피로와 함께 떠오르는 것은 다이애나의 밝은 표정이었다.

이런 나날을 되풀이하는 사이에 네팔의 카트만두 근방에 이르렀다. 비로소 비교적 한가한 시간을 가질 수 있게 된 왕세자는 히말라야 산속을 거닐며 자신과 다이애나 문제를 정리할 여유가 생겼다.

그의 당면 문제는 런던에 남겨놓고 온 다이애나와의 결혼이었다. 사랑하기 때문에 결혼한다는 평범한 진리가 왕위 계승권자인 찰스 왕세자에게는 해당되지 않을 뿐더러 사랑하지 않기 때문에 이혼을 한다는 상식적인 진리도 그에게는 해당되지 않았다. 그에게는 오직 한 남자로서 원만한 가정을 꾸려 나가야 한다는 책임 이외에도 국민의 절대적인 존경을 받아야 한다는 의무가 뒤따르고 있다.

찰스 왕세자는 불현듯 어머니인 여왕과 이모인 마가렛 공주의 두 얼굴이 떠올랐다. 이모인 마가렛 공주는 1978년 부군이 스노든 경과 이혼하여 왕실에 큰 오점을 남겼다. 마가렛 공주가 왕족 아닌 평민이었다면 이상에 맞지 않는 남편과 헤어져 새로운 길을 찾는다는 것은 여성의 권리이다. 그러나 그녀가 공주이기에 국민 누구에게나 누릴 수 있는 기본 권리가 용납되지 않았던 것이다.

모든 국민들은, 이혼 사유는 어떻든 간에 마가렛 공주를 혐오하며 스노든 경에게 동정을 보냈고, 국회에서는 공주를 탄핵하며 왕실의 예산을 삭감하여 왕족에게 경제적인 체형을 주라고 외쳤다. 국민으로부터 신뢰를 받아오던 왕실의 권위와 체면이 이 일로 인해 땅에 떨어지고 만 것이다.

매스컴에서는 전파와 지면을 통해 마가렛 공주를 공박했고 하이드 파크에서는 연일 왕실 타도를 외치는 일일 연사들로 들끓었다. 실로 왕실은 궁지에 몰렸다.

그러나 다행히도 영국 왕실에는 마가렛 공주와는 전혀 다른 유형의 엘리자베스 2세 여왕이 왕권을 지키고 있었기에 만인이 숭상하는 왕실의 전통을 굳혀 나갔다. 이론상으로는 모든 헌법상의 권한은 국왕으로부터 유래한다고는 되어 있으나, 국왕은 내각의 조언을 통하지 않으면 행동할 수 없다고 규정했듯이 실질적인 통치권이 없다.

이런 여왕이 즉위 30년 동안에 국민들의 존경을 한몸에 받을 수 있었던 것은 필립 공과의 원만한 가정을 이룬 데 그 원인이 있다. 이와 대조적인 왕 계승권자를 꼽는다면 윈저 공이 있다. 왕세자의 신분이었던 그는 사랑하기 때문에 결혼한다는 평범한 진리를 택하기 위해 왕위를 버리지 않을 수 없었다. 그가 택한 심프슨 부인을 국민이 외면했기에 스스로 물러나고 말았다.

찰스 왕세자가 택해야 할 길은 여왕이 걸어온 길을 답습해야 했다. 윈저 공처럼 국민이 외면하는 배우자를 택해서도, 마가렛 공주처럼 축복받던 가정을 등져서도 안 되는 절실하고도 엄숙한 처지에 놓여 있는 것이다.

다이애나를 관심 있게 관찰하며 가까이한 것은 오래되지 않았다고 해도 역경과 시련을 이겨낸 의지와 참을성, 그리고 몸에 배인 온화한 성품과 청순한 과거 등의 조건으로 보아 왕세자비로 간택하는 데 조그만 하자도 없었다. 그러나 만인의 축복 속에 화촉을 밝힐 수 있었던 마가렛 공주 부처가 끝내는 파경으로 끝난 전례에 찰스 왕세자의 주저가 히말라야 산속에서까지 계속되고 있는 것이다.

아니 그보다 더 무서운 것이 있었다. 그것은 너무 빨리, 너무 쉽게 13세나 연하인 다이애나에게 빠져든 자신이었다. 그렇다고 지금에 와서 뒷걸음치기에는 너무 깊이 사랑의 늪에 잠겨 있었다. 찰스 왕세자는 숙소로 돌아와 그녀의 아파트에 국제전화를 걸었다.

"다이애나, 별일 없었소?"

"네, 건강은 괜찮으시죠?"
수화기를 통해서나마 그녀의 음성을 듣는 순간, 찰스 왕세자는 체내에 쌓여 있던 피로와 권태가 일순에 씻겨지는 것 같았다.
"이번 신문 기사 보고 또 울지 않았소?"
찰스 왕세자가 물었다.
"울기보다 죄송한 마음뿐이에요."
"뭐가 죄송하다는 거요?"
"그 기사 속의 다이애나처럼 멋진 통화를 못해 드려서요."
"그러고 보니 나도 미안하군요. 기사 속의 찰스처럼 행복한 통화를 하지 못해서……"
그들은 수화기에 대고 한바탕 웃었다. 런던을 떠나와서 처음 웃어보는 웃음이었다. 찰스 왕세자와 다이애나는 신문 기사 속의 주인공이 주고받은 통화 내용을 대사처럼 외며 오랜만에 실컷 웃었다. 어느덧 그들의 통화는 30분이나 계속됐다.
"몸 건강하게 다녀오세요. 네팔은 악성 말라리아를 비롯해서 여러 가지 전염병이 유행하는 곳이니까요."
조금 전까지만 해도 깔깔대고 웃던 다이애나가 가라앉은 음성으로 당부했다.
"아니, 네팔에 대해 어떻게 그리 잘 알지요?"
"왕세자님께서 네팔을 향해 출발하셨다는 신문을 보고 도서관에 가서 네팔에 관한 서적을 뒤졌어요. 19세기 초 네팔에 진주한 영국군이 싸움에는 이겼지만 전염병한테는 지고 말아 퇴각한 사실을 알았어요."
통화를 끝내고 나서도 찰스 왕세자는 한동안 전화기 앞을 떠날 줄 몰랐다. 못다 한 얘기가 남아 있어서라기보다 왕세자비가 갖추어야 할 자세, 다시 말해서 관련 대상국의 역사와 풍물을 연구하는 성실한 태도를 다이애나에게서 발견했기 때문이었다.
 그녀에 대한 사랑이 빚어낸 편견만은 아니었다. 통화를 하는 다이애나를 옆에서 지켜보던 룸메이트도 찰스 왕세자와 같은 생각을 했다.
 "전화를 하고 있는 널 바라보며 무슨 생각을 한지 알아?"
 버지니아가 수화기를 놓는 다이애나에게 말했다.
 "무슨 생각?"
 "벌써부터 왕세자비의 역할을 하고 있는 것 같아."
 "내가?"
 "왕세자비의 자격으로 외국을 친선방문할 때 그 나라의 역사와 풍물을 잘 익혀 둬야 외교적인 성과를 거둘 수 있을 게 아니냔 말야. 그런 뜻에서 넌 이 세상에 태어나면서부터 왕세자비의 운명을 지니고 태어난 것 같은 생각이 들어."
 "설마……."
 수줍음을 잘 타는 다이애나는 몸둘 바를 몰랐으나, 버지니아가 평했듯이 왕세자비가 갖추어야 할 소양을 선천적으로 지니고 있었는지도 모른다.

 3주간에 걸친 외국 나들이의 마지막 일정은 네팔의 비렌다 국왕 부처가 베푸는 만찬회였다. 절친한 친구 사이이기도 했던 국왕 부처의 영접을 받으며 회장으로 향하는 찰스 왕세자는 32세라는 나이에 아직껏 배필을 구하지 못하고 짝이 없는 상태로 만찬회에 임해야 하는 자신이 처량하기까지 했다. 외교적인 절차에는 으레 상대편의 부인을 초청하는 것이 상례로 되어 있으나 항상 외돌토리였던 그는 외교상의 상례를 깨뜨려야 하기 때문에 여간 불편한 것이 아니었다.
 네팔은 히말라야 산맥을 두고 티베트와 접하고 있으며 동서와 남쪽은 인도와 국경을 이루고 있는 고산 지대이다. 중부에서 남쪽은 초원과 숲이 울창한 습지대이며 무더운 몬순(인도의 우기 장마철)이 다가오면 다이애나가 우려했듯이 악성 말라리아와 여러 가지 전염병이 만연하여 외지인이 적응하기 힘든 곳이다.

이런 조건이 네팔을 지켜 주는 요새 구실을 한다. 19세기 초 인도를 손에 넣은 영국군이 여세를 몰아 네팔을 침공했으나 전염병과 기후를 이겨내지 못하고 쫓겨오고 말았다.

영국이 총과 칼로도 정복할 수 없던 신비의 나라 네팔의 고대 역사는 확실하지 않으나, 1769년 중부 인도에서 라지푸트 왕족이 네팔을 정복해서 구르카 왕조를 세웠으며 그 후 네팔은 티베트와 더불어 힌두교도의 엄한 계율과 습관을 지키며 쇄국 정책을 써 왔다.

1846년부터는 라나족에 의해 통치되어 왕은 허수아비에 불과했다. 20세기를 맞이하여 인도의 국력이 신장함에 따라 그 영향하에서 라나의 독재 정권을 무너뜨리고 왕정이 부활되었으며 쇄국의 문을 열어 1955년에는 유엔에도 가입했다.

영국과의 인연은 1, 2차 세계대전 때 세계에서 가장 우수하다고 하는 구르카 부대가 용병으로 참가하면서부터이며, 찰스 왕세자의 방문 목적은 여왕에게 충성했던 구르카 부대를 치하하며 네팔과의 우의를 다지는 데 있었다.

비렌다 국왕 부처와의 외교적인 접촉에도 다이애나는 윤활유와 같은 존재였다. 찰스 왕세자는 인구가 1천만이 조금 넘는 이 작은 산악국에까지 다이애나의 존재가 알려진 데 놀라지 않을 수 없었다.

네팔의 공식 방문 일정을 마치고 애기(愛機) 앤드버의 조종간을 당겨 기수를 런던으로 향하는 찰스 왕세자의 마음은 10년 묵은 체증이 내려간 듯 후련했다. 다이애나를 영원한 배필로 마음을 굳힌 것이다. 거기다 이번 친선방문은 예상외의 큰 성과를 거둔 것이다.

12월 14일 밤, 찰스 왕세자는 오만과 바레인을 거쳐 3주간의 여행을 마치고 런던 히드로 공항에 도착했다.
"다이애나, 왜 공항에 나가지 않고 방구석에서 이러고 있는 거니?"
브라운관을 통해 실황 중계를 바라보고 있는 그녀에게 버지니아가 말했다.
"안 나가는 게 좋을 것 같아서……."
"왕세자가 나오지 말랬어?"
"그런 말씀은 없었지만……."
"그럼 당장 같이 공항으로 가자. 지금이라도 늦지 않아. 먼발치에서나마 찰스 왕세자를 볼 수 있잖니."
"그만두겠어. 그분에게 폐가 될 테니까."
다이애나는 기자들의 눈에라도 띄면 그가 거둔 외교적인 공적이 스캔들의 그늘 속에 가려지지나 않을까 하는 우려 때문에 근신 아닌 근신을 하고 있었던 것이다. 그러나 그녀가 우려했던 현상이 벌어지고야 말았다. 트랩을 내리는 찰스 왕세자를 둘러싼 기자들의 첫질문부터가 다이애나에 관한 것이었다.
"이번 나들이는 친선방문에 목적이 있다기보다 외지에서 머리를 식혀 가며 주변 문제를 정리하기 위해서라는 풍문이 있는 것에 대해서 한말씀 해주십시오."
"주변 문제라면 구체적으로 무엇을 말하는 거죠?"
"다이애나 양과의 결혼 문제입니다."
"이미 왕세자께선 마음을 굳힌 것으로 아는데 어느 쪽입니까?"
"약혼 발표는 언제쯤 있을 겁니까?"
숨 돌릴 사이도 없이 퍼붓는 질문 속에 외교에 대한 성과를 찬양하는 서두는 한마디도 없었다. 다이애나와의 스캔들 속에 그의 외교적인 공적은 그늘 속에 묻혀 버린 것이다.
이런 기자들의 태도에 울화가 치민 찰스 왕세자는 그들을 피해 대기해 놓은 차에 재빨리 몸을 피한 채 버킹엄 궁으로 향했다. 궁전 안에서 마주치는 사람들의 표정마저도 그에게는 역겨운 것이었다. 기자들이 캐내지 못한 왕세자의 의중을 엿보려는 기색이 완연했기 때문이었다.

물론 하루 속히 왕세자비를 맞으려는 국민적인 바람을 모르는 바는 아니나, 외교적인 공적은 덮어두고 신변을 정리하기 위한 나들이로 간주하려는 그들이 역겨웠던 것이다. 히드로 공항에 도착할 때만 해도 그는 친선방문에서 거둔 공적을 거국적으로 환영할 줄 알았다.

인도에 첫발을 디딜 때 '찰스 고 홈'이라고 외쳤던 반영분자들이 방문 일정을 마칠 무렵에는 손에손에 영국 국기를 흔들며 '찰스 만세'라고 환영하지 않았던가. 영국 역사상 왕세자가 거둔 최초의, 그리고 최대의 성과였다.

그런데도 영국의 모든 매스컴과 국민들, 심지어 궁전 안에서까지 그의 공적을 치하하기에 앞서 다이애나와의 귀추에 더 관심을 집중하자 왕세자는 방에 들어가 문을 잠근 채 종일 두문불출했다.

정말 가는 곳마다 다이애나에 관한 질문에 진절머리가 난 것이다. 모처럼 마음의 결심을 하고 머지않아 약혼을 발표하려던 계획이었으나 보도진은 기다려 주지 않았다. 누구보다도 가장 보고 싶은 다이애나를 3주일 동안 만나지 못한 그였다. 더욱이 그녀에게 줄 가장 큰 선물, 다시 말해 구혼마저 뒤로 미루게 만든 기자들의 둔감함에 화가 난 것이다.

찰스 왕세자가 문을 잠그고 두문불출한다고 다이애나에 관한 문제를 근본적으로 피할 수는 없었다. 여왕이 찰스 왕세자에게 다이애나를 만나고 싶다는 전화를 걸어온 것이다. 찰스 왕세자는 여왕이 왜 호출했는지 알 수 있었다. 여왕에게 심려를 끼칠 만큼 세상이 너무 다이애나와의 관계를 들먹인 것이다.

지금까지 여왕은 왕세자의 수많은 로맨스에 대하여 단 한마디도 참견한 일이 없었다. 가끔 신문이나 텔리비전을 통해 아들의 애정 편력을 눈여겨보기는 했어도 찰스 왕세자가 직접 상의를 해 오지 않았으므로 간섭하려 하지 않았다. 그 이유는 장차 왕위를 계승받아 국정을 다스려야 하는 신분이기에 자신의 문제를 자신이 알아서 처리하기를 바라는 마음에서였다.

그러나 이번 다이애나와의 문제만은 잠자코 있을 수 없다는 생각이 들었던 것이다. 다이애나와 찰스 왕세자에 관한 억측이 날이 갈수록 더해만 가서 전염병처럼 끝없이 번져 나가기 때문이었다.

지금까지 여왕은 찰스 왕세자 주변에 어떤 일이 어떻게 진전되고 있는지 자세히 모르고 있었다. 다이애나를 궁에 초대하는 등 자꾸 접촉하는 점으로 미루어 보아 그녀에게 성의를 가지고 있다는 것은 짐작하고 있었으나, 그 진의를 점칠 수 없었다. 여왕은 찰스의 입을 통해 그 점을 직접 확인하고 싶었던 것이다.

"다이애나는 정말 좋은 아가씨예요."

찰스 왕세자의 답은 어머니인 여왕의 궁금증을 풀어 주기에는 너무 미흡했다. 머리를 식혀 가며 다이애나와의 문제를 정리하기 위해 외국 나들이를 했다는 항간의 소문을 지우기 위해서라도 약혼 발표를 예정보다 늦추지 않을 수 없었다. 찰스 왕세자가 여왕에게 확실한 소신을 밝히지 못한 또 하나의 이유는 다이애나의 의사를 아직 확인하지 못했기 때문이었다.

찰스 왕세자는 매사에 신중한 편이었지만 특히 결혼 문제에 대해서는 더욱 신경을 썼다. 성격적으로 소심한 데가 없지 않던 그는 만에 하나라도 다이애나가 '노'하고 거절하지나 않을까 걱정이 되기도 했다.

여왕은 찰스 왕세자에게 원했던 속시원한 답을 듣지 못했으나 더이상 추궁하지 않았다. 왕세자의 결혼은 일반 평민의 결혼과는 다르기 때문이다. 이런 이치는 다이애나에게도 해당된다. 즉, 영국이라는 군주 국가가 짊어지고 있는 난제와 싸워 가며 장차 국왕이 될 찰스 왕세자를 내조하며 다가올 21세기를 짊어져야 하는 명제를 안고 있는 것이다.
 여왕은 수차에 걸쳐 다이애나를 가까이에서 관찰해 본 결과 나이가 어리다는 것이 마음에 걸릴 뿐 숙녀다운 우아함과 온화한 성품, 거기에다 지성과 마음가짐에 깊이가 있어 호감을 가지고 있었다. 왕세자 주변에 숱한 찰리스 엔젤들이 유성처럼 흘러갔으나 유독 다이애나에 대해 왕세자의 의중을 타진했다는 것은 그녀에 대한 여왕의 관심도를 증명해 주는 처사였다.
 여왕은 주변 사람들에게 왕세자와 다이애나의 사이를 관심 있게 지켜보라고 명령했다.
 크리스마스가 가까워질 때까지도 찰스 왕세자와 다이애나 사이에 이렇다 할 진전의 기미가 보이지 않자, 매스컴의 초점은 성탄절과 연말 특집으로 옮겨갔다.
 이 틈을 타서 찰스 왕세자와 다이애나는 드라이브를 즐길 수 있었다. 그러나 왕세자의 입장으로서는 즐기기 위한 드라이브가 아니라 결단을 내려 그녀에게 자기의 심중을 털어놓기 위한 만남이었다.
 그는 여느 때의 왕세자답지 않게 더듬거리며 말했다. 그렇다고 단도직입적으로 결혼해 달라고 말한 것은 아니었다.
 "다이애나, 만약에 말이오……."
 "만약에요?"
 "만약에 내가……."
 "어서 말씀하세요."
 찰스 왕세자는 숨을 크게 들이쉬고 나서 입을 열었다.
 "내가 만약에 다이애나에게 결혼을 하고 싶다는 말을 하면 다이애나는 뭐라고 대답하겠소?"
 사랑을 고백하는 데는 왕세자도 평민과 다를 바 없이 마음이 약해지는 것일까. 그는 떨리는 목소리로 말했다.

그 순간 다이애나는 터져나오는 웃음을 감추지 못했다. 지금까지 매사 자신만만하던 찰스 왕세자가 자신이 없는 듯한 표정으로, 그것도 말을 빙빙 돌려서 간신히 구혼을 하니 말이다.

다이애나가 끝내 웃음을 터뜨리고 말자, 찰스 왕세자도 그런 자신이 쑥스러웠던지 따라 웃고 말았다.

아무튼 싱겁기도 하고 일면 코미디의 한 토막 같기도 한 찰스 왕세자의 구혼은 끝이 났다. 애당초 찰스 왕세자가 다이애나에게 드라이브를 청했을 때 이런 식의 구혼 방법을 취하려고는 하지 않았다. 일국의 왕세자답게 엄숙한 표정으로 구혼을 청하면 다이애나는 수줍은 목소리로 며칠 여유를 달라고 하리라 생각했다. 약정한 며칠이 지나고 나서 다이애나가 결혼을 승낙하면 값비싼 보석을 선물하고 뜨거운 키스로써 구혼의 절차를 끝낼 예정이었다.

그런데 미리 계획한 각본이 하나도 맞아들어가지를 않았다. 그 원인은 각본 첫대목부터 찰스 왕세자가 대사를 그르쳤기 때문이었다. 하기는 어렸을 때부터 소꿉친구나 다름없고 혈통으로 보아 이 두 사람이 먼 친척뻘이 되는 관계이고 보면, 각본에 짜여진 틀에 박힌 격식보다는 일면 소꿉놀이 같기도 하고 장난스럽기까지 한 이런 구혼 방법이 자연스러운지도 모른다.

그러나 평민이 아닌 대영제국의 왕세자에게는 정식이라는 까다롭고 구차스럽기까지 한 왕실 절차가 기다리고 있었다. 양가의 허락을 얻고 나서 공식 약혼 발표에 따른 결혼 준비가 있어야 한다.

왕실의 결혼 준비는 상상을 초월할 정도로 복잡한 것이다. 그 때문에 일찍부터 오랜 시간을 두고 계획을 짜야 된다. 먼 옛날부터 왕실의 결혼 진행을 맡고 있는 노폴크 공은 여왕의 인가를 받아 영국 연방의 수상과 정부 고관, 그리고 왕족과 귀족들에게 결혼일로부터 3개월 동안 공식 스케줄을 비워 놓도록 통보하고 초대 인사들의 명단을 작성한다.

그밖에 식전에 관한 절차와 시간까지 스톱워치를 들고 다니며 분, 심지어는 초까지 계산하여 거리에 맞추어 발걸음의 수와 시간까지 계산하여 1초의 오차도 없게 편성해야 한다. 그리고 나서 총예산을 산출한다.

왕세자의 결혼은 그것만으로 끝나는 것이 아니다. 필연적으로 뒤따르는 신혼 여행지도 정치적인 면을 고려하여 선정해야 하고, 교통수단, 경비문제 등 일일이 헤아리기도 힘들다. 그러니 찰스가 드라이브를 하면서 털어놓은 구혼은 예행에 지나지 않는다.

"다이애나, 이번 크리스마스에 특별한 계획이라도 있어요?"

"없어요."

크리스마스와 연말, 연초는 가족끼리 보냈으나, 그녀는 예전의 계획마저 취소하고 찰스 왕세자를 위해 비워놓고 있었다.

"그럼 나와 함께 보냅시다. 다이애나가 영원히 기억에 남을 수 있는 계획을 짜 봐요. 따를 테니까……."

"그래도 되는 거예요?"

"난생 처음 그래 보고 싶소."

다이애나는 벌써부터 다가올 크리스마스를 생각하며 가슴을 두근거렸다.

찰스 왕세자도 마찬가지였다. 다이애나가 짜놓은 크리스마스 미팅에서 반지를 선물하여 그녀에게 더없는 행복을 안겨 주고 싶었다.

드라이브를 끝내고 버킹엄 궁전에 돌아온 찰스 왕세자는 여왕 부처 아닌 아버지와 어머니의 마중을 받았다.

"찰스, 빨리 결정해요. 그렇지 않으면 한 명도 안 남는다."

필립 공이 말했다. 노총각이 되도록 배필을 결정짓지 못하고 방황하는 아들이 마냥 걱정스럽기만 한 것이다.
"기다려 줄 여자가 생겼습니다."
"누구지요? 왕세자를 기다려 줄 그 여자가…… 혹시 다이애나 아닌 가요?"
필립 공이 다이애나이길 바라며 넌지시 물었다.
"네, 맞습니다. 다이애나예요. 다이애나……."
그 말에 여왕은 비로소 안도의 숨을 내쉬었다. 이튿날 아침, 여왕은 집무실에서 산적한 결재서류를 제치고 노폴크 공을 불렀다.
"먼저 노폴크 공에게 기쁜 소식을 전하겠소. 머지않아 왕실에 경사가 있을 겁니다."
"네, 왕실에 경사요? 이날을 얼마나 기다렸는지 모릅니다. 여왕 폐하의 신하는 물론이려니와 영국의 영광입니다."
왕실의 경사가 곧 찰스 왕세자의 결혼임을 안 노폴크 공은 얼굴에 기쁨을 감추지 못했다. 여왕은 그에게 4월 중순부터 7월 31일까지 왕족을 위시해서 귀족, 영연방 수상에게 공식 일정을 비워놓으라고 일렀다.
이로써 왕실은 하나의 근심을 덜 수 있었다. 서류를 들추며 결재를 하는 엘리자베스 여왕의 얼굴에서 미소가 떠나지 않았다.

하이그로브에서의 기나긴 대화

"크리스마스! 이번 크리스마스만은 그냥 넘기지 않을 테야."
 아더 사진 기자는 새로 구입한 기재, 5백 밀리미터 반사형 망원렌즈를 손질하며 결의를 다졌다. 반사형 망원렌즈는 일반 망원렌즈와 달리 길이가 짧아 휴대에 편리하고 비밀 촬영을 하는 데 적합했다.
 "그냥 안 넘기면 어떡하겠다는 건가?"
 레이 기자가 물었다.
 "찰스 왕세자와 다이애나가 같이 있는 장면을 꼭 찍고야 말겠단 말이네. 신문의 권위와 나의 공명심 때문만은 아니야. 국민이 원하는 사진을 찍는 것이 내 본분이니까…… 두고보라구."
 "좋아! 나도 이번 크리스마스만은 그냥 넘기지 않을 테니……."
 레이 기자의 각오도 비장했다.
 "그래, 이번에도 합동 취재반을 만들 텐가?"
 아더의 질문에 레이는 고개를 저었다. 소문난 잔치에 먹을 게 없다는 속담대로 합동 취재반은 요란하기만 했지 소득이 없었기에 종전처럼 아더와 짝을 이루어 베트공 전법을 벌이기도 작전을 짰다. 그들의 목표는 찰스와 다이애나가 크리스마스를 즐기는 사진을 찍어 성탄절 특집을 꾸미는 데 있었다. 그러기 위해 아더는 사재를 들여 고가의 반사형 망원렌즈까지 사들이고 만반의 준비를 갖춘 것이다.

이들과는 반대로 다이애나와 찰스 왕세자는 기자들의 취재 범위를 벗어난 한적한 곳에서 둘만의 크리스마스를 보내기 위한 계획과 작전을 짜고 있었다. 장소는 다이애나의 제안에 따라 왕세자가 새로 구입한 하이그로브로 정해졌다. 공식적인 약혼 발표가 있었던 것은 아니지만 하이그로브의 집이 부모가 살고 있는 앨소프보다 더 애착이 들어서였다.

거기서 어떻게 영원히 기억에 남을 수 있는 크리스마스를 보내느냐는 다이애나가 알아서 할 일이지만 찰스 왕세자는 기자들을 따돌리기 위한 작전을 짰다.

10년 동안 기자들과 술래잡기를 하며 그들의 눈을 속여온 찰스 왕세자는 면밀한 작전을 세웠다. 윈저 성으로 기자들의 시선을 모으도록 유인한 것이다.

"레이, 이상하다고 생각지 않아? 틀림없이 하이그로브에서 크리스마스를 보낼 텐데 그런 기색이 전혀 보이지 않으니 말이네."

현지를 조사하고 온 타사 기자가 레이에게 정보를 주었다.

"왜 나한테 그런 정보를 주는 거지? 서로 개인 플레이를 하기로 해 놓고……."

"그러니까 더욱 정보를 줘야지. 그래야 임자 뒤를 따라다니며 기사를 주울 게 아닌가."

판단 착오로 엉뚱한 곳을 지키다 허탕을 치기보다는 능숙한 레이 기자에게 정보를 주어 그의 뒤를 따라다니며 허탕을 치지 않아야겠다는 것이 그들의 계산이다. 그러나 레이 기자는 순간적으로 찰스 왕세자의 양동 작전일지도 모른다는 생각이 들었다.
 천하의 베테랑 레이 기자도 치밀한 찰스 왕세자의 양동 작전에 걸려든 적이 한두 번이 아니었다.
 그러나 그때와는 상황이 다르다. 예전에는 엔젤과 즐기기 위해 양동 작전으로 기자를 따돌렸으나, 다이애나의 경우는 밀회를 즐기려는 대상이 아니라고 판단한 것이다. 그 판단이 옳다면 둘만의 밀회를 즐기기 위해 하이그로브로 가지 않고 윈저 성에서 왕실 가족과 크리스마스를 즐긴다고 보아야 한다. 윈저 성은 매년 정월 한 달 동안 왕실에서 겨울철 별장으로 사용하는 성이다.
 레이 기자는 계속 줄담배만 피웠다. 쉽사리 결정을 내릴 수 없어서였다.
 한편 크리스마스가 다가오자 버킹엄 왕실에서는 윈저 성에 겨울 휴가를 가기 위한 준비로 부산했다. 이 휴가 동안에 2만 에이커나 되는 성 영지 안에서 필립 공과 찰스 왕세자는 으레 사냥을 하곤 했다.
 그런데 찰스 왕세자는 여왕과 필립 공에게 크리스마스를 하이그로브에서 다이애나와 함께 보내고 싶다는 의사를 전했다. 가족이 흩어져 크리스마스를 보내기가 서운한 여왕이 다이애나를 윈저 성에 초대하자고 제안하자, 찰스 왕세자는 여왕에게 성탄절을 기해서 장래 문제를 의논하겠다고 말했다.
 여왕과 필립 공은 왕세자가 말하는 장래 문제가 정식 구혼을 하기 위해서라는 것을 알고 쾌히 승낙했다.
 "기자들이 알면 성가실 텐데……"
 여왕은 기자들 걱정부터 했으나 그럴 염려는 없었다. 이미 다이애나는 기자들의 눈을 피해 앨소프에 몸을 피하고 있었다. 그리고 찰스 왕세자는 하이그로브에 전화를 걸어 아무런 준비나 기색도 하지 말고 크리스마스날 거실에 불만 피워 놓으라고 지시했다.

왕실 일가가 윈저 성으로 출발할 때 일행 속에서 빠져나와 하이그로브로 갈 작정인 것이다.
찰스 왕세자는 가슴 설레이며 크리스마스를 기다렸다. 바로 그때였다. 앨소프에서 전화가 걸려왔다. 다이애나의 전화였다.
"아니, 음성이 왜 그렇소?"
수화기에서 들려오는 그녀의 목소리는 꽉 잠겨 있었다.
"죄송해요. 독감 때문에 몸을 가눌 수조차 없어요."
"독감이라구?"
"모처럼 영원히 기억에 남을 수 있는 크리스마스를 가지려고 했는데 하늘도 너무 무심한 것 같아요."
그녀의 음성으로 보아 울고 있음이 분명했다. 정식 구혼을 하려던 계획이 와르르 무너져 버린 것이다.
몸조리를 잘하라며 위로의 말을 남기고 수화기를 놓은 찰스 왕세자의 얼굴에 짙은 먹구름이 덮였다. 어쩔 수 없이 정식 구혼을 뒤로 미룬 그는 가족과 함께 윈저 성으로 떠났다.
이 겨울 휴가만은 왕실 가족들만이 모이게 돼 있어 왕가의 프라이버시가 절대 보장되는 곳이다. 그런데 1981년 정월만은 지켜지지 않았다. 뒤늦게 다이애나의 아파트로 몰려갔던 기자들은 문제의 그녀가 없음을 알고 몰려온 것이다. 매일 문앞에는 방한복을 입은 50여 명의 기자들이 야영 준비까지 하고 버티고 있었다.
"기자 양반들, 이러시면 안 됩니다요."
수위장이 돌아가 달라고 애원했다.
"우린 뭐 이러고 싶어서 이 고생을 하는 줄 아슈? 사진 한 장만 찍게 해 줘요."
"겨울 휴가 땐 찍을 수 없습니다."
"국민이 원해도 안 된다는 거요?"

"구, 국민이 원한다구요?"

섬뜩해진 수위장이 되물었다. 국민이 실질적인 주인인 영국에서 국민을 앞세우는 것은 큰 설득력이 있었다.

"그렇소. 우린 국민의 알 권리를 대신해서 여기 모인 거요."

"도, 도대체 국민이 원하는 사진이 뭡니까요?"

"찰스 왕세자와 다이애나 양이 같이 있는 사진이요."

"다이애나 양은 윈저 성에 없습니다."

"없다구요? 왕실은 국민을 기만해도 되는 거요?"

기자들의 어거지에 수위장은 손을 들고 말았다.

이런 실랑이는 매일 계속되다시피 했다. 기자들은 다이애나가 성안에 없다는 사실을 알았으나 물러서지 않았다. 찰스가 성안에 있는 한 어느 땐가는 그녀가 꼭 초대될 것이라는 확신 때문이었다.

실상 다이애나의 감기는 4일 만에 완쾌됐다. 기자들이 제풀에 지쳐 해산할 줄 믿었던 찰스 왕세자는 여러 차례 다이애나를 초대했다가 취소하곤 했다. 찰스 왕세자로서는 그녀와의 만남을 가로막는 기자들이 원망스러웠으며, 왕실은 어수선하고 불쾌한 휴가가 되어 버렸다.

"다이애나는 이 성안에 없으니 돌아가 주시오. 왕실도 휴가를 즐길 권리가 있소."

기자들의 해산을 종용하는 찰스 왕세자의 억양은 다분히 감정적이었다.

"왕실의 휴가를 방해하자는 것이 아닙니다."

"아니라고 하면서 방해하고 있질 않소?"

"우리가 해산하고 나면 다이애나를 초대하시는 거 아닙니까?"

평행선을 긋는 찰스 왕세자와 기자들의 실랑이가 좀처럼 끝나지를 않자, 에드워드 왕자도 항의를 하고 나섰다.

"왕실은 여러분의 구경거리가 아니오. 당장 그 카메라를 거두시오."

면전에 대고 플래시를 터뜨리는 기자에게 언성을 높였으나 능구렁이 같은 기자들이 16세의 애송이 왕자에게 기가 꺾일 리 없었다.
　"한마디만 묻겠습니다. 다이애나를 어떻게 생각하십니까?"
　"내가 대답할 문제가 아니오."
　"우린 여왕이나 왕세자의 입장이 아닌 왕자의 견해를 알고 싶습니다."
　"모르겠소."
　"모른다는 것은 다이애나 양이 왕실의 일가가 되기에 부족하다는 뜻 아닙니까?"
　"부족하다는 얘기는 하지 않았소."
　"얘기는 안했지만 에드워드 왕자께서는 부적당하다는 뜻 아닙니까?"
　개인의 의사를 직설적으로 표현해서는 안 되는 왕자이기에 답을 회피한다는 것이 오히려 노련한 기자들에게 말려드는 꼴이 되고 말았다.
　이렇듯 왕실 일가의 단란한 휴가가 기자들에 의해 유린당하자 여왕은 유감의 뜻을 표하기에 이르렀다. 사태가 심상치 않게 되자 모든 기자들이 해산했다.
　"기자들이 철수했습니다."
　기자들의 동태를 묻는 찰스 왕세자에게 비서가 일러주었다.
　"다 철수했소?"
　"네. 메인 게이트에 한 명도 남지 않고 철수했습니다."
　이쯤 되면 다이애나를 초대할 만도 했다. 그러나 찰스 왕세자는 어딘가에서 망원렌즈로 겨냥하고 있을 것만 같아 초대하지 않았다. 매사 신중하고 세밀한 그의 견해는 옳았다. 기자들을 몰고 앞장서다시피 철수하던 레이와 아더 기자가 일행에서 슬그머니 빠져나와 일인용 천막을 치고 잠복하고 있었다. 찰스 왕세자와 기자의 장기전이 시작된 것이다.
　악몽과도 같은 일주일이 지난 1월 7일, 찰스 왕세자는 동틀 무렵을 기해 윈저 성을 빠져나왔다. 다이애나가 나타나기를 기다리던 기자들도 설마 새벽에 도착할 리가 없다고 한눈을 파는 그 시기를 택한 것이다. 무사히 기자를 따돌릴 수 있었던 그는 마음속으로 쾌재를 부르며 다이애나와 만나기 위해 하이그로브를 향해 차를 몰았다.

한편 전날 밤 찰스 왕세자의 전화를 받은 다이애나는 뜬눈으로 밤을 새우다시피 하다가 새벽이 되자 나들이 차비를 하고 앨소프 집을 나왔다.

"다이애나, 이른 새벽부터 가야 하니?"

아버지 스펜서 백작이 따라나오며 말을 건넸다. 딸이 찰스 왕세자와 가까이 지내는 것을 경사라고 생각하면서도 떠들썩하니 소문만 내고 사라져 간 찰리스 엔젤의 전철을 밟지나 않을까 하고 항상 가슴 조여온 그였다. 더욱이 큰딸 사라도 한때 엔젤 역할을 담당했던 과거가 있고 보면 경사라고 기뻐할 일만은 아니었다.

"전화가 또 올지 모르니까 좀더 기다렸다 가려무나."

지난 일주일 동안 여러 차례에 걸쳐 초대를 받았다가 기자들을 이유로 취소된 적이 있기 때문이었다.

"이번만은 아닐 거예요. 다녀오겠어요, 아버지."

작별 인사를 하고 난 다이애나는 뒤로 돌아보지 않고 차를 몰았다. 혹시나 초대를 취소하는 전화가 또 걸려오지나 않나 하는 공포심에서였다. 그녀의 심정은 전화를 받고 다시 눌러앉기보다 기자들과 정면으로 부딪치는 한이 있더라도 찰스 왕세자를 만나고 싶었다.

다이애나는 계속 속력을 냈다. 하이그로브로 향한 마음에 차가 느리게만 느껴져서였다. 속도가 1백 킬로미터를 훨씬 넘고 있었다. 이렇듯 속력을 내 본 적이 없었다.

눈에 익은 3층 벽돌집이 차창 너머 시야에 들어왔다. 인기척 하나 없는 현관 앞에 찰스 왕세자의 차가 서있지 않은가. 다이애나는 두근거리는 가슴을 억누르며 그의 차 옆에 자신의 차를 세웠다.
 바로 그때였다. 크리스마스 이후 꿈에도 그리던 찰스 왕세자가 현관문을 열고 그녀를 맞이했다.
 "다이애나!"
 마음 같아서는 달려가 그의 품에 뛰어들고 싶었으나, 그래서는 안 되는 귀족 사회의 규율이 원망스러웠다.
 "별다른 일 없었구요?"
 "네."
 찰스 왕세자는 아직까지 기자 노이로제에서 벗어나지 못하고 있었다.
 찰스 왕세자의 안내를 받으며 방안에 들어서자 화끈한 열기가 몸을 감쌌다. 이글거리며 타고 있는 페치카 앞에 의자 두 개가 나란히 놓여 있었다. 그들은 준비해 놓은 차를 마시며 페치카 앞에 마주앉았다. 한동안 침묵이 흘렀다. 너무나 애쓰고 바라던 만남이어서일까, 그들은 무슨 얘기부터 먼저 해야 좋을지 몰랐다.
 다이애나는 보름 전에 짜놓은 크리스마스 계획을 털어놓기가 쑥스러워 입을 다물었고, 찰스 왕세자는 놓쳐 버린 성탄절의 분위기를 재연하기가 어색해 묵묵히 다이애나를 바라보고만 있었다. 그들은 마주보며 빙그레 웃었다.
 그녀의 순진한 웃음이 찰스 왕세자의 마음을 아늑하게 만들어 주었다. 그에게 있어서 다이애나는 대할수록 부담을 안 주는 여인이고, 볼수록 마음이 편해지는 여자였다.
 "어떻게 기자들을 피하셨지요?"
 다이애나가 먼저 입을 열었다. 앨소프를 떠날 때만 해도 기자들과 부딪칠 수난을 각오했었기에 이처럼 호젓하게 단둘이 앉아 있다는 것이 실감되지 않았다.
 "내 연극이 훌륭했기 때문이오. 어제까지만 해도 그들이 지켜보는 앞에서 사냥을 하며 즐겁게 휴가를 보냈으니까······.”
"기자들이 안심한 틈을 타서 윈저 성을 빠져나오신 거예요?”
"기자들이 내 연극에 박수를 칠 여유도 안 주고 무대를 빠져나온 거요. 다이애나는 내가 우수한 희극 배우라는 사실을 모르고 있었나 본데······.”

찰스가 좋아하는 것 가운데 연극을 빼놓을 수 없다. 어떤 연극이든 다 잘 소화했지만 그 중에서도 관객의 갈채를 제일 많이 받은 연극이 희극이었다.

런던은, 희극은 물론이거니와 뮤지컬, 셰익스피어나 입센 등의 연극이 상연되지 않는 날이 없을 만큼 연극의 도시이다. 이러한 연극을 공연하는 런던의 수많은 극장에 얼굴을 내밀지 않은 곳이 없을 만큼 찰스는 연극광이었다.

특히 찰스의 마음을 사로잡은 연극은 셀러즈가 연출한 〈얼간이〉였다. 이 〈얼간이〉라는 연극은 작품이 주는 격조 높은 주제로 많은 관객을 동원한 문제작이었다.

권위와 권력의 상징인 지체 높은 왕세자가 아무리 격조 있는 희극이라고는 해도 〈얼간이〉라는 간판이 붙은 극장에 발을 들여놓자 수행하던 기자들은 모두 입을 벌렸다. 작품의 주제는 잘나지 못한 사람도 얼간이고, 잘난 척하는 사람도 모두가 얼간이라는 것인데, 찰스 왕세자는 얼간이들이 빚어 내는 무대에 열광적인 박수를 보냈다. 마치 극중 인물의 얼간이처럼······.

찰스 왕세자의 행동이 하도 뜻밖이어서 무대의 막이 내리자, 기자들이 그를 에워싸고 마이크를 들이댔다.

"전하, 열광적인 박수를 치셨는데 연극을 본 소감을 말씀해 주십시오.”

"정말 감명 깊은 연극이었습니다. 연극을 보면서 난 이런 생각을 했어요. 신의 창조물 중에서 가장 위대한 작품이 얼간이일지도 모른다……."
찰스 왕세자의 말에 기자들은 눈이 휘둥그래졌다.
"네에? 좀더 쉽게 말씀해 주십시오."
"여러분도 연극을 보아 알겠지만 잘난 척하는 얼간이는 교만과 악을 바탕으로 하고 있는데 반해 정말 얼간이들은 선을 바탕으로 하고 있습니다. 그런 의미에서 얼간이는 신의 걸작품이라는 뜻이지요."
"그러시다면 관객은 어떻게 생각하시지요?"
기자 하나가 동료 사이를 헤집고 나와 질문을 던졌다. 얼간이가 신의 걸작품이라면 관객, 즉 지체 높은 왕세자는 무엇이냐는 뜻이다.
"관객들, 아마 나라고 표현해도 좋겠지요. 난 선에 바탕을 둔 그들의 우직과 속단을 내심 조롱하며 웃었어요. 마치 선을 창조하신 신을 비웃기나 하듯이…… 정말 얼간이는 그들이 아니고 바로 나일지도 모르지요."
왕세자의 말에 웃을 수도 안 웃을 수도 없던 기자들은 얼굴이 간지러워 도망치듯이 그 자리를 피해 버리고 말았다. 마이크를 들이대고 취재하는 자신들이 얼간이 같은 생각이 들어서였다.
그 후에도 찰스 왕세자는 셀러즈가 연출한 희극은 빼놓지 않고 감상했다. 그뿐이 아니었다. 셀러즈가 살아 있을 때 여러 차례 그를 만나서 익살스러운 연기를 배우기도 했다.
찰스 왕세자는 빈잔을 물리며 다이애나의 의견을 묻듯이 말했다.
"왕세자의 신분으로 희극 연기 수업을 하는 날 봤으면 아마 다이애나는 웃음을 터뜨렸을 테지요?"
"그렇지 않아요. 희극 배우를 동경해서가 아니라 선에 바탕을 둔 희극을 통해서 사람의 마음을 사로잡기 위한 공부라고 봐요."
"다이애나는 정말 날 그렇게 보았어요?"

"네. 국민에게 접근하려고 노력하시는 왕세자예요. 분명히……."

말끝에 힘을 주어 강조하는 다이애나에게 찰스 왕세자는 더없는 고마움을 느꼈다. 그는 국민 위에 군림하는 왕세자가 되기보다는 국민 속에 융해되어 희비애락을 같이하며 존경받는 왕세자가 되기 위해 부단한 노력을 아끼지 않았다. 희극 연출가인 셀러즈에게 연기 수업을 받은 것은 그 단편적인 예에 지나지 않는다.

웨일스 왕실 연대에 배석했을 때의 일이었다. 신참 장교는 첫 식사 시간 후에 노래를 하게 되어 있다. 일종의 신고식과 같은 것이다. 신고를 받는 장교단도, 신고를 하기 위해 식당 중앙까지 걸어나오는 신참 장교인 찰스 왕세자도 모두 근엄한 표정이었다. 그런데 왕세자는 장난스럽게 웃고 나서 셀러즈가 작사한 희극 노래를 부른 것이다. 군가를 기대했던 장교단은 어리둥절했다.

그러나 노래가 진행되자 어느새 장교들이 따라 일어서며 소리 높여 합창을 했다. 무겁고 우중충했던 부대의 전통이랄까 분위기를 노래 한 곡으로 밝고 명랑한 웨일스 왕실 연대로 뒤바꿔놓은 것이다.

찰스 왕세자의 익살과 유머는 대부분이 자기 자신의 신분을 조롱하는 것이었다. 케임브리지 대학 시절에 교내 경축 행사가 있을 때 연극이 상연되었다. 그때마다 연극부 학생들은 왕세자를 제외시켰다. 유럽 왕실이 그러했듯이 영국의 왕족이나 귀족들은 연극이나 무용, 음악 등의 예술을 감상할 수는 있어도 자신이 대중 앞에서 무대에 서거나 연주를 해서는 안 되는 불문율 같은 법이 있었다.

"연극부장, 나도 출연시켜 주시오."

연극부원들이 배역을 정하는 자리에 찰스 왕세자가 불쑥 나타나서 간청했다.

"무대에 서고 싶다구요? 당신은 왕세자 아니요? 연극을 구경해야 하는……."

"구경하는 왕세자가 아니라, 직접 연극에 참여하는 왕세자가 되고 싶소."
"좋소. 그럼 마음에 드는 배역을 고르시오."
하며 연극부원은 대본을 넘겨주었다. 왕세자라는 신분도 있고 해서 배역의 선택권을 준 것이다. 그런데 그가 선택한 배역을 보고 연극부원들은 입을 벌리고 말았다. 그가 굳이 고집한 역할은 쓰레기통에 들어가 넝마를 뒤집어쓰고 허우적거리며 청소부를 부르며 골탕을 먹이는 쓰레기 역할이었다.

공연날, 막이 오르자 학생 관객들은 눈이 휘둥그래졌다.
"아니, 저 쓰레기 역할이 누구지?"
"찰스 왕세자 아냐?"
"저럴 수가?"
존엄한 왕세자의 신분으로 무대에 선다는 그 자체도 놀라운 일인데, 그 많은 역할 중에서 쓰레기 역할로 분장한 찰스 왕세자를 보고 교수들은 얼굴이 파랗게 질렸다.

찰스 왕세자를 지금까지의 관습을 깨고 일반 학생과 같이 교육시키는 문제에 대해서도 논란이 많았다. 국왕의 권위가 손상된다는 것이다. 케임브리지 대학측에서도 왕세자의 위탁교육을 왕실에서 청했을 때 신격(神格)인 장래의 국왕을 일반 학생들과 동격으로 교육시킨다는 것은 불합리하다는 이유로 처음에는 선뜻 응하지 않았다.

그런데 그 찰스 왕세자가 넝마를 걸치고 쓰레기 역할로 분장을 하자 당황한 것이다.

유례 없는 환호성과 박수 속에 연극은 성공리에 막을 내렸으나, 교수 회의실에서는 이 문제를 놓고 대책회의가 열렸다. 왕실의 존엄성을 하락시킨 장본인 찰스 왕세자는 벌할 수 없다 해도 쓰레기 역할을 맡겨 왕세자의 권위를 손상시킨 연극부장을 징계하자는 것이었다.

"그런 처사는 부당해요!"

경험담을 귀담아 듣고 있던 다이애나가 마치 교수에게 대들듯이 항의했다.

"왜 부당하다는 거지요? 왕세자의 교육을 위탁받은 대학은 왕실의 존엄성을 지켜야 하는 의무도 지니고 있소."

찰스 왕세자는 징계를 해야 한다는 교수측의 주장을 지지하며 다이애나의 반론을 기다렸다.

"왕세자라고 해서 쓰레기 역할을 자청하여 물의를 일으킨 책임을 타인에게 전가시킨다는 것은 모순이에요."

"그럼 그 책임을 왕세자인 내가 지고 징벌을 감수해야 한단 말이오?"

"물론이지요. 책임은 누구에게나 있는 것이고 또 어느 누구도 면할 수 없는 것이 책임이라고 생각해요."

책임의 절대성을 강조하는 다이애나에게 찰스 왕세자는 깊은 감명을 받았다. 그는 지금까지 스쳐 지나간 숱한 엔젤들에게서 이처럼 정색을 하고 책임을 역설한 여인을 본 적이 없었다. 그리고 책임과 의무를 수반해야 하는 왕세자비로 그녀를 선택한 것을 내심 만족해했다.

다이애나는 말을 이었다.

"만약에 대학 당국도 연극부장을 징계 조치했다면 그에 대한 책임을 져야 한다고 생각해요. 왕세자님이 쓰레기 역할을 자청한 것은 분명 익살을 위한 장난이 아닐 거예요."

"그럼?"

"보다 넓은 세상을 알기 위해서일 겁니다. 그렇다면 그 연극은 학업의 연장이라고 해석하고 싶어요. 그렇죠?"

다이애나의 물음에 찰스 왕세자는 고개를 크게 끄덕였다. 어느 누구에게도 자기의 진심을 털어놓을 수 없어 엄청난 부귀 속에서도 항상 고독해야 했던 그는 자기의 진심을 이해해 주는 다이애나가 있기에 고독의 검은 장막에서 헤쳐나갈 수 있게 되었다.
 찰스 왕세자는 손을 뻗어 다이애나의 손을 꼬옥 쥐어 주었다. 비단결같이 곱고 아름다운 손이었다.
 "그 연극부장은 어떻게 됐죠?"
 다이애나가 살며시 손을 거두며 물었다.
 "아무 일 없이 무사히 수습됐어요."
 "왕세자님께서 책임을 지고 나선 거예요?"
 "그럴 필요가 없었소."
 "그런데 연극부장이 무사할 수 있었어요?"
 "교수 한 분이 다이애나와 같은 주장을 펴 딴 교수들을 설득시켰기 때문이오."
 다이애나는 그 소리를 듣고야 크게 숨을 내쉬었다.
 찰스 왕세자는 그녀가 자기의 주변 얘기를 듣고 싶어하는 것 같아서 지나간 주변 얘기를 풀어놓았다. 실상 그녀도 그의 주변 얘기를 통해서 왕세자를 더 알고 싶었다.
 "그 후에도 연극을 하셨어요?"
 "물론. 쓰레기역 덕분에 난 인기 스타가 됐어요."
 "그 후에 택한 역할은 어떤 것이었죠?"
 "그 후엔 역을 택하지 않고 내가 직접 쓰고 연출하고 거기다 연기까지 했소."
 다이애나는 가볍게 손뼉을 쳤다. 찰스 왕세자는 능숙하게 화제를 유도한다고 생각하면서 과거를 되새긴다는 것이 즐거웠던지 벌떡 일어서서 그때의 장면을 재연했다.
 "난 그때 우산을 쓰고 무대 중앙에 이렇게 섰어요. 그리고 멋진 대사를 읊었지요."
 "어떤 대사였죠?"

"오, 이렇게 우산을 쓰고 있으니까 내 생활에 비가 새지 않는구나."
왕세자는 신분에 어울리지 않는 익살스러운 웃음을 지으며 앉아 있는 다이애나를 바라보았다.
"우산을 쓰면 누구나 다 비를 피할 수 있는데…… 결국 착각이 토막극의 주제 아녜요? 왕세자라는 신분 때문에 비가 새지 않는 것으로……."
다이애나가 말하자 찰스 왕세자는 그녀의 예리한 관찰력에 약간 놀랐다.
"어떻게 첫 대사만 듣고도 작품의 주제를 금방 알아차렸지요?"
"첫 대사부터 작품의 주제가 뚜렷하게 부각되어 있으니까요."
천하의 영재들이 모인 케임브리지 대학생들도 토막극이 반 이상 진행된 후에야 주제를 파악하고 박수를 보냈는데, 다이애나는 첫 대사에서 작품이 내포하고 있는 주제를 알고 박수를 보내는 것이 아닌가.
"착각은 정말 멋있는 거예요. 만약에 이 세상에 착각이 없다면 살맛이 없을 거예요. 그러고 보니 착각은 이 세상을 살아나가는 원동력이라고도 할 수 있네요."
"다이애나, 내가 짧은 토막극을 통해서 하고 싶은 얘기가 바로 그것이었소. 학생들은 우산을 들고 착각하는 나를 보고 웃었지만, 만약에 컴퓨터가 착각을 추방하고 이 세상을 지배한다면 인간은 살맛을 잃을 거요. 정말 내 토막극을 이해해 준 관객은 오로지 다이애나뿐이오."
찰스 왕세자는 누구보다도 자신을 알고 이해하며 공명해 주는 사랑스러운 그녀를 진지한 눈으로 바라보았다. 정녕 그로서는 놓칠 수 없는 가장 보배스럽고 가장 소중한 여인이었다. 그는 이런 자기의 심정을 말로 표현할 길이 없어 그저 계속 뚫어지게 다이애나를 바라보았다.

다이애나도 왕세자가 무슨 얘기를 하고 싶어하는지 알 수 있었다. 그러나 사랑의 밀어를 나누기보다 그의 전부를 더 구체적으로 알고 싶었기에 새로운 화제를 꺼냈다.
"저는 왕세자님이 연극에 열중한 또 하나의 이유를 알 것만 같아요."
"왜지요?"
"혹시 감동을 줄 수 있는 연설을 하기 위해서가 아네요?"
"그것을 어떻게 알았지요?"
"알았다기보다 그렇게 느꼈을 뿐이에요."
찰스 왕세자는 다이애나의 통찰력에 새삼 놀랐다.
그는 연설을 잘하는 사람은 연극에 재능이 있는 사람이라고 생각했다. 자기 이야기를 듣고 청중들이 웃을 때는 그도 매우 기분이 좋았다. 자기의 연설에 청중들이 끌려들어가고 있다는 확신 때문이었다. 찰스 왕세자의 연설은 유머가 많기로 정평이 나있다. 그것은 사회적인 지위에서 오는 왕세자와 청중과의 거리감을 좁히려는 그의 노력에서 비롯된 것이라고 하겠다.
연설 도중에 청중들이 지루한 표정을 지으면 그는 재빨리 익살스러운 이야기를 꺼내 청중을 웃기고 나서 본론으로 유도하는 요령을 희극을 통해 배웠다.
기자들을 따돌리는 데도 찰스는 무대에서 터득한 익살을 이용했다. 해군에 복무하고 있을 때 주피터 호를 타고 샌디에이고에 입항했을 때의 일이었다. 부두를 메운 기자와 카메라맨들을 본 찰스 왕세자는 당직 장교를 지원하고 나서 갑판에 올랐다. 설마 왕세자를 항구에 입항하는 날, 당직 사관으로 임명하지는 않을 것이라는 그 설마를 이용했던 것이다.
아니나 다를까, 기자들이 벌떼처럼 당직 사관을 둘러쌌다.
"장교님, 찰스 왕세자님을 좀 만나게 해주십시오."

"왕세자요? 시간 낭비 하시는 거 아닙니까? 잘 아시겠지만 그 친구 좀 거들먹거리는 데가 있거든요. 마음이 내키지 않으면 응하지를 않아요."
"장교님이 좀 주선해 주셔야겠습니다. 우린 찰스 왕세자를 환영하기 위해서 이렇게 모인 겁니다."
"내가 가서 아무리 설명해야 알아듣지 못할 겁니다. 그 친구 어딘가 좀 둔한 데가 있거든요. 거기다 거들먹거리는 성미가 있고……."
"그럼 사진 한 장만이라도……."
"그 거들먹거리는 사람을 사진 같은 것은 찍어서 뭘 합니까. 다음 기회로 미루고 오늘은 그냥 돌아가십시오."
기자들은 투덜거리며 갑판을 내려갔다. 다음 기회, 즉 공식 기자 회견 석상에 나온 찰스 왕세자를 본 기자들은 아연했다. 왕세자를 비꼬며 기자들을 따돌린 그 당직 사관이 바로 왕세자라는 사실을 알았기 때문이다.
그의 희극적인 익살은 소속 사병들을 행복하게 만들어 주기도 했다. 웨일스의 왕실 연대가 독일을 방문했을 때의 일이다. 사병 가운데 몇 사람은 환영나온 아가씨에게 말도 걸지 못하고 울상을 짓고 있었다. 여자라면 오금을 못 펴던 그들이었기에 찰스는 이상하게 여기며 다가갔다.
"갑자기 신부가 되고 싶은 게 아니요? 왜 갑자기 여자와 담을 쌓았소?"
"여자가 싫어서 담을 쌓은 것이 아니오."
"그럼?"
"언어가 담을 쌓았소."
"그럼 내가 그 담을 헐어 주겠소."
찰스는 곧 사랑을 하는 데 필요한 몇 마디를 적어 주었다. 그 사병은 눈이 맞은 아가씨에게 달려가서 쪽지를 들고 더듬거리며 낭독을 했다. 그러자 그 아가씨는 사병에게 거침없이 입맞춤을 하는 것이 아닌가. 능통한 독일어로 유혹하며 꾀는 군인보다 그들이 아가씨에게 호감을 준 것이다.

"정말 남을 위해 좋은 일을 하셨어요."

이야기를 듣고 있던 다이애나가 장난스러운 표정을 지으며 말을 건넸다.

"연극에서 배운 유머 감각 때문이오."

"그럼 왕세자님을 가로막고 있는 담은 무엇으로 무너뜨리죠?"

다이애나는 장난스러운 얼굴에 질투를 담았다.

"이것으로……."

찰스 왕세자는 두 손으로 다이애나의 손을 받쳐들고 입을 맞추었다.

"몇 번째 무너뜨린 담이지요?"

"처음."

"믿고 싶어요."

이글거리며 타오르는 페치카의 불길이 행복에 겨운 그들의 얼굴에 어른거렸다.

찰스 왕세자의 지난 얘기를 들으면서 다이애나는, 그가 생각했던 것보다 다정다감하다는 사실을 알게 되어, 하이그로브에서 두 사람이 호젓하게 마주앉은 이 시간이 그지없이 소중하게 느껴졌다.

샌디에이고에서 몰려든 기자들에게 그 친구 둔하다느니, 거들먹거린다느니 하여 익살스럽게 자기 자신을 평했지만 그가 대인 관계에서 보인 성품은 정반대였다. 일국의 왕세자라는 어마어마한 신분을 가지고 있으면서도 그의 행동거지는 항상 서민적이었다.

정해진 스텝도 없이 리듬에 맞추어 마구 흔들어대는 디스코를 그는 생리적으로 싫어했지만 평민과 어울리면 신나게 추곤 했다. 해군에 복무할 시절, 육지에 상륙하면 동료들과 어울려 새벽 4시까지 디스코를 추며 소란을 피우다 출동한 헌병에 쫓겨 동료와 함께 줄행랑을 친 적도 있는가 하면, 베네수엘라에서 미녀들의 열광적인 서비스에 응하느라고 아침 6시 30분에 출항하는 함정에 아슬아슬하게 뛰어오른 적도 있었다.

파티 같은 데서도 그는 사람들을 편안하게 만들어 왕세자가 멀고 높은 곳에 존재하는 인물이 아니라 평등한 위치에 있는 친구처럼 느끼게 분위기를 만들려고 노력했다.

공식적인 행사가 아닌 모임에서 그는 의식적으로 격식을 배제했다. 어느 날, 나이트 작위를 가진 연상의 귀족이 그 앞에 정중하게 다가와서 잔을 권했다.

"한잔 드십시오, 서(Sir)."

찰스 왕세자는 얼굴을 붉히면서 머뭇거렸다. 그 나이트의 귀족은 찰스가 알코올에 약한데 술을 권해서 기분이 상하지 않았나 하고 당황했다. 그러자 찰스 왕세자는 이렇게 대답했다.

"저는 술이 약해서 그런 것이 아니고 '서'라는 존칭이 익숙치 않아서 거북합니다."

이 한마디로 항상 거리감을 느끼고 있던 귀족은 찰스 왕세자에게 친밀감을 갖게 되었고, 그의 절대적인 지지자의 대열에 서게 되었다. 이처럼 그는 사람을 끄는 소탈한 마력을 지니고 있었다.

항상 귀족이면서도 평민이기를 바랐고, 스스로 평범한 인생을 택해 살아오던 다이애나가 찰스 왕세자에게 마음이 이끌리게 된 것도 연극에서 터득한 그의 재치 있는 처세술과 사람의 마음을 끄는 소탈한 마력 때문이라 할 수 있다.

다이애나는 명예직을 싫어한다는 찰스 왕세자의 말에서 성실한 일면을 엿보았다. 정확한 관찰이었다. 그는 일단 어떤 일을 책임맡으면 아랫사람을 내세우고 뒷전에서 구경이나 하는 그런 인물이 아니었다.
"왕세자님은 많은 명예직을 가지고 계시지요?"
다이애나가 자신의 평가를 재확인이나 하듯이 물었다. 왕세자 이전에 한 남자로서의 책임감을 떠보기 위해서였다.
"가지고 있기는 하지만 많지는 않아요. 내 이름이 필요한 기관에는 사인을 하지 않아요."
"그럼 어떤 기관에 대해 총재직을 수락하시죠?"
"내가 필요한 기관에 한하지요."
그는 어떤 조직이나 기관에서 총재, 또는 후원자로 추대하려고 하면 냉정하게 거절했다. 이름만을 늘어놓고 실제로는 손도 대지 못하게 하는 허수아비가 되지 않기 위해서였다. 찰스 왕세자는 여러 가지 일에 직접 참여하여 자기 능력을 시험해 보려는 적극적인 성미의 소유자이다. 그리고 매사에 치밀하다.
웨일스 연대장으로 있을 때의 일이었다. 신분상 직업군인이 될 수 없는 찰스 왕세자가 연대장이라고는 하지만 실질적인 책임 지휘권은 부연대장의 소관이었다. 그러나 명예직을 생리적으로 싫어했던 그는 부하들의 신상 카드를 검토하고 나서, 입원 환자가 있으며 위로와 쾌유를 비는 메시지와 함께 위스키를 보내 일개 사병에게까지 깊은 관심을 보이는 자상한 일면을 보이기도 했다.
왕세자의 주변 얘기를 듣고 있던 다이애나의 또 하나의 관심사는, 그의 연설문을 누가 작성하느냐 하는 점이었다.
"내가 직접 쓰지요."
"공보 비서 중에 연설문 전담 비서가 있는 줄 알았어요."
"물론 있어요. 하지만 연설은 비서가 하는 것이 아니고 내가 하는 것이니까……."
왕실의 공식 연설은 그 대부분이 버킹엄 궁전의 전담 비서가 쓰는 것이 관례로 되어 있고 여왕이나 필립 공은 원고를 최종 검토하는 정도이다. 그러나 찰스 왕세자는 그들의 힘을 빌리는 것은 자료 수집 정도이고 처음부터 끝까지 본인이 직접 원고를 작성한다. 구태여 그 이유를 따진다면 책임 소재를 분명히 하기 위해서였다.

그는 공식 석상에서 논쟁의 대상이 될 수 있는 결정적인 표현을 피하려고 세심한 주의를 기울인다. 만약 극단적인 표현을 하고 나면 후에 스스로 파놓은 함정에 빠지게 된다는 것을 경험을 통해 알았기 때문이다. 그리고 연설을 하다가 청중 중에서 누구 하나라도 하품을 하면 연극에서 터득한 즉흥적인 재치와 유머로 관객을 한바탕 웃기고 나서 본론으로 유도한다. 이런 순간적인 재치를 연설문 전담 비서에게 기대할 수 없기에 그들에게 원고를 부탁하지 않는다.

"다이애나, 내게 대해서 더 알고 싶은 것이 있나요?"

연설에 관한 얘기를 끝낸 찰스 왕세자가 물었다.

"너무너무 많아요."

"그럼 물어요. 다 얘기해 줄 테니까……."

자상한 그의 배려가 있기에 다이애나는 스스럼없이 질문을 할 수 있었다.

"왕세자라는 지위에 만족하신지 궁금해요."

"두 가지에 대해서 만족하고 있어요. 그 하나는 다이애나와 이렇게 마주앉아 얘기를 할 수 있으니까."

"그 점에 대해선 잘못 해석하고 계신 것 같아요. 저는 지금 영국의 왕세자와 마주앉은 것이 아니고 한 남자와 마주앉아 있어요."

애당초부터 신데렐라의 꿈 같은 것은 꾸어 본 적이 없던 그녀였기에 찰스 왕세자의 초대를 받고 버킹엄에 발을 들여놓을 때도 그랬고, 왕세자와 밤을 새워 가며 춤을 출 때도 동화 속의 신데렐라가 실현되었다고 느껴 본 적이 없었다. 그저 만나기가 불편한 남자를 마음 깊이 사랑한다고 생각했을 뿐이다.
"만족하고 계신 두 번째 이유가 궁금해요."
자기의 소신을 밝힌 다이애나가 다시 질문했다.
"세상에서 가장 훌륭한 사람, 그리고 매력 있는 사람과 만날 수 있다는 점이지요."
"찰리스 엔젤 말이군요."
매력적인 사람이라는 말에 그녀는 순간적인 질투를 느꼈다. 질투란 상대에 대한 불신이라기보다 사랑의 시발점이며 신호이다. 찰스 왕세자는 그녀가 찰리스 엔젤을 들먹이는 것을 보고 애정을 느낄 수 있었다.
"미안해요. 공연히 지나간 엔젤을 들추어서……."
다이애나가 사과하듯 눈을 밑으로 깔며 말했다.
"그들은 나에게 만족을 준 훌륭한 사람도, 매력 있는 사람도 아니었소. 다만 무료한 공간을 채워 주었을 뿐이지……."
그가 말하는 훌륭한, 또는 매력적인 사람이란 각 분야에 걸쳐 최선을 다하는 사람들이다. 국난을 타개한 정치가일 수도 있고, 남몰래 숨어서 인류에 봉사한 살아 있는 성자일 수도 있다. 그런가 하면 미를 창조한 예술가일 수도 있다.
찰스 왕세자는 이러한 사람을 찾고 접하기 위해 일반인이 상상하기 어려울 만큼 많은 사람들과 만났다. 생각만 해도 지긋지긋한 일이다. 그러나 그는 사람들과 만나는 것을 조금도 꺼리거나 기피하지 않았을 뿐더러 손수 더 많은 사람들을 찾아가며 사귀었다.
설사 그들이 바라던 대로의 훌륭한, 또는 매력적인 사람은 아니더라도 무언가를 얻을 수 있기 때문이었다. 세 살난 어린이한테서도 배울 것이 있다는 동양의 속담이 그의 몸에 배어 있었다. 그리고 새로운 것을 배우기 위해 항상 말하는 입장이 아닌, 듣는 입장에서 인내를 가지고 귀를 기울였다.

대부분의 사람들은 그의 신분을 의식하고 조심하며 거리감을 두려고 한다. 그럴 때마다 찰스 왕세자는 특유한 익살과 유머로 그들 속에 파고들어가 입을 열게 한다.

찰스 왕세자의 이상인,

"찰스! 당신은 우리가 생각했던 것처럼 으스대는 사람이 아니었군."

하는 소리를 들으려고 무척 노력했다. 다이애나도 그런 점에 공감하고 있었다. 기자들의 횡포 때문에 초대를 했다가도 일방적으로 취소를 하는 일이 있었다고 해도 같이 있는 동안에는 왕세자의 티를 내지 않고 평범한 한 남자이기를 원하며 그렇게 행동했다. 다이애나에게 호감을 사기 위해서가 아니라 그의 천성이었다.

다이애나는 찰스 왕세자가 왕족과 평민의 양성(兩性)을 가진 인간형으로 보였고 구원하던 남자상으로 느껴졌다. 과연 그는 왕족과 평민의 양성을 가지고 있었다. 이 양성을 더 세분한다면 그의 세계는 왕족보다 평민에 더 가깝다고 보아야 할 것이다.

이런 그의 성품은 선천적이라기보다는 왕실의 특수교육을 받지 않고 귀족 교육기관인 고든스토운을 거쳐 케임브리지 대학에서 교육을 받는 동안에 후천적으로 몸에 밴 것이다. 그렇다고 왕족에게 흔히 있는 반항아는 아니었다. 그는 사석에서나 공석에서 엘리자베스 여왕을 우리 어머니라고 부른 적은 단 한 번도 없었다. 항상 '여왕 폐하'였고 필립 공은 '우리 아버지'였다.

페치카의 불길은 밤새 활활 타올랐고, 커피로 잠을 쫓으며 다이애나와 찰스 왕세자가 나누는 대화는 그칠 줄 몰랐다.

이튿날 아침, 문을 두드리는 소리에 그들의 대화는 중단되었다. 경호원이 시간을 알려온 것이다.

"전하, 다섯 시 반입니다."

두 사람은 경호원의 호위를 받으며 경주마 훈련장으로 갔다. 싸늘한 날씨였으나 아침 하늘은 상쾌하게 개어 있었다.

찰스 왕세자는 2월에 있을 체스트퍼 경마에 애마 앨리바를 타고 출전할 예정이었다. 아침 다섯 시 반, 버크셔 초원에서의 훈련은 찰스의 습관이었다.

"날씨가 싸늘한데 방에 들어가 있어요."

말 안장에 오른 찰스 왕세자가 말했다.

"훈련하시는 모습을 지켜보고 싶어요."

"따분할 텐데……."

"그렇지 않아요."

"보다가 춥거나 지루하면 방에 들어가 있어요."

자상한 말을 남기고 찰스 왕세자는 초원 위를 달리기 시작했다. 앨리바의 트레이너가 다이애나의 어깨 위에 파카를 걸쳐 주었다.

"고마워요. 왕세자께서는 하이그로브에 오시면 매일 새벽에 조련을 하시나요?"

"네. 말 조련을 하기 위해 하이그로브에 오신다고 하는 편이 옳을 겁니다."

"때로는 귀찮을 때도 있을 텐데요?"

"전문 기사들도 새벽 훈련이 싫어서 도중하차하는 예가 많습니다만, 왕세자께서는 경마나 마술(馬術)에 취미가 많으신 분입니다."

전문 기사들은 돈을 벌기 위해 고된 훈련을 감수하지만, 돈을 염두에 둘 필요가 없는 찰스 왕세자가 경마에 열중하는 것을 보고 모두가 취미 때문이라고 생각했다. 그러나 밤을 새워 가며 그와 대화를 나눈 다이애나는 취미에서가 아니라, 경마를 통해 국민들에게 한발 더 다가서려는 노력으로 받아들여져 절로 고개가 숙여졌다.

경마나 마술에는 많은 위험이 따른다. 낙마는 물론이려니와 말에 밟히거나 깔리면 평생 불구를 면치 못한다. 이런 위험을 감수하면서까지 경마에 열중하는 찰스 왕세자를 위해 다이애나는 두 손 모아 빌었다. 부디 국민이 원하는 왕세자가, 그리고 국왕이 되시기를…….

여왕의 눈에 비친 다이애나

　말 조련이 끝난 후 다이애나와 찰스 왕세자는 조련사의 숙소로 갔다. 식탁에는 두 사람분의 삶은 달걀과 토스트, 홍차가 놓여 있었다.
　왕세자의 아침상으로는 초라하지만 그런 점을 전혀 느끼지 않고 다이애나에게 아침을 권하는 점으로 보아 그의 생활이 검소하다는 것을 대변해 주었다. 그러나 비록 아침상에 산해진미는 오르지 않았다고 해도 둘만이 마주앉아 식사를 할 수 있는 이 순간이 그저 행복하기만 했다.
　"앞으로도 경마를 계속하시겠어요?"
　다이애나가 물었다.
　"그럴 생각이오."
　"위험하지 않으세요?"
　"때로는……."
　"그런데도 계속 말을 타시겠어요?"
　"타고 싶어서가 아니라 타야 하기 때문이오."
　"왜죠?"

"경기를 통해 부담없이 일반 대중과 접근할 수 있으니까……."

승마에 취미가 있어서가 아니라 국민에게 접근하기 위해 고된 훈련을 하고 있다는 자기의 해석과 일치하자, 다이애나는 쾌감 같은 것을 느끼면서 새삼스럽게 찰스 왕세자에 대한 존경심이 샘솟았다.

장작불이 활활 타오르는 페치카 앞에서 밤을 새워가며 얘기를 나누었고, 말 조련을 거쳐 아침을 나누면서 찰스 왕세자가 국민이 원하는 이상의 왕세자라는 사실을 다이애나는 알았다. 그 순간 다이애나는 겁이 났다. 만약에 그가 정식으로 구혼을 한다면 자연히 왕세자비라는 직함이 따르게 된다. 그랬을 때, 과연 국민이 원하는 왕세자비가 될 수 있을까 하는 우려 때문이었다.

그녀는 홍차를 마시며 아직까지도 골절상의 자국이 남아 있는 찰스 왕세자의 코를 유심히 바라보았다.

"이 코 말이오? 골절상을 입었댔어요. 운동을 하다가……."

왕세자는 씁쓸하게 웃으며 코를 어루만졌다. 그러나 다이애나에게는 그 상처가 국민이 원하는 왕세자에게 국민이 준 찬란한 훈장처럼 보였다.

"여기는 열 바늘을 꿰맸고……."

하며 왼쪽 귀 부근을 찰스 왕세자는 다이애나에게 보였다.

"마술을 하다 다치셨어요?"

"아니오. 폴로를 하다가……."

폴로란 필드하키의 일종인데, 말을 타고 하는 경주이다. 찰스 왕세자가 승마를 배우기 시작한 것은 여섯 살 때부터였다. 손자까지 둔 엘리자베스 2세 여왕이 말을 타고 식전에 참석해야 하는 전통의 나라이고 보면 왕세자가 승마를 배운다는 것은 당연한 일이며 필수 과제이기도 하다.

그가 폴로를 시작한 것은 열여섯 살 때부터이며, 첫 시합에 참가한 시기는 그 엄격한 고든스토운 때부터였다.

아버지 필립 공의 종용으로 스포츠에 손을 대기 시작한 찰스 왕세자가 폴로를 본격적으로 하게 된 동기 또한 아버지 때문이었다. 그 당시 필립 공은 초심자 폴로 팀의 코치로 있었다. 왕세자를 초심자 팀의 선수로 기용하자 여왕은 적극 말렸다. 말 위에서 휘두르는 스틱과 날아가는 공에 많은 선수들이 다치는 위험한 경기이기 때문이다.

위험은 그뿐만이 아니다. 공을 전속력으로 쫓아가다 상대편 선수와 부딪칠 수도 있고 급커브를 틀기 위해 말머리를 돌리다 낙마하여 굽에 밟히는 수도 있다. 그러나 왕세자의 교육을 전적으로 남편인 필립 공에게 위임하다시피 한 여왕은 부자의 의견을 따를 수밖에 없어 그냥 두었다.

첫 시합에서 그는 첫골을 넣는 쾌감을 얻었지만 귀 밑에 아홉 바늘을 꿰매야 하는 댓가를 치렀다. 그날 여왕은 관람석에서 위태로운 왕세자의 경기를 차마 볼 수 없어 눈을 감고 있었다. 그러나 첫골의 쾌감을 잊을 수 없던 그는 병원에서 실밥을 뽑자마자 폴로 경기장으로 직행했다.

이런 왕세자를 보고 박수를 치는 사람이 있는가 하면, 비난의 소리도 없지 않았다. 국민이 원하는 것은 왕위를 이어받을 왕세자이지 스포츠맨 왕세자가 아니라는 것이다. 왕실의 안녕을 염려하는 소리였다.

세론이 양분하자 찰스 왕세자도 주저했으나 시합장에서 환호성을 올리는 관람객에게 답하기 위해 프로 선수로 나선 것이다. 돈 때문이 아니고 베일 속에 가리워진 온실 속의 화초가 되기보다 대중과 기쁨을 같이하기 위해서였다.

왕세자는 폴로뿐만이 아니었다. 대중의 관심을 끌 수 있는 일이라면 어떤 모험도 무릅썼다. 목숨을 건 공중모험은 23세 때 학사 자격을 갖춘 파일럿으로 공군 대위의 계급장을 달고 임지로 향할 때였다.

왕세자를 무사히 임지까지 모셔야 하는 공군 당국에서는 가장 우수한 파일럿과 안전한 군용기를 대기시켜 놓았다. 그런데 찰스 왕세자가 군용기를 거절한 것이다.
"전하, 군용기를 이용하셔야 합니다."
사령관의 간곡한 부탁이었다.
"사령관님, 저는 지금 어떤 군복을 입고 있습니까?"
"공군 파일럿 대위의 군복을 입고 계십니다."
"공군 파일럿이라면 마땅히 비행기를 몰고 임지로 가야 하지 않습니까? 비행기 한 대를 내주십시오."
사령관은 난처한 표정을 지었다. 찰스 왕세자가 어엿한 공군 대위의 계급장을 단 파일럿이라고 하지만 그의 비행술은 이착륙을 할 수 있는 기초적인 것이었다.
"전하, 우리가 원하는 것은 파일럿이 아니라 공군을 체험적으로 이해하는 왕세자입니다."
"그 체험을 위해서도 비행기를 몰고 임지로 가야 하지 않습니까? 선처해 주십시오."
공군 장교로서의 체면과 위신을 지키기 위해 버티자 신문 기자들이 몰려들었다.
"기어이 전하께서 직접 조종간을 잡으시겠습니까?"
기자가 물었다.
"당연하지 않소. 난 정식 임관을 받은 공군 대위요."
"자신있으십니까?"
"난 공군 대위요!"
"비행시간은 얼마나 됩니까?"
"난 공군 대위요!"
"사령부에서 선처해 주지 않으면 어떡하시겠습니까?"

찰스 왕세자는, 아니 찰스 공군 대위는 여왕 전용기 세버트를 탔다. 상관에 대한 항명이라기보다는 공군 대위라는 계급장이 주는 권위를 지키기 위한 필사의 모험이었다.

그때까지만 해도 찰스 왕세자의 비행시간이라면 시(時)로 계산하기보다 분(分)으로 계산해야 할 정도였다. 그것도 단독비행이 아니라 교관이 동승한 비행기록이었다.

공군에서는 초비상이 걸렸다. 이러한 긴급 사항은 곧 버킹엄 궁전에 보고되었다. 여왕의 특명으로 왕세자의 단독비행을 막아 보자는 것이었다. 이 보고를 받은 버킹엄은 사색이 되었다. 왕세자의 안전을 위해 마땅히 단독비행을 막아야 했다. 그러나 그런 사실이 알려지면 찰스 왕세자는 웃음거리밖에 되지 않는다.

양자택일을 해야 했던 필립 공은 결단을 내렸다. 지금까지 스파르타식 교육을 시켜왔던 필립 공은 단독비행을 허락하고 합장을 했다. 아들 찰스 왕세자의 무사를 빌기 위해서였다.

"전하, 훈련관을 수행하십시오."

결과적인 책임을 져야 했던 사령관이 명령하듯 말했다.

"공군 대위가 훈련관을 대동하란 말씀입니까? 결정을 내려 주십시오. 계급을 강등하는가 아니면 단독비행을 명하시든가……."

"조, 좋습니다."

마지못해 단독비행을 승낙하는 사령관의 음성은 떨리고 있었다. 장군 계급장을 건 도박이었다.

"찰스 공군 대위, 크란웰 임지로 떠나겠습니다."

찰스 왕세자의 우렁찬 복명도 사령관의 귀에 들어오지 않았다. 드디어 여왕 전용기 세버트가 뒤뚱거리며 위태롭게 활주로를 이륙하자 사령관은 물론이거니와 지켜보는 공군 장병과 기자들은 현기증을 일으켰다.

한편 임지인 크란웰에서도 소동이 일어났다. 항공기를 모두 대피시키고 활주로를 비워놓았다. 그리고 만약의 사고에 대비하기 위해 구급차와 소방차까지 대기시켜 놓았다.

"이건 왕세자의 객기야!"

기자 하나가 투덜댔다.

"무슨 소리를 하는 거요. 공군 장교의 긍지를 보여 주는 거사요."

세버트 기가 무사히 착륙하기를 간절히 기다리고 있던 공군 소위가 반대를 하고 나섰다.

"조종 훈련도 끝내지 않은 연습생이 비행기를 모는 게 긍지란 말이오?"

"제2차 세계대전 때 영국의 공군 사관생들은 실전에서 훈련을 하며 싸워서 영국을 승리로 이끌었소."

드디어 예정된 시간에 1초의 어김도 없이 세버트 기가 크란웰 활주로에 착륙했다. 착륙은 이륙보다 숙련된 비행술을 필요로 한다. 그런데 찰스 왕세자는 이륙할 때와는 비교도 안 될 만큼 완전한 착륙을 한 것이다.

가슴 조이며 지켜보던 모든 사람들의 입에서 함성이 일었다. 공군 장교가 말한 것처럼 공군 대위 찰스는 영국 파일럿의 긍지를 보여 준 것이다.

모험담을 듣고 있던 다이애나도 안도의 숨을 내쉬면서 물었다.

"왕세자님은 처음부터 자신이 있으셨죠?"

"50대 50이오."

"어머나! 그럼 모든 일에 50대 50의 도박을 하세요?"

그녀는 고깝다는 듯이 고운 눈을 흘기며 가시돋친 목소리로 물었다. 자기에 대해서도 반반의 모험을 전제로 한 교제를 하고 있지 않나 하는 고까움에서였다.

"아닌 경우도 있어요."
"어떤 경우지요?"
"다이애나를 9월 2일에 발모럴 궁에 초대한 경우요."
 찰스 왕세자의 그 말을 듣는 순간 다이애나는 가슴에 뜨거운 것이 치밀었다. 아무런 예고도 없이 전화가 걸려와 발모럴 궁에 초대받았을 때의 감격이 되살아난 것이다. 그녀는 넘치는 행복을 주체하지 못해 가쁜 숨을 몰아쉬었다.
 그러나 그녀의 감격과 행복은 불청객으로 인해 깨어지고 말았다. 기자 두 명이 밖에 나타난 것이다. 그들은 레이와 아더였다. 찰스 왕세자는 경호원을 제치고 창밖에서 플래시를 터뜨리는 기자의 앞을 가로막으며 다이애나를 가렸다.
 그녀와의 사랑을 확인한 9월 이래, 어떤 경우에도 두 사람이 함께 있는 사진을 찍히지 않으려고 무척 신경을 곤두세우고 있던 왕세자였다. 미신은 아니더라도 과거에 함께 사진을 찍은 여인들은 하나같이 사라져 갔다. 이런 전철을 밟지 않기 위해서 그는 필사의 노력을 했다. 다이애나만은 놓쳐서는 안 될 마지막 여인처럼 느껴서였다.
 경호원의 제재로 두 기자는 물러갔다.
"윈저 성에서 끝까지 버티던 두 기자요."
 찰스가 분하다는 듯이 말했다. 그는 두 기자를 속임수로 완전히 따돌린 것으로 믿고 안심하고 있었다.
"어떻게 알고 찾아왔죠?"
"내 꾀에 내가 넘어간 거지요. 그들은 감시의 문을 열어놓고 내가 빠져나가기를 기다리고 있었소. 그런 줄도 모르고……."
 사실이 그러했다. 왕세자의 행동반경을 감시한다는 그 자체가 기삿거리일 수 없던 이 기자들은 그가 빠져나갈 수 있도록 허를 보이고 나서 수소문 끝에 현장을 덮친 것이다.

"다이애나, 어떻게 여기를 빠져나가지요. 기자들이 떼지어 몰려들 텐데……."
"특종을 캐야 하니까 그들이 알아서 딴 기자들은 따돌렸을 거예요."
"그렇겠군. 하지만 저 기자들은 능숙한 기잔데……."
"낯이 익은 기자들이에요. 저 기자들이라면 안심할 수 있어요."

찰스 왕세자와 작별을 하고 다이애나는 하이그로브를 나오면서부터 줄곧 신문사 차가 백미러에 비치는 것을 볼 수 있었다. 그러나 쫓기고 있다는 강박관념 같은 것은 느끼지 않았다.
아파트 앞에 차를 세우자 레이와 아더 사진 기자가 달려왔다.
"안녕하세요?"
아파트 안으로 피해 버릴 줄 알았던 다이애나가 상냥한 미소를 지으며 인사를 하자 두 기자들은 당황했다.
"어떤 기사를 원하세요?"
"저……, 그러니까……."
자타가 공인하는 베테랑 레이 기자도 적극적인 그녀의 태도에 말문이 막혔다.
"말씀하세요. 협조해 드릴게요."
"언제 하이그로브에 갔지요?"
"어제예요."
"그럼 거기에서 하룻밤을 보낸 셈이군요?"
다이애나는 기자들의 핵심이 밤을 어떻게 보냈느냐에 있음을 금세 알아차렸다.
"네, 왕세자님과 단둘이 밤을 지냈어요."
거침없는 그녀의 답에 두 기자는 할 말을 잃었다.
"하지만 성스러운 밤을 새웠어요. 장작불이 훨훨 타는 페치카 앞에 나란히 앉아 얘기를 하며……."
"실례지만 무슨 얘기가 오갔습니까?"
"모험담에 얽힌 얘기였어요. 정말 즐거운 하룻밤이었어요."
"그밖엔요?"
"아침에 말을 조련하시는 장면을 보고 나서 삶은 달걀 두 개, 토스트, 그리고 홍차 한 잔으로 아침을 들다가 기자님들 때문에 약간 소동이 벌어졌어요."
 찰스 왕세자가 검소하다는 것은 진작부터 알고 있었으나, 다이애나를 통해 아침 메뉴를 듣고 그들은 놀랐다.
"아니, 그렇게 간단한 메뉴였나요?"
"네. 저도 처음에는 산해진미가 나올 줄 알았어요. 그리고는 정말 검소한 분이라는 사실을 알았어요."
"그밖엔요?"
"없었어요. 믿어 주시는 거죠?"
"물론이지요."
"감사합니다."
 밝게 웃어 보이고 나서 아파트 안으로 사라지는 다이애나의 뒷모습을 레이와 아더 기자는 넋을 잃고 바라보았다. '믿어 주시는 거죠'라고 다짐을 하지 않아도 믿고 싶을 만큼 그녀를 바라보고 있노라면 가슴이 맑아지는 것 같았다.
"기사를 뭐라고 쓸 텐가?"
 특종거리가 될 만한 현장을 덮치는 데까지는 성공했으나 읽을 만한 사건을 찾아내지 못한 아더 기자가 씁쓸한 표정을 지으며 물었다.
"큰 제목은 다이애나가 제시해 주었소. '찰스와 단둘이 보낸 하룻밤의 성야(聖夜)', 그리고 기사의 초점은 찰스의 검소한 생활."
"갑자기 다이애나의 대변인 같은 소리를 하는데, 어떻게 된 거지?"

"다이애나는 지금까지의 찰리스 엔젤과는 다르니까."
 아더 사진 기자는 레이의 말에 동조하듯 고개를 크게 끄덕였다. 찰스 왕세자가 엔젤을 바꿀 때마다 카메라를 들이댔을 때 으레 왕세자는 기자들을 피하는 데 급급했다. 그러나 이번만은 자신이 피하기보다 다이애나를 기자들에게서 지켜 주기 위한 급급한 새로운 양상을 보았기 때문이다.
 "레이, 아무래도 우린 지금 미래의 왕세자비를 쫓고 있는 게 아닐까?"
 "나도 그런 생각이 들어."
 "그럼 우린 기자를 폐업해야겠군그래."
 "기자의 자격으로 도울 수 있잖아."
 레이의 말에 이번에는 아더 기자가 고개를 크게 끄덕였다. 구체적으로 기자의 자격으로 어떻게 돕자는 얘기는 나누지 않았으나, 다이애나를 특종에 굶주린 무책임한 기자들로부터 지켜야겠다고 마음속으로 다짐했다. 과연 앞을 내다볼 줄 아는 기자들이라고 하겠다.

 석간 신문을 펴든 버지니아, 앤, 캐롤린은 함성을 질렀다. 예측을 불허하는 기자들이기에 찰스 왕세자와 다이애나가 보낸 성스러운 밤을 상식적인 개념으로 지면을 더럽히는 것이나 아닐까 염려했으나 기사 내용이 너무도 호의적이었기 때문이다.
 여태껏 왕세자와 염문이 있던 엔젤에게 이토록 호의적인 기사를 본 적이 없었다.
 "난 두 분 기자들을 믿고 있었어."
 다이애나가 흐뭇하게 미소지으며 말했다.
 "기사 내용을 보니까, 네가 기자들을 믿은 게 아니고 기자들이 널 믿고 있는 것 같아."
 "나를?"

"응, 미래의 왕세자비로······."
"설마······."
다이애나는 겸손하게 부정하면서도 힘에 걸맞지 않는 무거운 짐을 진 것같이 어깨가 무거워짐을 느꼈다.
레이와 아더 기자는 그들이 마음속으로 다짐했듯이 기자의 자격으로 다이애나를 지켜준 것이다.
하이그로브에서 성스런 밤을 보낸 이후 다이애나의 주변에는, 화끈한 현장을 덮치려는 기자의 눈이 그림자처럼 따라다녔으나, 유치원과 아파트를 왕래하는 그녀의 판에 박은 듯한 사생활에서는 단 한 줄의 기삿거리도 찾아낼 수 없었다.
그러던 일주일 후의 일이었다. 걸려온 전화를 받던 버지니아가 상기한 표정으로 수화기를 다이애나에게 넘겼다.
"다이애나, 저, 전화 받아 봐."
앤과 캐롤린은 왕실에서 걸려온 전화임을 금세 알아차렸다. 그들은 숨을 죽이고 통화를 하는 다이애나를 지켜보았다.
"다이애나예요. 네, 알고 있습니다. 그렇게 하겠습니다. 감사합니다."
통화 내용은 지극히 간단했으나 그들은 여왕의 초대 전화라는 것을 금세 알 수 있었다.
"여왕의 초대지?"
캐롤린이 숨 돌릴 사이도 없이 성급하게 물었다.
"샌드링엄에 초대했어."
"샌드링엄은 어렸을 때 자란 곳 아냐?"
"응, 찰스 왕세자와 탭 댄스를 추며 놀던······."
다이애나는 왕세자를 만날 수 있다는 기쁨보다 고향과도 다름없는 샌드링엄의 넓은 초원과 낮은 돌담을 오랜만에 볼 수 있다고 생각하니 벌써부터 가슴이 설레였다.

"기자들이 따라붙을 텐데 어떻게 피해 가지?"
버지니아가 걱정스럽게 물었다.
"따라붙을 뿐만 아니라 샌드링엄을 에워싸고 있을 거야."
"뭐가 걱정이니? 신문도 호의적인데 무슨 일이 있을라구?"
"믿는 기자는 두 분뿐이야. 하지만 문제없어. 샌드링엄이라면 내가 기자들보다 길을 더 잘 알고 있으니까 피해 갈 수 있어."

이튿날 아침, 다이애나는 앨소프를 향해 차를 몰다가 핸들을 틀어 샌드링엄으로 코스를 바꾸었다. 어린 시절에 살던 샌드링엄은 고향처럼 그녀를 포근히 맞아주었다. 앙상하게 서있는 한 그루의 나무에는 어린 시절의 꿈이 서려 있었고, 눈에 익은 들판과 언덕은 철없이 뛰놀던 환상을 불러일으켰다. 정녕 6년 만에 와보는 고향이었다.

그녀는 기자들을 피하기 위해 파크 하우스 옛집을 거쳐 샌드링엄 영지로 들어갔다.

"다이애나, 용케 기자들을 피해 왔군요."

어린 시절에 함께 탭 댄스를 추며 뒹굴던 바로 그 자리에서 기다리고 있던 찰스 왕세자가 그녀를 반가이 맞았다.

"안녕하셨어요?"

다이애나는 장난스럽게 웃으며 인사를 했다.

"이 장소를 기억하오?"

이렇게 말하며 웃는 찰스 왕세자는 동심에 젖어 있는 듯했다. 참으로 운명이란 묘한 것이다. 어느 누가 탭 댄스를 추며 장난을 하던 이 장소에서 밀회를 하게 되리라고 상상이나 했겠는가.

"다이애나, 여기서 예전처럼 탭 댄스를 추며 끌어안고 뒹굴 용기가 있소?"

찰스 왕세자가 물었다.

"왕세자님은요?"

그는 고개를 저으며 이렇게 말했다.
"역시 우린 어른이 됐어요. 같이 뒹굴며 놀던 이 장소에서 그때의 다이애나를 기다리며 마음 조여야 하니……."
둘은 사랑이 가득한 눈으로 서로를 바라보며 왕실 일가가 기다리고 있을 거실로 들어갔다. 여왕 부처와 앤 공주 부처가 그녀를 일가처럼 반가이 맞아주었다.
"폐하, 안녕하셨습니까?"
다이애나가 무릎을 꿇어 정중한 인사를 하자, 한동안 그녀를 물끄러미 바라보던 여왕이 의자를 권했다.
"〈더 선〉지에 실린 기사를 보니 다이애나는 기자 다루는 솜씨가 능숙한가 보지?"
여왕의 물음에 그녀가 얼굴을 붉히자 앤 공주가 끼어들었다.
"그 비결이 뭐죠? 왕세자와 밤을 새웠다는 그 사실만 가지고도 파렴치한 기사로 지면을 메웠을 텐데요?"
"기자를 다루는 솜씨도 없고 비결이 있는 것도 아니예요."
"그럼?"
여왕이 되물었다. 솜씨도, 비결도 아닌 그 무엇에 관심이 있어서가 아니라, 머지않아 왕세자비의 중임을 맡을 며느리의 현답을 기대해서였다. 찰스 왕세자는 여왕과 다이애나를 번갈아보며 그녀를 지켜보는 왕실 일가에 어떤 답을 할 것인가 하고 가슴 조였다.
한동안 답이 없던 다이애나는 크게 숨을 들이키고 나서 차분하게 입을 열었다.
"인터뷰를 요구하는 기자들에게 있는 그대로 응했습니다. 거짓없이……."
"그렇다면 기자를 다루는 솜씨와 비결이 따로 있는 게 아니고 바로 진실이었군. 다이애나의 말이 맞아요. 진실 이상의 비결은 없으니까…….”
 여왕과 왕실 일가가 크게 고개를 끄덕이자 찰스 왕세자는 비로소 안도의 한숨을 쉬었다.
 이윽고 그들은 간소한 오찬을 들었다. 여왕이 그녀를 초대한 것은 왕실 일족에 경사가 있어서가 아니라, 앞으로 한식구가 될 그녀에게 왕실의 분위기를 익히기 위해서였다.
 식사가 끝난 후, 다이애나와 찰스 왕세자는 둘만의 시간을 가질 수 있었다.
 “다이애나, 고맙소. 기자들에게 좋은 인상을 주어서……. 그날 다이애나를 보내고 얼마나 걱정한지 아오?”
 찰스 왕세자가 그녀의 손을 잡아 페치카 앞에 놓인 의자에 앉히며 말했다. 장작이 그날처럼 활활 타고 있었다.
 “기자들 때문에 울어 버릴까 봐요?”
 “그게 아니고 멋대로 왜곡된 기사를 보고 울음을 터뜨릴까 봐…….”
 “하지만 전 두 기자분을 믿었어요. 진실을 원하는 기자들이라는 것을 알았기 때문이죠.”
 한편 다이애나가 이처럼 믿고 있는 레이와 아더 기자는 하늘을 우러러 한바탕 껄껄 웃어댔다. 다이애나가 사냥꾼처럼 덫을 쳐놓고 걸려들기를 기다리고 있는 기자들을 깜찍하게 피해 샛길로 빠져 파크 하우스의 옛집을 통해 성안으로 유유히 들어간 사실을 알았기 때문이다.
 “웃어? 당하구도…….”
 타사 기자가 울화를 터뜨리며 빈정댔다.
 “귀엽지 않아? 깜찍하고. 능숙한 기자들을 한방 먹였으니까.”
 이번에는 아더 기자가 어이없다는 듯이 카메라를 거두며 말했다.
 “둘이서 아주 죽이 맞는군. 혹시 다이애나가 파크 하우스를 통해 들어갈 수 있게 유도한 거 아냐?”

캐묻는 타사 기자의 말에 레이와 아더 기자는 섬뜩했다. 사실 그들은 다이애나가 기자들을 피해 파크 하우스의 옛집을 이용할 것이라고 생각했다. 그러나 어차피 찰스 왕세자가 공식 약혼 발표를 하는 날까지 다이애나와 같이 있는 사진을 찍히지 않으려고 노력하는 한 추적해 보았자 소용이 없기에 그들이 자유롭게 만날 수 있도록 성 정문 앞을 서성거리며 기자들을 붙잡아두고 있었던 것이다.
"레이! 속임수를 써도 이번엔 놓치지 않아. 찰스 왕세자와 다이애나가 같이 있는 사진을 꼭 찍고 말테야."
이렇게 벼르고 있는 동안에 다이애나와 찰스 왕세자는 하이그로브에서 못다 한 얘기를 계속하고 있었다.
"앞으로도 스포츠를 계속하시겠죠?"
다이애나가 어두운 표정을 지으며 물었다. 좋아서만 하는 스포츠가 아니기에 말릴 수는 없어도 하나같이 위험하고 격렬한 운동만 골라 하다시피 하는 그가 염려스러웠다.
"물론 계속할 생각이오. 그 경기장에 나의 출전을 기다리는 국민들이 있는 한……."
겨울 동안에 큰 경기가 찰스 왕세자를 기다리고 있었다. 1월 중순에 있을 스키 경기와 장애물 마술(馬術) 대회였다.
장애물 경마란 혼자 장애물을 넘으며 점수와 기록에 도전하는 마술 대회가 아니라 수십 마리의 말이 장애물을 넘으면서 레이스를 벌이는 위험한 경기이다. 장애물을 넘다가 혼자 말에서 떨어지거나 깔리는 경우는 사고 중에서 가장 적은 불상사이다. 만약에 앞서 가다 낙마하여 뒤쫓아 장애물을 넘는 말굽에 밟히면 병원으로 가야 하는 것이 아니라, 무덤으로 직행해야 할 정도로 위험한 경기이다.
그야말로 세계 최대의 위험한 경기인 것이다.
지금까지 왕세자의 스포츠를 지켜보고만 있던 엘리자베스 여왕도 그 일만은 그냥 지나치지 않았다.
"이젠 됐어요, 찰스."
하며 말렸다.
 사실이 그렇다. 이제 그만하면 됐다. 이제는 스포츠로 국민에게 접근하기보다 왕세자비를 맞아 오래지 않아 있을 국왕 계승권자의 자격을 갖추기 위해 목숨을 부지해야 할 때가 온 것이다. 그 하나의 방편으로 여왕은 왕세자의 결혼을 암암리에 독촉하기 위해 다이애나를 자주 초대하며 관심을 보인 것이다.
 여왕의 눈에 비친 다이애나는 나이가 어리다는 것 외에는 모든 면에서 왕세자비로서의 자격을 갖춘 여인이었다. 그리고 우려되는 나이는 선천적인 침착성과 깊은 사려, 몸에서 풍기는 우아한 기풍으로 능히 덮을 수 있다고 믿은 것이다.
 다이애나와 찰스 왕세자가 단둘이서 즐거운 한때를 보내고 있는 동안 거실에서는 여왕과 필립 공, 앤 공주와 그녀의 남편 필립 대위가 페치카 주위에 둘러앉아 다이애나에 관한 얘기로 화제를 모았다.
 짜증스럽게 몰려드는 기자들을 미소로 대하는 그녀의 슬기, 무책임한 기자가 조작한 왕실 열차 안에서의 불륜 기사를 참고 견디는 인내성, 윈드서핑 때 왕세자를 물 속에 밀어넣어 기자들의 표적에서 벗어나는 지혜 등을 들어 여왕과 필립 공은 며느리로서, 앤 공주는 올케로서 다이애나를 일가로 맞아들이는 것에 환영하고 있었다.
 그 하나의 실증이 다이애나가 귀가할 때 나타났다. 왕실의 온 가족이 짓궂은 기자들의 화살을 피할 수 있게 총출동한 것이다.
 먼저 필립 공과 앤 공주의 남편인 마크 필립 대위가 사냥총을 들고 성밖으로 나갔다. 물론 사냥하는 필립 공은 기자들의 표적은 아니었으나 레이 기자가 따라가자 기자의 3분의 1이 따라갔다. 기자들을 분산시키기 위한 필립 공의 공작이었으나 실제로 기자들을 분산시킨 공은 레이 기자였다. 그는 필립 공의 꿩사냥이 위계라는 것을 알고 있었다.
　잠시 후 찰스 왕세자가 나타났다.
　"왕세자가 차를 탄다. 카메라를 준비해!"
　뒤따라 다이애나가 나타날 것으로 예상한 카메라맨들은 카메라를 준비하고 그녀가 나타나기를 기다렸다. 그런데 기다리는 다이애나의 모습은 보이지 않고 별안간 찰스 왕세자가 차를 몰고 성 뒤쪽으로 가는 것이 아닌가.
　"거기 다이애나가 있다. 쫓아라!"
　아더 기자가 앞장서다시피 뒤쫓아가자 모든 기자들이 그의 뒤를 따랐다. 이 틈에 다이애나는 무사히 빠져나갔다.
　"기자 여러분, 왜 나를 쫓아오는 거요?"
　찰스가 성 뒷문 앞에 차를 세우며 말했다.
　"전하, 사진 한 장만 찍게 해주십시오."
　"찍으십시오. 얼마든지……."
　"전하의 사진은 신문사 필름 보관소에 백 장도 더 있습니다."
　"그래, 어떤 사진을 원하는 거요."
　"같이 있는 사진을 찍게 해주십시오."
　"그럽시다. 힘들지 않은 부탁이니까……."
　"정말입니까?"
　찰스 왕세자가 너무 쉽게 응하자 기자들은 함정이 아닌가 하고 의아스러워했다.
　"그럼, 카메라를 준비하십시오. 불러낼 테니까."
　"다 준비됐습니다."
　기자들이 카메라를 겨냥하자, 찰스 왕세자가 큰 소리로 불렀다. 그런데 그 소리는 다이애나가 아니라 엉뚱한 이름이었다.
　"이리 나와요! 라브라들! 하베이!"

잠시 후 거대한 두 마리의 개가 달려와 그의 품에 뛰어드는 것이 아닌가.
"자 찍어요, 같이 있는 사진을……."
찰스 왕세자가 웃으며 말하자, 비로소 기자들은 속았음을 알았다.
"함정이다!"
"다이애나를 찾아내자!"
한편 룸메이트들의 환호성을 받으며 아파트에 도착한 다이애나는 이야기 보따리를 풀어놓기도 전에 찰스 왕세자의 전화를 받아야 했다. 으레 다이애나를 보내고 나면 도착 시간을 계산해서 전화를 걸어 주는 친절과 관심을 잊지 않았다.
흔히 여인들은 전화를 받는 표정만 보아도 통화의 내용을 짐작할 수 있었으나, 침착하고 차분한 다이애나의 표정에서는 전혀 표정만으로는 그 내용을 읽을 수 없었다. '네' '알겠습니다'로 일관된 통화가 끝났다.
"여왕께서 거신 전화니?"
캐롤린이 물었다.
"아니, 다음 주말에 취리히로 스키 여행을 가자시는 거야."
다이애나의 말이 끝나자마자 룸메이트들은 함성을 질렀다. 왕세자와 스위스에서 스키를 즐기는 그 장면을 상상만 해도 황홀하기 그지없었다. 그런데 다이애나의 표정에는 변화가 없었다.
"멋져! 앞으로 일주일 동안 어떻게 지내지?"
앤이 가슴 위에 두 손을 얹고 눈을 지그시 감으며 말했다.
"어떻게 지내긴? 일주일 뒤의 일인데, 뭐."
아무렇지도 않게 조용히 말하는 다이애나의 차분한 성미에 버지니아, 앤, 캐롤린은 새삼 놀랐다.
그처럼 화려한 주말 계획이 있는데도, 그녀의 생활은 하등의 변화가 없었다. 평상시대로 아침에 룸메이트들을 직장 앞까지 태워다 주고, 직장인 유치원과 아파트를 오고가는 생활을 계속했다.

드디어 목요일이 되었다. 퇴근하는 길에 그녀는 운동구점에 들러서 스키 용구 일체를 구입했다. 스위스에 유학했을 때 스키를 정식으로 배운 바 있어 용구를 고르는 데도 전문적인 지식이 있었다.

아파트에 도착한 다이애나는 주방 당번이어서 옷을 갈아 입고 저녁 준비를 했다. 바로 그때였다. 버지니아, 앤, 캐롤린이 각각 스키 용구들을 들고 들어오는 것이 아닌가.

"웬일들이야? 너희들도 주말에 스키를 타려고?"

다이애나가 눈이 휘둥그래지며 물었다.

"아니."

"그런데 웬 스키를 사들고 들어오지?"

"다이애나, 너를 무사히 출국시키기 위해서야. 생각해 봐. 주말에 네가 스키를 들고 공항에 나타나면 기자들이 가만 놓아두겠니? 그래서 우리가 연막을 피우려고······."

버지니아의 말에 다이애나는 눈물이 나도록 고마웠.

다이애나가 찰스 왕세자와 스키 여행을 떠나기로 하자, 버지니아는 기자들 때문에 계획이 취소되는 일이 없도록 하기 위해 룸메이트들을 설득하여 스위스까지 동행하기로 한 것이다.

"너희들 스키 탈 줄 알아?"

다이애나가 묻자, 세 아가씨들은 동시에 고개를 저었다.

"이번 기회에 스위스 구경하며 보이 헌팅이나 하는 거지, 뭐."

"그럼 돈 주고 산 스키는?"

"버리고 올 거야. 하지만 부담 갖지 마. 싸구려로 샀으니까······."

그날 룸메이트들은 다이애나를 둘러싸고 모여앉아 기자들의 눈을 피하기 위해 면밀한 계획을 세웠다.

그러나 기자들이 한 수 위였다. 주말이 다가오자 다이애나의 행동거지에 신경을 쓰던 기자들이 수상히 여겨 운동구점을 찾아간 것이다. 거기서 세 아가씨가 구매한 스키가 도저히 스위스에서 탈 수 없는 싸구려임을 알고 기미를 챈 것이다.
"어떻게 생각해? 레이."
타사 기자가 레이에게 물었다.
"글쎄……."
"이번에도 우릴 빼돌리고 싶겠지? 천만에, 이번엔 안 속아."
그들은 다이애나의 아파트로 우르르 몰려갔다.
"실례합니다. 스키를 타러 가신다구요?"
"네, 스위스로 가기로 했어요. 이번 주말에……."
일부러 시위하듯 버지니아가 말했다.
"스위스에 가신다구요?"
"네, 다이애나와 함께…… 그것도 기삿거리가 되나요?"
캐롤린이 말했다.
"사진 좀 찍어 주세요. 덕택에 우리도 신문에 한 번 나보게."
세 아가씨들은 연막을 피우기 위해 행선지 등 정보를 마구 흘렸다. 이런 것들이 오히려 약점을 드러낸 결과를 안겨다 주었다.
이때 전화벨이 울렸다. 전화를 받던 버지니아가 다이애나에게 수화기를 넘기자 까불며 깔깔거리던 세 아가씨들의 표정이 굳어졌다.
"전화 바꿨어요. 지금 손님이 많아 전화로 이야기할 수 없어요. 10분 후에 다시 걸어 주세요."
다이애나가 전화를 끊자 기자들이 다그쳐 물었다.
"찰스 왕세자의 전화군요?"
"네, 네?"
"대답 안해도 그만하면 알겠습니다. 스위스로 스키 여행을 가신다구요? 감사합니다."

기자들이 우르르 밀려 나가자 버지니아가 울상을 지으며 기자들의 앞을 가로막으며 물었다.

"여, 여보세요! 뭐가 고맙고 뭣을 알았다는 거죠?"

"그만하면 알만합니다. 다이애나 양, 스위스에서 만나요."

기자들이 방을 나가자 다이애나와 세 아가씨들은 무너지듯이 소파에 주저앉고 말았다. 치밀하게 짜놓은 계획이 기자들에 의해 들통이 나고 만 것이다. 결국 스위스 스키 여행은 무산되고 말았다.

10분 뒤, 찰스 왕세자가 전화를 걸었을 때 기자들이 다녀갔다는 말을 하자 스키 여행을 취소한 것이다.

구혼(求婚)의 그 순간

　울적한 주말 아침이었다. 다이애나는 스키를 바라보며 긴 한숨을 내쉬었다. 남자 친구의 데이트를 모조리 취소했던 세 아가씨도 갈 곳이 없는 따분한 신세가 되어 버렸다.
　"미안해. 나 때문에 데이트도 못하고……."
　다이애나가 천장을 바라보며 한숨만 내쉬는 세 아가씨에게 사과했다.
　"미안해. 우리가 잔꾀만 피우지 않았더라면 다이애나에겐 즐거운 주말이 됐을 텐데……."
　"아니야. 스위스에서 소란을 피우기보다 차라리 안 가는 게 좋아. 이번 주말은 우리끼리 즐기면 되지 뭐. 커피 끓일게."
　다이애나는 일부러 명랑한 척 콧노래를 부르며 부엌으로 갔다. 기자들 때문에 여러 차례 초대되었다가 취소를 당했을 때에도 그녀는 아픔을 혼자 삭이며 나타내지 않았다. 그러나 룸메이트들이 보기에 이번 아픔은 사정이 다르지 않은가. 마음속으로 행복한 주말이 되기를 빌며 가만 있었던들 무사히 떠날 수 있었는데 공연히 그녀를 돕는다고 야단

법석을 떤 것이 화근이 되었으니 말이다.
 룸메이트들은 아무렇지 않다는 듯이 부르는 그녀의 콧노래가 원망의 소리로 들려 견딜 수가 없었다.
 다이애나를 위로해 줄 방법이 없을까 하고 궁리하던 버지니아는 무릎을 치며 벌떡 일어섰다. 그녀는 커피를 끓여 가지고 나오는 다이애나에게 스크랩북 한 권을 내놓았다.
 "뭔데?"
 다이애나가 물었다.
 "펴보면 알아."
 버지니아의 말에 호기심이 생긴 다이애나가 스크랩북을 펴보았다. 거기에는 찰스 왕세자에 관한 기사와 사진이 정성스럽게 스크랩되어 있었다. 찰스 왕세자광인 버지니아의 남자 친구가 스크랩한 것을 그녀가 다이애나에게 보여 주기 위해 빌려 온 것이다. 찰스 왕세자는 미혼 여성만의 팬이 아니고 운동을 좋아하는 남성들도 그를 열광하고 있었다.
 다이애나가 또 한 장을 넘기자 룸메이트들은 함성을 질렀다. 공군 대위 계급장에 파일럿 복장을 한 찰스 왕세자의 사진이 붙어 있었다.
 "이 사진은 크란웰 공군 기지에서 훈련을 받을 때야."
 버지니아가 설명했다. 그녀는 공군 기지에 부임할 때 여왕의 전용기 세버트를 직접 조종했다는 일화를 빼놓지 않았다.
 찰스 왕세자에게 직접 들어 그때의 상황을 잘 알고 있는 다이애나였으나, 신이 나서 설명하는 버지니아의 말을 듣고만 있었다.
 그녀는 장황하게 설명을 늘어놓았다.
 공군 기지에서의 훈련은 가혹했고 왕세자라는 신분은 고려되지 않았다. 신형 제트기를 조종하기 전에 왕세자는 지상 훈련을 받아야 했다. 지상 2천 피트의 기압 조건을 갖춘 기압실에서의 적응 훈련은, 마치 수술대 위에서 마취 상태에 있는 것과 같이 정신과 감각이 흐려지며 졸음이 왔다.

이것은 공중 산소부족에 대응하기 위한 훈련인데 훈련관은 왕세자가 싫어하든 좋아하든 아랑곳없이 일반 조종 훈련생과 같이 전과정을 거치게 했다.

비행 훈련은 지상 훈련에 비해 즐거웠다. 조종간을 당겨 활주로를 이륙하기만 하면 크란웰에서 반경 50마일의 하늘은 완전히 찰스 왕세자의 것이었다. 그가 공중에 떠있는 동안 레이더는 잠시도 쉬지 않고 그 탑승기만을 추적하며 감시했다.

그밖에 크란웰 상공 50마일의 하늘은 찰스 왕세자를 위해 모든 항공기를 몰아내고 비워 두었다. 만약에 있을지도 모를 공중충돌을 미연에 방지하기 위해서였다. 시속 480마일의 훈련기는 보통 때보다 두 배의 인원이 정비를 담당했다. 이렇듯 만반의 준비를 갖추어 놓고도 왕세자의 탑승기를 한눈에 식별할 수 있게 특별히 빨간 플래시 라이트를 켜 1백 퍼센트의 안전을 기했다.

"그런데 문제가 생겼어."

크란웰 공군 기지 시절의 찰스 왕세자를 설명하던 버지니아가 심각한 표정을 지으며 말했다.

"무슨 문젠데?"

다이애나가 물었다.

"왕세자의 수학 점수가 영 엉망이었단 말이야."

"어머나, 수학을 못하면 파일럿이 될 수 없잖아?"

사실이 그러하다. 수학은 파일럿이 기본적으로 갖추어야 할 학문이다. 교관들 중에는 직업 파일럿이 될 왕세자가 아니니까, 비록 수학 점수가 미달이라고 해도 그냥 넘어가자는 의견도 있었으나 받아들여지지 않았다. 찰스 왕세자는 방정식, 기하학의 공식, 대수 등에 필요한 암산,

속산을 기초부터 다시 해야 했다.

수학에 비하면 비행 훈련은 아주 우수했다. 선천적으로 운동 신경이 발달한 때문일까. 교관들도 놀랐다.

수주일 동안의 단독비행 끝에 43연대의 '더 파이팅 콕스 F4'의 부조종사가 되었다. 가상 적기가 된 다른 팬텀을 향해 북해 상공을 긴급 발진하여 요격에 참가하고 1천2백 갤런의 연료를 적재한 급유기 빅터에 접근하여 공중 급유 훈련을 받기도 했다. 이런 공중 급유는 낡은 수단인데다 충돌과 폭파 위험이 있어 파일럿이 꺼리는 훈련인데도 모험을 좋아하는 찰스 왕세자는 거뜬히 해냈다.

최고 고도 4천 피트에서 최저 1천 피트의 상공을 능숙하게 날 수 있던 그는 텐튼 클럽에 가입할 수 있는 자격을 얻었다. 텐튼 클럽이란 비행거리 1천 마일이 넘는 파일럿의 단체이다. 버킹엄이란 온실 속에서 자란 찰스 왕세자는 끝내 해낸 것이다.

다음에는 NATO의 대잠초계기 님로드를 타고 정찰과 잠수함 파괴 훈련, 원폭 탐재기를 타고 대류권에 관한 교육 등을 받았다.

다이애나가 스크랩을 넘기자 헬리콥터 조종 훈련을 하는 찰스 왕세자의 사진이 있었다.

그의 헬리콥터 훈련은 서머셋 이오빌턴의 707연대, 레드 드래곤에 소속되어 받았다. 여기에서는 시코르스키 S58 웨스트랜드라는 가장 다루기 어려운 기종의 각종 훈련을 받았으며 어떤 악천후이든, 지형이든 훌륭하게 정찰 임무를 수행할 수 있게 되었다. 특히 산악 훈련은 유난히 어렵고 위험이 따랐다.

"교관님, 왜 저에겐 산악 훈련을 안 시키는 겁니까?"

훈련 명단에서 찰스 대위의 명단을 빼자 왕세자는 산악 훈련을 간청했다.

"찰스 대위! 영국이 귀관에게 바라는 것은 헬리콥터 조종사가 아니오."
"그럼 무엇입니까?"
"국민은 왕세자의 의무를 바라고 있소."
"그럼 국민이 현역 군인에게 바라는 것은 무엇입니까?"
"국가를 보위하는 의무요."
"그럼 현역 대위 찰스가 군인의 의무도 다 못하면서 왕세자의 의무를 해낼 수 있다고 생각하십니까?"
"좋소! 곧 헬리콥터에 탑승하시오."
교관은 울상을 지으며 산악 훈련을 허가했다.
이렇게 해서 찰스 대위는 하늘에서의 조난 구조 훈련도 받고, 해상 조난자를 인양하는 방법도 익혔다. 어디 그뿐이랴. 전투에서 헬리콥터가 할 수 있는 로켓이나 유도 미사일 발사 방법, 특히 실전을 방불케 하는 기습 전투 훈련까지 배웠다. 실탄이 발사되는 기습 훈련에서는 간발의 착오만 있어도 헬리콥터는 벌집이 되고 화염에 싸인다.
찰스 왕세자는 헬리콥터에 완전히 매료되었다. 위험이 따르는 스릴감, 비행시에 느끼는 흥분, 곡예사 같은 잔재미 등은 제트 비행이나 스포츠에서 느낄 수 없는 쾌감을 안겨 주었다.
그러나 그의 공군 복무 연한 동안 간담이 서늘해지는 사고가 뒤따랐다. 한 번은 '쾅'하는 소리와 함께 불을 뿜은 일도 있었다. 낙하산 훈련 때의 일은 찰스 왕세자 자신도 평생 잊을 수 없을 것이다.
예외없이 훈련관은 찰스 대위를 낙하산 훈련 과정에서 제외시켰다.
"찰스 대위! 이건 명령이오. 절대 낙하산 훈련만은 안 되오."
그 동안 수차례에 걸쳐 초지를 굽혔던 훈련관도 이번만은 강경한 자세로 나왔다.
"위험하기 때문입니까?"
"그렇소!"

"지금까지 위험한 제트기나 헬리콥터 훈련을 해낸 접니다."
"헬리콥터 비행기에는 고장과 성능을 탐지하는 계기가 있다는 것을 알아야 하오. 그런데 낙하산에는 단 하나의 계기도 부착되어 있지 않다는 사실을 알아야 하오."
얼김에 말을 해놓고도 교관은 반론의 여지가 없는 명답이라고 만족해했다. 그러나 연극을 통해 화술의 마술을 익힌 찰스 왕세자는 여유가 있었다.
"과학적인 계기가 있어도 하늘을 날 때에는 항상 위험이 따르게 마련입니다."
"그러니 계기가 하나 없는 낙하산은 더할 나위도 없지 않소. 정 타고 싶으면 계기가 달린 낙하산이 생길 때까지 기다리시오."
교관은 왕세자와의 입씨름에서 이겼다는 듯이 옆에서 결과를 주시하고 있는 장교들에게 싱긋 웃어 보이며 말했다.
"그러시다면 교관님께 한마디 묻겠습니다."
"얼마든지!"
"만약에 과학적인 계기가 달린 비행기가 고장나면 그때 조종사는 어떤 조치를 취해야 합니까?"
"그땐 낙하산을 타야 하오."
"저의 경우는 어떡하지요? 계기가 달린 낙하산이 없으니……."
"조, 좋소. 타시오!"
결국 교관은 이를 갈며 찰스 왕세자에게 낙하산 훈련을 명했다. 그런데 찰스 왕세자는 훈련중에 아찔한 사고를 내고 말았다. 낙하산 줄에 발이 엉키고 만 것이다. 지켜보던 교관은 현기증을 일으키며 그 자리에 주저앉고 말았다.
내 인생은 오늘로서 끝장이구나 하고 생각하며 죽음을 기다렸다. 바로 그 순간이었다. 살아야 한다는 욕망이 찰스로 하여금 낙하산으로부터 탈출케 했다.

　이윽고 그는 다이빙 선수처럼 멋진 폼으로 강물에 뛰어든 것이다. 만약에 낙하산을 멘 채 물 속에 빠졌다면 헤엄치느라고 허우적거리다가 낙하산 줄에 온몸이 휘감겨 익사하고 말았을 것이다.

　찰스 왕세자가 헤엄쳐 나오자, 지켜보던 모든 사람들이 박수를 쳤다. 그 중에서도 제일 요란한 박수를 보낸 사람은 다름아닌 교관이었다.

　파일럿 정식 자격증을 딴 찰스 왕세자는 수년 동안 민간 파일럿으로, 또는 공군과 해군 소속 파일럿으로 헬리콥터에서 제트 폭격기에 이르기까지 모든 항공기를 조종했다.

　이렇듯 죽음의 문턱 앞에서 살아난 그였으나 하늘을 날 때의 쾌감만은 버리지 못했다. 그렇다고 지상에서 드라이브를 하듯 마음대로 조종간을 잡을 수는 없었다. 그가 하늘에 뜨기 위해서는 50마일 이내에 있는 모든 항공기를 착륙시키거나 아니면 통제 구역 밖으로 몰아내야 하는 번거로움이 뒤따르기 때문이었다.

　그리고 왕실 일가가 하늘을 날 때에는 세계에서 가장 정밀하게 모니터된 왕실 영지를 비행해야 한다. 이 항로는 왕족의 독점 항로이기 때문에 일반 항공기나 군용기들은 얼씬도 못한다. 그래서 찰스 왕세자는 마음껏 날고 싶어도 많은 제재를 받아야 했고, 그 제재를 참고 견뎌야 하는 것도 찰스 대위의 의무라고 할 수 있다.

　다이애나는 스크랩을 통해 찰스 왕세자의 반생이 의무와 책임을 다하기 위한 삶이었음을 알았다. 그녀는 또 한 페이지를 넘겼다. 해군 장교 복장을 한 찰스 왕세자의 늠름한 사진과 기사가 있었다.

　1971년 여름이 끝날 무렵, 찰스 왕세자는 다트머스에 소재한 브리태니아 해군 대학에 입교했다.

　이 대학은 1세기 전부터 전통적으로 국왕이 될 인물의 비공식 교양

학교로 선정되어 있었다. '마구 거칠게 다루어 뼈에 사무치도록 가르쳐라'하는 것이 브리태니아 해군 대학의 교훈이었다. 스페인의 무적 함대를 격파하여 오대양에 영국을 군림케 한 신화적인 넬슨 제독의 후계자를 양성하기 위해서였다.

찰스 왕세자의 아버지 필립 공도, 조부 조지 6세도, 증조부 조지 5세도, 에드워드 7세도 뼈에 사무치도록 거친 교육을 받고 영광의 자리에 올랐다.

마침내 찰스 왕세자의 차례가 온 것이다. 각오를 단단히 하고 뛰어들어야 했다. 선임 장교들의 짓궂은 훈련은 오랜 역사와 전통 속에 이어져 내려와 신입생들을 얼게 만들었다. 왕세자라고 눈감아 주거나 봐주는 일이란 하나도 없다.

함교(艦橋)에서 갑판에 이르기까지 모든 작업을 익히고 용감한 해군의 전설을 배워야 했다. 찰스 왕세자의 경우는 이미 학사 학위가 있고, 크란웰 공군 대학에서 고등 군사학을 배웠으며, 부대까지 지휘한 경력의 소유자였으나 브리태니아에서는 통하지 않았다. 그는 강등된 중위 계급장을 달고 대졸 장교 12명과 함께 입교했다.

여기서 6주에 걸친 가혹한 훈련을 받고 해군 각 부서에 배속되었다. 이른 아침부터 밤늦게까지 잠시도 쉴 새가 없는 생활이었다. 찰스 왕세자에게는 특별히 당번병이 붙어 있었다. 그러나 이는 그의 군복무를 편하게 하기 위한 배려가 아니라 일반 학생들에게는 없는 왕세자로서의 직무가 따로 있어 그에게 시간을 벌게 해주기 위한 것이었다.

찰스 왕세자는 남들이 쉴 때 배달된 국가 공문서를 읽어야 했고 자기 영지를 관리해야 했다. 그밖의 산적한 왕실의 통신을 처리해야만 했다. 그에게 있어서 브리태니아의 생활은 눈코 뜰 새 없는 나날의 연속이었다.

"공군에서는 교관들이 찰스한테 많이 당했다는데?"

왕세자를 맞이한 해군 교관들은 걱정부터 앞섰다.
"들리는 말에 의하면 왕세자라는 신분을 고려해서 봐주다 당했다더군."
"그럼 우리 해군에서는 규칙대로 해야겠는걸."
"아니야. 더 가혹하게 다루어야 해."
"그래도 황태잔데 그럴 수야 있나. 그저 규칙대로 하면 되는 거지."
"찰스가 바라는 것은 더 가혹한 훈련이야. 그분은 그것을 특혜라고 생각하는 사람이야. 그러니 마음 독하게 먹고 시켜야 해!"
교관들의 각오가 이 정도이니 그가 치러야 할 훈련이 얼마나 가혹한 것인가는 가히 짐작하고도 남음이 있다. 3시간에 걸친 고된 행진, 총검술, 유도, 태권도와 격파 등의 격렬한 운동 시범은 왕세자 담당이었다. 무술 교관에게 걷어차이고 엎어치기를 당해 땅바닥에 나뒹굴었다.
"찰스 중위, 괜찮소?"
태권도 사범이, 걷어차서 벌렁 나자빠진 왕세자에게 은근히 겁이 나서 물었다.
"견딜 만합니다. 검은 띠를 두른 유단자는 아니지만 말한테 여러 번 채인 경력이 있어서요."
라고 농담까지 할 정도로 여유와 각오가 되어 있었다.
수영 훈련 때에도 마찬가지였다. 40미터를 전속력으로 수영하고 나서 바다 밑에 벽돌을 던져 건져오게 했다. 흡사 강아지 훈련과 같은 것이었다.
"찰스 중위! 훈련 기간중에는 왕세자라는 신분은 버킹엄에 맡겨놓아야 하오. 다시 주워 오시오."
집어올린 벽돌을 다시 물 속에 쳐넣었다. 훈련중인 강아지에게는 시키는 일을 해내면 먹을 것을 주든가 아니면 머리를 쓰다듬어 주지만 찰스 왕세자에게 돌아오는 것은 협박과 공갈뿐이었다. 그러나 임무를 훌륭하게 완수했을 때 느끼는 쾌감은 어떤 훈장에도 비할 수 없었다.

그에게 가장 힘든 과정은 교실에서의 강의, 즉 항해학, 조병학(造兵學), 선박, 전기 공학, 정치, 경제학 등 투지만 가지고 학점을 딸 수 없는 학과였으나 끈기와 노력으로 모든 과정을 수료할 수 있었다.

고생스러운 수개월이 지나갔다. 그러나 역경과 모험에 맞부딪치기를 자청했던 찰스 왕세자는 같은 해 10월의 마지막 금요일, 염원하던 졸업 퍼레이드에서 영광된 자리를 차지할 수 있었다. 군악대가 〈프린스 오브 웨일스에게 축복 있으라〉를 연주하는 가운데 5백 명의 사관 후보생을 거느리고 벌어진 화려한 퍼레이드였다. 물론 고락을 같이한 12명의 학사 장교들도 함께했다.

왕세자로서의 다른 임무도 있고 해서 해군을 체험하는 시간은 짧았으나, 조국에 영광을 돌리기 위해 자기 몸을 바친 넬슨 제독의 정신을 이어받는 데는 충분했다.

그가 처음으로 탄 배는 유도 미사일 구축함이었는데 해상 근무는 5주 동안 계속되었다. 매사에 적극적이었던 찰스 왕세자는 시간이 흐를수록 해군 장교로서의 틀이 잡혔고 해상생활에 익숙해졌다. 동승한 4백 명의 승무원들은 아무도 그를 왕세자로 대우해 주지 않았으며, 그도 또한 평범한 해군 중위로 복무하기를 원했다.

다트머스에서의 3년 동안에 걸친 훈련은 주로 해상 근무였고, 이 기간 동안에 그는 여러 종류의 함정을 체험했다. 해군의 면허증이라고 할 수 있는 철야 당직 증명서는 노포크 호에서 근무할 때 받았다. 이 면허증을 가지면 선교에서의 당직 장교로서 함정의 모든 부서를 관리하고 명령할 수 있다.

찰스 왕세자에게는 함정을 옮겨 탈 때마다 메고 다닌 해군용 자루가 하나 있다. 이 자루에는 그가 네 번째 탔던 구축함 주피터에서의 추억과 모험이 담겨 있었다. 그는 2,450톤의 프리게이트로 세계의 반을 돌았다. 공군 시절에 체험할 수 없던 멋진 낭만이었다.

주피터 호를 타기 위해 극동으로 비행해서 승선한 다음 태평양을 횡단하여 미국 서해안으로, 거기서 파나마 운하를 벗어난 다음 대서양을 거쳐 영국으로 귀항했다. 4개월이 소요된 긴 항해였으나, 여러 나라의 풍물과 견문을 넓히는 데 큰 도움이 되었다. 그 동안 찰스 왕세자는 대부분을 무선 장교로 근무했다.

태풍이 휘몰아치던 어느 날의 일이었다. 싱가포르를 나와 동 자바 해상에서 조난당한 배의 승무원 12명을 구조했을 때, 찰스 중위의 활약은 매우 컸다. 그날 찰스는 선교에서 일하고 있었다. 무전실로부터 태풍 속에서 좌초한 싱가포르 소속의 배가 발신한 SOS를 접수한 찰스는 즉각 현장으로 진로 변경 명령을 내렸다. 이윽고 선교에 나타난 함장에게 상황보고를 했다.

"함장님, 헬리콥터를 보내어 정확한 조난 위치를 찾아야겠습니다."

"헬리콥터를, 이 태풍 속에?"

함장은 주저하는 기색이었다.

"함장님, 빨리 결정을 내려 주십시오. 무전실에는 계속 SOS가 들어오고 있습니다."

"그럴 테지."

"그런데 뭣을 망설이십니까?"

"찰스 중위, 헬리콥터를 띄우기엔 태풍이 너무 강하다고 생각지 않나? 난 수색에 나간 헬리콥터에서 SOS를 타전해 오지 않을까 염려되는데······."

"함장님이 염려하시는 동안 조난당한 사람은 죽어가고 있습니다. 빨리 명령을 내려 주십시오."

"좋아! 찰스 중위에게 구조 임무를 위임하겠네."

"감사합니다."

주위에서 보호만 받아오던 찰스 중위는 난생 처음 인명 구조 작업을 지휘했다.

20분 후에 헬리콥터로부터 12명의 승무원이 탄 두 개의 구명 보트와 조난선을 발견했다는 무전이 들어왔다.

"정확한 위치를 알리고 밧줄로 인명을 구하라."

주피터 호가 조난 지점으로 접근하는 동안 헬리콥터는 일곱 번을 왕래해서 조난자 전원을 무사히 구조했다. 찰스 중위는 조난선의 예인 작업을 명령했다. 태풍이라는 가혹한 조건 때문에 작업은 다섯 시간이나 걸렸으나 구조 작업은 완전 성공이었다. 함장이 옆에서 줄곧 지켜보았으나 한 치의 오차도 없이 훌륭하게 완수했다.

"조난 구조 완료했습니다."

찰스 중위가 보고했다.

"훌륭했어. 축하하네, 찰스 중위."

"감사합니다."

"그런데 또 한 가지 축하할 일이 생겼네. 지금 막 무전을 받았는데 찰스 중위는 오늘 이 시각부터 대영제국의 해군 대위로 진급됐음을 알려주겠네."

"감사합니다, 함장님."

함장에 의해 대위 계급장이 어깨 위에 붙여질 때, 주피터 호의 승무원들은 '타피 원저 만세'라고 함성을 질렀다.

다이애나와 스크랩을 보며 찰스 왕세자의 해군 시절을 설명하던 버지니아가 물었다.

"타피 원저가 무슨 뜻인지 알아?"

"무슨 뜻인데?"

"찰스 왕세자의 애칭이래. 그 애칭만 봐도 주피터 호 승무원들에게 얼마나 인기가 있었는지 알 수 있지 않아?"

왕세자는 승무원들과의 거리감을 좁히기 위해 남들이 하지 않는 노력을 기울였으며, 그 노력이 헛되지 않아 타피 원저라는 애칭으로 불려지게까지 됐다고 다이애나는 나름대로 풀이했다.

"버지니아, 그런데 타피의 어원이 뭐지?"

다이애나가 물었다. 그녀는 매사 어물어물 적당히 넘기는 성미가 아니었다. 좀더 구체적으로 표현한다면 완벽주의자였다.

"타피란 웨일스 사람들에게 흔히 있는 이름이야. 아주 서민적인……"

귀족이면서도 서민적인 성품을 지니고 있던 다이애나는 '타피 원저'란 애칭에 친밀감을 느꼈다. 그녀는 또 한 장의 스크랩을 넘겼다. 버지니아의 남자 친구를 통해 여태 모르고 있었던 찰스 왕세자의 새로운 면을 알게 된 것이다.

여자들이 스크랩한 내용들은 거의 다라고 할 만큼 찰스 왕세자의 사생활이나 스캔들에 관한 것이었으나, 남자들이 스크랩한 내용은 공적인 찰스 왕세자의 프로필에 치중되어 있었다.

미국 함정과 합동 훈련을 하는 동안 찰스 대위가 탄 주피터 호가 충돌 사고 직전에서 화를 면한 적이 있었다. 짙은 안개 속에 레이더를 감시하던 항해 장교 찰스는 스크린 위에 주피터 호를 향해 돌진해오는 검은 물체를 발견했다. 주피터 호보다 두 배나 큰 미국 구축함이었다. 위험을 느낀 찰스 대위는 긴급 신호를 보내 재빠른 진로 지시를 내렸다. 덕분에 두 배는 40피트 사이를 두고 아슬아슬하게 스쳐 지나갔다.

그 순간 주피터 호의 승무원들은 지옥에서 되살아난 사람들처럼 숨을 몰아쉬었다. 만약에 찰스 대위의 레이더 해독이 미숙했거나 진로 지시에 잘못이 있었다면 충돌 사고로 주피터 호는 두 동강이 난 채 침몰하고 막대한 인명 피해를 입었을 것이다.

"찰스 대위! 지금의 내 기분 같아선 자네를 2계급 특진시키고 싶네."
함장이 그의 손을 잡으며 치하했다. 지금까지 영국의 해군 함정으로 중요한 역할을 담당하고 있는 주피터 호는, 찰스 왕세자가 없었다면 이미 바다속에서 고철이 된 지 오래되었을 것이다.

찰스 왕세자의 해군 생활은 5년 동안 계속되었다. 제대가 임박해서는 배를 지휘하는 함장이 되었다. 1976년 그리니치의 해군 대학 시니어 유니버시티에서 연수를 받은 뒤 지휘함이 부여되었다. 그러나 축소된 현재의 해군에는 왕세자가 지휘할 수 있는 안전도가 높은 신형 함정이 없었다.

결국 심사숙고 끝에 그에게 맡겨진 배는 구축함 브로닝턴 호였다. 승선을 하기 위해 군항에 도착한 찰스 왕세자는 브로닝턴 호를 보고 실망했다. 이름이 구축함이지 360톤급의 초라한 목선이었다.

"선장님, 운이 나빴습니다. 하필이면 왜 이런 배를……."
장교 하나가 찰스 왕세자를 맞으며 말했다.
"나쁜 게 아니고 운이 좋았소. 귀관들을 만날 수 있으니까."
"감사합니다. 하지만 곧 원망하실 겁니다."
장교의 말대로 출항을 하자마자 원망의 소리가 나왔다. 어렸을 때 먹은 젖까지 토해 낼 정도였다. 이 배는 동요가 심하기로 해군에서는 소문이 난 함정이었다. 거기다 설계가 잘못되어서일까 약간의 바람만 불어도 롤링이 심해 배를 조종할 수가 없었다.
"선장님, 기분이 어떻습니까?"
"소문보다도 지독한 배군."
"선장님이나 저나 다 이 배에 잘못 걸려들었습니다. 그런데 부탁이 하나 있습니다."
"말해 보시오."
"승무원들은 선장님을 타피 윈저라고 불러 보는 게 소원이랍니다."

"나도 그게 소원이오. 단 사석에서만······."
"감사합니다, 타피 윈저님."
 장교가 선실을 나간 후 얼마 안 있어 함성이 일었다. 예의 장교가 승무원에게 사석에서 타피 윈저라고 불러도 좋다는 통보를 한 것이다.
 형편없이 초라한 배에서 많은 고생을 해서일까, 승무원들은 어느 함정보다도 단결심이 강하고 화목했다. 거기다 왕세자를 모신다는 긍지가 사기를 북돋아 함정의 외형과는 달리 분위기는 아주 좋았다. 10주일 후 로사이스 항의 독(dock)에서 브로닝턴 선장 찰스 대위는 소감을 묻는 상급자에게 이렇게 말했다.
 "10년이나 감수했습니다. 정말 여든 살이나 된 그런 기분이 듭니다."
 하지만 브로닝턴 호는 많은 임무를 수행했다. 지뢰를 탐지하여 폭파하는 일 외에도 영국 연안이나 북해 유전 지대에 잠입한 소련 정보 잠수함을 발견하고 간첩 활동을 제지시키는 공도 세웠다. 그밖에 세계에서 가장 번잡하고 위험한 도버 해협에서 거대한 탱크와 화물선 사이를 누비며 항해를 위반하는 악덕 선장을 단속하는 임무도 수행했다.
 찰스 왕세자는 이 형편없는 목선을 가지고 대규모의 NATO 합동 훈련에도 참가했다. 소련 함정의 가상 공격에 대응하기 위해 36명의 승무원과 그는 일치단결하여 작전에 임해 타함의 귀감이 되기도 했다. 찰스 왕세자는 통솔력 있는 유능한 함장이며 승무원에게 가장 인기 있는 장교였다.
 1976년 12월, 퇴역할 때 그가 받은 송별 선물은 찰스 왕세자가 동료들로부터 얼마나 사랑과 존경을 받고 있었는가를 여실히 말해 준다. 선물받은 기념품은 '영국 해군 브로닝턴'이라고 금박으로 새겨진 훈장이었는데, 선원 대표는 이 메달을 찰스의 목에 걸어 주었다. 이 기념품은 찰스 왕세자에게 영원히 잊을 수 없는 귀중한 보물이었다.
 가격으로 따져 몇푼 안 되는 기념품이 가보적인 보물이라면, 버지니아, 앤, 캐롤린은 다이애나에게 있어 무엇과도 바꿀 수 없는 소중한 존재였다. 우정이라는 단어는 알고 있지만 체험을 통해 실감하기는 이번이 처음이었다. 가장 우울한 주말이 될 줄 알았던 오늘만 해도 버지니아가 빌려 온 스크랩북이 있었기에 그녀는 유익한 하루를 보낼 수 있었다.

스크랩북을 덮고 난 다이애나는 눈을 지그시 감고 자신을 정리해 보았다. 국가와 왕세자로서의 의무를 다하는 찰스를 사랑하기에 앞서 딴 여성들이 짊어지지 않아도 되는 무거운 짐을 평생 짊어져야 한다고 생각하니 어깨가 무거웠다. 그녀는 문득 찰스 왕세자의 곁을 떠나 존과 결혼한 애나 월레스의 용기와 결단이 부럽기까지 했다.

그러나 그녀의 전철을 밟기에 다이애나는 너무도 찰스라는 한 남자의 자상하고도 포근한 인간미에 푹 빠져 있었다. 이제 남은 것이 있다면 앞으로 왕세자가 짊어져야 하는 의무와 책임 일부를 나누어 지는 길뿐이다. 다이애나는 어깨가 무거워짐을 느끼며 조용히 일어나 전축 위에 레코드 한 장을 골라 걸었다.

육중하고 장엄한 베토벤의 '운명'이 방안의 분위기를 압도하듯이 흘러나왔다.

같은 시간에 찰스 왕세자도 다이애나가 없는 따분한 시간을 메우기 위해 음악을 감상하고 있었다.

그가 좋아하는 음악은 주로 클래식이다. 바하나 모차르트, 베를리오즈를 특히 좋아하는 편이며 비틀스에 심취했던 시절도 있었다. 트럼펫을 불거나 피아노를 치기도 했으나 별로 신통한 편은 아니었다. 감수성이 빠르고 매사 적극적인 기질 탓일까. 한때 런던의 한 홀에서 첼로 연주를 들은 뒤부터 첼로가 지닌 풍부한 음에 매료되어 첼로를 가까이하게 되었다.

그림은 대체로 17, 18세기 것을 좋아했는데 렘브란트, 반 다이크, 그리고 루벤스 등의 작품을 좋아했다. 현대 화가는 그리 좋아하지 않는 편이며 특히 피카소에 이르러서는 노골적으로 혐오했다. 찰스 왕세자 자신도 틈만 있으면 붓을 잡았다. 노폴크의 저명한 화가 에드워드 시아코에게 기초를 배운 그의 그림 솜씨는 아마추어 영역을 넘어서 본격파였다. 그의 독서 경향은 대부분 논픽션이고 소설은 어쩌다가 펴들 정도이며 역사물이나 전기물을 즐겨 읽는 편이다.

찰스 왕세자가 좋아하는 요리는 소박한 영국 요리이다. 식성이 좋아 가리는 음식이 없는 그도 입에 맞지 않는 음식을 앞에 두고 혼이 난 적이 있었다. 에스키모의 얼음집을 방문했을 때의 일이다.

생애 최고의 손님을 맞은 에스키모는 바다표범의 날고기를 한 점 잘라 내어 왕세자에게 바쳤다. 만약에 날고기를 먹으면 평생 존경하는 왕세자가 되고, 거절하면 평생 원수가 되는 것이다.

에스키모의 풍속에는 이런 것이 있다. 친구가 찾아오면 아내를 맡기고 자신은 빙판에 나가 친구를 대접하기 위해 사냥을 한다. 사냥에서 돌아와 친구가 아내를 범하지 않았으면 평생 원수가 된다. 호의를 무시했다는 것이다. 반대로 아내를 범했다면 즐거움을 같이할 수 있는 영원한 벗이 된다.

지금은 많이 개화되어 이런 원색적인 악습은 자취를 감추었다고 해도, 대접하는 음식을 거절하면 평생 적으로 돌리는 풍습만은 지켜져 내려오고 있다. 그러니 친선을 위해 에스키모까지 찾아간 왕세자가 날고기 한 덩어리 때문에 원수가 된다면 방문한 목적이 수포로 돌아가 버린다.

결국 찰스 왕세자는 구역질을 참으며 바다표범의 날고기를 꿀꺽 삼키고 나서 맛이 있다는 듯이 입맛까지 다셔야 했다. 아무튼 꼭 이런 음식이라야 된다는 까다로운 점이 없는 그였고, 또 식성이 좋아 목숨을 건 모험에 체력으로 부딪쳐 이길 수 있었는지 모른다.

따분한 주말을 보낸 찰스 왕세자는 장거리 레이스를 위한 트레이닝에 몰두했다. 마음 한구석이 텅 비어 있었으나 컨디션만은 최상이었다.

"이번 시합만은 꼭 이기고 싶은데……."

스키 트레이너에게 찰스 왕세자가 말했다.

"네에? 꼭 이겨야 하겠단 말씀입니까?"

트레이너는 눈이 휘둥그래져서 물었다. 지금까지 많은 스키 대회에 참가했지만 이기기 위해 출전한 적은 단 한 번도 없었기 때문이었다.

"특별히 그럴 만한 이유라도 있습니까?"

찰스 왕세자는 고개를 크게 끄덕였다.

"그 이유를 알고 싶습니다. 너무 뜻밖이라서……."

"비밀은 아니지만 나 혼자 간직하고 싶네. 더이상 묻지 말게. 그저 내가 할 수 있는 얘기는 이겨야 한다는 것뿐이네."

라고 말하는 그의 표정에는 비장한 각오가 서려 있었다. 찰스 왕세자는 시발점에 섰다. 군중들이 '찰스! 찰스!' 하고 함성을 지르며 응원했다. 예전 같으면 우승이 목적이 아니었기에 손을 흔들어 답례할 수 있는 마음의 여유가 있었으나, 이겨야 하는 시합에 임한 그는 그럴 마음의 여유가 없었다.

가슴 조이는 순간이 지나고 나서 출발 사인이 내려졌다. 찰스 왕세자는 힘있게 스틱을 밀어 눈 위를 활강했다. 인내와 스피드의 싸움이었다. 장거리 레이스이기에 앞섰다가도 뒤지고, 다시 앞서는 시소를 되풀이해야 했다.

드디어 그는 팬들의 환호성 속에 벅찬 가슴으로 감격의 테이프를 끊었다. 난생 처음 이기고 싶었던 장거리 크로스 컨트리 레이스에서 첫번이자 마지막 우승을 한 것이다. 커다란 우승컵을 안은 그는 트레이너와 승리의 기쁨을 나누기도 전에 시간부터 물었다. 트레이너가 알려 준 시간은 바로 다이애나가 유치원에서 아파트로 돌아올 시간이었다.
"우승한 소감이 어떻습니까?"
"처음부터 우승하리라고 믿었습니까?"
"이번 레이스처럼 열을 올린 적이 없는데 그럴 만한 이유라도 있습니까?"
기자들이 그를 둘러싸고 마이크를 들이댔다.
"나 지금 바빠요. 적당히 알아서 쓰시오."
간신히 기자들의 숲을 헤치고 피하다시피 한 찰스 왕세자는 방갈로에 들어오자마자 다이애나에게 전화를 걸었다.
다이애나의 목소리가 수화기에서 흘러나왔다.
"다이애나? 나요, 찰스요."
"어머나, 시합은 다 끝났어요?"
"이겼소! 우승했소!"
"정말 기뻐요. 축하해요."
"다이애나에게 이 기쁜 소식을 전하려고 이를 악물고 이긴 거요."
"저, 저를 위해서요?"
그녀의 말이 뚝 끊어졌다. 승리했다는 기쁨보다도 다이애나를 위해 이겼다는 그 말에 감격한 나머지 목이 메인 것이다.
실상 찰스 왕세자는 스키장에 온 이후 일부러 전화를 걸지 않았다. 스키까지 사놓고 기다린 그녀에게 실망만을 안겨 줄 것 같은 생각이 들어 승리의 기쁨을 전해 주기 위해 시합에서 우승했던 것이다.
"다이애나, 다이애나! 내 말 들려요?"
"네, 듣고 있어요."
"그런데 왜 말을 뚝 그치지?"
"너무 고마워서요."

수화기를 통해 들려오는 그녀의 음성에는 분명히 울음이 섞여 있었다.
　그날의 전화는 전례없이 짧았다. 그녀의 울음에 가슴이 메인 찰스 왕세자는 더 할 말이 없었다. 그는 수화기를 놓고 마음속으로 다짐했다. 그녀에게 승리의 기쁨이 아닌 사랑의 고백으로 항상 허전하게 텅 비어 있는 다이애나의 가슴을 기쁨과 환희로 가득히 채워 주어야겠다고…….
　그는 지금까지 마음속으로 결정을 내렸으면서 행동으로 실행에 옮기지 못한 자신을 후회했다. '빨리 결정하는 게 좋다. 그렇지 않으면 아무도 남아 있지 않게 된다'라고 말한 아버지인 필립 공의 말대로 다이애나마저 곁을 떠나가 버리면 후회 속에 언제 끝날지 모르는 방황을 계속해야 하기 때문이다.
　버킹엄으로 돌아온 찰스 왕세자는 우승을 축하하는 아버지에게 심각한 표정을 지으며 입을 열었다.
　"아버님, 언젠가 제게 빨리 결정하지 않으면 아무도 남지 않는다고 말씀하셨지요?"
　"왕세자의 결정이 너무 늦는 것 같아서……."
　"결정했습니다."
　"누구지요? 다이애나?"
　"네, 다이애나입니다."
　"잘 결정했소. 여왕이 기뻐할 거요."
　찰스 왕세자나 필립 공은 엘리자베스 여왕을 찾아가서 이 사실을 알렸다. 머지않아 이날이 올 줄 예상하고 마음의 준비까지 하고 있던 여왕은 기쁨을 감추지 못했다. 왕세자의 오랜 방황이 끝나서가 아니라 마음에 드는 며느리를 맞을 수 있는 시어머니로서의 기쁨과, 품위와 격을 갖춘 왕세자비를 맞아들인다는 여왕으로서의 기쁨이었다.

여왕은 안도의 숨을 내쉬었다. 이로서 윈저 가는 혈통을 잇게 되었고, 찰스 왕세자는 그에게 부여된 역할을 훌륭히 수행했다는 생각이 든 것이다. 사랑을 위해 왕위 계승권을 헌신짝 버리듯한 윈저 공의 악몽을 되새기지 않아도 되었다.

여왕 앞을 물러나온 찰스 왕세자는 다이애나에게 전화를 걸었다.

"다이애나, 나 찰스요. 오늘 저녁 만나 줘야겠소. 우리들에 관해 긴히 할 얘기가 있으니까……."

"네, 알겠습니다."

"기다리겠소."

찰스 왕세자의 통화는 스키장에서보다 더 짧았다. 찰칵 하고 전화가 끊기자, 다이애나는 숨을 가눌 수 없게 가슴이 두근거렸다.

"다이애나, 누구한테서 온 전화지?"

여태 전화를 받고 나서 그처럼 상기된 다이애나를 본 적이 없던 버지니아가 의아해서 물었다.

"찰스 왕세자……."

"그런데 왜 그런 표정을 짓지? 혹시 좋지 않은 전화니?"

앤과 캐롤린이 다가서며 물었다.

"아니, 오늘 저녁에 만나재."

"파티야?"

"아니, 우리들에 관해 긴히 할 얘기가 있으시다며……."

순간 룸메이트들의 표정도 상기됐다. 둘 사이에 긴요한 얘기라면 정식 구혼밖에 없지 않은가. 그들은 자기 일인 양 가슴이 설레였다.

"뭘 입고 갈 작정이야?"

"아직 모르겠어."

"머리는 어떻게 하구……."

"생각해 보지 않았어."

"예쁘게 차려야 할 텐데……."
"저녁때까진 시간이 있으니까 퇴근 후에 좀 도와줘."
 서둘러 출근한 그녀는 종일 일이 손에 잡히지 않았다. 10분에 한 번씩은 손목시계를 들여다보다시피 했다. 퇴근 시간이 되자 아파트로 차를 몰았다. 룸메이트들은 벌써 와서 기다리고 있었다. 퇴근 벨이 울리자마자 택시를 타고 직행한 것이다.
 그들은 다이애나의 옷이라는 옷은 죄다 꺼내놓고 거울 앞에 그녀를 세워놓았다. 왕세자의 구혼을 받아들이기에 가장 어울리고 가장 우아한 옷을 고르기 위해서였다.
 한편 찰스 왕세자는 23세 때부터 사용하고 있는 세 방 가운데 소박하게 꾸며진 거실에서 검은색 양복 차림으로 다이애나를 기다리고 있었다. 작고 둥근 테이블에는 하얀색의 테이블 보가 깨끗이 덮여 있었고 그 위에는 꽃과 촛불이 놓여 있었다. 그리고 그녀와 저녁을 같이 할 은식기가 준비되어 있었다.
 잠시 후, 다이애나가 이브닝드레스 차림으로 비서에게 안내되어 방으로 들어섰다. 찰스 왕세자는 그처럼 아름다운 다이애나의 모습을 처음 보았다. 오랜만에 만난 그들은 할 이야기가 너무 많았으나 야릇한 흥분 때문일까 입이 열리지 않았다.
 그들은 촛불을 사이에 두고 테이블에 마주앉았다. 다이애나는 지금까지 그처럼 다정하면서도 엄숙한 찰스 왕세자의 모습을 본 적이 없었다. 저녁상은 치즈와 토스트, 과일 등 간단한 것이었다.
 식사가 끝나자 찰스 왕세자는 정중한 태도로 구혼을 했다. 이미 그런 순간이 있으리라고 짐작을 한 그녀였으나 막상 구혼을 해 오자 의식이 멀어지는 것같이 흥분됐다. 그녀는 마음을 가다듬고 간신히 말했다.
"예스!"

그녀의 답이 떨어지자, 찰스 왕세자는 다정하게 손을 잡았다. 그리고 품에 안았고 입맞춤을 했다. 다이애나는 지금까지 남자의 입김이 닿아 보지 못한 순결한 입술을 바쳤다.

둥근 테이블 위에 놓인 촛불이 그들의 입맞춤을 비쳐 주고 있었다.

낳아 준 어머니 프랜시스

 사랑의 의식을 지켜 주던 촛불이 꺼져 갈 무렵 다이애나는 영원히 잊을 수 없는 그 방을 나와 밤하늘을 우러러보았다. 무수하게 깔린 찬란한 별들이 첫 입맞춤의 황홀했던 그 순간을 축하하기 위해 반짝이고 있는 듯했고, 찰스 왕세자의 따스한 기온이 아직까지 입술 위에 지워지지 않고 남아 있는 것 같았다.
 아파트로 돌아온 그녀는 초조하게 기다리고 있는 룸메이트에게 왕세자와 있었던 일을 하나도 숨기지 않고 얘기했다. 예전 같으면 환호성을 올렸을 친구들이 숙연한 표정으로 다이애나를 바라보고만 있었다. 왕세자의 청혼을 수락한 다이애나는 이제 친구가 아니고 존엄한 왕세자비로 보였기 때문이다. 그리고 찰스 왕세자와의 사랑을 그처럼 열광한 그들이었으나 막상 결실이 맺어지고 난 지금에 와서는 어딘가 거리감마저 느껴져 슬퍼졌다.
 "왜 날 그런 눈으로 보는 거지?"
 그들에게 거리를 좁히듯 다가서며 다이애나가 물었다.

"나도 몰라. 어쩐지 저녁때 이 아파트를 나갈 때의 너와 돌아온 지금의 너와는 영 딴 사람을 대하는 그런 느낌이 들어."

버지니아는 '너'라는 대명사조차 부르기가 거북스러웠다.

"하나도 달라진 게 없어. 난 그때도 너희들의 다이애나이고 지금도 역시 마찬가지로 너희들의 다이애나야."

그 말에 룸메이트들은 잃었던 밝은 표정을 되찾았다.

"그래, 방 분위기는 어땠니?"

앤이 물었다.

"잘 생각이 안 나. 어두컴컴한 방에 촛불이 켜있던 것 외엔……."

"야아! 아주 로맨틱한 분위기였겠다. 저녁은 뭣을 들었지? 찰스 황태잔 어떤 옷을 입었구?"

상기한 캐롤린이 음성을 높이며 물었다.

"그것도 잘 생각이 안 나. 틀림없이 둘이서 저녁을 먹긴 먹었는데 무엇을 먹었는지…… 옷은 무엇을 입었는지 생각이 안 나……."

"그럼 무슨 얘기를 했는지도 생각이 안 나겠구나."

다이애나가 난처하게 고개를 끄덕이자, 캐롤린이 곰곰이 잘 생각해 보라고 보챘다. 영화에서나 본 왕세자의 청혼 장면을 알고 싶었다. 그러나 기억할 수가 없는 다이애나는 기쁨을 같이 나누어 왔고 또 나누려는 그녀에게 미안하다는 말밖에 더 할 말이 없었다.

"얘들아, 그만 보채! 경험 많은 챔피언이라면 모르되 풋내기가 그런 걸 어떻게 다 기억하니. 지금 다이애나에게 필요한 건 조용히 혼자 있을 수 있는 시간이야."

룸메이트 중에서 연장자인 버지니아는 역시 어른스러웠다. 그녀는 다이애나를 방으로 들여보낸 다음 문을 닫아 주었다.

정녕 다이애나에게 필요한 것은 무엇보다도 혼자 조용히 흥분을 달래며 미래를 차분하게 설계할 수 있는 시간이었다.

그녀는 거울에 비친 자신의 모습 앞으로 다가갔다. 그리고 찰스 왕세자와 입맞춤을 나누었던 입술을 응시했다. 외견상 하나도 달라진 것은 없었으나, 눈에 보이지 않는 찰스 왕세자의 뜨거웠던 입술 자국이 뿌리깊게 박혀 있는 것 같았다. 아무리 지워도 지워지지 않는 루즈 자국처럼……

한편 왕세자로부터 다이애나가 청혼을 수락했다는 말을 들은 **여왕과 필립 공** 두 사람은 기쁨과 안도의 숨을 내쉬었다. 여왕은 성장한 다이애나의 청초하고도 우아한 모습을 처음 본 순간부터 찰스의 결심이 하루 속히 열매 맺기를 바라고 있었다. 이런 생각은 여왕뿐만이 아니라 그녀를 관심 있게 대해 본 필립 공이나 공주들도 마찬가지였다. 더욱이 시어머니와 시누이의 입장에서 볼 때 서먹서먹한 이웃 나라의 공주를 맞아들이기보다는, 어릴 때부터 잘 알고 있는 다이애나가 왕실 가족의 화목을 위해서도 바람직한 일이었다.

여왕과 아버지에게 약혼한 사실을 알린 찰스 왕세자는 영국식 결혼 절차에 따라 장인이 될 다이애나의 아버지 스펜서 백작에게 결혼 승낙을 청했다. 격식대로 하자면 앨소프를 방문하여 '따님을 주십시오'라고 해야 할 것이다. 그러나 영국 왕실의 결혼은 양가의 허락만으로 이루어질 수가 없고 조지 3세가 제정한 왕실 혼인법에 준해야 한다.

1689년에 제정된 법률에 의하면, 국왕과 상·하원의 승인을 얻어야만 합법적인 결혼으로 인정을 한다. 그러니 여왕의 승인이 있었다고는 하나, 영국 국회의 승인을 얻어야 하며 그 기간은 3개월이 걸린다.

찰스 왕세자는 이 기간 동안 구설수에 오르는 것이 싫어 앨소프로 찾아가지 않고 스펜서 백작에게 직접 전화를 걸었다.

찰스 왕세자의 청혼에, 스펜서 백작은 지난 크리스마스 이래 마음속으로 준비하고 있었다면서 축하해 주었다. 실상 그는 매스컴에 **다이애**

나가 너무 부각되자 마음속으로 걱정하고 있었다. 큰딸 사라는 한때 찰리스 엔젤로 매스컴에 오른 적이 있었으나, 사랑을 전제로 한 교제가 아니었기에 새로운 엔젤이 나타났을 때 다행히도 아무런 상처도 입지 않고 자기의 갈 길을 갈 수 있었다. 그러나, 다이애나는 첫사랑의 아픔을 감당하기에 너무 나이가 어리고 또 너무 깊이 찰스 왕세자를 사랑하고 있음을 알고 있었기 때문이다.

그러나 왕세자가 전화로 구혼을 알려오자, 하나의 걱정은 사라졌으나 과연 막내딸이 왕세자로서의 직분을 훌륭히 감당해 낼 수 있을까 하는 우려가 앞섰다.

"왕세자는 행운아요. 내 딸이라서가 아니라, 다이애나는 좋은 애요. 남의 손가락질을 받지 않을 거요."

본처와 이혼을 하고 친구의 아내와 결혼하여 줄곧 사회의 냉대와 손가락질을 받으며 살아온 스펜서 백작은 세 딸에게 항상 남의 손가락질을 받지 않는 삶을 살라고 가르쳐 왔다. 그런데 다이애나가 남의 눈에 띌 뿐 아니라 남에게 모범이 되어야 하는 왕세자비가 된다고 생각하니 스펜서 백작은 금방석이 아니라 바늘방석에 앉은 그런 기분마저 들었다.

통화를 끝낸 그는 딸에게 축복을 빌기에 앞서 두 손 모아 빌었다. 역사에 남는 훌륭한 왕세자비가 되게 해주시옵소서 하고…….

한편 다이애나는 3주일 동안의 자유로운 기간을 이용해서 꼭 만나보고 싶은 사람이 있었다. 약혼이 정식으로 발표되고 나면 주목 대상이 되어 한가로이 만나 이야기할 틈이 없을 것 같았기 때문이었다.

그녀가 필히 만나야 할 사람은 다름아닌 생모 프랜시스 여사였다. 기자들의 눈을 피해 런던 공항을 빠져나온 다이애나는 오스트레일리아행 제트 여객기에 몸을 실었다. 어머니는 오스트레일리아의 뉴사우스웨일스의 농장에서 남편과 휴가를 즐기고 있었다.

언어가 같고 청교도에 바탕을 둔 생활 양식과 문화를 가지고 있는 오스트레일리아이기에 다이애나로서는 외국에 온 기분이 들지 않았다. 시드니 공항에 내려 간단한 수속을 마친 그녀는 어머니가 기다리고 있을 농장으로 향했다.

"다이애나!"

농장 앞까지 나와 딸을 기다리던 어머니가 두 팔을 벌려 그녀를 맞이했다.

"엄마!"

라고 부르며 품속에 뛰어든 다이애나는 울음부터 터뜨렸다. 마지막이 될지도 모르는 응석을 부리고 싶어서였다.

"네가…… 그처럼 훌륭한 딸이 되다니……."

딸이 왕세자비로 간택된 감격의 눈물이 아니라 이처럼 훌륭한 딸을 버린 죄책의 눈물이었다.

"엄마, 나 엄마가 우시는 것 보러 오지 않았어."

"그래, 난 너를 위해 단 한 방울의 눈물도 흘릴 자격이 없는 여자야. 어린 네 가슴에 못을 박고 떠나 버린 나니까."

"엄만 제 곁을 떠나 버린 것이 아니예요. 단지 멀리 계실 뿐이에요."

"고맙다. 이런 엄마를 용서하고 찾아오기까지 하니……."

모녀의 정이 빚어낸 눈물은 좀처럼 그칠 줄 몰랐다.

"이처럼 영광스럽고 기쁠 때 내가 곁에 있다면 얼마나 좋았겠니?"

다이애나의 손을 두 손으로 감싸쥐며 입맞춤을 한 어머니가 말했다.

"엄마, 이렇게 옆에 계시잖아요. 제 손을 만지며……."

"이렇게 기쁜 날 눈물부터 흘리다니, 안으로 들어가자."

눈물을 거둔 모녀는 손을 맞잡고 거실로 들어갔다. 의붓아버지가 신문에 실린 다이애나의 기사를 읽고 있었다.

"안녕하셨어요?"

다이애나가 억지로 웃으며 인사를 하자 그는 계면쩍게 맞이했다.
"다이애나의 기사를 읽고 있었지. 축하해요."
 순간 다이애나는 엄마에 대한 정이 싸늘하게 식는 것 같았다. 다행히 그가 자리를 피해 주어 그들 모녀는 손을 맞잡은 채 소파에 몸을 묻고 지나간 얘기로 꽃을 피웠다.
 바로 그때였다. 집 위에서 요란하게 헬리콥터 소리가 울렸다. 지나가는 소리가 아니라 상공에서 맴도는 엔진 소리였다.
"신문사 헬리콥터야!"
 피터가 뛰어들어오며 말했다.
"아니, 어떻게 알고 여기까지······."
 다이애나가 놀란듯이 말하자 어머니가 재빨리 그녀를 방에 숨겼다. 신문을 통해 딸이 기자들에게 시달림을 받고 있다는 기사를 읽어 알고 있었기 때문이다.
 그런데 이번에는 10여 대의 신문사 차가 들이닥쳤다. 공항에서 무심코 탑승자 명단을 뒤지다가 다이애나 스펜서의 이름을 발견하고 달려든 것이다. 영국 기자가 아니라 오스트레일리아의 보도진이었으나, 그 양상은 샌드링엄을 옮겨다놓은 듯했다.
"다이애나 양을 취재하러 왔습니다."
"한발 늦었군요. 여기 없습니다."
 어머니가 능청스럽게 거짓말을 했다. 그렇다고 쉽게 물러설 기자들이 아니었다. 그들은 집요하게 물고늘어졌다.
"어딜 갔습니까?"
"글쎄요. 돌아온 다음에 물어봅시다."
"그러시지 마시고 잠깐만 만나게 해주십시오."
"여기 없는 걸 어떻게 만나게 해드립니까?"
"여기 있다는 것을 다 알고 왔습니다. 그러시지 마시고 잠깐만······."

"조금 전까지만 해도 틀림없이 여기 있었어요. 하지만 지금은 없어요."
"그럼 우리가 한발 늦었다는 말씀인가요?"
"그래요."
"그러지 마십시오. 우리가 늦은 게 아니고 다이애나 양이 피하는 데 한발 늦었겠지요."
"아무튼 여긴 없어요. 뜨거운 태양이 그리워 일광욕을 나갔으니까요."
어머니의 말에 고개를 갸웃거리던 기자들이 바닷가로 몰려갔다.
어머니와 딸은 한없이 이야기를 주고받았다. 아무리 이야기를 나누어도 끝이 없었다. 왕세자비로서의 무거운 짐을 감당해야 할 다이애나는 누구보다도 어머니의 충고와 조언에 의지하고 싶었다. 그녀의 나이 이제 겨우 열아홉. 더구나 사랑에는 전혀 경험이 없는 애송이나 다름없는 풋내기였다. 상식적으로 보아 평범한 결혼을 하기에도 이른 감이 없지 않다. 그런 나이에 왕세자비라는 중임을 안고 왕세자와 결혼을 해야 한다고 생각했을 때 '예스'라고 명확한 답은 했으나, 시간이 흐를수록 두 어깨를 짓누르는 무거운 짐에 공포를 느꼈다.
어머니는 가슴에 얼굴을 묻는 딸을 안아 주며 머리를 쓰다듬어 주었다.
"다이애나, 너는 감당해 낼 수 있어. 훌륭한 왕세자비가 될 수 있다고 믿는다."
"고마워요, 엄마."
"네가 내 딸이기 때문에 믿는 것이 아니다."
"그럼요?"
"네가 다이애나이기 때문에 너를 믿는 것이다."
다이애나를 위로하고 용기를 주고 위한 궤변이 아니다. 가정과 자식들을 버리고 새로운 길을 찾아나선 엄마를 그래도 용서하고 이해하려고 애쓴 딸이 바로 다이애나였기 때문이다.
 나이 어린 조그마한 가슴에 상처를 안은 소녀가 아픔을 꾹 참으며, 버리고 떠난 어머니를 용서하고 이해하려고 애를 쓴 그 이면에 남몰래 흘린 숱한 눈물이 있었음을 어머니는 잘 알고 있었다.
 이런 그녀의 눈물은 생모를 위해서만 흘린 것이 아니라 그나마 행복한 가정에 느닷없이 뛰어든 계모에게도 흘렸다. 생모가 다이애나이기 때문에 너를 믿는다고 한 말은 그녀의 남몰래 눈물을 흘릴 줄 아는 인내심과 깊은 사고력을 두고 한 말이었다. 세 딸 중에서도 아버지와 계모를 용서하고 이해하려고 애쓴 딸이 바로 다이애나가 아니었던가.
 많은 이야기를 주고받는 가운데 다이애나의 눈이 점차 빛나고 있었다. 왕세자비로서의 자신과 확신을 가지게 된 것이다.
 그날 밤, 다이애나는 아버지 스펜서 백작과 룸메이트들에게 무사히 도착했다는 내용과 해변에서 일광욕을 하며 며칠 쉬겠다는 편지를 쓰면서도 언제 런던으로 돌아간다는 일자는 밝히지 않았다. 무사히 기자들을 빠져나갈 자신이 없었기 때문이었다.
 그녀는 귀국 일자에 대해 찰스 왕세자와 의논하기 위해 그의 전화를 기다렸다. 한편 찰스 왕세자는 밤이 깊자 다이애나에게 전화를 걸었다.
 "뭐라구요? 전화를 받지 않는다고요? 그럴 리가 없어요. 또 한 번 전화를 넣어 주십시오."
 여전히 신호만 갈 뿐 전화를 받지 않았다. 찰스 왕세자는 기자들의 전화가 귀찮아 코드를 뽑았을 것으로 알고 통화를 단념했다. 사실이 그러했다. 쉴 새 없이 걸려오는 신문사 기자들에게 앵무새처럼 똑같은 말을 되풀이하다 짜증이 난 어머니가 코드를 뽑아 버린 것이다.
 찰스 왕세자는 30분에 한 번씩 전화를 걸었으나 여전히 신호만 울릴 뿐 전화를 받지 않았다. 그는 안절부절못하며 방안을 서성거렸다.

한 여인을 위해 이처럼 초조해 보기는 이번이 처음이었다.
"내가 왜 이렇게 초조하지? 기자들의 전화가 귀찮아 코드를 뽑아놓았을 텐데…… 아니, 다이애나에게 무슨 일이 생긴 것이 아닐까…… 그럴 리 없어. 그런 불상사가 생겼다면 통화중이어야 할 거야."
찰스 왕세자는 마음을 안정시키기 위해 전축을 틀었다. 그러나 마음이 진정되기는커녕 아름다운 선율이 귀에 역겨워 꺼 버리고 말았다. 여인을 사랑하는 마음에는 비록 왕세자라고 해도 평민과 다를 바가 없었다.
어지러운 꿈으로 잠을 설치다시피 한 찰스 왕세자는 이른 아침 눈을 뜨자, 다시 다이애나에게 국제 전화를 걸었다. 그런데 호주 국제 전화국에서는 프랜시스의 전용 전화가 아닌 농장 관리실로 연결해 주었다. 밤새 전화를 받지 않았기 때문이다.
"여보세요, 다이애나 양을 바꿔 주시오."
수화기를 든 관리인은 인상부터 썼다. 밤새 신문사에서 전화가 걸려 왔기 때문이다.
"여보시오, 기자 양반! 나 잠 좀 잡시다. 몇 번 얘기해야 알겠소? 여기에 다이애나 양은 없어요."
"자, 잠깐만……."
"글쎄 아무리 잠깐만이라고 해도 없는 다이애나 양이 나타날 리는 없잖소!"
"여보시오, 난 기자가 아니요."
"아니면 이번엔 경찰서장이오?"
"난 프린스 오브 웨일스인데……."
"아주 크게 나오시는데? 누가 속을 줄 알구? 당신이 왕세자면 난 왕이오!"
관리인은 상대도 하기 싫다는 듯이 전화를 끊었다.

찰스 왕세자는 어이가 없었다. 그렇다고 단념할 수는 없었다. 그는 수차례 전화를 걸고 또 걸어 간신히 다이애나와 연결되었다.

"다이애나, 별일 없었소?"

찰스 왕세자가 물었다.

"네, 별일 없었어요. 왕세자님은요?"

"상상도 못했던 별일을 겪었소."

"어머 무슨 일인데요?"

"목장에 전화를 걸어 '프린스 오브 웨일스'라고 했더니 '당신이 왕세자면 난 왕이요'라고 하더니 전화를 끊지 않겠소."

그들은 전화에 대고 한바탕 웃었다. 이런 그들의 통화 분위기를 지켜보던 어머니의 얼굴에 미소가 번졌다. 프랜시스는 스펜서 백작과 사랑을 나눌 당시 전화를 하며 깔깔대고 웃었던 일이 생각났다.

그러나 그 미소는 금세 그늘 속에 덮이고 말았다. 다이애나보다 한 살이 어린 18세 때 스펜서 백작과 결혼하여 1남 3녀를 낳고 행복하게 살았으나, 남편과 뜻을 달리해 과감히 이혼을 하고 집을 뛰쳐나올 수 있는 자유가 자신에게는 있었다. 그러나 다이애나는 누구나 누릴 수 있는 그 한 가닥 자유마저 없는 결혼을 해야 할 처지이기 때문이다.

어머니의 이런 걱정을 아는지 모르는지 전화기에 매달린 다이애나의 표정은 행복에 넘쳐 있었다. 어머니는 지그시 눈을 감고 빌었다. 딸의 지금의 행복이 영원하기를…….

언제 돌아가면 좋겠느냐는 질문에 찰스 왕세자는 2월 19일 아침에 도착하라고 당부했다. 그날은 왕세자의 동생 앤드루 왕자의 23번째 생일인 것이다.

"제가 꼭 그날 가야 하나요? 아직 일주일이나 남아 있는데……."

"그날이라야 기자들을 딴 곳으로 빼돌릴 수 있을 것 같소."

앤드루 왕자는 한월 해군 기지에서 파일럿 훈련을 받고 있다. 그러니까 왕실에 초점을 맞추고 있는 기자들이 공항을 비우고 앤드루 왕자를 취재하기 위해 해군 기지로 몰릴 것으로 판단했기 때문이다.

어머니 곁에서 응석을 부리며 꿈 같은 일주일을 보낸 다이애나는 마지막이 될지도 모를 어머니와의 만남을 눈물로 작별하고 호주를 떠나 2월 19일 아침, 런던에 도착했다. 찰스 왕세자가 예측한 대로 단 한 명의 기자도 눈에 띄지 않았다.

그녀는 작년 9월 이래 처음으로 쫓긴다는 피해의식 없이 해방된 자유로운 기분으로 택시를 불러 타고 아파트로 향했다. 차가 시내 번화가 앞을 스쳐 지나갈 때 쇼윈도에 진열해 놓은 웨딩드레스가 눈에 들어왔다.

"식장에서 어떤 드레스를 입을까…… 화려한 드레스? 아니 우아한 웨딩드레스여야 해. 어떤 드레스가 우아하게 보일까……."

그녀의 마음은 어느새 결혼식장에 가 있었다.

"아가씨, 다 왔습니다."

운전기사의 말에 환상에서 깨어난 다이애나는 듬뿍 팁을 주고 뛰다시피 현관 돌층계를 올랐다. 아름다운 환상을 준 택시가 고마워 많은 팁을 준 것이다.

그녀가 열쇠를 열고 현관에 들어서자마자 전화벨 소리가 기다리기나 한 듯이 울리고 있었다. 도착 시간에 맞춘 찰스 왕세자의 전화였다. 전화 거리가 오스트레일리아가 아닌 런던이어서일까, 가까이 있으면서도 마음대로 만날 수 없는 그들은 그리움에 가슴이 탔다. 보고 싶다는 이야기로 시작된 통화는 보고 싶다는 이야기로 끝을 맺었다.

이튿날 아침, 다이애나와 찰스 왕세자는 하이그로브에서 재회했다. 그녀가 오스트레일리아에 있었던 기간은 불과 일주일밖에 안 됐으나 두 사람에게 있어 그 기간이 그처럼 길게 느껴질 수가 없었다. 현관까지 뛰어나와 차에서 내리는 그녀와 마주했을 때 찰스 왕세자는 만나게 되었다는 안도감에 그토록 안타깝던 생각도 잊었다.
 찰스 왕세자는 그녀의 손을 잡고 거실 안으로 안내했다. 유난히 차가운 날씨 때문일까, 방에 들어서자 얼굴이 확 달아올랐다.
 다이애나의 코트를 손수 벗겨 준 찰스 왕세자는 파란 우단으로 싼 작은 네모진 상자를 꺼내들었다. 다이애나는 약혼 반지라는 것을 금세 알았다.
 "다이애나의 맘에 들었으면 좋겠는데……."
 찰스 왕세자는 다이애나의 손에 상자를 쥐어 주었다. 그녀가 뚜껑을 열자 파란 우단 위에 커다란 타원형의 보석이 반짝였다. 사파이어 둘레에 15개의 다이아몬드가 박힌 백금 반지였다.
 "어머나, 너무 예뻐요."
 "마음에 들어서 다행이오."
 "고맙습니다, 왕세자님……."
 말이 채 끝나기도 전에 그는 다이애나를 포근히 끌어안았고, 그녀는 찰스 왕세자에게 두 번째의 입맞춤을 허락했다.
 이처럼 황홀한 시간이 흐르는 한편에서는 이를 갈며 무릎을 치는 두 기자가 있었다. 아더 기자와 유격 기자 해리 아널드였다. 유격 기자란 유격대에서 따온 명칭인데, 일정한 부서가 없고 특종이 될 만한 사건이 있으면 게릴라처럼 파고들어가 기사를 캐오는 독종 기자를 말한다. 근래에 와서 레이 기자가 다이애나의 대변인 같은 기사만 써 내자 자진하다시피 뛰어든 것이다.
 2월 19일만 해도 그렇다. 레이 기자가 앞장서다시피 앤드루 왕자의 생일을 취재하기 위해 해군 기지로 향하자, 모든 기자들이 일주일씩이나 버티던 공항을 뒤로 하고 그의 뒤를 따랐다. 해리도 레이 기자가 왕실 관계에 관한 한 챔피언이기에 특별한 생각 없이 그의 뒤를 따르다가 미심쩍은 생각이 들었다.

"아더, 레이가 좀 이상하지 않아?"
고속도로 휴게실에서 커피를 마시던 해리가 아더에게 물었다.
"뭐가 이상하다는 거지?"
"취재하러 가는 게 아니고 타사 기자들을 몰고 가는 인솔자같이 보여서그래. 무슨 꿍꿍이속이 있는 게 아닐까?"
"설마……."
아니라고 고개를 저으면서도 아더는 레이 기자의 꿍꿍이속을 알 수 있을 것 같았다. 다이애나를 속속들이 파헤치기보다 지켜 주자는 말에 동조했다가 9개월째 이렇다 할 사진 한장 찍지 못한 그는 레이 기자에 대해 불만이 없는 것도 아니었다.
"아더, 자네 장비값 벌고 싶지 않나?"
"글쎄 말이야. 왕세자와 다이애나가 같이 있는 장면을 찍어야 본전을 뽑을 텐데 말야……."
"레이를 아무리 따라다녀야 본전 못 뽑아."
"어떡하면 되지?"
"날 따라와!"
자신만만한 그의 말을 믿고 일행 속에서 슬그머니 꽁무니를 뺀 아더는 해리와 함께 차를 돌려 오던 길을 도로 달렸다.
"어딜 가는 거지?"
아더 기자가 물었다.
"따라와 보면 알 게 아냐."
"앤드루 왕자 사진은 어떡하구?"
"그 사진 가지고 장비값이 나온다고 생각해?"
"그럼?"
"찰스 왕세자와 다이애나가 함께 있는 사진을 찍어야지."
"좋아, 너만 믿는다."

장비값도 값이려니와 남이 찍을 수 없는 사진을 찍을 수 있다는 기대감에 그의 가슴은 설레이고 있었다.
 해리는 먼저 공항에 가서 다이애나가 입국한 사실을 확인했다.
 "다음은 어떻게 하는 거지?"
 아더 기자가 물었다.
 "생각중이야."
 "다이애나 아파트를 지킬까?"
 "틈을 줘야 해. 마음놓고 왕세자와 만날 수 있게……."
 "그럼 우린 뭘하지?"
 "먼저 집으로 가자구."
 해리가 엉뚱한 소리를 하자 아더는 하도 기가 차서 눈을 휘둥그렇게 떴다.
 "이보게, 해리! 집에 가기 위해 여기까지 왔단 말인가?"
 "여러 말 말고 내일 아침에 두툼하게 파카나 입고 떠나자구."
 "어디로?"
 "가보면 알 게 아냐."
 이튿날 새벽, 그들은 하이그로브가 멀리 바라보이는 숲속에 숨어 결정적인 순간을 기다리고 있었다.
 아니나 다를까, 다이애나와 찰스 왕세자가 파란색 포드에 오르는 것이 보였다.
 "추격하자!"
 아더와 해리는 허겁지겁 차에 뛰어들어 드라이브를 즐기는 그들을 추격했다.
 "추월할 테니까, 찍어!"
 "오케이!"
 아더 기자는 광각렌즈가 달린 카메라를 꺼내들고 셔터 스피드를 천분의 일로 맞추었다. 움직이는 피사체를 함께 움직이며 찍어야 하기 때문이다.
 한편 찰스 왕세자와 다이애나는 기자들이 추격하고 있다는 사실도 모른 채 신나는 드라이브를 즐겼다. 차안의 라디오에서는 감미로운 멜로디가 흐르고 있었다.
 "피곤하면 내 어깨에 머리를 기대요."
 찰스 왕세자가 말했다. 그녀의 피로를 염려해서라기보다 사랑하는 다이애나가 기대 주기를 바라서였다. 다이애나는 그의 어깨에 머리를 기댄 채 지그시 눈을 감았다. 환상적인 행복이 온몸에 젖어들었다. 그러나 그것도 순간이었다. 뒤쫓아오는 요란한 클랙션 소리에 다이애나는 소스라치게 놀랐다.
 "다이애나, 기자야! 벨트를 꼭 매요."
 찰스 왕세자는 속력을 다해 달렸다. 흡사 자동차 경주와 같았다.
 공식적인 약혼 발표가 있기 전까지 둘이 같이 있는 사진을 찍히기 싫어한 찰스 왕세자는 계속 악셀을 밟았다. 마치 필사의 도주자처럼······.
 "얼굴을 숙이고 있어요. 사진을 못 찍게······."
 그녀는 시키는 대로 얼굴을 숙이면서도 사진을 찍히지 않기 위해 속력을 다해 달리는 왕세자를 이해할 수가 없었다. 그러나 같이 사진을 찍힌 여인들이 모두 그림자도 안 남기고 사라져 간 경험이 있던 찰스 왕세자는 그 경험을 되풀이하고 싶지 않았다. 그런 의미에서 기자로부터의 도주가 아니라 미신과 액운을 떨쳐 버리기 위한 도주였다.
 바로 그때였다. 구원의 신이 포드와 기자의 차 사이에 끼어들었다. 다름아닌 경호차였다. 전속력으로 다이애나와 찰스 왕세자가 탄 포드를 향해 정체불명의 차가 옆길에서 튀어나오자 경호차는 헤드라이트까지 켜고 추격한 것이다. 조수석에 탄 경호원이 신문사 차임을 확인하자 뽑아들었던 권총을 넣고 진로를 방해했다.

"제기랄!"

해리는 또 한 번 이를 갈며 브레이크를 밟았다. 특종을 바로 앞에서 놓쳐 버린 것이다.

"다이애나, 이젠 됐으니 얼굴을 들어요."

찰스가 웃으며 말했다. 다이애나가 얼굴을 들고 뒤돌아보았다. 수마일 뒤에서 경호원과 기자들이 옥신각신하는 모습이 보였다. 찰스 왕세자는 지름길로 방향을 틀어 마구간으로 내달았다.

약혼이 공식 발표되기까지는 아직 며칠이 더 남아 있었고 마지막 관문이라고도 할 수 있는 다이애나의 신체검사 결과가 나와야 한다. 신체검사란 왕세자비로서의 신체적인 출산 기능에 관한 검진과 처녀성의 의학적인 보증을 말한다. 이 두 가지 조항 중에 어느 하나라도 결함이 발견되면 의회에서 부결되고 만다.

만약에 의회에서 부결되어도 결혼을 할 경우는 윈저 공처럼 왕위 계승권을 포기해야 한다. 찰스 왕세자는 그럴 용기가 없다기보다 국가와 왕실을 우선해야 하는 교육을 받아왔고 그것이 왕세자에게 주어진 의무라고 믿고 있었기에 다이애나와의 결혼을 단념할 수밖에 없다. 그는 상상하기조차 끔찍한 그녀와의 결별을 막기 위해서라면 어떤 미신도 다 동원하고 싶은 심정이었다.

그 하나가 바로 카메라맨 기피증으로 나타났다. 이 하나만으로도 왕세자가 얼마나 다이애나를 사랑하고 있는지를 말해 주고 있다. 그는 숱한 애정 편력을 거쳐 다이애나를 사랑하게 된 것이다. 결국 그의 지금까지의 애정 편력은 이 세상에 하나밖에 존재하지 않는 다이애나의 가치를 찾아내기 위한 수련 기간이라고도 할 수 있다.

차에서 내린 다이애나와 찰스 왕세자는 마구간 안으로 들어갔다. 애마 앨리바가 여느 때와 같이 고개를 휘저으며 반가이 주인을 맞이했다. 왕세자는 애마의 목을 쓰다듬어 주고 나서 안장을 얹고 마장(馬場)

으로 나갔다. 3월 13일, 선다운 파크에서 있을 그라운드 밀리터리 골드 컵 레이스에 출전하기 위한 훈련을 하기 위해서였다. 그리고 내일 열리는 체스트퍼 경주를 위한 컨디션 조종도 겸한 훈련이었다.

다이애나는 훈련하는 왕세자를 멀리서 지켜보고 있었다.

주위에서 하나같이 경호하며 무슨 수를 써서라도 왕세자가 위험한 경주에 못 나가도록 막아야 한다고 충고했으나, 그녀는 전혀 그럴 뜻이 없었다. 찰스 왕세자가 경기장에 나왔을 때 객석에서 일어나는 우레와 같은 박수가 곧 찰스 왕세자 개인에게 보내는 것이 아니라 왕실에게 보내는 것이라고 믿고 있기 때문이었다. 그녀는 남편이 될 찰스 왕세자가 체력이 허락하는 한 그의 건강을 뒷바라지하며 국민과 왕실을 잇는 다리 역할을 다할 수 있도록 해 줄 생각이었다.

그날 아침 식사는 조련사의 식당에서 간소하게 끝냈다.

"내일 있을 경마에 제가 참관해도 될지 모르겠어요."

다이애나가 물었다.

"무슨 소리요, 참관해야지……."

"고마워요, 타피 윈저."

다이애나가 장난스러운 얼굴로 해군 시절의 그의 애칭을 불렀다.

"내 해군 시절의 별명이오. 내가 그 별명에 얼마나 애착을 가지고 있는 줄 아오? 정말 오랜만에 들어 보는 별명이오. 다이애나, 그 별명을 다시 한 번 불러 주시오."

"타피 윈저! 우리가 결혼하고 나면 이런 상스러운 별명을 부를 수 없겠지요?"

"다이애나는 상스럽다고 생각하오?"

"아니요. 왕세자라는 칭호는 물려받은 것이지만 타피 윈저라는 별명은 국민이 수여한 칭호라고 생각해요."

실상 찰스 왕세자는 아득히 높은 위치에서 국민들 위에 군림하는 왕세자가 아닌 항상 국민과 가까이 있는, 그리고 애칭으로 불리워지는 그런 왕세자가 되기 위해 피나는 노력을 해 왔다. 그런 찰스이기에 타 피 윈저라는 별명에 애정을 가지고 있었다.
"우리 단둘이 있을 땐 불러도 돼요. 얼마나 다정스러운 별명인데……"
분명 찰스 왕세자도 그 별명을 자랑으로 여기고 있었다. 역대 왕세자가 국민으로부터 그런 애칭으로 불린 예가 없지 않았던가.

검은 헬멧을 쓴 찰스 왕세자가 애마 앨리바를 타고 경기장에 모습을 나타내자 관람석에서 함성이 일었다. 다만 해리와 아더 기자만이 인상을 긋고 로열 박스에서 관전하는 다이애나와 찰스 왕세자를 번갈아보며 분을 삭이고 있었다.
말을 타고 관람석 앞을 한 바퀴 돌던 왕세자가 그들에게 미안하다는 듯이 웃으며 손을 흔들자, 해리와 아더 기자는 주먹으로 가슴을 치고 발을 구르며 따라 웃었다.
이날 아침의 레이스는 7마일의 캔터였다. 캔터를 끝낸 찰스 왕세자가 다이애나가 있는 로열 박스 쪽으로 가려고 할 때 예기치 않던 사고가 일어나고 말았다. 앨리바가 갑자기 허공을 향해 목을 휘젓더니 몸을 부르르 떨기 시작하는 것이 아닌가.
찰스 왕세자는 말에서 뛰어내렸다. 그 순간 앨리바는 고목처럼 쓰러져 입에 거품을 물었다.
모든 관객들이 자리에서 벌떡 일어서서 술렁거렸다.
"앨리바! 왜 그래, 앨리바!"
찰스 왕세자는 앨리바의 목을 끌어안았으나 말은 계속 거품을 물고 온몸에 경련을 일으키고 있었다. 다이애나가 허겁지겁 달려왔을 때 앨리바는 이미 죽어 있었다. 찰스 왕세자와 그녀는 손을 맞잡고 앨리바의 죽음을 지켜보며 한없이 눈물을 흘렸다.

검시 보고에 의하면 앨리바의 사인은 심장마비로 밝혀졌다. 최후까지 주인에게 충실한 앨리바였다. 만일에 심장마비가 레이스 도중에 일어났더라면 찰스 왕세자는 큰 불상사를 당했을 것이 아닌가. 다이애나와 왕세자는 앨리바의 충성이 고맙기 그지없었다.

다이애나의 얼굴은 눈물로 화장이 지워져 엉망이었다. 이런 얼굴로는 어디선가 노리고 있을 카메라맨의 표적이 되고 싶지 않았다. 그녀는 경호원이 주는 커다란 타월을 쓰고 경호차에 올랐다.

찰스 왕세자와 작별인사를 나눌 경황도 없이 경호차 편으로 아파트로 돌아온 다이애나는 룸메이트에게 둘러싸였다.

"다이애나, 운 것 아냐?"

버지니아가 놀란 표정을 지으며 물었다.

"찰스 왕세자가 가장 사랑하던 말이 죽었어. 심장마비로……"

"저런, 왕세자도 상심하셨겠다."

"상심할 정도가 아니야. 우시는 것을 보았어. 그분이 그렇게 우시는 것을 보니까, 가슴이 아파."

찰스 왕세자의 울음이 가슴아파 눈물을 흘리는 다이애나는 선천적으로 비단결같이 고운 마음의 소유자였다.

"그만 울어. 찰스 왕세자는 말을 잃은 슬픔보다 네 울음을 더 가슴 아파하실 거야."

룸메이트들은 그녀를 위로했다. 이때 전화벨이 울렸다.

"다이애나, 받아. 네 전활 거야."

다이애나는 버지니아가 건네주는 수화기를 받아들었다. 찰스 왕세자의 전화였다.

"아무 일 없이 무사히 도착했소?"

"네."

대답하는 다이애나의 말 속에는 그때까지 울음이 번져 있었다.

"아직도 울고 있는 거요? 이젠 그만 눈물을 거두어요. 난 다이애나의 울음이 더 가슴아파."

"그러시다면 울지 않겠어요."

찰스 왕세자의 따스한 위로의 말은 눈물어린 다이애나의 표정을 웃음으로 바꾸어 놓았다. 이렇듯 착한 그녀에게 찰스는 또 하나의 기쁜 소식을 전해 주었다. 토요일 만찬회에 초대를 한 것이다.

"그날 만찬회는 앤드루 왕자의 생일을 축하하기 위한 것이지만 주인공은 다이애나요."

찰스 왕세자의 말이었다.

"앤드루 왕자 생일인데 어떻게 제가 주인공이 될 수 있죠?"

"우리들의 약혼을 축하하기 위한 모임인데 앤드루의 생일 파티라고 위장한 거요."

"정말 행복해요."

가슴이 벅차오른 다이애나가 할 수 있는 말은 행복하다는 말 이외에 더 할 말이 없었다. 약혼을 축하하기 위한 왕실 가족의 파티라면 왕비 적격심사에서 합격됐음을 뜻한다. 다이애나는 누구에게도 내색하지는 않았으나 출산 능력 여부를 검진한 결과에 대해서 무척 가슴을 조여 왔었다.

토요일 밤의 만찬회는 왕실의 공식 모임이었다. 여왕을 비롯해서 에딘버러 공(필립 전하), 앤드루 왕자, 앤 공주 부처와 그의 딸 알렉산드라도 참석했다. 다이애나와 찰스 왕세자가 손을 맞잡고 만찬회장으로 들어오자 왕실 일가들은 얼굴에 웃음을 담고 그들 두 사람을 맞이했다.

이 자리에서 다이애나는 화요일 오전 11시에 공식 약혼 발표가 있다는 통고를 여왕으로부터 직접 들었다. 그 순간 다이애나는 감격의 울음이 복받쳤다.

만찬회가 있기 전까지 버킹엄 궁전은 근래에 없는 분주한 시간을 보냈다. 왕세자의 약혼 날짜를 대처 수상을 비롯한 각 각료, 캔터베리 대주교에게, 결혼 식전을 주관할 로버트 런시에게, 그밖의 전세계의 영국 연방 수뇌들에게 비밀 메시지를 보내야 했다.
 만찬회가 끝나자 다이애나는 별실로 안내되었다. 거기에 왕태후를 모시고 있는 팔머 할머니가 손녀인 다이애나의 약혼에 따른 절차를 일러주기 위해 기다리고 있었다.
 "할머니!"
 방에 들어서자마자 벅찬 감격을 가눌 길 없던 다이애나는 팔머 할머니 품에 안겨 울음을 쏟았다.
 "내 장한 손녀 다이애나야. 넌 지금 울 때가 아니고 마음을 다져야 할 때란다."
 할머니는 품속에서 울음을 터뜨린 다이애나의 등을 어루만지며 그녀를 진정시켰다.
 "이럴 때 네 친어머니가 옆에 있었더라면 얼마나……."
 할머니는 말끝을 맺지 못하고 울먹였다. 손녀딸의 울음을 달래던 할머니가 대신 울어 버린 것이다. 친어머니 아닌 계모 슬하에서 손녀딸이 결혼식을 치러야 한다고 생각하니 나이 어린 다이애나가 측은해 볼 수가 없었다.
 "할머니, 전 지난 과거에 대해선 울지 않기로 했어요. 그러니 할머니도 그만 눈물을 거두세요."
 "그래, 이 늙은 것이 노망이 들었나 보구나. 어린 네 앞에서 눈물을 흘리다니……."
 울음을 거둔 할머니는 차분하게 다이애나의 일정을 당부했다. 약혼 공식 발표가 있기 하루 전날인 월요일에 짐을 챙겨 클레런스 하우스로 옮겨 와야 한다는 것이다.
 그곳은 버킹엄 궁전에서 5백 야드 떨어진 곳에 위치하고 있으며 왕태후가 살고 있다. 다이애나는 여기서 결혼할 때까지 수개월 동안 기거하며 왕세자비로서 갖추어야 할 궁전의 예절을 몸에 익혀야 한다. 이를테면 왕세자비의 수련장과 같은 곳이다.

버킹엄 궁전을 떠나 아파트에 도착한 다이애나는 룸메이트들에게 월요일 밤에 클레런스 하우스로 옮긴다는 얘기를 하지 않았다. 그들을 못 믿어서가 아니라 이별의 슬픔을 미리 알리고 싶지 않아서였다.

그런 줄도 모르고 룸메이트들은 호기심에 찬 표정으로 만찬회에서 있었던 일을 물었다. 다이애나는 월요일이면 헤어져야 하는 룸메이트들에게 기쁜 선물을 안겨 주어야겠다고 생각했다.

"이건 아직 비밀인데 화요일 오전 11시에 공식 약혼 발표가 있을 거야."

순간 룸메이트들은 함성을 질렀다.

"축하해, 다이애나."

그녀들은 번갈아 다이애나를 얼싸안았다. 어느 누구도 곧 있을 이별을 눈치채지 못하는 것이 다이애나에게는 다행스러웠다. 앞으로 이들 룸메이트와 같이 보내는 밤이라야 고작 이틀뿐이다. 다이애나는 이 이틀 동안 룸메이트들을 즐겁게 해주어야겠다고 생각했다.

"애들아, 오늘은 내가 파티를 열게."

다이애나는 룸메이트들의 함성을 뒤로 하고 방을 나갔다. 잠시 후 그녀는 한보따리의 봉투를 들고 들어와 그들 앞에 펴놓았다. 과일과 음료수, 그리고 과자 등이었다. 그들은 먹고 마시며 밤늦게까지 즐겁게 놀았다.

이튿날 아침, 룸메이트들은 데이트를 즐기기 위해 뿔뿔이 흩어졌고, 다이애나는 소형차를 몰고 앨소프로 갔다. 국산 자동차 업계가 불황에 허덕인다는 뉴스를 듣고 아버지가 사준 외제차를 팔고 1년 전에 산 국산 자동차였다.

다이애나가 집앞에 차를 세우자, 아버지 스펜서 백작과 새엄마 레인 여사가 현관까지 마중나왔다.
"그 동안 별일 없었느냐?"
스펜서 백작이 물었다. 찰스 왕세자의 구혼 전화가 있고 나서부터 그는 다이애나가 스펜서 가문에 안겨다 준 영광에 가슴이 벅차 일이 손에 잡히지 않았다.
"아버지, 화요일 11시에 공식 약혼 발표가 있어요."
그 말에 감격한 스펜서 백작이 얼굴을 돌렸다. 벅찬 눈물을 감추기 위해서였다.
"아버지, 너무 염려하지 마세요. 모든 것이 잘 될 거예요."
"정말 장하다, 다이애나."
새엄마가 그녀의 손을 이끌고 안으로 들어갔다. 레인 여사는 다이애나와 소파에 나란히 앉아 나지막하게 말을 이었다.
"다이애나, 오늘을 맞이하고 보니 내가 너에게 죄를 짓고 있는 것 같구나. 만약에 이럴 때 친엄마가 있었더라면……."
"저는 여태 그런 생각을 해보지 않았어요. 새엄마는 아빠의 생명을 구한 우리 집안의 은인이에요. 그리고 몰락 직전에 있는 스펜서 백작 가문을 구하셨구요. 그런 의미에서 새엄마는 누구 앞에서도 자랑할 수 있는 분이에요."
다이애나는 월요일 밤에 클래런스 하우스에 들어가면 앞으로 좀처럼 집에 들를 기회가 없을 것이라며 아버지와 스펜서 가를 잘 부탁한다는 말을 잊지 않았다. 레인 여사는 다이애나의 아름답고 너그러운 마음씨에 울어 버렸다.
그녀는 밖으로 나왔다. 그리고 정든 앨소프의 초원을 거닐었다. 이렇듯 한가하게 집안을 돌아다닐 수 있는 것도 오늘이 마지막이라고 생각하니 뜨거운 눈물이 흘러내렸다.
그녀는 눈물을 닦지도 않은 채 걷고 또 걸었다.

신부 수업을 받으며……

앨소프에서 마지막이 될지도 모를 밤을 거의 뜬눈으로 새우다시피 한 다이애나는 가족들에게 작별을 하고 유치원으로 직행했다.

영국 왕세자비 중에서 첫번째 직장 여성이었던 그녀는 원장에게 사표를 냈다.

"다이애나 양, 자기를 위해 노력한 당신, 또 남을 위해 노력한 당신은 필히 우리 모두가 바라는 그런 분이 될 줄 믿고 있어요. 부디 행복하십시오."

원장은 엄숙한 표정으로 사표를 수리하며 말했다.

"감사합니다, 원장 선생님."

"항상 보이지 않는 곳에서 빌겠습니다."

함께 일한 보모들과 작별인사를 나눈 다이애나는 운동장에서 놀고 있는 원생들을 일일이 안아 주며 입맞춤으로 안녕을 고했다.

한편 신문사에서는 월요일에 공식적인 약혼 발표가 있을 것이라는 정보가 흘러들어와 찰스 왕세자의 스캔들을 전담했던 기자들을 허탈하게 만들었다.
"이젠 전업해야지."
레이 기자가 수첩을 찢어 버리며 말했다. 그 수첩에는 찰리스 엔젤과 엔젤 가능성이 있는 귀족 가문 아가씨들의 신상 명단이 메모되어 있었다.
"자넨 수첩을 찢어 버리면 그만이겠지만 많은 돈을 들여 구입한 카메라 기재는 어떻게 본전을 빼지?"
아더가 투덜거렸다.
"뭐가 걱정인가. 앤드루 왕자가 23세니까 몇 년만 기다리면 써먹을 수 있잖나."
"왕자의 스캔들과 왕세자의 스캔들과는 뭔가 계산부터가 틀려. 나만 바가지 쓴 거야."
"그만 투덜거리게. 다이애나를 지켜 주었다는 보람이 있지 않나? 나가서 맥주나 마시세."
그들은 단골 카페에서 맥주잔을 부딪치며 건배했다. 축배인지 패배인지 분간조차 할 수 없는 야릇한 건배를 하고 있는 그 시각, 유치원을 나온 다이애나는 해롯 백화점에 들러 밝은 감색의 투피스를 사들고 아파트로 돌아왔다.
텅빈 방에 1년 반 동안 손때 묻은 가구와 부엌 살림들이 그녀를 기다리고 있었다. 앞으로 몇 시간 뒤면 그 동안 고락을 같이한 정든 살림살이와 영원히 작별해야 한다고 생각하니 새삼 애착이 갔다. 그녀는 가구와 살림살이들을 하나하나 깨끗이 먼지를 털고 닦고 나서, 룸메이트들에게 퇴근 후에 일찍 돌아오라는 전화를 한 다음, 그들을 맞을 차비를 했다.
앤과 캐롤린은 퇴근 후 버스 정류장 앞에서 합류했다.
"언니, 무슨 일일까?"

"아파트에 가보면 알 테지 뭐."

잔뜩 궁금증을 안고 아파트에 들어선 세 아가씨들은 눈이 휘둥그래졌다. 촛불이 켜진 케이크 앞에 다이애나가 숙연하게 서서 그들을 맞이했다.

"생일 파티야?"

"다이애나의 생일은 7월 1일이잖아."

"정말 그렇지. 그럼 무슨 파티지?"

다이애나가 여전히 입을 다물고 있자 세 아가씨는 케이크가 있는 곳으로 가서 거기에 새겨진 글씨를 확인했다. 케이크 위에는 '영원한 우정을 다지며'라고 쓰여져 있었다.

"다이애나, 도대체 무슨 뜻이야? 새삼스럽게 영원한 우정을 다지다니?"

버지니아가 캐묻자 비로소 다이애나는 조용히 입을 열었다.

"나 오늘 밤에 이 아파트를 떠나야 돼."

그녀의 말이 떨어지자, 방안은 물을 끼얹은 듯이 조용해졌다.

"내일 11시에 공식적인 약혼 발표가 있어. 그리고 결혼식을 거행할 때까지 클레런스 하우스에 있게 될 거야."

다이애나가 마련한 파티는 송별을 위한 것이었으나, 영광된 자리를 찾아가는 그녀를 울음으로 보낼 수 없는 룸메이트들은 슬픈 얼굴을 애써 감추며 웃음으로써 축하했다. 그녀는 빨간 우단드레스와 그에 맞는 빨간 스타킹, 구두, 감색 투피스가 든 슈트케이스를 들고 정든 룸메이트들을 뒤로 하고 아파트를 나왔다.

혹시나 기자들이 눈치챌까 봐 현관까지도 바래다 줄 수 없던 세 아가씨는 창가에 기대어 빨간 소형차를 타고 시야에서 사라지는 다이애나의 뒷모습을 지켜보고 있었다.

기다리고 기다렸던 그날은 드디어 꿈이 아닌 현실 속에 닥쳐왔다.

1981년 2월 14일, 영광된 그날의 새벽은 매우 추운 날씨였다. 그러나 추위만큼 동쪽 하늘은 구름 한 점 없이 맑게 개어 있었다.

버킹엄 궁전의 공식 발표가 있은 순간부터 다이애나의 인생은 완전히 바뀌었다. 앞으로는 빨간 소형차로 직접 운전하며 혼자 마음대로 런던 시가를 돌아다닐 수 없게 되었다. 이제부터는 다이애나의 전용 경호관이 어디를 가든 따라다닐 것이다.

"폴 오피서 경호관, 앞으로 다이애나를 맡아 주시오."

12년 동안 찰스 왕세자의 보디가드이며 또한 친구이기도 한 총경에게 찰스 왕세자는 특별히 당부했다. 새로 추천된 경호관은 마음이 놓이지 않았다. 그만큼 찰스는 다이애나를 사랑했던 것이다.

폴 총경은 공식 약혼 발표가 있기 몇 시간 전에 다이애나를 위해 왕실 미용사를 불러야 했다.

"다이애나 양, 왕실 미용사가 기다리고 있습니다."

그녀의 경호관이 되고 나서 첫 임무였다.

"폴 총경님, 꼭 왕실 미용사가 머리를 만져야 하나요?"

"그런 건 아닙니다만······."

"단골 미장원에 가고 싶어요."

"그래야 할 특별한 이유라도 있습니까?"

"지금까지 제 머리를 만져 준 미용사에게 오늘의 영광의 일부를 돌려주고 싶어서······."

"좋습니다. 수배하겠습니다."

처음 왕실 미용사를 마다했을 때 옹고집 상전을 만났구나 하고 가슴이 철렁 내려앉았으나 이름도 족보도 없는 변두리 미용사에게 영광을 주려는 다이애나의 고운 마음씨에 폴 총경은 깊은 감동을 받았다.

폴 총경은 부하 경호원들을 모아 다이애나가 지목한 미장원까지의 거리와 시간을 재고 나서 요소에 포스트를 세운 다음 그녀를 태우고 클레런스 하우스를 출발했다. 미장원에 도착하자 선발대 경호원이 지키고 있었다.

"다이애나 양, 감사합니다. 이런 영광스러운 자리를 마련해 주어서……."

무명 미용사는 감격에 눈물마저 글썽거렸다. 왕세자비의 공식 약혼 발표시 그녀의 머리를 만졌다는 사실은 올림픽에서의 금메달과도 같은 영광스러운 것이다. 다이애나는 1년 반 동안 정성들여 머리를 만져 준 미용사에게 은혜를 갚았다고 생각하니 마음이 흡족했다.

이것은 여담이지만 약혼 발표 후 다이애나의 헤어스타일은 런던뿐만 아니라 세계적으로 유행했고, 그 변두리 미용실은 장사진을 이루었다고 한다. 그리고 그 미용사는 런던에서 첫손 꼽히는 일류 미용사가 된 것이다.

오전 11시 정각.

버킹엄 궁전 공보실에서 발표한 메시지는 극히 간단하고 명료한 내용이었다.

"여왕 폐하와 에딘버러 공작은 최대의 기쁨으로 가장 사랑하는 아들 왕세자와 스펜서 백작가의 딸 다이애나 스펜서 양의 약혼을 발표합니다."

기자 회견은 버킹엄 궁전 후원에서 있었다. 찰스 왕세자는 넓은 정원과 눈부시게 빛나는 호수가 내려다보이는 테라스 제단에 다이애나와 나란히 서서 포즈를 취했다.

카메라맨들은 연달아 플래시를 터뜨렸다. 이 순간을 포착하기 위해 6개월 동안 찰스 왕세자와 무진한 숨바꼭질을 하다 끝내는 손을 들고 말았다. 그래서일까, 사진 기자들은 신바람이 났다.

"두 분께서 좀 다정한 포즈를 취해 주시면 고맙겠습니다."

다이애나는 찰스 왕세자 어깨에 머리를 기댔다. 카메라맨들은 마구 셔터를 눌러댔다.
 이때 찍은 포즈는 독자들에게 눈에 익은 사진이다. 그녀의 밝은 블루실크 슈트는 품위가 넘쳤고, 왼손 약지에 낀 다이아몬드를 박은 호화스러운 약혼 반지는 그들의 미래를 기약하듯 찬란하게 빛나고 있었다.
 "좀더 다정한 포즈를 취해 주십시오."
 아더 기자가 익살스럽게 주문하자 찰스 왕세자는 그녀의 어깨에 손을 얹고 미소를 지어 보였다. 근위 연대 악대가 연주한 〈일시적인 사랑은 끝났도다〉라는 곡은 퍽 어울리는 곡이었으며 기자들을 즐겁게 해주고도 남음이 있었다.
 모든 것이 순조로웠다. 이제 두 사람이 함께 있는 사진을 찍어도 상관이 없다. 그것만 해도 두 사람은 해방된 그런 기분이었다. 카메라맨이 몇 장을 찍든 찰스 왕세자는 악몽 같은 과거의 징크스에 구애될 필요가 없었다.
 카메라맨이 셔터를 누르고 나자 기자들의 질문 공세가 시작되었다. 능구렁이 같은 기자들의 질문은, 지금 기분은 어떠냐는 등 처음에는 답변하기 쉬운 상식적인 것이었다. 그러나 질문과 답이 몇 차례 오고가자 핵심을 파헤치기 시작했다.
 "두 분 나이에 상당한 차이가 있는 것으로 알고 있습니다. 그 점에 대해선 어떻게 생각하십니까?"
 지금까지 질문을 혼자 도맡다시피 했던 찰스 왕세자도 버릇없는 그 질문에 얼굴이 굳어졌다. 이때 다이애나가 재빨리 끼어들며 화살을 막았다.
 "연령 차이 같은 것은 전혀 생각해 본 적이 없습니다."
 기자들은 그 문제에 대해 더 캐묻지 않았다. 기쁨과 행복감에 젖은 다이애나의 상기된 표정이 기자들의 더이상의 질문을 막았기 때문이다.
"두 분의 행복한 모습을 보니 저희들도 마음이 놓입니다."
"감사합니다. 나는 다이애나가 구혼을 받아 주어 오늘의 이 자리를 마련하게 된 것을 기쁘게 생각합니다."
찰스 왕세자가 말하자 다이애나가 말을 이었다.
"저도 매우 기쁘게 생각하고 있어요. 그리고 더없이 행복합니다."
"처음 만났을 때의 일을 말씀해 주십시오."
다이애나에게 물었다.
"77년 9월이었습니다. 왕세자께선 언니의 친구로서 저희 집에 사냥하러 오셨습니다. 전 그때 겨우 열여섯 살이었습니다. 그 전에는 별로 만나뵌 적이 없었습니다."
"어렸을 때 낮은 돌담을 사이에 두고 왕실 영지 옆에 살지 않았습니까?"
기자가 어렸을 때의 일을 일깨워주듯 물었다. 다이애나는 탭 댄스를 하던 생각이 났으나 왕세자의 품위가 손상될 것 같아 말하지 않았다.
"낮은 돌담이 왕실 영지 사이에 있었습니다. 그땐 앤드루 왕자하고 놀았습니다."
"왕세자께서 청혼했을 때 예스라는 답은 언제 하셨습니까?"
"그 즉시 말씀드렸습니다. 말씀하신 바로 그 자리에서······."
다이애나는 수줍어졌음인지 약간 고개를 숙이며 말했다. 기자들의 질문은 계속되었다.
"두 분이 헤어져 있는 동안, 다시 말해서 다이애나 양이 오스트레일리아에 계시는 동안 연락은 어떻게 하셨습니까?"
"왕세자님께서 전화를 주셨습니다."
찰스 왕세자가 그녀의 말을 이어받았다.

"오스트레일리아 신문 기자들이 버킹엄 궁전이나 내 이름을 대면서 여러 차례 전화를 건 모양입니다. 그 덕택에 내가 전화를 걸었을 때 믿으려 하지 않았어요. 그래서 난 왕세자라는 신분을 밝혔어요."
"그래서 연락이 됐습니까?"
"역시 실패했습니다. 그 관리인이 만약에 당신이 왕세자라면 난 왕이다라고 호통을 치며 전화를 끊었습니다. 지금쯤 그 왕은 쥐구멍을 찾고 있을 테지요."
 연극에서 배운 익살과 찰스 왕세자의 품위 있는 표정은 회견장을 웃음바다로 만들어 놓았다. 즐겁고 멋진 피날레였다.
 찰스 왕세자와 다이애나의 비밀 데이트는 오늘로써 끝났다. 약혼 파티를 겸한 저녁 식사는 클레런스 하우스에서 가졌다. 다이애나는 긴 치마에 간단한 가운 차림이었고, 찰스 왕세자는 이브닝재킷에 보타이(나비 넥타이)를 매고 나타났다. 왕태후와 시녀인 다이애나의 할머니 팔머 부인이 그들을 식탁에 맞아들였다. 지난 반 년 동안에 이처럼 편안한 저녁은 다이애나나 찰스 왕세자에게 처음 있는 일이었다.
 그들의 약혼 발표는 온 나라에 커다란 기쁨을 안겨다 주었다. 영국뿐만 아니라 전세계의 화제는 온통 찰스 왕세자와 왕세자비로 간택된 다이애나에게 집중되었다.
 번화가의 쇼윈도에는 다이애나의 사진이 진열됐고 길 가는 사람들은 그 사진 앞에서 걸음을 멈추었다. 특히 영국에서는 탄광 노동자들이 파업을 일으켜 사회적으로나 정치적으로 뒤숭숭한 때였으나, 다이애나와의 약혼 발표는 그들에게 한 모금의 청량제 역할을 했다. 그야말로 온 세계는 직면한 골치 아픈 일들을 순간적이나마 잊을 수 있었다.
 특히 다이애나와 찰스 왕세자의 약혼 발표는 불경기에 허덕이던 영국 경제에 활력소 구실을 했다. 증권 시세가 껑충 올랐다. 결혼식 때문에 외국 관광객이 쇄도할 것으로 판단한 것이다.

그들의 약혼이 온 세계를 들뜨게 했으나 모스크바 당국에서는 단 한 줄도 보도하지 않았다. 그리고 중공은 의례적으로 보도했다. 정치적인 이유에서였다. 장차 영국의 국왕이 될 찰스 왕세자에게 중공은 호의적인 암시를 한 데 비해 모스크바 당국은 묵살함으로써 대적하는 뜻을 나타낸 처사라고 보아야 할 것이다.

그리고 세계에 흩어져 있는 점성가들은 모두가 두 사람의 상성(相性)이 최고라는 점괘를 내놓았다. 컴퓨터까지도 두 사람의 결혼생활은 완전할 것이라는 답을 했다. 앞으로 다이애나는 왕세자비, 체스터 백작 부인, 콘웰 공작 부인, 로데세이 공작 부인, 캐리크 백작 부인, 렌프류 남작 부인 등의 칭호를 가지게 될 것이다.

한편 다이애나의 룸메이트들은 되풀이해서 방영하는 약혼 발표 장면이 브라운관에 비칠 때마다 함성을 질렀다.

"얘들아, 방안에서만 기뻐할 것이 아니라 밖에 나가 모든 사람과 기쁨을 나누는 게 어때?"

버지니아가 제안하자 앤과 캐롤린이 찬성했다.

거리에 나서자 행인들의 얼굴에는 웃음이 넘치고 우중충하던 런던 거리가 한결 밝고 명랑해 보였다.

"아가씨들, 이번 왕세자비로 간택된 분이 아가씨들과 같이 자취를 하던 분이라면서?"

동네 사람들이 세 아가씨를 불러세우고 물었다.

"네, 그래요. 같이 생활한 친구예요."

세 아가씨들은 만나는 사람마다 다이애나의 칭찬을 침이 마르도록 늘어놓았다. 그들은 하이드 파크로 갔다. 시민들의 반응을 보기 위해서였다. 택시에서 내려 공원에 들어서자 먼발치에서 연사 하나가 열변을 토하고 3, 40명의 청중들이 박수를 보내고 있었다.

세 아가씨들은 자석에 이끌리듯 다가갔다. 그런데 뜻밖의 광경을 목격하게 되었다. 찰스 왕세자와 다이애나의 약혼을 저주하고 있는 것이 아닌가. 그들은 왕정 타도를 부르짖는 공산주의자들이었다.
　"여러분! 찰스 왕세자와 다이애나의 약혼에 현혹되지 마십시오. 그들의 결합은 성스러운 것이 아닐 뿐더러 국민의 지탄을 받아 마땅한 바람둥이의 유희입니다. 그들의 약혼이 도대체 우리에게 무엇을 준다는 것입니까? 도리어 주기는커녕 빼앗아가고 있지 않습니까!"
　연사가 주먹을 휘두르며 열변을 토하자 모두 '옳소'라고 맞장구를 쳤다.
　"찰스는 우리가 바치는 세금으로 언제나 호의호식하며, 옷을 갈아 입듯이 여자를 바꿔챘습니다."
　"찰스는 바람둥이다!"
　"그렇다. 찰스는 플레이보이다!"
　여기저기서 청중이 왕세자를 헐뜯자, 연사는 신이 나서 음성을 돋우었다.
　"찰스는 귀족의 딸, 외국 공주, 여배우, 패션 모델 등과 놀아나다 동생보다도 나이 어린 다이애나를 택했습니다. 이는 사랑도 아무것도 아닙니다. 호기심이다 그겁니다. 이런 왕세자의 호기심과 바람기에 왜 우리까지 놀아나야 합니까? 여러분, 우리가 낸 세금으로 사랑의 유희를 하며 놀아나는 찰스를 용서할 수 있습니까?"
　"용서할 수 없다!"
　"국외로 추방해야 한다!"
　"찰스뿐만 아니라 백해무익한 왕실을 추방해야 한다!"
　듣다 못한 버지니아가 청중을 헤치고 연사 앞으로 다가섰다.
　"왕실을 몰아내고 나면 영국에 남는 것은 뭐가 있다고 생각합니까?"
　"국민이 있소."

"그렇다면 지금까지 영국 국민이 지탱해 온 정신적인 지주가 무엇이었죠?"
"영국의 역사와 전통이오!"
"그럼 영국의 역사와 전통은 무엇이죠?"
"그, 그야······."
연사가 말을 더듬기 시작했다.
"안갠가요? 가랑빈가요?"
"······"
"모르신다면 내가 가르쳐 드리죠. 공산주의자의 정신적인 지주가 칼 마르크스와 레닌이라면 영국 국민의 정신적인 지주는 바로 왕실입니다. 이런 왕실을 추방하자는 것은 지구상에서 영국을 추방하자는 것과 다름이 없습니다."
청중들이 버지니아의 말에 호기심을 보이자, 그녀는 용감하게도 연사를 밀어내고 연단 위에 올라섰다.
"신사 숙녀 여러분! 왕실 없는 영국이란 지구상에 존재할 수 없습니다. 전통 없는 민족이 어떻게 살아 남을 수 있겠습니까? 이렇듯 우리는 지구상에 영원히 살아 남기 위해 왕실이 필요한 것입니다."
"옳소!"
왕실 타도를 부르짖던 청중은 어느새 버지니아에게 동조했다. 원래 군중심리란 이처럼 유동적인 것이다.
"조금 전에 찰스 왕세자가 바람둥이라고 혹평하는 사람이 있었습니다만, 그분은 왕세자의 의무를 수행하기 위해 많은 여자를 접했던 것입니다. 영국의 안녕과 보존을 위해 국민이 원하는 왕세자비를 엄선했던 것입니다."
흥분한 청중 하나가 연단에 뛰어올라왔다.
"아가씨의 말이 맞소! 찰스 왕세자가 그런 의무를 느끼지 않았다면 왕위를 버리고 미국의 과부 심프슨 부인을 따른 제2의 윈저 공이 됐을 겁니다. 그런 의미에서 우리는 찰스 왕세자와 다이애나 양에게 무한한 사랑과 행복이 있기를 마음속으로 빌어야 합니다."

청중 속에서 박수 소리가 일자 공산주의자 연사는 슬그머니 꽁무니를 뺐다.

일장 연설을 하고 난 버지니아는 안도의 숨을 몰아쉬며 연단을 내려왔다.

"언니, 언제 그런 연설하는 법을 배웠어?"

앤이 감탄했다는 듯이 물었다.

"아무한테도…… 그런데 내가 뭐라고 말했니?"

"열변을 토해놓고도 몰라?"

버지니아는 무슨 말을 했는지 생각이 나지 않았다. 그럴 수밖에 없었다. 청중을 감동시키기 위해 미리 준비한 연설이 아니고, 영국 국민들에게 뿌리 깊이 잠재되어 있는 전통적인 의식구조의 외침이었기 때문이다. 그리고 훈련된 연설은 아니었으나, 그녀의 즉흥적인 연설이 많은 청중의 호응을 받을 수 있었던 것도 영국 국민들을 지배하는 전통과 보수성 때문이었다.

버지니아가 제 정신을 차렸을 때, 또 한 명의 맹렬 여성이 연단에 올라 외치고 있었다.

"여러분은 1649년에 있었던 청교도 혁명을 기억하고 있을 것입니다. 크롬웰이 영도하는 정예 군대가 찰스 1세를 처형하여 왕제를 폐지하고 공화제를 수립하였습니다. 이른바 청교도 혁명으로 영국을 지탱하고 있던 전통 사회와 보수성이 하루 아침에 무너지고 말았습니다. 그 결과 영국은 어떻게 되었습니까?"

연대와 실증(實證)을 들어가며 열변을 토하는 맹렬 여성의 연설은 즉흥적인 버지니아의 연설에 비해 체계적이고 조리가 있었다. 청중들의 즉각적인 반응이 일어났다.
"청교도 혁명으로 영국은 생각하기도 끔찍한 역사를 맞이했소!"
"그렇소! 1660년 찰스 2세가 즉위하여 왕정이 복고될 때까지 11년 동안은 그야말로 영국의 암흑기였소!"
"우리는 그런 암흑의 역사를 되풀이하고 싶지 않소!"
청중이 외치자 맹렬 여성이 말을 받았다.
"되풀이하고 싶지 않은 것이 아니라 되풀이해서도 안 됩니다. 크롬웰은 정권을 잡자 스코틀랜드와 에이레를 정복하고 해상권을 장악하는 등 영국을 세계 최강의 나라로 만들었습니다. 그러나 우리 국민들 속에 깊이 뿌리를 내리고 있는 보수와 전통적인 정신세계는 지배하지 못하고 무너졌습니다. 여기에서 가장 중요한 것은 왕정 복고가 왕을 지지하는 군대에 의해 이루어진 것이 아니고 국민에 의한 혁명이었다는 사실을 알아야 합니다."
맹렬 여성의 연설이 끝나자 요란한 박수가 일었다. 너무나도 당연했다. 영국의 왕제는 공화제를 경험한 영국 국민이 찰스 2세를 옹립하여 크롬웰의 군사 정권을 몰아내고 수립했으며 왕권과 의회의 권력 균형을 바탕으로 오늘의 입헌 군주제를 확립한 것이다.
맹렬 여성이 연단에서 내려오자 또 다른 남자가 등단하여 찰스 왕세자와 다이애나를 지지하는 연설을 하여 청중의 갈채를 받았다. 세 아가씨들은 비로소 안심했다는 듯이 미소를 나누며 하이드 파크를 나왔다.

클레런스 하우스에서 식사를 끝낸 다이애나와 찰스 왕세자는 손을 맞잡고 정원을 산책했다. 같은 지붕 아래에서 기거는 할 수 없다고 해도 자유스럽게 매일 만날 수 있어 두 사람은 마냥 행복했다.
"결혼 일자는 7월 하순경에 잡히게 될 것 같은데……."

찰스 왕세자는 다이애나의 의견을 타진하듯이 말했다.
"5개월 후가 되지요? 좋아요."
왕세자가 정식 구혼을 할 때 즉석에서 '예스'라고 대답했듯이 다이애나는 성큼 동의했다.
"5개월 동안 불편한 점이 많을 텐데 참고 견뎌 주시오."
찰스 왕세자는 나이 어린 다이애나가 완고한 왕태후와 기거를 같이하며 신부 수업을 해야 한다고 생각하니 불안한 마음이 들기도 했다.
"왕세자님이 원하는, 왕실이 바라는, 그리고 국민이 염원하는 여인이 되기 위해 훌륭히 수련을 쌓겠어요."
다이애나의 말에 찰스 왕세자는 대답 대신 그녀의 손을 힘주어 잡아 주었다. 10분 동안 산책을 하고 나서 왕세자와 작별을 한 그녀는 신부 수업 첫 시간을 맞기 위해 거실로 들어왔다. 할머니가 시계를 보며 맞이했다.
"난 또 첫 시간부터 늦지나 않나 하고 걱정했다. 어서 왕태후를 뵈러 가자."
하며 방으로 다가갔다.
"다이애나, 매사에 조심해야 한다."
"염려마세요, 할머니."
"난 널 믿는다."
손녀딸의 옷매무새를 고쳐 주고 나서 할머니는 조심스럽게 문을 두드렸다. 안에서 들어오라는 왕태후의 음성이 들렸다. 방문을 밀고 들어서자, 왕태후는 인자한 미소로 손자며느리가 될 다이애나를 맞아들였다.
"다이애나, 이리 와 앉아요."
왕태후가 소파를 권하자, 다이애나는 다소곳이 마주앉았다. 왕태후는 한동안 대견스럽게 그녀를 바라보다가 근엄한 표정으로 입을 열었다.
"다이애나, 한 여인이 한 지아비를 섬기는 것도 여간 힘든 일이 아니다. 그런데 너는 왕실의 전통을 섬겨야 한다. 네게 부여된 의무는 그것뿐이 아니고 섬겨야 할 대상이 또 있느니라. 바로 왕실을 우러러보며 숭앙하는 국민들이다."
"명심하겠습니다."
"난 10여 년 동안 이 말을 일러주어야 하는 손자며느리를 기다려 왔다. 그러니 다이애나는 내가 10여 년 동안 기다린 가장 귀중한 손자며느리다."
왕태후는 다이애나의 손을 쓰다듬으며 말을 이었다.
"너도 역사를 통해 알고 있을 테지만 엘리자베스 여왕은 평생을 독신으로 계셨기 때문에 왕위를 이을 왕세자나 공주가 없었지. 그래서 1603년 여왕이 승하하자, 스코틀랜드의 제임스 1세가 영국 왕위를 이어받았다. 역사는 신왕이 영국 사정에 어둡고 새 시대의 정세를 이해하지 못하여 신흥 계급의 의향을 반영하는 의회와 충돌이 심화되어 국민들로부터 외면당하는 국왕이라고 기록하고 있다."
"그러시다면 역사가 왜곡됐다는 말씀입니까?"
다이애나가 물었다.
"그게 아니다. 역사는 왕비에 대한 기록을 빠뜨렸다."
"어떤 분이었습니까?"
"다이애나 바로 네가 그래서는 안 될 왕비이니라."
왕태후는 왕조의 궁중 비사(祕史)를 예로 들어가며 일러주었다. 왕위 계승권이 없던 제임스 1세가 대영제국의 국왕으로 추대되자 왕비는 본분과 의무를 망각하고 매일 우유로 목욕을 하는가 하면 값비싼 보석 모으기에 혈안이 되었다. 심지어 어느 귀족 부인이 희귀한 보석을 소장하고 있다면 왕권을 동원해서라도 빼앗고 마는 허영의 화신이었다.
"제임스 1세는 왕비의 보석타령으로 눈을 떴고, 보석 애기를 들으며 잠을 들어야 했어. 그러니 아무리 어진 국왕인들 나라를 올바르게 다스릴 수가 있겠느냐. 결국은 왕비의 허영이 제임스 1세를 무능한 국왕의 표본으로 낙인찍게 만든 것이다."

이어서 왕태후는 찰스 1세의 실정을 예로 들며 왕비와 얽힌 궁중 비화를 하나하나 말해 주었다.

"역사는 찰스 1세가 대두되는 신흥 세력, 즉 의회와 잦은 충돌을 빚어오다 마침내는 내전을 몰고와서 왕권이 몰락하고 교수대의 이슬로 사라졌다고 하지만 그것이 전부가 아니었어."

"왕비의 과실이 있었습니까?"

"실정을 한 국왕의 뒤에는 항상 역사가 담지 않은 왕비의 독버섯 같은 마가 끼었어."

찰스 1세는 선왕의 실정을 범하지 않으려고 국민의 소리에 귀를 기울이며 의회의 의사를 존중했고 반왕 세력을 이해하는 쪽으로 노력했다. 그러나 천성이 교만한 왕비는 반왕 세력을 용서하지 않았다.

"폐하! 무엇을 망설이십니까? 그런 무엄한 자들을 당장 광장에 끌어내어 처형하십시오."

살기에 찬 왕비의 말이었다.

"왕비, 아니 될 말이오. 비록 짐과 뜻을 달리하고 있기는 하지만 하나같이 이 나라의 충신이었소. 그런 충신을 어찌 광장에 끌어내어 평민들이 보는 앞에서 처형을 한단 말이오. 아니 되오."

정적들과의 의견 대립에 상심하고 있던 찰스 1세는 왕비를 나무라듯이 말했다. 그러나 왕비는 싫은 사람을 두고 보지 못하는 칼날 같은 성미의 소유자였다.

"그렇다면 왕비는 국왕이 의회와 정면충돌해서 이 나라를 혼란의 와중으로 몰아넣어야 직성이 풀린단 말이오?"

"직성이 풀려서가 아니라 불의를 눈감는 국왕, 의회에 끌려다니는 국왕이 되어서는 안 된단 말씀입니다."

국왕은 고개를 저으며 시기상조라고 말했으나 앙칼진 왕비는 물러서지 않았다. 결국 국왕은 왕비의 영향을 받아 자제력을 잃고 강경파로 돌변하여 반왕파를 차례로 옥에 가두고 처형하다 그들에 의해 단두대의 이슬로 사라지고 말았다.

허영 때문에 국왕의 눈을 어둡게 만든 왕비의 예와 교만 때문에 국민의 심판을 받고 처형당한 왕실의 비화에 이어, 왕태후는 현실을 직시하지 못하고 정적을 용서할 줄 모르던 왕비 때문에 국외로 망명해야 했던 제임스 2세의 비화를 일러주었다.

구교 집안에서 태어난 제임스 2세의 왕비는, 헨리 8세가 정착시킨 영국 국교를 폐지시키고 구교를 영국에 정착시키기 위해 국왕을 앞세워 로마 카톨릭과 은밀한 접촉을 벌였다.

그런데 이런 음모가 드러나 의회는 발칵 뒤집히고 말았다. 34년간 영국에 정착한 국교를 말살하고 구교를 도입하려는 국왕의 처사에 의회는 정면으로 반대하고 나섰다.

사태가 이에 이르자 진퇴양난에 빠진 제임스 2세는 로마 카톨릭의 밀사와 손을 끊고 정세를 관망하기로 했다.

"폐하! 의회에 굴복하시면 아니 됩니다. 이 나라에서 가장 지존하신 분이 누구입니까?"

"왕비, 진정하시오. 국왕에게도 현실을 직시할 줄 아는 안목이 있어야 하는 게 아니겠소."

"폐하가 말씀하시는 현실은 직시해서는 안 되는 현실입니다. 로마 카톨릭에서 분리하여 국왕이 법왕의 전능을 대신하는 영국 교회는 분명히 교회법에 어긋나는 처사입니다. 폐하께서는 국왕의 자격으로 이런 오류를 시정해야 하지 않습니까?"

귀에 못이 박히도록 왕비한테 이런 소리를 들어온 제임스 2세는 마침내 의회와의 정면대결을 불사하고 로마 카톨릭과의 접촉을 본격화했고, 국왕을 탄핵하려는 의원들을 제거하려다 도리어 국민 대다수의 지지와 호응을 얻고 있는 의회에 의해 왕위를 박탈당하고 프랑스로 망명을 해 버렸다.
 여기까지 말한 왕태후는 다이애나의 소감을 타진하듯이 물었다.
 "다이애나, 넌 찰스 1세의 왕비를 어떻게 생각하느냐?"
 "사람은 누구나가 남을 미워하기는 쉬워도 용서하기는 힘든 일이라고 생각합니다."
 "인간이기 때문에 그럴 수 있다는 뜻이냐?"
 왕태후는 실망한 듯이 물었다.
 "그런 뜻이 아닙니다. 왕비가 가야 할 길은 평민들이 가는 길처럼 결코 쉬운 길이 아니라고 생각합니다."
 "그래서?"
 "그 왕비께서는 너무 쉬운 길을 택하시다 화를 자초한 것이 아닌가 생각합니다."
 다이애나가 말하자 왕태후는 시녀 팔머 부인을 바라보며 크게 고개를 끄덕이며 다소 만족한 표정을 지었다. 왕태후는 다이애나의 온화한 얼굴에 그득히 번져 있는 화사한 미소를 한동안 뚫어지게 바라보다 한숨을 푹 내쉬며 말을 이었다.
 "만약에 다이애나 네가 그 시대의 왕비로 태어났더라면 영국 왕실에 그런 비극은 없었을 것이다."
 왕태후는 손자며느리의 첫선을 보는 자리에서 그녀의 온화한 얼굴 표정과 화사한 미소를 보고, 귀족의 체면을 깎은 스펜서 가문이나 차이지는 나이 같은 것을 고려하지 않고 만족의 뜻을 표했다.
 다이애나는 클레런스 하우스에서 적막한 두 번째 밤을 맞이했다. 지금 이 시각 아파트에서는 룸메이트들이 마음대로 얘기를 나누며 즐겁게 놀고 있을 생각을 하니 그녀가 말했듯이 왕세자비가 가야 할 길이,

왕비가 가야 하는 길이 고독과 인내로 점철된 힘든 길임을 새삼 피부로 느꼈다.
 그러나 찰스 왕세자의 청혼에 긍정의 대답을 한 순간부터 숙명적으로 이 길을 걸어야 했던 다이애나는 운명에 순응하는 수밖에 없었다. 그녀는 사치에 눈이 어두워 왕실을 몰락케 했던 제임스 1세의 왕비와, 교만으로 단두대의 이슬로 사라졌던 찰스 1세 국왕 부처, 현실을 직시할 줄 모르고 국왕의 권능만을 앞세워 의회와 정면충돌하다 왕위를 박탈당한 제임스 2세 국왕 부처를 그려 보다 새벽녘에야 간신히 눈을 붙일 수 있었다.
 그러나 긴장한 탓일까, 쇠굽을 단 부츠가 자갈을 밟는 소리에 눈을 떴다. 일정한 거리를 왕복하여 파수를 보는 근위병이었다. 높은 모자에 빨간 군복을 입은 병사가 총을 어깨에 메고 무표정하게 경비를 하는 모습이 마치 장난감 인형을 보는 것 같아 즐거웠다. 그리고 녹색 건물 안에서는 제복을 입은 메트로폴리탄 경찰의 특수반이 이 건물의 경호를 담당하고 있었다.
 다이애나가 침대에서 일어나자, 기다리고 있었다는 듯이 제복을 입은 시종이 은쟁반에 차를 날라왔다. 그제서야 그녀는 직접 차를 끓여 마시지 않아도 되는 자신의 신분을 깨닫고 뭔가 자기에게서 생활의 일부가 떨어져 나간 그런 느낌이 들었다.
 그녀는 시종이 지켜보는 앞에서 차를 마시면서 옆에 시종 대신 룸메이트가 있었더라면 즐거운 아침이 될 수 있으련만 하고 아쉬운 생각마저 들었다.
 시녀는 다이애나가 옷을 갈아 입자 일일이 시중을 들며 왕태후의 아침 식사 시간을 일러주고, 같이 식사를 하고 그 후의 하루 일과를 자세하게 알려주었다. 절도 있는 생활을 하기 위해 시간이 필요한 것이 아니라 시간에 맞추기 위해 사는 것 같은 착각마저 들었다.

식사 시간이 되자 그녀는 스웨터에 간단한 차림으로 왕태후 앞에 나타났다. 생활 환경을 갑자기 바꿀 수 없어 간편한 차림으로 차려 입으면서도 혹시나 왕태후께서 얼굴을 찡그리지나 않을까 염려했으나 전혀 그런 기색이 보이지 않았다. 하기는 클레런스 하우스에 젊은 손자와 손녀들이 자주 들러서 왕태후는 간편한 청바지 차림에 익숙해 있었다.

왕태후는 젊은 손자들한테 인기가 있었다. 린네 자작, 사라 암스트롱 존스, 마가렛 공주의 자제 등 손자들에게 항상 인자한 할머니였다. 그래서일까 왕태후는 다이애나를 외부 사람으로, 손녀로 대해 주어 유쾌한 분위기였다. 더구나 왕태후는 어려서부터 다이애나를 귀여워했다. 스펜서 백작은 자주 왕태후를 집에 초대했고, 앤드루 왕자나 에드워드 왕자와 함께 노는 다이애나를 멀리서 바라보곤 했다.

아침 식사 후 다이애나는 아파트로 갔다. 물론 혼자 마음대로 다닐 수 있는 신분이 아니기에 경호 담당 폴 총경이 운전하는 차로 간 것이다. 아파트도 이것으로 작별이었다. 원래는 이틀 전이 마지막이라고 생각했으나, 잊은 물건이 있어 그 덕분에 룸메이트를 만날 수 있었다.

사전에 연락이 되어 있어 아파트에 들어가자 세 아가씨가 기다리고 있었다. 똑같은 방에서 항상 같이 어울려 생활하던 그들이었으나, 세 아가씨들은 반가움을 꾹 참으며 일정한 공간을 유지한 채 바라보고 있었다.

"버지니아, 앤, 캐롤린, 너희들만은 그러지 말아 줘."
하며 다이애나가 그녀들에게 다가가 악수를 청했으나 그렇게 하지 않을 수 없는 사회적인 규범이 그들 사이를 가로막고 있었다. 아무리 그녀가 룸메이트들에게 접근하고 싶어도 가로막고 있는 사회적인 규범이 옛날의 그런 사이를 허락하지 않았다.

그녀는 시간에 쫓기고 있었다. 점심때까지는 여왕이 초대한 버킹엄 궁전으로 가야 한다. 다이애나는 5분 정도밖에 아파트에 머물 시간적인 여유가 없었다. 그러나 그들의 이별은 결코 슬픈 것만은 아니었다. 마음속으로 서로의 행복을 빌어 주는 우정에 찬 이별이었다. 폴 경호관은 다이애나를 정중하게 모셔가고 모셔왔다.

이렇듯 다이애나의 생활은 완전히 변모했는데도 찰스의 생활은 큰 변화가 없었다. 그녀는 종일토록 그를 보지 못했다. 그는 녹색 재킷에 녹색 랜드로버를 타고 죽은 앨리바를 대신할 좋은 말을 찾아 돌아다녔다. 다이애나에게 무관심했다기보다 경마를 통해 항상 국민들 곁에 있으려는 의무감 때문이었다. 그리고 저녁에는 햄프셔의 장교들과 만찬회에 참석해야 했다. 이로 인해 다이애나는 5백 야드라는 가까운 거리에 있으면서도 만날 수가 없었다.

약혼 발표가 있은 지 일주일 동안은 다이애나를 클레런스 하우스에 보호하고 있다는 안도감에서일까 찰스 왕세자는 많은 일로 동분서주했다. 다음 주 수요일에 스코틀랜드로 가지 않으면 안 되었다. 목요일에는 클라이드 연안 경비대 기지를 방문하는 일정이 짜여 있었다.

같은 날, 다이애나는 오스트레일리아에서 딸을 만나기 위해 귀국하는 어머니를 만나게 되어 있었다.

한편 찰스 왕세자는 크리노크에서 귀여운 처녀들로부터 키스 세례를 받았다. 다이애나와의 약혼이 발표된 지금에 와서 처녀들의 키스는 의미가 다르고 퇴색한 감이 없지 않았으나, 그 고장 처녀들로부터 키스를 받는다는 것은 오랫동안 그의 의무가 되다시피 했다.

오스트레일리아에서도, 미국에서도, 남미에서도, 최근에는 인도에서도 왕세자와 키스를 하는 것이 평생의 소원인 처녀들을 위해 그는 응해 주어야 했다.

같은 무렵 다이애나의 어머니 프랜시스는 비행기로 히드로 공항에 도착했다.

"지금의 소감을 말씀해 주십시오."

기자들이 그녀를 둘러싸고 마이크를 들이댔다. 반쪽짜리 어머니, 낳아 주었을 뿐 키우지 않은 어머니의 복잡한 감정을 읽기 위해서였다. 그러나 프랜시스는 기자들이 원하는 복잡한 감정을 노출시키지 않으려고 피하듯이 그들을 헤집고 로비를 나왔다.

"걸음이 무척 빠르시군요."

사진 기자가 따라오면서 말했다.

"그렇습니다. 저도 딸과 마찬가지로 훌륭한 다리를 가지고 있답니다."

뒤쫓던 기자들이 폭소를 터뜨렸다. 유치원에서 스커트를 통해 비친 딸의 다리를 찍은 데 대한 앙갚음을 웃음으로 받아넘긴 것이다.

이날 밤, 모녀는 저녁 식사를 같이했다. 오스트레일리아를 방문했을 때 마지막 만남이 될지도 모른다고 생각했으나 큰 일을 앞에 둔 다이애나가 의지하고 얘기를 나누고 싶은 사람이 어머니뿐이어서 초대를 한 것이다. 막상 만나고 나면 이렇다 하게 할 얘기가 별로 없었으나, 멀리 헤어져 있으면 태산처럼 많은 얘기가 쌓여 있는 것 같은 것이 모녀간의 정인지도 모른다. 다이애나는 비록 어머니가 딴 곳에 개가를 했어도 이렇게 보고 싶을 때 만날 수 있다는 것이 고마웠다.

주말이 되자 찰스 왕세자가 돌아왔다.

그들은 친구를 찾아 체셔로 갔다. 일요일에는 아무런 거리낌없이 교회에 가기도 했다. 신문 기자나 사진 기자를 만나도 손을 흔들어 줄 수 있는 여유도 생겼으며 이 세상에 거리낄 것이 없었다. 그로부터 4주일 동안은 찰스의 일정이 허락하는 한 그들은 함께 지냈다.

그 이유는 얼마 후에 잠시 동안 헤어져 있어야 하기 때문이었다. 버킹엄 궁전은 찰스 왕세자의 외국 방문 일정을 발표했기 때문이다. 이번 여행은 6주일 예정이었다. 오스트레일리아, 베네수엘라, 미국 등, 영국에서 본다면 지구를 한 바퀴 도는 친선여행이었다.

찰스 왕세자는 오스트레일리아의 차기 총통으로 내정되어 있었다. 6주간의 외국 나들이는 다이애나에게 있어서 너무 오래고 잔인한 기한이었다. 다행히 레이건 미국 대통령은 찰스 왕세자가 미국에 있는 동안 다이애나를 초대해 주어 잔인하게 느껴졌던 기간이 더없이 행복한 기간으로 뒤바뀌었다.

결혼식은 7월 29일로 결정되었다. 이 결정은 3월에 내려졌는데, 다이애나와 찰스 왕세자가 합의한 택일이다. 그 다음에 내려져야 하는 것은 식장인데 이에 대해선 의견이 구구했다.

"다이애나, 왕실에서는 식장을 웨스트민스터 성당에서 거행했으면 하는데 괜찮겠지요?"

하이그로브로 향하는 차안에서 찰스 왕세자가 물었다. 왕실에서는 결혼식을 웨스트민스터 성당에서 거행하는 것이 상례로 되어 있었다. 여왕과 필립 공도 그러했다. 왕태후도, 앤 공주도, 마가렛 공주도 모두 같은 성당에서 화촉을 밝혔다.

찰스 왕세자가 구혼할 때 예스라는 답을 즉석에서 할 수 있었던 다이애나였으나, 식장 문제에 관해서만은 선뜻 대답을 하지 않고 망설였다.

"웨스트민스터 성당이 마음에 안 들어요?"

"그런 것은 아니지만 세인트 폴 성당에서 식을 올리고 싶어요."

세인트 폴 성당은 시티 쪽에서 시가의 중심가로 나오려면 반드시 그 앞을 지나야 하므로 굳이 런던의 명소라고 찾아다니지 않아도 자연히 보게 되는 웅장한 성당이다. 특히 성당 중앙에 높이 솟아 있는 34미터의 돔형의 거대한 탑이 유명하다. 돔까지 오르려면 727개의 층계를 밟아야 하는데, 이 탑을 8회 오르내리면 백두산을 한 번 왕복하는 것이 된다. 그래서일까, 등산가들은 신체를 단련하기 위해 이 성당의 층계를 이용한다고도 한다. 아무튼 눈으로 보지 않고서는 어림잡을 수 없는 엄청나게 큰 성당이다.
"다이애나가 원한다면 식장을 그리로 정합시다."
왕실에서 세인트 폴 성당에서 결혼식을 올린 적은 단 한 번도 없었으나 찰스 왕세자는 즉석에서 동의했다.
다이애나가 세인트 폴 성당을 택한 것은 그럴 만한 이유가 있었다. 웨스트민스터 성당보다 하객을 수백 명 더 초대할 수 있다는 이유에서 보다 웨스트민스터 성당에서 성대한 결혼식을 올린 부모가 이혼이라는 불행한 결과를 빚은 것이 마음에 꺼림칙해서였다. 성격을 비롯해서 모든 것이 어머니를 닮았다고는 하나, 결혼에 관해서만은 어머니의 전철을 밟고 싶지 않아서였다.
어느덧 차창 너머로 그들이 신접 살림을 꾸밀 하이그로브가 보였다.

신의 축복이 내리던 날

약혼 발표 후 처음으로 찾은 하이그로브였다.
"어서 오십시오, 왕세자님, 그리고 다이애나님."
이 집을 살 때부터 관리인으로 있던 아일랜드인 부부가 그들을 공손히 맞이했다.
다이애나는 고맙다는 답례를 했다. 찰스 왕세자와 처음 하이그로브에 왔을 때의 일이 머리에 떠올랐다. 그때는 이 집을 계약하기 전이었는데 그녀를 데리고 와서 집구경을 시키며 나는 이 집이 마음에 드는데 다이애나가 보기에 어떠냐고 의견을 물었다. 아담하고 조용해 좋다고 말한 그녀는 벅차오르는 기쁨을 억누를 수가 없었다. 하필이면 왜 나에게 집구경을 시키고 또 의견을 묻는 것일까 하고…….
다이애나는 그 당시에 찰스 왕세자의 간접적인 청혼으로 받아들였던 것이다. 혹시 내가 이 집의 안주인이 되는 것이나 아닐까 하고…….
그 후 몇 차례 하이그로브에서 찰스 왕세자와 은밀한 만남을 가졌으나 더이상의 진전이 없었기에 건물에 대한 애착이나 관심 같은 것은 없었다. 그러나 공식적인 약혼이 발표된 지금에 와서 하이그로브를 보는 눈은 예전과는 달랐다. 은밀히 만나는 장소가 아니라, 신혼 살림을 꾸밀 보금자리인 것이다. 그러니 건물 구석구석에서부터 나무 한 그루에 이르기까지 애착이 갔다.

첫눈에 띄는 것은 현관 입구를 받치고 있는 멋지고도 로맨틱한 기둥이었다. 그리고 외부세계와 단절할 수 있는 눈같이 흰 이중 창문이었다. 문을 열고 메인 홀로 들어섰다. 바닥에는 결이 좋은 떡갈나무가 깔려 있고 아일랜드식의 대리석 페치카가 놓여 있었다. 하나같이 처음 대해 보는 것 같은 새로운 느낌이었다.

하이그로브의 안주인이 보장된 다이애나는 찰스 왕세자의 양해를 받을 필요도 없이 이방 저방 구석구석을 살피며 비치할 가구를 메모하느라 정신이 없었다. 여인의 가장 행복한 순간을 다이애나는 체험했다.

7월 29일에 대비하여 준비할 일이 산적해 있던 그들은 활활 타오르는 페치카 앞에 나란히 앉아 사랑을 나눌 그런 한가한 시간이 없기에 다이애나가 메모를 끝내자 하이그로브를 뒤로 하고 버킹엄 궁전으로 향했다. 여왕에게 결혼식장을 웨스트민스터가 아닌 세인트 폴 대성당으로 정했다는 사실을 알리기 위해서였다.

여왕은 처음에 미심쩍은 표정을 지었다. 세인트 폴 성당은 광장 주위에 건물이 빽빽이 들어차 있어 큰 혼례식을 치르는 데 불편이 있었고, 그 성당의 주교나 신부들이 처음 치르는 대행사에 차질을 빚지나 않을까 하는 우려 때문이었다. 그러나 이해심이 많은 여왕은 비서에게 세인트 폴 대성당 주교에게 친서를 써 주었다.

"네에? 찰스 왕세자의 혼례식을 저희 성당에서 거행한다는 내용이 아닙니까?"

여왕의 친서를 받아 본 주교는 실감이 나지 않았음인지 비서에게 확인하듯이 물었다.

"그렇습니다, 주교님."

식전을 주재하게 될 로버트 런시는 기뻐하기보다 걱정이 앞섰다. 그는 주임 사제인 알란 웬스터 신부를 긴급 소집하여 대책 회의를 열었다.

세인트 폴 대성당은 약 2천 명을 수용할 수 있는 웅대한 성당이다. 크기로는 영국에서 첫손에 꼽힐 것이다. 그러나 큰 행사를 치러 보지 못한 대주교와 주임 신부는 BBC, ITV 등, 대 방송사가 실황 중계를 하게 될 것이라는 비서의 말에 얼어붙은 것이다.

식장이 결정되었으니 다음 차례는 어느 디자이너에게 어떤 웨딩드레스를 맞추느냐 하는 문제가 대두되었다. 텔레비전 중계를 통해 전세계 5억 인구가 왕세자의 결혼식을 주시한다고 생각할 때 왕세자비의 웨딩드레스에 신경을 쓰지 않을 수 없었다.

왕실에는 전용 디자이너가 있었다. 여왕이 결혼한 것은 1947년이었는데 그때 여왕의 웨딩드레스는 하우스 오브 하트넬에서 만들었다. 보석과 진주가 박힌 호화스러운 디자인이었다. 그 당시만 해도 텔레비전이 없었으나 여왕의 웨딩드레스는 의상계와 관심 있는 사람들로부터 합격 점수를 받았다.

"웨딩드레스는 하트넬에서 만들었으면 하는데 다이애나의 생각은 어떤가요?"

여왕이 관심 있게 물었다. 왕세자비의 웨딩드레스가 실패작이라는 혹평을 들어서는 안 되기 때문이었다.

"여왕께서 원하신다면 그리로 정하겠습니다."

다이애나는 공손하게 받아들였다.

"내가 아니고 다이애나가 원해야지. 그 문제에 대해서는 잘 생각해 봐요."

"감사합니다, 폐하."

다이애나는 안도의 숨을 내쉬며 말했다. 결혼식장을 세인트 폴 대성당으로 정한 이유가 어머니 때문이었다면, 웨딩드레스를 하트넬 아닌 딴 디자이너에게 맡기고 싶은 심정도 어머니 때문이었다. 어머니의 웨딩드레스를 맡은 디자이너가 바로 하트넬이었다.

항상 소신 있고 명확한 답을 해 온 다이애나는 단골 미용사에게 영광의 일부를 돌려주었듯이 단골 디자이너인 엘리자베스와 데이비드 에마누엘을 내정하고 있었으나 무명 디자이너이기에 감히 이름을 밝히지 못하고 고민했다.

가장 뜻있는 날에 자기를 가장 아름답고 우아하게 연출시킬 웨딩드레스에 대해 고민한다는 것은 일면 사치스러운 것같이 보이나, 단골 디자이너가 만든 옷을 입고 찰스 왕세자와 데이트를 하다 오늘의 영광을 누리게 된 지금에 와서 무명 디자이너라는 이유 하나만으로 단골을 바꿀 만큼 모진 성격의 소유자가 아니었기에 그만큼 그녀의 고민도 컸다.

그러나 뜻이 있는 곳에 길이 있는 법이다. 드디어 기회는 오고야 말았다. 골드 스미스 홀에서 로열 오페라 하우스의 리사이틀을 주최하게 되었다. 날짜는 3월 9일 일요일로 잡혀져 있었다. 찰스 왕세자의 약혼자가 주최하는 처음 행사이며 리사이틀에 참석하는 이웃 나라 왕실에 왕세자비로서의 역량을 과시하는 시험대 같은 성질을 띤 모임이었다.

다이애나는 경호관의 보호를 받으며 메이페어의 부룩 스트리트에 있는 단골 양장점으로 향했다. 엘리자베스와 데이비드 에마누엘 부부는 그녀가 들어서자 눈이 휘둥그래졌다. 왕세자비가 될 지존하신 다이애나가 이름도 없는 가게를 찾아주리라고는 감히 상상도 못했던 것이다.

"안녕하셨어요?"

다이애나는 예전같이 밝은 미소를 지으며 인사를 했으나, 그들 부부는 얼빠진 사람처럼 멍하니 그녀를 바라보고만 있었다.

"로열 오페라 하우스의 리사이틀을 주최해야 하는데 드레스가 한 벌 있어야겠어요."

"가, 감사합니다. 보잘것없는 저희 가게를 찾아주셔서……."

그제서야 에마누엘은 입을 열었다. 그들 부부 자신도 왕세자비가 될 다이애나가 찾아올 만한 곳이 못 된다는 것을 잘 알고 있었다. 왕세자비가 옛날 단골이었다는 그 긍지만으로 만족했던 이들 부부에게 분에 넘치는 영광이었다.

그러나 다이애나는 그 나름대로의 계획이 있었다. 왕실 전속 디자이너인 하트넬에 못지않게 훌륭한 옷을 만들 수 있다고 확신한 그녀는 왕실에게 실증을 보이기 위해 드레스를 주문한 것이다.

"어떤 디자인을 원하십니까?"

엘리자베스가 물었다.

"알아서 해주세요."

"원하시는 색은 어떤 것입니까?"

"알아서 해주세요."

다이애나가 모든 것을 위임하고 사라지자, 그들 부부는 너무나 황송하고 벅차 서로의 얼굴을 바라볼 뿐 말을 잃었다. 리사이틀이 있기 하루 전날 다이애나는 옷을 찾기 위해 다시 나타났다. 그런데 그들 부부는 마음을 조이며 손만 쥐어 짤 뿐 감히 옷을 내놓지 못했다.

"다 됐습니까?"

다이애나는 재촉하듯이 물었다.

"네, 완성하기는 했습니다마는……."

"마음에 드실지 모르겠습니다."

"어느 디자이너보다 절 잘 알고 있으니까 제 마음에 들 거예요."

그들 부부는 선생에게 숙제를 바치듯 가슴 조이며 옷을 내놓았다. 귀족이나 왕족의 드레스를 지어 본 적이 없던 그들 부부는 처음부터 자신이 없었다.

드레스는 까만색 우단이었다.

3월 9일, 다이애나는 단골 디자이너가 지은 드레스를 입고 찰스 왕세자와 함께 화사한 미소를 지으며 리사이틀 회장에 나타났다.

모나코의 그레이스 왕비를 비롯한 귀족 부인과 영양들은 앞가슴이 많이 파진 드레스를 서슴없이 입고 나타난 그녀를 보자 깜짝 놀랐다. 보수적인 품위를 생활신조로 삼고 있는 귀족이나 왕족으로서는 상상도 할 수 없는 디자인이었기 때문이다. 그러나 화사한 미소와 건강미가 조화를 이룬 다이애나의 품격은 조금도 외설스럽지가 않고 군계일학격으로 돋보였으며 장내를 압도하고도 남았다.

장내에 박수가 일었다. 의례적인 형식상의 박수가 아니라 영광의 박수였다.

에마누엘 부부가 정성을 다해 만든 드레스는 몸에 꼭 맞는 보디스와 빳빳한 페티코트를 씌운 긴 스커트였다. 보디스에는 검은 시퀸이 점점이 드러나 보였고 거기에 어울리는 케이프가 달려 있는 작품이었다.

사교계에 내딛은 첫발부터 다이애나는 왕세자비로서의 합격점을 따낸 것이다. 그녀는 그레이스 왕비 앞에 무릎을 꿇고 인사를 했다. 리사이틀에 참석한 왕비에 대한 감사의 인사였다. 다이애나는 왕세자의 약혼자이기는 하나 아직 왕세자비는 아니다. 그러므로 영화 배우 출신의 성분이 낮은 왕비라고는 하지만 왕비로서의 예우를 지키지 않으면 안 되었다. 왕세자비가 되기 전까지는 유럽의 다른 왕실에 대해서도 똑같은 예절을 지켜야 했다.

왕세자비가 되고 나면 유럽의 왕세자비나 왕비들과 대등한 입장이 되고 따라서 영국 여성 중에서 서열상 세 번째가 된다. 여왕, 왕태후, 다이애나 왕비, 이런 순위이다. 그러나 결혼식을 올리기 전까지는 어디까지나 백작의 영양일 뿐이다.

성공리에 첫 사교적인 리사이틀을 마친 다이애나는 드레스에 대한 왕실의 평가를 기다려야 했다. 물론 찰스 왕세자는 옷이 잘 어울린다고 극구 칭찬했으나 평가의 대상이 될 수 없었다.

드디어 왕태후와 마주한 이튿날 아침 식탁에서 평가가 내려졌다.

"아가, 너에 관한 일이 영국에서 큰 화제가 되었던 모양이더구나."

왕태후는 외손자며느리인 다이애나가 아침 문안을 올린 후 식탁에 마주앉자 대견하게 바라보며 말했다.

"어머나, 저에 관해서요?"

그녀는 눈이 휘둥그래졌다. 약혼이 공식적으로 발표된 날 이후 남의 눈에 뜨일 만한 두드러진 사건이 없었다.

"어제 있은 리사이틀에서 네가 입은 드레스가 너무나 멋지게 어울렸다고 소문이 자자하다. 물론 하트넬에서 맞춘 드레스였겠지?"

"아니예요, 왕태후님."

"그럼 어디서 맞추었길래 그런 훌륭한 디자인이 나왔지?"

"말씀드려도 모르실 겁니다. 워낙 알려지지 않은 디자이너라서요."

"네 단골인 모양이구나."

"네, 어떤 디자이너보다 제게 어울리는 옷을 만들 수 있는 분들이에요."

라고 말한 다이애나는 왕태후의 표정을 살폈다. 기회를 봐서 왕태후의 도움을 구해 단골 디자이너에게 웨딩드레스를 맡길 수 있게끔 왕실 안에 여론을 환기시키기 위해서였다.

다이애나는 누구 앞에서나 자기의 의견이나 주장을 강요해 본 적은 없다. 그렇다고 매사 양보하고 물러서는 개성이 없는 여성도 아니었다. 끝내는 자기 의사를 관철하는 강인한 의지가 있었으나, 옹고집이나 강압이 아니고 주위에서 그녀의 의견을 이해하고 따라오도록 분위기를 만드는 인내심을 가지고 있었다.

"네게 잘 어울리는 디자이너라…… 그렇다면 잘못했구나. 네 웨딩드레스를 하트넬에게 맡길 것이 아니라 단골 디자이너한테 맡기는 건데……."

왕태후는 으레 왕실 전속인 하트넬에게 다이애나의 웨딩드레스를 맡긴 것으로 알고 있는 눈치였다.

"왕태후님, 아직 어느 누구에게도 주문하지 않았습니다."

"여태 주문을 안했다구?"

"네, 왕태후님."

"그래?"

그제서야 왕태후는 다이애나의 속셈을 읽었다는 듯이 얼굴에 엷은 미소를 지으며 말을 이었다.

"그만하면 알겠다. 넌 처음부터 단골 디자이너에게 웨딩드레스를 맡기고 싶었던 거지?"

"네?"

왕태후가 속마음을 꿰뚫어보자 다이애나는 섬뜩했다. 지나치게 당돌하다는 꾸지람을 들을 것만 같아서였다.

"그래서 오늘 이 기회를 기다리고 있었던 거야."

"죄송합니다, 왕태후님."

"죄송할 것 없다. 네 생각대로 하렴."

"그럼 허락해 주시는 겁니까?"

"네가 허락하지 않을 수 없게 만들어 놓고 새삼스럽게 무슨 간청이냐?"

"죄송합니다, 왕태후님."

"하나도 죄송할 것 없다. 난 네 그런 마음씀이 내 마음에 꼭 들었다. 여왕께서도 기뻐하실 거다. 내가 여왕께 직접 전화를 걸지."

"감사합니다, 왕태후님."

"고마운 것은 오히려 나다. 우리 왕실이야."

왕태후는 식사를 하다 말고 여왕에게 직통 전화를 걸었다. 그때가 바로 아침 식사 시간이어서 찰스 왕세자를 비롯해서 필립 공 등 여왕 일가가 한자리에 모여 있었다.

다이애나의 마음씀을 극찬하는 왕태후의 통화에 여왕도 마음이 흐뭇했다.

"좋습니다. 왕태후께서 다이애나에게 직접 말씀하십시오. 단골 디자이너에게 웨딩드레스를 맡기라구요."

왕태후는 다이애나를 왕비답게 훈련시키는 트레이너와 같은 존재였다. 그런 분이 다이애나에게 만족했다면 며느리감으로서, 또한 왕세자비로서 손색이 없는 것이다.

"왕태후께서 뭐라고 말씀하셨습니까?"

통화를 들어 내용을 알고 있었으나 여왕의 입을 통해 재확인하고 싶었던 찰스 왕세자가 물었다.

"왕세자가 오랫동안 왕세자비를 고르더니 정말 좋은 여자를 택했다고 칭찬하셨어요."

"여왕께서는 제가 왜 노총각으로 늙었는지 이제는 아셨겠지요?"

"왕세자는 왜 그리 능청스러워졌지요?"

여왕이 말하자 필립 공이 끼어들었다.

"능청스러울 수밖에요. 30세가 넘은 노총각이니까……."

그 소리에 모두 웃었다. 오랜만에 여왕 일가는 아침 식탁을 둘러싸고 웃을 수 있었다. 식사를 마치고 거실로 나오자 비서진들이 싱글벙글하며 그들 일가를 맞았다.

"아침에 좋은 소식이라도 있소?"

필립 공이 물었다.

"전하, 기뻐하십시오. 다이애나님이 영국 국민에게 환희의 선물을 주셨습니다."
비서가 정중하게 아뢰었다.
"다이애나가 국민에게 기쁜 소식을 주었다구요?"
"그렇습니다, 폐하."
"어떤 선물이었나요?"
"다이애나님이 리사이틀에서 선보인 우아하고 대담한 드레스였습니다. 버킹엄 궁전 교환대는 축하와 찬사의 전화가 몰려와 외부와의 통화마저 어려운 상태입니다. 국민들은 다이애나님을 열광하고 있습니다."
버킹엄 궁전에 외부와의 통화가 어려울 만큼 국민들의 열광하는 건 화가 몰려오기는 이번이 처음이었다. 영국은 1979년에 있었던 제2차 오일쇼크가 몰고온 세계적인 경제불황으로 허덕이고 있었다. 석유를 비롯해서 술, 담배에 이르기까지 모든 생필품의 가격 인상을 골자로 하는 정부의 가혹한 경제 정책 때문에 국민들은 숨 돌릴 경황도 없었다. 이런 질식 상태에서 다이애나가 선보인 대담한 드레스는 국민들의 숨을 트이게 한 것이다.
"어떤 통화 내용이었지요?"
여왕이 묻자, 비서는 메모한 서류를 펴들었다.
"브라운관에서 다이애나님의 모습을 본 순간부터 이마의 주름살이 펴졌다고 하는 통화가 있었습니다."
"그 다음은?"
신이 난 찰스 왕세자가 물었다.
"신문에 난 사진을 보고 나니 10년 묵은 체증이 내려가는 것 같다는 내용이 있었습니다. 그리고 웨딩드레스를 입은 다이애나님의 모습을 보고 싶으니 결혼식을 앞당기라는 억지 내용도 있었습니다."
하며 페이지를 넘기자, 찰스 왕세자가 특유의 익살스런 표정을 지으며 끼어들었다.

"어쩌면 내 심정과 똑같지요."

"그리고 이런 통화 내용도 있었습니다. 다이애나님이 입으실 웨딩드레스만이라도 미리 공개해 줄 수 없느냐고 하면서……."

"이제 됐어요. 교환소에 연락해서 전화를 걸어오는 국민들을 친절하게 대하라고 일러주어요."

비서에게 당부한 여왕은 흡족한 기분이었다. 세계에서 왕관이 차례로 사라져가는 20세기에 다음 세기를 맡을 다이애나가 국민의 열렬한 사랑을 받고 있다는 사실이 마음 든든했다.

아침 정무를 보기 위해 직무실에 모습을 나타낸 여왕은 결재 서류부터 훑어보던 평상시와는 달리, 신문에 실린 며느리 다이애나의 우아하고도 건강미가 넘치는 사진을 들여다보며 미소를 지었다.

한편 여왕의 허락을 받은 다이애나는 그 길로 경호관이 직접 운전하는 왕실 차편으로 단골 양장점으로 향했다.

"다이애나님, 감사합니다. 대수롭지 않은 드레스를 잘 소화해 주셔서……."

에마누엘이 감격한 듯 두 손을 모으고 그녀를 맞아들였다.

"다이애나님 덕분에 저희 의상실이 일약 유명해졌습니다. 이 은혜를 어떻게 갚아야 할지 모르겠습니다."

아닌 게 아니라 신문에 리사이틀을 주최하는 다이애나의 사진이 실리자, 일반 손님들은 물론이거니와 왕실 전용 디자이너인 하트넬과 이언 토마스 등의 의상실을 드나들던 귀부인과 영양 등이 줄을 잇다시피 모여들어 대성황을 이루었다. 단 하루 만에 기적 같은 일이 패션계에 일어난 것이다.

다이애나는 에마누엘 부부의 기쁨을 자기 것인 양 기뻐했다.

"이번에는 웨딩드레스를 맞춰 주셔야겠어요."

다이애나가 말하자 그들 부부는 황송해 눈물마저 글썽거렸다.
"황송합니다, 다이애나님. 평생의 영광입니다. 어떤 소재를 원하십니까? 구상하신 디자인은 어떤 것이구요?"
"모두 일임하겠습니다. 전번처럼……."
"감사합니다. 다이애나님을 동화 속의 주인공처럼 돋보이는 드레스를 만들겠습니다. 세상 사람들이 깜짝 놀랄 만한 웨딩드레스를 만들겠습니다."
"믿겠어요."
다이애나가 주문한 말이라고는 믿겠다는 말뿐이었다. 평생 동안 가장 행복한 날에 단 한 번 입는 옷, 아니 두 번 입어서는 안 되는 웨딩드레스이기에 그녀인들 주문이 없을 수 없다. 그러나 믿으면서도 의심하지 않고서는 못배기는 그런 속성은 그녀에게 없었다. 다이애나는 믿고 싶은 사람들은 완전히 믿어 버리는 넓은 마음을 가지고 있었다.
결혼식 준비는 순조롭게 진행되고 있었다. 결혼 반지만 해도 웨일스 골드로 만든 화려한 것이 마련되어 있었다. 왕실에서 사용되는 금은 웨일스 금광에서 채굴된 금이라야 한다. 소련에서 자유 진영의 경제를 혼란시키기 위해 정책적으로 방출한 때문은 금이나 밀수꾼의 손을 거친 더럽혀진 금 따위를 사용해서는 안 된다.
엘리자베스 여왕이나 왕태후, 앤 공주, 마가렛 공주의 결혼식 때 쓴 금반지는 하나같이 1923년에 웨일스 금광에서 축복 속에 캐낸 깨끗한 금이었다.
그런데 버킹엄 궁전이 가장 골머리를 앓은 문제는 신혼여행 계획이었다. 장본인인 찰스 왕세자와 다이애나도 신혼여행에 관해서는 이렇다 할 묘안이 없었다. 세계지도를 펴놓고 보면 신혼여행을 즐길 수 있는 장소는 헤아릴 수 없이 많다. 그러나 찰스 왕세자가 은밀하고도 행복한 허니문을 즐길 만한 곳이라고는 하나도 없었다.

1947년에 결혼한 엘리자베스 여왕과 필립 공은 심사숙고 끝에 햄프셔 램제이의 마운트 바텐 공령(公領)에 있는 브로드랜드에서 허니문을 보내기로 했다. 그러나 왕실의 신혼부부를 구경하려는 관광객이 몰려들어 여왕 부처는 스코틀랜드로 피신해 버린 경험이 있다.

1960년에 결혼한 마가렛 공주와 토니 암스트롱 존스, 1973년에 결혼한 앤 공주와 마크 필립 대위는 카리브 해에서 왕실 전용 요트인 브리태니아 호를 이용했다. 왕실 전용 요트이기에 비밀이 지켜졌다. 그러나 아무리 호화선이라 해도 배 안에서 허니문을 즐긴다는 것은 옹색했다.

"어디 마땅한 장소가 없을까요?"

여왕이 물었으나 왕실 가족은 물론 비서들도 묘안이 없었다.

"다이애나가 생각해 둔 곳이 있으면 말해 봐요."

줄곧 말없이 듣고만 있는 그녀에게 여왕이 물었다. 허니문이란 여인에게 있어 가장 황홀한 꿈이다. 그러니 다이애나에게도 그런 꿈이 없을 수 없겠기에 타진한 것이다. 다이애나는 연한 미소를 지으며 체념한 듯이,

"다시 게임을 해야 될 것 같습니다."

하고 말했다.

"게임을 다시 시작하다니?"

여왕이 의아한 표정을 지으며 물었다.

"약혼을 발표하기 전에 벌였던 그 비밀이란 게임입니다."

"그런 마음가짐이 있어야 할 거야. 만인의 관심과 시선을 모을 허니문일 테니까."

여왕도 체념한 듯했다. 그러나 다이애나에게 있어서는 같은 비밀 게임이라고 해도 전번처럼 고통스러운 것이 아니고 행복한 게임이기에 왕실에서 걱정하는 것처럼 크게 문제삼지 않았다.

찰스 왕세자의 허니문 계획에 대해 왕실 이상으로 신경을 곤두세운

사람은 다름아닌 신문사의 사진 기자들이었다. 비록 찰스 왕세자의 스캔들을 쫓아 망원렌즈를 들이대는 시대는 지나갔다고 해도, 다이애나를 열광하는 독자들에게 행복한 밀월을 즐기는 장면을 사진에 담아 서비스하는 것이 그들에게 부여된 임무라고 느껴졌다.
'과연 어디에서 왕세자 부처가 밀월을 즐길 것인가?'
기자들은 이 수수께끼를 푸느라 동분서주하며 정보를 수집했다.
"레이! 캐냈어!"
아더 기자가 숨을 헐떡이며 뛰어들어와 세계지도를 펴놓고 들여다보고 있는 레이 기자에게 말했다.
"뭣을 캐내? 쥐뿔?"
레이 기자는 상대하려들지도 않았다. 그는 편집을 마감하고 나서 줄곧 세계에서 이름난 휴양지와 피서지를 체크하며 허니문 후보지를 점치고 있었다.
"이번엔 쥐뿔이 아니고 노다지야. 허니문 장소를 알아냈단 말이네."
"어딘데?"
레이 기자는 눈이 번쩍 뜨였다.
"왕실 전용 요트로 카리브 해에서 허니문이 벌어져. 미리 가서 진치고 있다가 카메라 장비의 본전을 뽑아야지."
"거기서 진치고 있다가는 본전은 고사하고 밑천까지 까먹기 십상이야."
레이 기자의 말에 아더 기자는 울상을 지었다.
"결국은 또 쥐뿔이었나?"
아더 기자가 캐낸 정보는 근거없는 것은 아니었다. 이런 소문이 나게 된 것은 바하마 제도의 네비스 섬에 런던 경시청의 가드맨에 의해 2월 초순경으로 체크되었기 때문이다. 물론 가드맨의 체크는 왕세자 부처의 허니문과는 아무런 관계가 없었으나 때가 때이니만큼 기자들이 신경을 곤두세운 것이다.
"그럼 레이 기자는 어디라고 생각하나?"
"모르니까 지도를 들여다보고 있는 게 아닌가."
"그래도 레이 기자쯤 되면 후보지 두어 개 정도는 점칠 수 있어야 하지 않냐 말이야."
"내가 보기엔……."
"그래, 자네가 보기엔 어디 같은가?"
"왕실에서도 아직 정하지 못하고 있는 것 같은 생각이 들어."
"왜?"
"자네 같은 사진 기자 때문일 거야."
"그렇다고 허니문을 안 가려고?"
"가기야 갈 테지."

레이 기자는 지중해를 지키고 있는 스페인 남단에 위치한 영령(英領) 지브롤터로 시선을 옮겼다. 푸른 바다와 맑은 하늘, 그리고 찬란한 태양이 내려쪼이는 아름다운 지중해라고는 하지만 돌과 바위뿐인 군사적인 요새지, 지브롤터에 레이 기자는 순간적으로 시선이 끌리고 있었다.

우리나라의 독도가 한일간의 정치적, 외교적인 분쟁의 암이라고 한다면 지브롤터는 영국과 스페인의 정치 외교의 암적인 존재이다. 1704년 스페인 왕위 계승권을 놓고 내란이 벌어졌을 때, 영국은 어느 한쪽을 후원하는 척하다가 지중해의 관문이라고도 할 수 있는 돌산인 지브롤터에 군대를 투입하여 점령하고 말았다.

당시만 해도 나무 한 그루 제대로 자라지 않는 쓸모없는 바위산이기에 스페인 정부에서 굳이 영국과 분쟁을 일으켜가며 영토 반환권을 주장하고 싶지 않아 내버려둔 상태이다. 자유항이기 때문에 물가가 싸서 관광객이 들르기는 하나 물이 모자라 바위에 구멍을 뚫어 음료를 해결하고 있어 투숙할 만한 호텔도 별로 없다.
 불편한 것은 그뿐이 아니다. 좁은 길에 가로수도 없고, 중심가라고 해도 계단이 많아 차를 굴릴 수 없는 보잘것없는 바위덩어리이다. 그런데 프랑코 총통이 집권하자 스페인에서 영토권을 주장하고 나서면서부터 영국과 정치적인 분쟁이 벌어졌다.
 양국간의 분쟁의 클라이맥스는 1954년 엘리자베스 여왕이 지브롤터를 방문했을 때였다. 물론 여왕의 방문도 다분히 정치적인 냄새가 짙은 것이었다. 다시 말해서 여왕의 방문으로 영토권을 기정 사실화하려는 정치적인 시위였다.
 드디어 양국간의 불상사가 일어나고야 말았다. 여왕이 정박하고 있는 항구에서 반영 시위를 벌일 것이라는 예측은 여왕 자신도 하고 있었으나, 스페인 대학생들이 영국 대사관을 습격하여 돌을 던지고 기물을 파괴하는 등 외교를 단절하는 사태까지 빚어졌다.
 이런 지브롤터에 레이 기자의 시선이 머무르고 있었다.
 "레이! 왜 아까부터 지브롤터를 들여다보고 있는 거지?"
 아더 기자가 고개를 갸웃거리며 물었다.
 "나더러 허니문 장소를 꼽으라면 여기밖에 없어."
 "미쳤어? 허니문 갈 곳이 없어서 풀 한 포기 없는 돌산을 찾아가? 더군다나 여왕도 발을 못 붙이고 쫓겨온 곳이야."
 "그러니까 허니문 장소로 거길 택할 수 있다는 거야. 다이애나와 찰스 왕세자의 인기에 돌을 던질 수 없을 테니 말이네. 거기다 여왕을 쫓아냈던 프랑코 총통은 이미 저승에 가 있구……."
 레이 기자의 설명에 아더 기자는 고개를 저었다. 그런데 일주일 후 비킹엄 궁전은 왕세자 부처가 영령 지브롤터에서 신혼여행을 보낼 것이라고 발표했다. 레이 기자가 예상한 대로였다.
 이 뉴스가 전파를 타고 세계로 퍼져나가자 스페인은 날카로운 반응을 보였다. 카를로스 국왕이 영토권을 주장하고 나서며 만약에 찰스 왕세자 부처가 지브롤터에 기항하면 모종의 조치를 취할 것이며, 이에 따른 불상사의 모든 책임은 영국이 져야 한다는 내용의 강경한 성명을 발표했다.

모종의 조치란 지브롤터에 공급하던 식량과 급수를 끊겠다는 것이고, 불상사란 데모 군중이 벌일지도 모르는 영국 대사관 피습 사건을 의미한다. 세기의 로맨스에 소련을 제외한 모든 나라에서 관심과 박수를 보내는 실정인데 유독 군주 국가인 스페인만은 저주를 보낸 것이다.

그러나 영국은 여왕이 지브롤터를 방문할 때처럼 계획을 밀고 나갔다.

1981년 7월 29일, 남을 위해 항상 얼굴에 다정스러운 미소를 담고 살아온 다이애나, 껍질을 벗는 아픔을 참고 남에게 기쁨을 주던 다이애나, 그리고 남을 용서하던 다이애나는 하늘이 준 선물을 받기 위해 5개월 동안 신부 수업을 한 클레런스 하우스를 나와 여왕이 결혼 때 사용했던 유리 쌍두마차에 올랐다.

이때가 바로 패션계의 관심이 집중되었던 비밀의 웨딩드레스를 세상에 선보이는 순간이기도 했다. 신비스러운 상아색 호박단에 진주와 자개를 박고 고전적인 레이스가 달린 화려한 드레스였다.

세인트 폴 대성당에 이르는 3.5킬로미터의 도로에는 그녀의 앞날을 축하하는 백만 시민이 열광했다. 식장에 도착하자 스펜서 백작이 식전을 주재하는 대주교에게 딸을 넘겨줌으로써 결혼식이 시작되었다.

이윽고 다이애나 손에 순금 반지가 끼워지자 '하늘이 맺어 준 사랑을 인간이 가르지 못한다'는 성혼문이 낭독되었다. 이로써 다이애나는 모든 여성이 동경하는 왕세자비가 된 것이다. 찰스 왕세자와 다이애나 왕세자비는 2,500명의 하객이 지켜보는 가운데 키스를 나누었고, 이어서 38명으로 구성된 소년 합창단이 파이프 오르간에 맞추어 〈온 국민들이여 기뻐하라〉는 노래를 불러 결혼식 분위기는 더한층 고조되었다.
 왕세자 부처가 식을 마치고 무개마차에 올라 버킹엄 궁전으로 향하는 길은 환영나온 시민들이 던진 꽃으로 덮여 있었다. 정녕 만인의 축복 속에 행해진 환상적인 결혼식이었다. 다이애나 왕세자비는 연도에서 환호성을 올리는 시민에게 손을 흔들어 답례하며 그들 속에 끼어 있을 버지니아와 앤, 그리고 캐롤린의 모습을 찾았으나 눈에 들어오지 않았다. 왕세자와의 결혼이 아니었던들 그들 룸메이트들은 뺨에 키스를 하며 결혼을 축하해 주었을 것이라고 생각하니 호화스러운 결혼식의 한구석에 아쉬움이 남았다.
 그 아쉬움 속에 다이애나 왕세자비의 눈시울을 뜨겁게 한 것이 있었다. 아버지 스펜서 백작과 함께 딸의 결혼식을 축하해 주어야 할 그 자리에 생모 아닌 계모가 있다는 사실이었다.
 그녀는 어머니가 어느 한구석에서 외롭게 날 지켜보고 있겠지, 아니 눈물을 흘리고 있을지도 모른다고 생각하니 울음이 복받쳤다. 그러나 과거에 집착하는 그런 성미의 그녀가 아니었다. 이미 그녀는 집을 나간 어머니도, 그 빈자리를 메우고 스펜서 가의 살림을 맡은 새어머니도, 모두를 용서하고 이해한 바 있기에 눈물을 보이지 않았다.
 버킹엄에 도착한 왕세자 부처는 150명이 모인 왕족들의 결혼 축하 파티에 참석하여 박수를 받으며 5층짜리 축하 케이크를 잘랐다. 그 자리에는 모나코의 레이니에 공과 그레이스 왕비, 리히텐슈타인의 한스 아담 태자, 룩셈부르크의 진 태공(太公), 네덜란드의 베아트릭스 여왕 부처, 스웨덴의 구스타프 국왕 부처, 노르웨이의 올라프 국왕, 덴마크의 마가렛 여왕, 일본의 아키히토 왕세자 등 세계의 군주 또는 후계자들이 모두 참석하여 찰스 왕세자 부처의 결혼을 축하했다. 다만 스페인의 카를로스 국왕 부처만이 모습을 나타내지 않았다.

같은 시각에 대처 수상은 하객으로 참석한 국가 원수와 저명 인사들을 세인트 폴 성당 근처에 있는 잉글랜드 은행에 초대하여 만찬을 베풀었다.

왕세자 부처는 오후에 엄한 경호 장치가 된 왕실 전용 열차편으로 결혼 초야를 보내기 위해 브로드랜드로 향했다. 런던 서남쪽 140킬로미터 지점에 있는 이 저택은 엘리자베스 여왕과 필립 공이 결혼 초야를 보낸 의의 있는 곳이기도 하다.

세기적인 대결혼식 비용은 2백만 달러가 소요됐다고 한다. 그 명세를 살펴보면, 보안비 60만 달러, 버킹엄 궁전과 세인트 폴 대성당 연도 수리비 10만 달러, 결혼식전의 리셉션 10만 달러, 결혼 조찬 및 케이크 4만 달러, 다이애나의 약혼 반지 6만 달러, 5명의 신부 들러리와 2명의 시동 의상비 1만 달러, 2주간의 신혼여행비 30만 달러 등이다.

그 동안 베일에 가리어져 있다가 결혼식에서 처음으로 선보인 다이애나 왕세자비의 웨딩드레스는 다섯 시간 만에 모조품이 진열장을 장식했고, 결혼식을 앞둔 처녀들은 한 벌에 930달러씩이나 하는 웨딩드레스를 앞을 다투어 사갔다. 다이애나 왕세자비가 경험한 환상의 일부라도 자기 것으로 만들고 싶은 여인의 심리에서였다.

런던은 흥분의 도가니였다. 아니 온 영국이 흥분 속에 휩싸였다. 그러나 공산계의 〈모닝 스타〉지(紙)는 분에 넘치는 호화판 결혼식을 신랄하게 비판하며, 허황된 꿈에서 깨어나 현실로 되돌아가 폭동과 실업자 문제를 해결하라고 비판하는가 하면, 최근에 인종 폭동을 일으켰던 런던의 브릭스턴 지구 주민들은 거리에 뛰쳐나와 주먹을 휘두르며 부자가 세금도 안 내고 결혼식만 화려하게 치른다고 울분을 터뜨렸다.

실로 찰스 왕세자와 다이애나의 결혼을 보는 눈은 천태만상이었다. 그들의 결혼 행렬을 보기 위해 런던으로 몰려드는 외국 관광객이 있는가 하면, 반왕파 인사들은 허세를 부리는 왕실과 이에 덩달아 날뛰는 영국 국민의 속성을 눈 뜨고 볼 수 없다며 외국으로 도피하기도 했다.
　찰스 왕세자 부부는 군주에 대한 생각이 변하고 있는 시대, 왕실을 보는 두 얼굴의 영국을 짊어져야 하는 숙명을 안고 있었다. 그러나 7월 29일의 감격만은 영원히 아름다운 추억으로 그들의 가슴속에 남아 있을 것이다.
　첫날밤을 치를 브로드랜드에 도착한 그들은 여왕과 필립 공이 결혼 초야를 보낸 고전적인 호화스러운 침대 앞에 감회 깊은 표정으로 마주섰다. 그리고 여왕 부처가 사랑의 키스를 나누었듯이 그들도 뜨거운 사랑의 키스를 나누었다.
　그날 밤, 다이애나는 여성이 경험해야 하는 첫경험을 찰스 왕세자의 품속에서 체험했다. 이제 남은 것이 있다면 왕세자비로서의 경험을 쌓아올려 오래지 않아 있을 왕비의 자격을 갖추어야 했다. 찰스 왕세자가 왕의 운명을 타고났다면 스펜서 백작의 셋째딸 다이애나는 왕비의 운명을 타고났다고 보아야 할 것이다.
　아무튼 다이애나는 영국에서 가장 지체 높은 총각, 그리고 가장 부자 총각과 결혼한 것이다. 생활비는 거의 대부분이 관비로 지급된다. 그러므로 아버지 스펜서 백작처럼 세금을 무는 일로 고민할 필요가 없다. 일반 사람들처럼 교육비를 지불하지 않아도 된다. 찰스 왕세자는 1년에 15만 파운드의 수입이 있다. 더구나 세금도 없다. 앞으로 그의 수입은 더욱 많아질 것이다.
　왕이 되면 다시 4배로 수입이 늘어나고 왕실 재산인 랭커스터 공령(公領)으로부터의 수입도 비슷한 액수가 될 것이다. 대숙모인 84세된 윈저 공 부인의 6천만 파운드에 달하는 재산도 언젠가는 찰스 왕세자가 상속받을 것이다. 또한 찰스 왕세자는 영국의 대지주이기도 하다. 공령은 모두 13만 에이커에 달한다. 이 가운데는 농장, 가옥, 테라스 하우스, 점포 등이 포함되어 있고, 런던에는 단지를 하나 가지고 있다.

런던 이외에도 더트무어의 목양장(牧羊場) 주인, 콘웰의 주석 광산 주인, 실리 섬의 수선화 재배업 등 찰스의 보유 재산인 것이다. 악명 높은 더트무어 형무소도 찰스 왕세자의 소유라면 독자는 놀랄 것이다. 또 콘웰의 헬포드 강에 있는 굴 양식장도 찰스 왕세자의 소유이다. 연간 1백만 다스 이상의 굴을 생산하는데, 1다스당 2.3파운드에 팔고 있었으니 가히 1년 수입을 알 수 있다.

또한 찰스 왕세자는 550에이커에 이르는 개인 농장도 가지고 있다. 여기에는 우량 식용 소가 사육되고 있는데 연간 3백 마리를 외국 축산업자에게 팔아 영국 수출 사업에 공헌하고 있다. 1980년도 공령의 총수입은 3,200만 파운드가 넘었다.

찰스 왕세자는 엄청난 부자 총각이다. 그렇다고 귀족 가문에 태어나 생활의 어려움을 모르고 자란 다이애나가 부자라는 이유나 왕세자라는 이유 때문에 그의 구혼을 받아들인 것은 아니다. 다이애나는 첫사랑을 놓칠 수 없어 결혼한 것이다.

그러나 그녀가 택한 첫사랑이 왕세자이기에 어린 나이로 감당하기 어려운 시련을 참고 견디었던 것이다.

"도대체 여왕은 언제쯤 찰스 왕세자에게 왕위를 이양한다고 보나?"
지브롤터에 가서 왕세자 부처의 밀월 장면을 찍기 위해 카메라를 점검하던 아더 기자가 레이에게 물었다.
"자네 입장에서 보면 빠르면 빠를수록 좋겠지."
레이 기자가 속셈을 알았다는 듯이 빙그레 웃으며 말했다.
"생각 같아선 내일이라도 양위를 하면 좋겠네. 그래야 나도 역사적인 사진을 찍을 수 있지 않겠나?"
대영제국의 엘리자베스 2세 여왕은 1982년 2월 6일로 즉위 30주년을 맞았다. 대영제국과 영연방의 상징적인 원수로서 30년을 군림해 온 여왕은 건강을 이유로 찰스 왕세자가 결혼을 하면 왕위를 이양한다는 소문이 벌써부터 퍼져 있었다. 그러니 지금까지의 영국 국민의 관심은 찰스 왕세자가 과연 어떤 여인과 언제 결혼할 것인가에 관심이 집중되어 있었으나, 다이애나가 왕세자비로 간택된 이상 남은 관심은 언제 왕위를 이양하느냐에 집중되어 있었다.

"아더, 너무 조급하게 기대하지 않는 게 좋을 거야."
"여왕의 은퇴설이 떠돌 때마다 버킹엄 대변인이 부정했기 때문인가?"
"아닐세. 찰스 왕세자가 어떤 배필을 택하느냐에 달려 있었어."
"그럼 다이애나가 왕세자비로서 불합격이다, 그 말인가?"
"완전 합격이지. 여왕은 안심하고 왕위를 양위할 수 있게 됐어."
"그런데 조급하게 기대하지 말라는 건 또 무슨 뜻이야. 앞뒤가 안 맞아."
"20세라는 왕세자비의 나이가 어리기 때문이야."
"그럼, 앞으로 10년은 더 기다려야 하지 않느냔 말야. 그때 난 은퇴할 때야."
"그 전에 자넨 역사적인 사진을 찍을 수 있을 걸세."
"글쎄, 그 전이라는 시기가 언제냐구?"

조급하게 묻는 아더 기자에게 레이 기자는 찰스 왕세자 부처의 지브롤터 밀월 여행이 여왕의 결심을 앞당길 수 있을지도 모른다는 얘기를 했다.

여왕은 지브롤터에 한(恨) 같은 것이 맺혀 있다. 1952년에 여왕의 부왕인 조지 6세가 56세의 나이로 급서하자, 25세라는 젊은 나이로 대영제국의 여왕이 되었다. 그 후 30년 동안 수없이 외국 나들이를 했으며 가는 곳마다 열광적인 환영을 받았다.

그런데 단 한 곳, 스페인 남단에 위치한 지브롤터에서만은 영원히 지울 수 없는 치욕을 안고 돌아온 것이다. 그 후 여왕은 스페인 땅에 발도 들여놓지 않았다.
 그런 지브롤터를 왕세자의 신혼여행지로 선정한 것은 여왕이나 찰스 왕세자의 자의가 아니라 타의에 의한 것이다. 다시 말해서 정치적인 이유에서였다.
 "폐하, 정부에서는 왕세자 전하의 신혼여행지를 지브롤터로 정했으면 하는 의견이었습니다."
 항상 정부와 긴밀한 연락을 취하고 있는 수석 정무 비서가 아뢰었다. 대처 정부의 복안은 세계적인 화제와 인기를 모으고 있는 왕세자 부처를 분쟁 지구로 보내어 지브롤터가 양국의 영토임을 재확인시키자는 의도가 있었다.
 물론 카를로스 국왕이 왕세자의 결혼식에도 참석치 않고 냉담한 반응을 보였다고는 하나, 소피아 왕비를 만난 곳도 영국이고 또 영국과 같은 군주제도를 취하고 있는 형편이기에 내면적으로는 나이가 비슷한 찰스 왕세자에게 호감을 가지고 있을 것이라는 계산에서였다. 그리고 스페인 국민들도 세계적인 스타와 다름없는 찰스 왕세자 부처에게 악의에 찬 데모를 벌이지는 않을 것이라고 믿었기 때문이다.
 여왕은 왕세자의 행복한 밀월여행이 정치적으로 이용되어야 하고, 소란으로 얼룩질 것을 생각하니 가슴이 아파 왕세자와 의논하겠다는 구실로 언급을 회피했다.
 이런 사실을 여왕으로부터 전해 들은 찰스 왕세자는 다이애나와 의논한 끝에 정부의 제안을 쾌히 승낙했던 것이다.
 브로드랜드의 첫날밤을 보낸 왕세자 부처는 왕실 전용 요트로 지브롤터로 향했다. 현지에 도착한 왕세자 부처는 데모 군중의 시위를 받았으나, 예상했던 것보다는 강도가 낮은 것이었다. 영국 대사관의 피습 사건과 같은 불상사도 없었다. 플라멩코의 낭만과 투우의 정열이 있는 스페인 국민들은 20세기의 로맨스의 두 주인공을 저주하고 돌을 던질 만큼 모질지가 않았다. 왕세자의 정치적인 신혼여행은 성공을 거둔 셈이다.

한편 이 소식을 전해 들은 여왕의 얼굴에는 안도의 빛이 번졌다. 왕세자의 신혼여행이 무사해서가 아니라, 여왕 자신이 해결하지 못한 지브롤터 문제를 다음 세대인 찰스 왕세자에게 넘겨주어 영국과 스페인의 친선을 앞당기는 작업을 착수해야겠다는 확신이 섰기 때문이다.

여왕은 신혼여행에서 돌아온 왕세자 부처에게 국왕이 맡아야 할 임무를 하나 둘씩 넘겨주었고 그들은 여왕을 대신해서 훌륭히 일을 처리했다. 그러는 가운데 여왕은 왕세자로부터 뜻하지 않았던 기쁜 소식을 들었다. 다이애나 왕세자비가 임신했다는 소식을 들은 것이다. 여왕은 내색하지 않았으나 왕세자비로서의 책임을 다해 주는 다이애나에게 당장이라도 달려가 고맙다는 말을 하고 싶은 심정이었다.

여왕의 나이 이미 54세, 국왕으로서의 자격을 갖추어 가고 있는 왕세자에게 양위를 해야 하는 시기가 더한층 다가왔음을 느꼈다.

그러던 어느 날, 신문의 1면을 본 여왕은 크게 진노했다. 카리브 해안 바하마 군도에서 10일간의 휴가를 즐기고 있는 왕세자 부처의 사생활이 1면에 크게 다루어졌던 것이다. 임신 5개월의 다이애나 왕세자비가 비키니 차림으로 해변에 서있는 사진이 게재된 것이다. 여왕은 즉석에서 신문사에 항의를 했고, 그 다음날 문제의 두 신문사는 정중한 사과문을 실었다.

여왕은 왕세자비의 사생활을 보호하기에 앞서 왕비가 될 그녀의 존엄성을 지켜 주기 위해서였다. 신문사의 정중한 사과문을 확인하고 난 여왕은 직무실 책상머리에 놓여 있는 왕세자 부처의 사진으로 시선을 옮겼다.

슬기롭고 온화한, 그리고 깊이가 엿보이는 다이애나 왕세자비가 사진틀 속에서 연한 미소를 보내고 있었다.

갈등, 그리고 이혼

― 이 장부터는 다이애나 왕세자비가 참
변을 당한 후, 각종 기사를 편집부에서
취합하여 작성한 원고임을 밝혀둡니다.

다이애나 왕세자비의 임신 사실은 모든 영국 국민들의 축복 가운데 온세계에 타전되어 널리 보도되었다. 왕실은 온통 들뜬 분위기였다.

그런데 다이애나는 새 생명을 잉태한 기쁨과 함께 두려움이 앞섰고 웬지 불안했다. 그녀는 절친한 친구에게 이런 말을 독백처럼 씹은 적이 있었다.

"나는 이 나라 왕실의 후손을 낳기 위해서 결혼한 것은 아니야. 임신한 사실을 알고부터는 기분이 안좋았어."

"……."

그것은 찰스 왕세자와의 밤시간이 기대에 어긋났기 때문인지도 모른다. 13년 연상인 찰스는 이제 중년기에 접어들었을 뿐이건만 외도가 심해서인지 밤마다 불타오르는 다이애나의 몸을 식혀주기에는 역부족이었던 것이다.

'어쩌면 찰스가 외도하고 있는 것은 아닐까?'

이런 의구심이 들 때마다 다이애나는 가슴이 콩콩 뛰었고 식은땀이

나곤 했다.

해가 바뀌어 1982년 6월도 다 가고 있는 29일, 켄싱턴 궁의 앞뒤 정원마다 장미꽃이 온통 흐드러지게 피었을 때 다이애나는 산통을 느끼기 시작했고 궁중 시의(侍醫)들의 도움을 받아 첫아기를 출산했다. 아들이었다. 영국 왕실에 장손이 태어난 것이다.

엘리자베스 여왕을 비롯, 왕실에서는 말할 것도 없고 왕족이며 귀족들은 축배를 들었다. 이 사실은 곧 온세계에 알려졌고 영국 국민들은 왕손의 탄생을 축하했다. 런던 거리는 온통 축하 인파로 가득했고 카페에서는 손에 손에 글라스를 든 손님들이 축하의 건배를 했다.

왕손의 이름은 '윌리엄'――. 윌리엄은 특히 엘리자베스 여왕의 사랑을 극진히 받으며 성장해 갔다. 그러나 어머니가 된 다이애나의 생활은 결코 행복하지 못했다. 미혼 때 꿈꾸었던 결혼생활과는 너무나 상반된 현실 생활에 그녀는 점차 환멸을 느끼기까지 했다.

우선 왕실의 틀에 박힌 생활, 숨이 막힐 것 같은 딱딱한 생활에 적응하려고 노력하자니 스트레스가 자꾸 쌓여 갔다. 유치원 보모로 있으면서 발레리나의 꿈을 키우던 그녀는, 말수는 적었지만 하고 싶은 말은 다하는 비교적 개방적 성격을 띠고 있었는데, 엄격한 왕실생활의 법도나 규율에 맞추려고 하니 마음 같이 되지 않았다.

또 밖에 나가면 사진 기자 등의 등쌀에 신경을 곤두세워야 하니 그 불편은 이루 형용할 수 없었다. 이럴 경우 남편 찰스라도 늘 함께 있으면서 사랑으로 감싸주고 위로와 격려를 해준다면 그래도 무료함과 답답함을 달랠 수 있으련만 찰스는 그래 주지 않았다.

허구한 날 공식행사다 파티다 하여 말쑥한 정장을 갈아 입고 돌아다녔으며 밤이 늦어서야 들어오면,

"아이 피곤해. 어서 잠이나 잡시다."

라고 투덜거리는 게 다반사였다.

"오늘은 또 몇 명의 여인으로부터 키스를 받았나요?"

다이애나는 품위를 지켜야겠다는 이성보다 한 여인으로서의 감정이 앞설 수밖에 없었다.

"또 시작이오? 다이애나, 내가 말했잖소. 귀족의 부인이나 영양들은 나에게 키스하는 것을 큰 영광으로 생각한다고……. 그녀들은 내 옷깃을 만져보는 것도 자랑으로 여긴다오."

"그래서 그들을 위해 파티에 가야 하고 그들을 위해 키스를 받아야 한단 말이로군요? 그런 논리라면 나에게 키스하기를 원하는 귀족 남성도 많이 있습니다."

다이애나는 뾰로통해졌다.

"너무 상심하지 마오. 나는 다이애나만을 사랑하니까."

찰스는 아내를 꼭 껴안아주었다. 다이애나의 눈에는 어느새 이슬이 맺혀 있었다.

이야기는 잠시 지난날로 거슬러 올라간다. 1972년, 그러니까 찰스 왕세자의 나이 23세 때다. 찰스는 해군 사관학교를 졸업하고 해군 장교로 복무중이었다. 찰스는 우연히 무도회장에서 만난 카밀라를 보는 순간 온몸이 짜릿해지는 것을 느꼈다. 카밀라는 당시 24세──. 찰스보다 한 살 연상의 여인이었다.

상대가 찰스 왕세자란 것을 안 카밀라는 자기 증조할머니와 찰스의 고조부가 연인 사이였다는 이야기를 꺼내면서 찰스에게 접근했다. 그 후로 두 사람은 주말마다 만나서 사랑을 속삭였다. 그렇게 하기를 반 년, 찰스와 카밀라의 사랑은 점점 더 깊어갔다.

그러나 찰스가 카밀라에게 정식으로 청혼했을 때 카밀라는 웬일인지 이를 받아들이지 않았다. 그리고 찰스는 함상 근무를 하기 위하여 카밀라 곁을 떠나야 했다. 찰스의 함상 생활은 8개월 동안 계속되었다.

그러는 사이에 카밀라는 옛날 친구인 육군 장교 앤드루 파커 볼스와 가까워지더니 전격적으로 결혼했다. 앤드루는 카밀라보다 다섯 살 연상인 29세의 청년이었다. 찰스는 함상 근무를 끝내고 귀국해서야 이 사실을 알았다. 그는 혼잣말로 중얼거렸다.

"이럴 줄 알았으면 좀더 일찍 적극성을 띠었어야 하는 건데……. 카밀라는 내 영혼에 편안함을 주었던 여자였어……."

찰스는 끝내 아쉬워했다. 카밀라의 그 풍만한 육체가 남편의 품에 안겨 있는 모습을 상상하면 불길같은 질투심이 일곤 했다. 그러나 단념하기로 했다. 그녀는 이미 남의 아내가 된 몸이 아닌가. 자신은 대영제국의 왕세자 신분이다. 서민이라 하더라도 여염집 유부녀를 넘본다는 것은 불륜이거늘 하물며 왕세자의 신분임에랴.

그러나 사랑이란 묘한 것이어서 이룰 수 없을수록 더욱 불타오르게 마련이고, 또 사랑에는 신분 따위가 훼방할 수 없는 힘이 있게 마련인 법——.

찰스는 카밀라를 잊지 못한 채 여러 해를 보냈다. 그러다가 1979년 겨울, 우연히 아주 우연히 카밀라를 만나게 되었다. 그것은 눈이 내리는 어둑어둑한 밤, 어느 무도회장에서였다.

그녀를 보는 순간 찰스는 자기 눈을 의심했다. 자주색 드레스를 입고 탱고를 추면서 돌아가는 풍만한 육체의 여인은 분명 카밀라였다. 6년 전보다 몸이 약간 비대해진 것말고는 변한 것이 없었다. 그날 밤 꿈에도 그리던 그 카밀라를 찰스는 조용히 만날 수 있었다.

찰스 앞에 나타난 카밀라는 기겁을 할 만큼 놀랐다.

"어머, 왕세자님?"

"오랜만이오. 카밀라…… 아니, 볼스."

찰스는 카밀라가 시집을 갔고 그 남편이 앤드루 파커 볼스란 것을 잘 알고 있는 터였다.

"보아하니 아주 행복한 것 같은데, 남편과 동행했나요?"
"아뇨, 친구들과 같이 왔어요."
 찰스는 볼스와 함께 자리를 옮겼고 약 한 시간 가량 서로의 근황에 대해서 이야기를 나누었다. 찰스는 이 자리에서 그 동안 자신을 괴롭혔던, 카밀라에 대한 연모의 정을 털어놓았다.
"……솔직히 말해서 나는 카밀라에게 사로잡힌 사랑의 노예인가 보오."
"어머나, 왕세자님도!"
 카밀라의 얼굴이 빨갛게 상기되었다. 밖에는 소복소복 눈이 쌓이고 있었다.
 그 후 두 사람은 자주 만나서 밀회를 했고 카밀라는 찰스 왕세자에게 모든 것을 바쳤다. 그것은 오히려 찰스가 카밀라에게 바쳤다고 하는 것이 옳은 표현일는지 모른다.
 어쨌든 두 사람은 진정으로 사랑했다. 찰스는 그 동안 갈구해 오던 장밋빛 사랑과, 어머니 마음과 같은 이해심을 이 카밀라에게서 발견했고, 그녀와 함께 있는 시간만큼은 모든 것이 충족되어 행복했다. 그처럼 사랑했건만 두 사람은 다시 헤어지지 않을 수 없었다.
 1981년 찰스가 다이애나를 맞아 결혼을 했기 때문이다.

 찰스는 다이애나가 영국의 왕세자비로서 영국 왕실의 전통을 이어 받고 장차 언필칭 대영제국의 어엿한 국모가 되어 줄 것으로 믿었다. 그런 기대는 엘리자베스 여왕이 더 많이 하고 있었고, 찰스가 어렸을 때부터 귀에 못이 박히도록 강요해온 터다.
 영국의 근세사(近世史)가 말해주듯, 엘리자베스 여왕이 1953년 즉위하기 이전 수십 년 동안은 그야말로 체통이 바닥까지 떨어져 있던 영국 왕실이었다. 그러던 것을 엘리자베스 여왕은 즉위하자마자 나라 안

팎으로 왕실의 권위를 차츰 회복시켜 나갔다. 그녀는 이런 왕통을 찰스가 계승하여 더욱 확고한 반석 위에 올려놓기를 원했다.

그러기에 다이애나에게도 왕실의 법도와 규율을 철저하게 지키도록 권유했고, 서민들과의 접촉은 가급적 피하라고 요구했다. 다이애나로서는 숨통이 막힐 것만 같은 생활이 아닐 수 없었다. 그녀는 결혼과 함께 참담한 생활이 시작되었던 것이다.

이런 와중에서 다이애나는 이제 윌리엄의 어머니가 된 것이다. 그런데 찰스는 이 다이애나비에게서 차츰 멀어져 갔고 언쟁을 자주 벌였다. 그럴수록 카밀라의 그 어머니처럼 푸근한 이해심과 달콤한 사랑이 그리워졌다. 다이애나에게서는 그런 애정을 느낄 수 없었던 찰스였다.

그래서 기회를 만들어 카밀라를 찾곤 했고, 카밀라는 어엿한 남편이 있는 몸이면서도 찰스와의 불륜관계를 지속해 나갔다. 그때 카밀라의 남편인 앤드루 파커 볼스는 시종무관이 되어 버킹엄 궁에 근무하고 있었으므로 찰스와 카밀라의 밀회는 도리어 쉬웠다.

사랑은 오관(五官)을 통해서 느끼는 것이라고 했던가. 찰스와 카밀라의 관계가 깊어지자 다이애나는 그것을 눈치챘다. 그녀는 고독을 씹어야 했고 눈물을 흘려야 했다.

그럴 때마다 다이애나는 사라 퍼거슨을 불러 속마음을 털어놓곤 했다. 퍼거슨은 사가(私家)로 말하자면 다이애나 왕세자비의 손아랫동서이다. 다이애나가 결혼하여 버킹엄 궁에 들어왔을 때 왕실에서는 엘리자베스 여왕의 차남인 앤드루 왕자의 배우자감을 물색중이었다. 그때 다이애나가 추천한 여인이 바로 퍼거슨이다. 즉 앤드루 왕자와 퍼거슨의 결혼을 중매한 사람이 다름아닌 다이애나였던 것이다.

퍼거슨은 디이애나보다 한 살 연상이다. 그래서 다이애나는 공식 석상에서는 퍼거슨을 '동서'라고 호칭했고 둘만 있을 때는 '퍼기'라는 그녀의 애칭으로 부르는게 보통이었다. 이 퍼거슨은 쾌활한 성격에 낭비

벽이 심했다. 그래서인지 꼼꼼한 성격인 앤드루 왕자와 자주 시비를 벌였으며 두 사람 사이는 삐걱거리기 시작했다.

그날도 다이애나는 고민 속의 긴 밤을 지새고 반 나절을 우울하게 지내다가 오후가 되자 퍼거슨을 켄싱턴 궁으로 불렀다.

"퍼기, 어서 와요."

"아니, 형님, 무슨 일 있으셨나요? 안색이 아주 안좋으십니다."

거실로 들어서는 퍼거슨은 두 눈을 동그랗게 떴다.

"얼굴이 그렇게 엉망인가요?"

다이애나는 거울에 자기 얼굴을 비춰 보았다. 그리고 하얀 손으로 얼굴을 몇 번 문지르고 이마에까지 내려온 머리카락을 손가락으로 빗질해 넘긴 다음 소파에 털썩 앉았다. 시녀가 차를 내왔다. 잠시 침묵이 흘렀는데 먼저 입을 뗀 쪽은 퍼거슨이었다.

"무슨 일로 급히 보자고 하셨습니까?"

"아무 일도 아니에요. 그저 심심하기에 이야기나 하자고 불렀어요."

한참을 뜸들인 다이애나가 결심을 했다는 듯 입을 열었다.

"동서는 요즘 어때요? 앤드루 왕자님과의 사이 말이에요."

두 눈을 깜박이던 퍼거슨이 한숨을 길게 내쉬었다.

"말도 마세요. 이젠 아주 남남이라니까요. 방만 한 방을 쓸 뿐이지……."

두 여인 사이에는 또 침묵이 흘렀다. 이런 불평불만이 두 여인 사이에서 오간 것은 이번이 처음이 아니다. 동병상련(同病相憐)이라고나 할까? 이 두 여인에게는 공통점이 있었던 것이다. 그것도 너무나 흡사한 공통점이 말이다.

그것은 남편들로부터 진정한 사랑을 받고 살지 못한다는 점이었다. 20대 중반을 바라보는 그야말로 한창 나이인 그녀들은 잠자리에서 진한 애무를 받고 싶었고, 하늘을 두둥실 날아 올라가는 환희를 느끼고 싶었다. 그러나 그것은 아련한 꿈에 불과했던 것이다.
 "형님, 좀더 적극적으로 나가세요. 밤이 되면 여자는 요부(妖婦)가 돼야 한다는 말도 있잖습니까? 형님은 저와는 처지가 다르십니다. 저는 앤드루 왕자에게 미움까지 받는 처지이니 적극적으로 나갈 틈조차 얻을 수가 없지만…… 형님은 그래도 나으신 편이 아닙니까."
 "어디 그게 말이 쉽지…… 마음대로 되어야지요. 비굴하다는 생각도 들고 어쨌든 자존심이 상해요."
 "형님도 참……. 그 일에 자존심이 무슨 소용입니까? 용기가 안 나시면 와인을 한잔 들어보세요. 그리고 아참! 형님 쪽에서 먼저 흥분하시는 겁니다…… 제가 그 비결을 가르쳐 드릴게요."
 "……?"
 퍼거슨은 벌떡 일어나더니 밖으로 나갔고 한식경이나 지난 후에 조그만 가방을 들고 다시 들어왔다. 그리고 다이애나의 손을 잡아끌면서 침실 안으로 들어갔다. 호화로운 침대 머리쪽 탁상 위에 꽂혀 있는 싱그러운 하얀 카네이션 다발이 시선을 끌었다. 다이애나는 어버이날이 아니더라도 이처럼 하얀 카네이션을 꽂아놓곤 했다.
 침실 문을 안쪽에서 걸어잠근 퍼거슨은 침대 옆 소파에 앉아 가방을 열었다.
 "그게 뭔데?"
 "예, 보시면 알게 되요. 지금부터는 제가 하자는 대로 하셔야 해요."
 퍼거슨은 옷을 활활 벗어제치면서 다이애나에게도 옷을 벗으라고 했다.
 "아이, 망칙해!"
 다이애나는 펄쩍 뛰었다. 그러나 퍼거슨이,
 "이 기구 사용법이 성공하기만 하면 형님은 잠자리의 행복이 보장됩니다. 뭘 망설이십니까? 그것을 위해서라면……. 우리 두 사람밖에 없는데 옷 벗는 것쯤 뭘 주저하세요?"

퍼거슨의 독촉에 다이애나는 못이기는 체하고 옷을 벗기 시작했다. 퍼거슨이 가방에서 꺼내놓은 것은 남성 성기 발기용, 여성 흥분용 등등의 성희(性戱) 기구였다. 퍼거슨은 그것을 하나하나 설명해 주면서 실연(實演)을 해보였다. 다이애나는 나쁜 짓을 하다가 들킨 어린아이처럼 가슴이 두근거릴 뿐, 아무 반응도 느낄 수 없었다.

"사용법은 이제 아셨지요? 오늘 밤에 당장 시험해 보세요. 틀림없이 특효가 있을 겁니다."

다이애나는 부끄러운 한편 호기심도 발동했다. 퍼거슨이 그 가방을 침대 밑에 넣자 다이애나는 퍼거슨에게 다짐을 두었다.

"퍼기, 이 일은 퍼기와 나만 알고 있어야 해요. 절대 비밀로…… 알았죠. 우리는 대영제국의 왕자비들입니다. 만약 이런 일이 누설되는 날에는 개인의 망신은 말할 것도 없고……."

"그럼요. 왕실의 망신이고 나라와 민족의 망신이지요. 걱정마세요. 이 퍼기의 입은 무겁기로 유명하니까요."

퍼거슨은 돌아갔다. 다이애나의 마음은 더욱 허전했다. 창밖을 내다보니 파란 잔디 위에 서있는 정원수 가지에 이름 모를 새 두 마리가 마주앉아서 서로 깃털을 골라주다가 입을 맞추곤 했다.

"저 새들은 얼마나 행복할까."

사랑할 상대를 마음대로 선택하고 둘이서 진실되게 사랑하며 살아가는 것, 그것은 고귀한 삶이리라. 광활하게 펼쳐진 초원 한복판에 아담한 집을 짓고 사랑하는 사람과 양떼를 몰며 밭을 일구다가 밤이 되면 호롱불 아래서 사랑을 속삭이며 잠이 드는 것. 이 얼마나 자유롭고 행복한 삶일까. 명예나 권세, 재물 따위가 무슨 소용이란 말인가.

다이애나는 아주 길게 한숨을 내쉬었다. 그녀가 내쉰 입김이 창문에 서리자 정답게 조잘대던 새들의 모습이 구름 속에 들어간 듯 보이지 않았다.
"그래, 맞아. 저렇게 행복하게 살다가 바람처럼 사라지는 거야. 그것이 참사랑이 아니겠는가. 참된 삶이 아니겠는가."

퍼거슨이 한수 지도한 방법도 다이애나에게는 이렇다 할 효험이 없었다. 그리고 1983년 초여름. 다이애나는 찰스와 함께 오스트레일리아를 공식 방문하게 되었다. 다이애나는 태어난 지 9개월째 된 윌리엄을 데리고 가겠노라고 했다. 그러자 엘리자베스 여왕과 찰스는 펄쩍 뛰었다.
"아이들과 동행하지 않는 것이 영국 왕실의 전통이거늘 하물며 갓난 아기를…… 그건 안 돼!"
그러나 다이애나는 잠시도 윌리엄과 헤어져 있기가 싫었다. 부모의 이혼으로 여섯 살 때 어머니와 생이별한 다이애나는 잠시도 윌리엄을 떼어놓기가 싫었던 것이다. 그래서 며칠을 두고 입씨름을 벌이다가 결국에는 윌리엄을 데리고 갔다.
엘리자베스 여왕의 노기는 그야말로 하늘에 닿을 정도였다. 찰스도 다이애나의 고집을 보고는 더욱 정이 떨어져 갔고——. 시대가 변하면 왕실의 법도도 변해야 한다는 것이 다이애나의 주장이었다.
오스트레일리아에서는 찰스와 다이애나를 대대적으로 환영했다. 그런데 묘한 일이 일어났다. 매스컴들은 찰스의 중요연설 내용보다 다이애나의 모자와 드레스를 더 크게 보도했다. 찰스는 마음이 편치 않았다.
찰스는 다이애나가 흥미를 가지는 팝콘서트에 동행했다. 다이애나는 신이 날 정도로 경청하다가 옆자리의 찰스를 보니 그는 무덤덤하게 앉아 있었다. 다이애나는 하도 이상하여 자세히 살펴보았다. 찰스의 귀에는 솜이 막혀 있었다. 다이애나는 그 솜을 뺐다.

"아니, 이게 뭐예요? 음악회에 와서 귀를 막다니요?"
찰스는 당황했다.
"중이염 치료를 받았는데 의사가 막고 있으라 했소."
그는 궁색하게 변명했다. 다이애나는 콘서트장을 나와 버렸다.
그런 옥신각신 속에서도 세월은 하루하루 흘러갔다. 그리고 1984년 9월, 다이애나는 둘째 아들 해리를 출산했다. 왕실에서는 경사가 겹쳤다고 환호했지만, 산실에 들어온 찰스에게 다이애나는 미간을 찌푸리며 쏘아붙였다.
"아이는 왜 여자만 낳아야 되나요? 만약 남자도 아이를 낳는다면 남자는 아마 한 번 낳고는 두 번 다시 안 낳을 겁니다."
산고가 심했던 것이다. 찰스는 다이애나의 손을 꼭 잡고 그녀의 뺨에 키스를 해주면서 속삭였다.
"수고했소. 많이 힘들었지? 이젠 안심하오."
그것은 누가 보아도 평범하고 다정한 부부 사이였다. 그러나 작은 아들 해리를 낳고 나서부터 찰스의 다이애나에 대한 관심은 더욱 식어갔다. 그것과 반비례하여 찰스와 카밀라와의 관계는 더욱 가까워지기만 했다.
날로 냉담해지는 찰스에게서 더이상 사랑을 돌이켜놓을 수 없다고 판단한 다이애나는 퍼거슨과 의논했다. 그리고 심복 시종들로 하여금 찰스를 미행케 하여 카밀라와의 밀애 사실을 확인한 다이애나는 마침내 별거할 것을 요구했다. 1986년 봄의 일이다.
찰스는 다이애나를 달래보기도 했지만 찰스와 카밀라와의 관계를 소상하게 안 다이애나는 완강했다. 사태가 이에 이르자 영국 왕실은 발칵 뒤집혔다. 그러면서도 언론을 의식하여 밖으로는 이런 사실이 새나가지 않도록 보안조치를 강화했다.
특히 엘리자베스 여왕의 진노는 무서웠다. 그러나 찰스와 다이애나의 별거문제는 어디까지나 본인들 간의 사랑문제이다. 그러니만큼 아무리 여왕이라 하더라도 깊이 간여할 수는 없는 일이었다.
 다이애나가 별거를 선언하고 실제로 별거하기 시작하자, 이 사실은 왕실에서 아무리 숨기려 해도 효과가 없었다. 찰스와 다이애나를 측근에서 시중들던 시종 시녀들의 입을 통하여 이 사실이 이 입에서 저 입으로 옮겨지기 시작했다.
 다이애나의 승마(乘馬) 교관이던 육군 소령 제임스 휴이트는 이 사실을 알게 되자 두 눈을 반짝이며 군침을 꼴깍 삼켰다. 평소 그녀의 승마술을 지도하던 휴이트는 그녀의 매력에 푹 빠져 있었다. 다이애나의 손을 잡고 안장 위에 태우거나 내려줄 때마다 그는 짜릿한 느낌을 받았었다. 처음에는 감히 왕세자비의 얼굴을 바로 보지도 못하던 그였지만 만나는 회수가 늘어남에 따라 이제는 예사롭게 눈길을 마주하며 포근한 대화도 나누는 사이가 되었다.
 휴이트는 다이애나의 별거 소문을 듣자 가슴을 조이며 엉뚱한 꿈도 꾸어보았다.
 '하늘 높이 떠있는 별을 이 손으로 딸 수 있을는지도 몰라.'
 다이애나는 휴이트가 싫지 않았다. 늠름한 체격에 세련된 매너하며 서글서글한 인상이 뭇 여성의 인기를 끌어모을 남자라는 첫인상을 받았었다. 그러한 휴이트가 요즘에는 점차 이상한 눈짓을 해오곤 했다. 처음에는 대수롭지 않게 생각했던 다이애나도 그의 집요한 윙크에는 때로 착각을 느낄 정도였다. 제복을 갖춰 입은 이 다부진 몸매의 남자가 자기 남편이었으면 하는 착각 말이다.
 다이애나는 이따금 그 큼직하고 다소 겁먹은 것처럼 보이는 눈을 동그랗게 뜨고 휴이트를 바라보곤 했다. 그럴 때면 휴이트의 이글거리는 시선이 다이애나의 온몸을 빨아들이는 것 같기도 했다. 다이애나는 자기도 모르는 사이에 얼굴에 홍조를 띠었다.

이런 날들이 이어져가면서 두 사람은 자연스럽게 가까워졌다. 다이애나에게 있어서는 분명 불장난이요, 모험임에 틀림없지만 그것은 찰스에 대한 분노의 발로였고 복수심의 표출이었다.

그날도 다이애나는 대형 거울 앞에 앉아서 화장을 하기 시작했다. 애용하는 디오르시모(Diorssimo) 향수를 바르던 그녀의 하얀 손가락이 눈가에 이르렀을 때, 그녀는 미간을 찌푸리며 손길을 멈추었다.

"아니, 벌써 눈가에 잔주름이……."

다이애나는 목 주위의 피부에 유난히 신경을 써왔다. 목에 잔주름이 잡히는 것을 무엇보다도 싫어하던 그녀였다. 그런데 눈가에 잔주름이 잡히다니……. 그녀는 벌써 중년에 접어들었고 아들을 둘이나 낳은 어머니임을 새삼스럽게 느꼈다.

화장을 곱게 한 그녀는 승마복으로 갈아 입고 승마장으로 나가면서도 눈가에 잡힌 주름을 자꾸만 의식했다. 그녀의 마음은 그날따라 유난히 무거웠다.

'그래, 인생이란 다 그런 거야. 늙지 않는 인생이 어디 있겠어. 하지만…… 더디 늙도록 노력은 해야지. 그리고 인생을 즐겨야 해.'

그날 다이애나는 또 아주 은밀한 장소에서 휴이트와 아쉬운 사랑을 속삭였다. 그럴 때마다 다이애나는 죄의식에 사로잡히곤 했지만 그런 죄의식은 찰스에 대한 적개심과 복수심으로 상쇄되곤 했다. 그녀 자신이 그렇게 상쇄시키도록 노력을 했던 것이다.

그리고 일상으로 돌아오면 윌리엄과 해리 두 아들의 어머니로서 최선을 다하고자 노력했다. 다이애나는 자신이 두 아들의 평범한 어머니가 되기 위해 노력했고 두 아들도 평범한 아들로 자라주기를 원했다.

찰스와 앤드루 등 왕자들의 자기중심적이고 편협·오만한 성격에 정이 떨어진 다이애나는 그런 성격들이 왕자를 위한 특수교육의 산물일 것으로 믿었다. 그러기에 윌리엄과 해리는 대영제국의 왕손이기 이

전에 대영제국의 국민으로 키워내고 싶었던 것이다. 두 왕손은 어머니 다이애나의 그런 뜻을 이해라도 한다는 듯 다이애나에게 복종하며 올곧게 자라나고 있었다.

다이애나는 또 찰스와 별거하면서 사회에 눈을 돌리기 시작했다. 그녀가 각종 신문의 사회면을 뒤적이는 시간은 부쩍 늘었다.

그 사회면에는 어두운 기사들이 너무 많았다. 가난한 흑인들의 짓눌림이 있었고 병들어 고통받는 서민들이 있었고, 영육(靈肉) 간에 굶주리는 고아가 있었고, 아직도 기아에서 벗어나지 못한 소년소녀 가장이 있었다.

'이들에게 무슨 죄가 있담? 죄가 있다면 가난한 것이 죄지.'

다이애나는 비서와 측근 시종들을 앞세우고 흑인가와 빈민가를 돌면서 구호활동을 전개했다. 이런 자선사업은 이번에 비로소 시작한 것이 아니다. 이전에도 관심을 가지고 해왔었는데 이때부터 적극성을 띠었을 뿐이다.

흑인가와 빈민가, 병원과 고아원에서는 다이애나를 하늘에서 내려온 선녀처럼 떠받들며 존숭했다. 그것은 다이애나가 형식적으로 그들을 방문하고 얼마간의 금품을 지원해 주는 정도의 구호가 아니라, 진심에서 우러나오는 사랑의 표시였기에 더욱 그러했다.

다이애나가 직접 관여했던 자선 단체는 6개소. 그러나 그녀가 음양으로 연관되어 있는 단체는 무려 100군데 이상이었다. 그녀는 난치병 환자들을 직접 찾았다. 특히 에이즈 환자를 찾아가서는 두 손을 꼭 쥐어 주며 위로와 격려의 말을 해주었다. 환자들은 다이애나에게서 극진한 사랑을 느꼈고 용기를 얻었다.

왕실에서는 그러는 다이애나가 못마땅했다. 서민들에 대해서는 적당한 구호활동은 벌이되 직접 방문하거나 손을 잡아 주는 행동 따위는 금기시되어 있던 것이 영국 왕실의 전통이었기 때문이다.

다이애나는 발레단이라든가 음악가·가수 등 예술가를 비롯하여, 축구·테니스 등 운동선수에게까지 관심을 보이며 보조해 줄 수 있는 한 도와주었다. 이 모든 사회활동을 그녀는 이제 소명의식을 가지고 시작한 것이며, 서민 대중에게 직접 다가가는 왕세자비의 이미지를 부각시킨 것이지만 왕실의 눈에는 역시 마땅치 않게 보였던 것이다.

찰스와 별거에 들어간 지도 어언 6년이 된 1992년 6월, 다이애나와 찰스 왕자에게 결정적인 위기가 찾아왔다. 찰스와 카밀라와의 뜨거운 애정 행각을 소개하는 앤드루 모턴의 저서 《다이애나, 그녀의 진심 이야기》가 출간된 것이다.

이 책에는 다이애나가 정신신경과 의사에게 치료를 받으며 털어놓은 이야기가 증언 형식으로 상당량 소개되어 있었다. 1979년 이후 찰스는 유부녀인 카밀라를 줄곧 만나왔고 불륜관계를 맺어왔으며, 그것이 마침내 책자로 출판되기에 이르렀으니 전영국은 물론 온 세계의 호사가(好事家)들의 입길에 오르내리게 되었다. 특히 엘리자베스 여왕은 다이애나의 경솔을 심하게 꾸짖었다.

그후에도 이들의 스캔들은 신문지상에 자주 보도되었고 여러 책자로 소개되었는데 이런 기사를 대할 때마다 다이애나의 고통은 너무 심했다. 그것은 소나무 생가지를 찢어내는 아픔과도 같은 것이었다. 그녀는 동서이자 친구인 퍼거슨 왕자비를 불러놓고 괴로운 심경을 토로해 보기도 했지만, 퍼거슨 역시 처지는 비슷했다. 남편 앤드루 왕자로부터 거의 버림받은 퍼거슨이었으니 말이다.

두 왕자비는 부둥켜안고 울었다. 그러나 현실은 냉혹하기만 하여 그녀들의 눈물만으로는 아무런 해결책도 찾을 수가 없었다.

다이애나는 이때부터 이상한 병증(病症)이 생겼다. 식탁에 앉으면 게걸스럽게 음식을 먹어치우는 것이었다. 어느 때는 시녀에게 음식을 더 가져오라고 호통을 치기도 했고, 자신이 냉장고를 직접 열고 음식을 닥

치는 대로 꺼내 먹었다. 그리고는 화장실로 달려가서 먹은 음식을 토해내는 것이다. 의사들은 이런 병증을 '식장애(食障碍)' 또는 '거식증(巨食症)'이라고 불렀다. '식장애'는 심한 충격과 스트레스, 인간관계에서 심한 좌절을 겪은 후에 가끔씩 나타나는 병으로서 음식으로 이를 풀려고 하는 경향이다.

또 그녀는 만성적 우울증에 시달리어 낮에는 그 고운 얼굴을 찡그린 채 멍청히 바깥을 내다보는 시간이 많아졌다. 누가 보아도 안쓰러운 왕세자비의 모습이었다.

그러다가 갑자기 면도칼을 꺼내어 자기 손목을 긋는 등 자살을 기도하기도 했다. 이런 자살 기도 소동은 결혼한 다음 윌리엄을 임신한 지 3개월 되던 때 찰스와 심한 말다툼을 하다가 계단 아래로 굴러떨어진 일이 있은 후로, 전후 다섯 차례나 이어졌다. 그녀의 결혼생활은 결혼 초기부터 이처럼 눈물과 분노로 얼룩져 왔던 것이다.

설상가상으로 이해 8월에는 〈더 선〉지에서 다이애나의 불륜관계 통화내용을 폭로했다. 다이애나는 자신이 결백함을 주장했다. 그러나 이 사건은 영국 왕실에 치명적인 타격을 입혔고, 엘리자베스 여왕의 다이애나를 보는 눈길은 곱지 않았다. 그런 와중에서도 다이애나는 조금도 굴하지 않았으며 꿋꿋하게 자기 변명을 해나갔다.

영국의 여론은 들끓었고 각종 언론매체에서는 찰스와 다이애나의 진실을 공개하라고 요구했다. 여론에 밀린 존 메이저 수상은 12월 9일, 마침내 의회에 출석하여, 찰스와 다이애나의 별거를 공식적으로 확인 발표하기에 이르렀다.

다이애나는 은밀히 그 동안 별거해 오던 일이 만천하에 공표되던 날, 차라리 마음이 편했다. 이것으로 찰스와의 결혼관계가 완전 해소되는 것은 아니었지만 항상 무거웠던 마음이 후련해지는 것 같았다. 그것은 쓰고 있던 굴레를 벗어던진 것 같은 기분이었고 차고 있던 족쇄가 잘려져 나가는 느낌이었다.

그녀는 작은아들 해리를 꼭 껴안고 엄마의 옛날 이야기를 들려주었다. 동화 속의 주인공과 같았던 지난날의 슬픈 이야기도 해주고, 기뻤던 이야기도 들려주었다. 이제 초등학교에 입학했을 뿐인 해리는 엄마의 그런 심정을 알 길이 없었다. 해리는 그저 엄마의 이야기가 재미있다는 듯 두 눈을 초롱초롱 빛내며 고개를 끄덕이고 있었다.

다이애나는 그런 해리를 보면서 다시 한번 다짐했다.

'너희 형제는 영국 왕실의 피를 이어받고 있지만, 아주 보통사람, 평범한 보통사람으로 자라나거라. 그래서 이 다음에 엄마와 같은 불행한 왕자비가 다시는 생기지 않도록 해다오.'

그것은 다이애나의 진심이었고 소원이기도 했다. 지난 11년 동안 찰스와의 결혼생활에서 얻은 것이 무엇이란 말인가? 이 두 왕자밖에 얻은 것이 없다. 그 대가로 자신은 눈가에 잔주름이 잡히는 시간을 허송세월했다. 그런 자신의 황금기를 지불하고 얻은 두 왕자가 비록 찰스의 핏줄을 이어받았다 하더라도 보통 영국 청년으로 자라나서 보통 영국 아가씨와 결혼하여, 보통으로 행복한 생활을 영위해 주는 것이 엄마 다이애나의 간절한 소원이었던 것이다.

다이애나는 윌리엄이 이튼스쿨에 입학하여 운동회를 맞이했을 때 구경을 갔었고, 엄마들의 달리기 시합에 동참하여 열심히 뛰었던 일이 문득 생각났다.

왕세자 찰스에게 얼마나 실망을 했으면 이런 생각을 했을까? 찰스에게 얼마나 분노를 느꼈으면 다이애나가 승마 교관 휴이트와 그런 사이가 되었을까?

그녀는 이런 생각 저런 생각에 머리속이 복잡해졌고 예의 우울증이 또 발작하기 시작했다.

"오! 하느님, 저는 영원히 이 고통 속에서 헤어날 수 없는 겁니까!

저를 잡아 주시옵소서."
 그녀는 침실에 들어가서 무릎 꿇고 조용히 기도했다.
 해가 바뀌어 1993년 1월, 새해를 맞아 들뜬 분위기가 아직 가시지 않은 12일. 앤드루 왕자비 퍼거슨이 〈더 선〉지를 들고 달려왔다. 그녀는 다짜고짜로 그 신문을 다이애나에게 건네주면서 푸념을 늘어놓기 시작했다.
 "형님, 이럴 수가 있습니까? 이래도 되는 겁니까?"
 다이애나는 퍼거슨이 펼쳐 주는 지면에 눈길을 주었다. 거기에는, '찰스 왕세자와 파커 볼스의 진한 통화 내용'이란 제목하에 4년 전인 1989년 그들 사이의 통화 내용이 공개되어 있었다.
 '그대의 그 따뜻한 애정과 넓은 이해심이 아니었다면 나는 벌써 미쳐 버렸을 것이오.'
 '어머나, 왕자님도……. 저에게 그런 힘이 있었던가요. 저도 왕자님을 죽도록 사랑하고 있습니다.'
 기사는 이어져 나갔으나 다이애나는 지면에서 시선을 뗐다. 그녀의 가느다란 손가락이 파르르 떨리고 있었고, 꽉 다문 입술에서는 신음 소리가 새어 나왔다.
 "이건 너무합니다. 중세기의 요조숙녀라 하더라도 더이상 참을 수 없는 일이라구요, 형님."
 "……."
 "결단을 내리세요. 저도 형님만 결단을 내리신다면 뒤따르겠습니다. 어디 이런 기사가 한두 번인가요."
 퍼거슨은 제 설움에 겨워 더욱 열을 올렸다. 그러나 다이애나는 아무 말이 없었다. 예의 그 큰 눈망울을 굴리면서 창밖을 뚫어져라 응시하고 있을 뿐이었다. 한참만에야 다이애나의 입이 열렸다.
 "동서, 동서의 말이 맞는 것 같아요. 그 결단의 시기가 한걸음씩 다가오고 있는 것 같군요."

"글쎄 그렇다니까요. 그 볼스인가 하는 여자하고 왕세자님은 자그마치 14년간이나 관계를 맺어오고 있다는 것 아닙니까. 형님은 명색만 왕세자비이지 실제로는 볼스가 왕세자님의 사랑을 독점해 온 결과라니까요. 그것도 형님이 결혼하기 전부터 지금까지 말입니다."

"……."

"여왕께서도 이 기사를 보셨을 테니 지금 당장 여왕께 말씀하세요. 그리고 이쪽에서 향후의 일을 결정하시고 그에 응해 달라고 말씀하세요. 그것이 최선의 방법입니다."

"하지만 우리는 왕실의 며느리들이오. 일반 서민 신분과는 다르지 않소? 이혼이란 말이 어디 그렇게 쉽게 나올 수 있는 말이에요. 좀 더 생각을 해 봅시다."

다이애나는 이혼이란 말에는 거부감을 느꼈다. 어린 나이에 부모의 이혼으로 받은 상처가 너무 컸기 때문이다. 한편 다이애나는 이런 신문 기사라면 이제 넌덜머리가 났다. 찰스의 애정행각이 그런 단계에까지 이르렀음을 모르는 바 아니지만, 이런 신문 기사를 읽고 나면 남편의 외도와 불륜을 객관적으로 확인한 것이 되니 더욱 가슴아팠다. 그럴수록 자신은 품행에 조심해야겠다고 생각하면서도 휴이트 소령과의 관계를 끊지 못하고 있는 것은 젊음 때문일까?

다이애나는 그런 이율배반적인 자기 자신이 미웠다. 또 동서 퍼거슨 앞에서는 제법 어른스럽게 왕실의 며느리라며 고상한 품위를 지닌 양 설교하는 자기 자신의 위선이 미웠다. 하지만 다이애나는 지금 그럴 수밖에 없는 궁지에 몰려 있다고 자기 자신을 변호해 보기도 했다.

젊음은 특히 이성을 필요로 한다. 사랑하고 사랑받을 이성을 필요로 하는 것이다. 그 사랑이 진실성 있는 사랑이어야 함은, 젊은 육체보다도 젊은 정신 쪽에서 더욱 필요로 한다. 그러기에 자기에게서 진실한 사랑을 앗아갔고, 떠나 버린 찰스 대신 다른 사랑을 필요로 했고 그 사랑을 불태워 보기도 했다.

그러나 불륜이란 누구에게나 심한 스트레스를 안겨 주는 법이다. 다이애나는 그런 저런 정신적 고통을 감당하기가 힘에 겨웠다. 그것은 그녀의 성격 탓이기도 했다.

견디어내기 힘든 심적 고통 속에서도 휴이트 소령과의 밀회는 이따금 이어졌다. 언론기관의 추적은 점점 더 심해졌다. 다이애나는 그러는 언론이 지긋지긋했지만 그런 와중에서도 나름대로 왕세자비의 품위를 지키려고 노력했다.

그녀는 찰스와 약혼할 때 집요하게 물고늘어지는 기자들의 질문에 이런 답변을 했던 기억을 더듬어 냈다.

"……살아가면서 매일 결혼식을 치러야 하는 신부(新婦)라고 생각해 보세요. 지금의 내 처지가 그렇답니다."

그렇다. 밖에 나가면 그녀의 행동 하나하나가 텔레비전 카메라에 잡히고, 그녀의 말 한마디 한마디가 녹음기에 그대로 녹음되는 것이다. 그러니 외출할 때면 언제나 바싹 긴장하고 다녀야 했다. 그러나 시간이 흐름에 따라 다이애나는 매스컴에 대응하는 술(術)을 나름대로 터득했다.

그래서 어느 정도 익숙해 있었으나 자신의 사생활을 들추어내려는 그들에 대한 감정은 날로 더 악화되어갈 뿐이었다. 다이애나는 지난날 언론의 각광을 받게 되었을 때 한 기자에게 이런 말을 한 적도 있었다.

"언론은 내가 얼마나 많은 감정을 가지고 있는지를 빼놓고는 모든 걸 다 알고 있습니다. 하지만 이 감정이 어떤 것인지는 절대로 말하지 않을 것입니다."

다이애나가 언론에 대하여 호의적인 감정을 가지고 있었을 리 없다.

그런 감정이 밖으로 표출되는 것이 표정일진대, 다이애나는 분명 감정 관리를 잘했던 여인이다. 그녀의 표정만 보아서는 언론에 나쁜 감정을 드러내지 않았으니 말이다.

다만 찰스에 대해서는 감정 관리를 잘하지 못했다. 조용히 단둘이 있을 때는 말할 것도 없고 공식 석상에서도 찰스에 대한 표정이 부드러웠던 것은 약혼식과 결혼식 때뿐이었다 해도 과언이 아니다.

찰스는 다이애나의 마음을 돌려보기 위해 무진 애를 썼다. 그러나 다이애나는 그 옛날 아리따운 미모의 유치원 보모, 순진무구한 소녀 다이애나 프랜시스 스펜서가 아니었다. 그들의 금이 간 사랑은 이제 도저히 봉합할 수 없게 되어 버린 와해(瓦解), 바로 그것이었다.

사랑하고 청혼하고 약혼하고 결혼한다. 그러다가 어느 한쪽이든 쌍방이든 불륜관계가 드러나면 싸우고 별거하고 그 다음에는 헤어진다. 이것이 오늘날 이혼하는 부부가 걷는 패턴이다. 지금 찰스와 다이애나는 거의 그 종착역까지 도달해 있는 것이다. 그러나 아직은 그들의 운명을 아는 사람이 없었다. 찰스와 다이애나 자신까지를 포함하여——.

1994년 6월 29일, 이날은 이들 부부의 운명에 한 획을 긋는 날이 되었다. 텔레비전 다큐멘터리 프로그램에 출연한 찰스는 기자들의 질문 공세에 고개를 푹 숙인 채 카밀라와 혼외 정사를 해왔노라고 시인했다. 다이애나와 결혼한 후에도 그런 불륜은 계속 이어져 왔다고도 털어놓았다.

예고 프로에서 찰스가 출연한다는 것을 안 다이애나는 텔레비전 채널을 맞춰놓고 그의 육성으로 하는 혼외 정사 고백을 직접 들었다. 그 순간 다이애나는 피가 거꾸로 도는 것 같았다. 그녀는 떨리는 손으로 리모콘을 집어들고 텔레비전 스위치를 꺼 버렸다.

그때 헐레벌떡 달려온 사람이 있었다. 예의 앤드루 왕자비 퍼거슨이었다.

"형님, 텔레비전 안 보세요? 저어…… 방금 왕세자께서……."

"알고 있어요, 나도 보았고 들었어요."

다이애나는 뜻밖에도 차분한 음성이었다.

"어쩌면 그럴 수가……. 그런 일을 왕세자님 자신의 입으로……."

"이미 다 알고 있던 일 아니예요, 벌써 오래 전부터."

"하지만 그것은 보도기관에서 오보(誤報)를 내보낼 수도 있는 것이고……."

"본인의 입으로 시인을 했다 이거지요? 그런 끔찍한 일을 어떻게 본인의 입으로 고백할 수 있느냔 말이지요?"

그렇다. 다이애나는 기가 막혔다. 부부간의 사랑 싸움이란, 그것이 불륜이 되었든, 아니면 상대방을 오해한 의처증·의부증이 되었든 본인이 시인하지 않는다면 도리어 마음 편한 경우가 있다. 그러기에 상대방을 다그치면서도 끝내 부인하는 말만 나오기를 바라는 것이 사랑의 속성인 것이다.

그러다가 상대방이 불륜관계를 시인하면 그 순간 하늘이 무너지고 땅이 꺼지는 것 같은 충격을 받는 것은 그런 사건의 경험자가 이구동성으로 고백하는 바다. 지금의 다이애나가 바로 그런 심경이었다. 만의 하나라도 그렇지 않기를 기대했던 실낱 같은 희망과 기대마저도 그 순간 모두 끊어지고 만 것이다.

"퍼기, 돌아가 봐요. 나는 지금 혼자 있고 싶어요."

다이애나의 요구에 퍼거슨은 슬며시 일어났고 입술을 한 번 쑥 내밀더니 그대로 돌아갔다. 다이애나는 식탁에 가서 앉았고 와인을 한 잔 따라마셨다. 그리고 장래 문제를 조용히 생각해 보았다.

알코올 기운이 몸에 돌면서 얼굴이 화끈거렸다. 그것은 비단 알코올 기운 때문만은 아니었다.

"좋다. 그렇다면……."

다이애나는 입술을 꼭 깨물었다. 다이애나와 그녀의 승마 교관 앤드루 휴이트와의 본격적인 애정 행각은 이때부터 시작되었다. 그때까지 다이애나는 휴이트와 밀회할 때마다 은근한 말을 주고받았을 뿐, 여자로서, 그리고 대영제국의 세자비로서 지켜야 할 마지막 보루는 끝내 지켜왔었다. 그러나 이제 그 보루마저 무너지고 만 것이다. 그것은 다이애나 스스로가 일부러 무너뜨린 것인지도 모른다. 그녀는 이제 복수의 화신, 사랑을 배신한 남편 찰스에 대한 복수의 화신이 되어 있었던 것이다.

이런 끔찍한 일을 저지른 다이애나는 그날 밤, 눈이 퉁퉁 붓도록 울면서 밤을 지새웠다. 그리고 그녀의 언행에는 이전과 다른 점들이 속속 나타나기 시작했다. 즐거워해야 할 일이 없는데도 즐거운 표정을 지으며 깔깔대고 웃었고, 화낼 일이 아니건만 부르르 화를 내며 시종들을 나무랐다.

처음에는 우울증의 발작이려니 생각했던 측근자들도 그 도가 지나침을 알고 수군거리기 시작했다. 이런 소문은 바람을 타고 켄싱턴 궁 밖으로 새어나갔고 그 해 10월에는 안나 파스테르나크가 쓴 《왕비의 사랑》이란 책이 출간되어 세간의 이목을 끌었다. 그 내용은 다이애나와 승마 교관 제임스 휴이트와의 진한 관계를 폭로한 것이었다.

전에도 그러하였거니와 이때부터 각종 옐로 페이퍼, 즉 이른바 황색 신문들은 다이애나와 관련된 기사와 사진을 결사적으로 실어댔다. 그 중에서도 〈더 선〉지가 언제나 선두주자였고 〈데일리 미러〉〈익스프레스〉 등이 변죽을 울렸다.

발행부수 450만 부를 자랑하는 〈더 선〉지는 타블로이드판 일간지──. 그 3면에는 매일 반라(半裸)의 여자 사진이 전면에 실렸다. 영국의 일부 독자들은 '세상 일이야 어떻게 돌아가든 〈더 선〉지에 실린 여자 가슴 보는 재미로 산다'고 말할 정도로 인기를 모으고 있었다.
 그런 독자들이 있어 450만 부라는 경이적 발행부수를 자랑하는 〈더 선〉지이니 그런 유의 기사와 사진을 취재하여 실어야 한다. 그러기에 〈더 선〉지는 화제의 도마에 오른 다이애나를 쫓기에 동분서주했다. 다이애나가 만나는 사람은 물론이고 그녀가 목욕하는 사진을 비롯하여 심지어는 햇빛에 비쳐 드러나는 몸매 등 시시콜콜한 이야깃거리까지 실어댔다. 다이애나의 기사가 실리는 날에는 판매부수가 껑충 뛰어올랐다.
 1992년 말에는 다이애나가 자신의 전(前) 경호원이었던 제임스 길베이와 주고받은 노골적인 사랑의 대화 테이프를 공개 보도하여 파문을 일으켰다. 이어서 미국의 억만장자이자 신흥 종교 교주인 앤서니 로빈슨과의 열애설을 보도하기도 했다.
 그러더니 1994년 봄에는 은행원 윌리엄 벤 스트로 벤지와의 포옹 장면을 앞다투어 실었고 1995년 8월에는 럭비 선수 윌 칼링과의 염문을 보도했다. 그때마다 다이애나는 처음부터 끝까지 부인하여 그것은 모두 '설'로 끝났지만——.
 이렇게 해서 다이애나와 옐로 페이퍼들간의 신경전과 숨바꼭질은 날로 더 치열해졌거니와, 그런 옐로 페이퍼에서는 독자들의 구미를 돋우기 위해 그 기사를 사실보다 흥미 위주로 과대 포장해 보도하는 것이 상례였다.
 다이애나는 옐로 페이퍼 따위를 들여다보지 않은 지 이미 오래되었다. 그러나 측근자와 비서, 시종들의 입을 통하여 그 지긋지긋한 이야기를 종종 들어야 했다. 그런 때면 그녀는 세상이 싫어지고 누군가에게 의지하고 싶은 욕구가 타오르곤 했다.
 이러한 욕구를 못이기어 다이애나는 휴이트에게 전화를 걸어 호소했고, 때로는 자신의 아픈 심정을 편지로 써 보내기도 했다. 때로는 휴이트가 대담하게 전화를 먼저 거는 경우도 있었다.

이런 일이 거듭되자 옐로 페이퍼는 말할 것도 없고 전국의 매스컴들이 두 남녀간에 오고간 편지 등을 증거로 들이대며 다이애나에게 텔레비전 회견을 강요했다. 1995년 11월의 일이다. BBC 텔레비전 회견에서 다이애나는 담담한 표정으로 무겁게 입을 열었다.
"찰스와 나의 결혼은 우리 두 사람뿐만이 아닌, 제3자가 낀 것입니다. 그래서 너무 복잡하고 소란스럽습니다. 그러나 나는 찰스를 사랑해 왔습니다. 그도 나를 사랑할 줄 알았구요. 이 마당에 이르러서는 나도 가만히 앉아 당하지만은 않을 겁니다."
다이애나는 이렇게 서두를 꺼낸 다음, 당당하게 털어놓았다.
"먼저 사랑의 서약을 깬 쪽은 찰스이고 나도 당연히 맞불로 맞서겠습니다."
그리고 휴이트와의 관계에 대해서는 이렇게 시인했다.
"맞아요. 나는 그를 친구 이상의 감정으로 사귀었습니다."
다음날, 영국 언론들은 다이애나와 휴이트 사이에 오고간 편지가 100여 통이나 된다며 그 일부를 공개했고 '세자비, 승마 교관 휴이트와 간통하다'란 기사를 대서특필했으며 휴이트와의 회견내용도 공개했다. 휴이트는,
"그녀는 사랑이 없는 메마른 생활에서 위안을 찾기 위해 나와 깊은 관계를 맺어왔다."
라고 시인했다.

엘리자베스 여왕은,
"이제 모든 것이 끝났다. 두 사람 모두 제 정신이 아니로군."
이라며 깊이 탄식했고, 찰스 왕세자에게 다이애나와 정식 이혼할 것을 권하는 서한을 보냈다. 찰스는 찰스 나름대로 괴로웠다. 과실이야 어느 쪽에 있든, 원인 제공이야 누가 먼저 했든 간에 다이애나와 이혼을 한

다는 것은 그로서도 큰 충격이 아닐 수 없었다.
 자신은 장차 대영제국의 왕위를 계승할 왕세자이고, 다이애나는 왕비가 될 몸이다. 두 사람 사이에는 헌칠하게 자라나는 두 왕손도 있다. 그런 두 사람이 이혼을 꼭 해야만 하나?
 그러나 만천하에 공개된 자신의 불륜과 다이애나의 불륜은, 자기 자신이 모든 것을 용서하고, 다이애나가 모든 것을 용서한다 하더라도 영국 왕실, 영국의 전국민, 나아가서는 세계의 이목이 용서하지 않을 것이다. 아니, 하느님이 용서해 주실 리 만무하다.
 세인트 폴 성당에서 결혼식을 올릴 때 하느님에게 맹세하기를 두 사람은 어떤 일이 있더라도 죽기까지 사랑하겠노라고 했거늘, 이들 부부는 그 맹약을 스스로 깨 버렸으니 어찌 하느님으로부터 용서를 받을 수 있겠는가.
 찰스는 고민 끝에 엘리자베스 여왕의 이혼 종용 서한에 동의하고 말았다. 1995년 12월의 일이었다.
 엘리자베스 여왕은 다이애나의 켄싱턴 궁에도 이혼에 동의할 것을 권유하는 서한을 보냈다. 다이애나는 이런 일이 있을 것을 각오하고 있는 터였지만 막상 서한을 받고 보니 심정이 착잡했다. 제일 먼저 떠오르는 것이 두 아들의 교육문제였다. 다음에는 자기에게서 젊음을 앗아간 찰스에 대한 분노였고, 사랑을 가로채 간 카밀라에 대한 증오였다. 그리고 부모가 이혼했을 때 받았던 자신의 충격이었다.
 또 각종 언론의 거머리 같은 기자들과 벌떼 같은 카메라맨들도 미웠다. 있는 얘기 없는 얘기를 마구 써대어 오늘날 자신을 이런 궁지에까지 몰아넣은 그들이 한없이 미웠다. 그리고 자기 자신의 경솔했던 불장난도 후회했다.
 그러나 두 아들의 장래문제에 비하면 다른 일들은 모두 용서할 수도 있고 잊을 수도 있을 것 같았다. 다이애나는 윌리엄과 해리를 영국의 왕자이기 이전에 평범한 영국 시민의 어린이로 키우겠다는 욕망에 불타 있었지 아니한가. 그래서 찰스와 자주 말다툼도 했고 엘리자베스 여왕으로부터 꾸중까지 들은 적이 있었다.

'내가 이혼까지 하면 그애들이 받을 마음의 상처가 얼마나 클까?'

이런 생각을 하면 다이애나의 가슴은 갈기갈기 찢기는 것 같았다. 윌리엄이 이튼스쿨에 입학했을 때, 우연히 그의 일기장을 들여다 본 다이애나는 질겁을 한 적이 있었다.

'아이들이 엄마 아빠에 대해서 갖가지 말을 하는 것을 듣고 나는 매우 괴로웠다. 우리 엄마 아빠는 왜 헤어져 사는 것일까? 다른 아이들의 엄마 아빠처럼 한집에서 살며 즐거운 시간을 보냈으면 좋겠다…….'

그날 이 일기를 본 다이애나는 혼자서 얼마나 울었는지 모른다.

그렇다고 해서 이 지경에 이르러 이혼에 동의하지 않을 수도 없었다. 사랑이 없는 결혼생활이 무슨 의미가 있단 말인가? 두 아들을 위해 헌신하고 봉사하며 과부 아닌 과부로 속절없이 늙어가야 한다면 그런 인생에 무슨 의미를 부여할 수 있단 말인가. 사랑을 체념하고 살아가기에는 다이애나는 아직도 너무너무 젊은 몸이었다.

두 달을 고민하던 끝에 다이애나는 조건부로 이혼에 동의했다. 그것은 변호사와 충분히 의논한 끝에 다이애나가 내린 결정이었다.

그 조건은 첫째, 자신이 이혼한 다음 재혼을 하더라도 '세자비(프린세스 오브 웨일스)는 죽을 때까지 유지할 수 있게 해줄 것——.' 이것은 두 아들에 대한 사랑에서였다. 다이애나는 찰스의 아내란 자리는 버릴 수 있어도, 즉 '전하(Her Royal Highness)'라는 호칭을 듣는 것은 포기할 수 있어도 두 왕손의 어머니 자격은 죽을 때까지 유지하겠다는 생각이었다.

큰아들 윌리엄은 영국 왕위 계승 서열이 아버지 찰스 다음으로 2위이다. 그런 윌리엄의 왕위 계승문제와 작은아들 해리에 대한 문제에 대해서도 어느 정도의 발언권을 가지고 있겠다는 심산에서였다.

두 번째는 위자료 문제였다. 그녀는 변호사를 통하여 1,500만 파운드나 되는 고액의 위자료를 청구했다. 당시의 우리나라 돈으로 환산하면 약 195억 원에 해당한다. 그밖에도 거처는 켄싱턴 궁을 그대로 사용하고 세인트 제임스 궁의 사무실도 그대로 유지하되, 그 비용으로 매년 1백만 파운드(약 13억 원)를 찰스에게 지불하라고 요청했다.

찰스 측은 난감했다. 찰스는 매년 콘웰의 토지 임대료 수입 490만 파운드에서 시종에 대한 급료와 세금 등을 제외하면 1백만 파운드의 수입을 올리고 있었는데, 그것을 몽땅 다이애나에게 주면 왕세자로서 경제적으로 입을 타격이 너무 막대했기 때문이다. 찰스는 변호사와 협의하고 왕실과 상담했다.

그리고 다이애나 측과 찰스 측은 줄다리기를 한 지 5개월여 만에 협상과 절충을 거듭하여 수정 합의하게 되었다. 첫째 조건인 세자비 호칭 사용은 다이애나가 재혼을 하더라도 죽을 때까지 사용할 것을 승낙했다. 위자료도 그녀측의 요구대로 1,500만 파운드를 지급키로 했다. 다만 세인트 제임스 궁의 다이애나 사무실만은 폐쇄키로 하고, 켄싱턴 궁에서의 거주는 승낙하되 매년 찰스는 다이애나에게 40만 파운드를 지불한다는 것으로 합의를 본 것이다.

이렇게 해서 1996년 7월 15일, 세상을 떠들썩하게 만들었던 이 두 사람의 이혼은 정식으로 합의되었고, 다이애나의 파란만장했던 15년간의 결혼생활은 종지부를 찍게 되었다. 그리고 6주 후인 8월 28일, 이들의 이혼은 법원의 확정판결을 받아 법적으로도 완전히 성립되었다.

홀로 된 다이애나가 맨 처음 한 일은 공인회계사를 고용한 일이었다. 막대해진 그녀의 재산관리를 위함이었음은 두말할 나위도 없다.

'안녕, 영국의 장미여'

　법원에서 찰스 왕세자와 다이애나 왕세자비의 이혼이 확정되던 8월 28일, 찰스는 윌리엄과 해리 등 두 아들과 함께 여름철 별장인 스코틀랜드 발모럴 궁에서 휴가를 보내고 있었다.
　같은 날 다이애나는 런던에 있으면서 국립발레단원들과 오찬을 했다. 발레는 다이애나가 어렸을 때부터 좋아했던 터였으므로 그들의 고충을 누구보다 이해했던 그녀다. 발레가 끝난 다음 무대 뒤에서 어려움을 호소하는 그들을 위로해 주는 것이 다이애나로서는 큰 보람 중의 하나였다.
　겉으로 보기에는 일상의 생활과 다를 바가 없었다. 담담한 표정의 다이애나를 본 발레단원들은 그녀의 신상에 그처럼 엄청난 일이 일어나고 있음을 실감할 수 없었다.
　저녁 때가 되어 켄싱턴 궁에 돌아온 다이애나는 대형 거울 앞에 앉아 자신의 모습을 들여다보며 생각에 잠겼다.
　'대체 나는 누구인가? 어쩌다가 이 모양 이 꼴이 되었단 말인가?

나는 그 발레리나들처럼 스스로 피나는 노력을 해서 왕세자비의 권위를 얻었던 것도 아니고, 능력있는 사업가처럼 피땀을 흘려서 재산을 모은 것도 아니다. 어쨌든 나는 보통사람으로서는 상상도 할 수 없는 권위와 엄청난 부를 누렸었다. 비록 지금은 이혼을 한 몸이지만……. 그렇다면 나 자신을 하느님이 이 땅에 보내주신 진의는 어디에 있는 것일까? 정녕 어떤 뜻이 숨어 있을 것인데…….'

그녀의 뇌리에는 지난날의 일들이 주마등처럼 스쳐 지나갔다. 그때 시녀가 조용히 노크하고 들어오더니 전화를 연결해 주었다. 석 달 전에 이미 이혼 판결을 받고 두 딸과 함께 앤드루 왕자 곁을 떠난 퍼거슨의 전화였다.

지난 5월, 퍼거슨이 이혼할 때 다이애나는 그녀와 함께 눈물을 뿌리며 따뜻하게 위로해 준 일이 있었다. 이번에는 반대로 퍼거슨이 다이애나를 위로해 주었다.

다이애나는 퍼거슨을 불렀고 그녀와 함께 와인을 가볍게 마시면서 밤이 이슥하도록 대화를 나누었다. 같은 처지에 놓이게 된 두 여인은 한숨과 눈물을 섞으며 시간가는 줄 모르고 진지한 이야기를 나누었던 것이다.

이제는 모든 것에서 해방된 몸들이다. 그 까다로운 왕실의 법도와 규율에서도 벗어났고, 한 남성의 아내라는 굴레도 벗어 버렸다. 어떤 의미에서는 지극히 자유로운 여인의 몸으로 돌아온 것이다.

그러나 그녀들에게는 분명 꼬리표가 붙어 있었다. 대영제국의 전(前) 왕자비라고 하는 꼬리표는 그녀들에게서 영원히 떨어져 나가지 않을 것이다. 그것이 붙어 있는 한 두 여인은, 특히 다이애나는 언론의 표적이 될 수밖에 없을 것이다. 그 넌덜머리 나는 기자와 카메라맨들은 이전보다 더 집요하게 그녀들을 따라붙을 것이다. 그것은 어떤 법률로도 제재를 가할 수가 없을 것이리라.

"……퍼기, 나는 그 점이 괴로워요. 두고두고 그들은 우리를 괴롭힐 게 뻔하니까요. 기자들은 왜 좀더 생산적인 일을 하려고 하지 않을까요?"

"형님, 너무 신경쓰지 마세요. 어차피 이렇게 된 이상, 될대로 되라지요 뭐. 기자고 카메라맨이고 따라다니다가 지치면 그만둘 것입니다. 자기네들인들 어쩌겠습니까? 우리는 우리 나름대로의 인생을 소신껏 살아가면 되는 겁니다."

"어디 그게 말처럼 간단한 일인가요? 그래서 속이 상하는 것이고 괴로운 것이지요."

그렇다. 다이애나의 말대로 그것은 결코 간단히 해결될 성질의 문제가 아니었다.

다이애나는 심기일전하여 병든 자, 가난한 자, 소외당한 자, 억울하게 희생되어가는 자들을 찾아나섰다. 이제 그녀는 자신의 스케줄을 마음대로 조정할 수 있었다. 병원으로 달려가서 에이즈 환자들을 위로 격려했고 흑인가 빈민촌을 찾아가서 어린이들을 안아주었다. 그렇게 6개, 아니 그녀가 음으로 양으로 연관되어 있는 백여 개의 자선단체들과 어려운 예술·체육단체들을 돌보고 다니는 것이 그녀의 일과 중 반 이상을 차지했다.

그러자니 많은 비용이 필요했다. 이혼 위자료를 예치해 놓은 은행에서 나오는 이자를 비롯하여 품위 유지비 등, 그녀의 개인 재산이 없는 것은 아니지만 곶감 꼬치에서 곶감 빼 먹듯 그것을 마구 쓰다가는 금방 바닥이 날 것이다. 그래서 그녀는 모금운동을 벌이는 한편, 패션모델도 마다하지 않았다.

다이애나의 미모와 명성은 패션계를 뒤흔들었다. 그녀의 패션스타일과 헤어스타일은 전세계 여성들의 유행을 바꿔놓을 정도였다. 그러나 그녀가 영국 내에서 대중과 접촉할 때에는 언제나 영국식 의상만을 입었다.

아무리 유명 디자이너의 모델만 되어 주는 것이라 하더라도 이것은 왕실에서 볼 때 파격적인 일이 아닐 수 없었다. 엘리자베스 여왕을 비롯한 영국 왕실에서는 다이애나의 행동을 결코 탐탁하게 여기지 않았다.

1996년 10월에는 왕실에서 영국군 퍼레이드가 있었다. 다이애나는 이 퍼레이드에 참석했지만 두 왕손들과 나란히 앉는 것이 허용되지 않았다. 어디 그뿐인가. 한 자리 건너에 앉아 있던 엘리자베스 여왕은 퍼레이드가 끝나고 그녀가 켄싱턴 궁으로 돌아갈 때까지 한마디 말도 건넨 일이 없었다. 다이애나는 그러는 왕실이 몹시 서운했다.

그리고 며칠 후, 실로 상상밖의 사건이 터졌다. 그날 아침 〈더 선〉지를 본 다이애나는 그 자리에서 졸도할 뻔했다.

'다이애나, 밀애(密愛) 비디오 공개!'

라는 제하에는 다음과 같은 내용의 기사와 함께 비디오 장면 흑백사진 여러 컷이 실려 있었다. 비록 희미했지만 다이애나의 몸매와 아주 흡사한, 사이클링팬츠와 스포츠 브래지어만 걸친 반라(半裸)의 여자 사진이었다.

'다이애나 전왕세자비가 그녀의 정부인 휴이트 소령의 집 침실에서 그와 키스를 하고 그의 등에 올라타 장난스럽게 베개싸움을 하는 모습을 담은 비디오 80초짜리를 입수했다……'

다이애나는 기가 찼다.

"해도해도 너무하는군!"

그녀는 신문을 팽개치고 돌아서며 도끼눈을 떴다. 그리고 이 문제에 대응하기 위하여 변호사를 찾아갔다.

그날 저녁, 이 비디오 테이프는 텔레비전을 통해 영국 전역에 방영되었다. 텔레비전 방송국에서는 해설까지 곁들였다. 휴이트와 다이애나의 밀애장면을 카메라에 담은 사람은 다름아닌 찰스 왕세자일 가능성이 매우 높다면서——. 즉 이혼협상이 한창 진행중일 때 찍혀진 테이프인 만큼 협상에서 유리한 위치를 차지하기 위해, 보안부대 장교 출신인 찰스 왕세자가 은밀히 문제의 장면을 찍은 것으로 보인다는 것이었다.

한술 더 떠서 당사자 중 한 사람인 휴이트는 사진 속의 장면을 확인해 주면서,

"이 필름 촬영에는 틀림없이 불법적인 스파이 행위가 개입되어 있다."
라고 덧붙였다.

그리고 이튿날 〈뉴스 오브 더 월드〉지는 문제의 비디오 촬영자가 퇴임한 기관원인 글린 존스씨라고 보도했다. 문제는 더욱 심각해졌고 파문은 더욱 퍼져 나갔다.

'지난 1988년 글린 존슨씨는 데본 시에 있는 휴이트 소령의 집 정원에서 그들이 사랑을 나누는 장면을 촬영한 적이 있다고 주장했다. 존스씨는 당시 반(反)테러 임무의 일환으로 휴이트 소령 보호를 위해 그의 집 주변에 잠복 근무를 하면서 도청 및 집주변 촬영을 하던 중 우연히 이런 사실을 목격했던 것으로 알려졌다. 존스씨는 본지와의 인터뷰에서 "휴이트와 왕세자비는 당시 반라의 상태였고 처음에는 키스와 애무로 시작했던 사랑의 행위가 점점 깊은 관계로 진행되었다"고 증언했다. 존스씨는 이 사실을 즉시 상부에 보고했는데 이후 비밀 정보요원으로 보이는 사람들이 나타나 비디오 테이프를 압수해 갔으며, 해군 고위 인사로부터 이런 사실을 절대 외부에 알리지 말라는 주문을 받았다고 밝히고 있다.'

누가 보아도 믿을 수밖에 없는 보도를 한 신문 기사였다. 변호사는 다이애나의 말을 충분히 들은 다음,

"이 기사들이 사실이 아니라면 신문사를 상대로 하여 명예훼손죄로

고소할 수 있습니다. 증언한 자들도 고소할 수 있고요."
라며 고소할 것을 종용했다. 다이애나는 며칠 시간을 두고 생각해 본
다음에 결정하겠노라고 대답했다.
　그런데 그 다음날 〈더 선〉지는,
　'가짜 비디오에 속았다'
라는 제하의 기사를 1면에 실었고, 다이애나와 휴이트에 대하여 심심
한 사과를 표한다는 사과문도 실었다. 이 조간 신문을 발행하기 전, 신
문사는 정식으로 사과 성명을 발표하여, 문제의 비디오 테이프가 가짜
였음을 실토했다.
　'우리는 교활한 사기꾼들에게 속아, 화질(畵質)이 나쁜 그 필름에 나
　타난 두 남녀가 다이애나와 휴이트인 줄 알았다. 문제의 비디오 테
　이프는 런던 남쪽에서 다이애나와 휴이트를 닮은 인물을 등장시키
　어 웃음거리로 싼값에 제작한 것으로 밝혀졌다.'
　그리고 〈더 선〉지는 이 테이프를 미국의 한 변호사를 통하여 입수
했다고 해명했으나 거래한 금액은 밝히지 않았다. 하지만 비록 가짜로
밝혀졌을 망정 당초에는 진짜인 줄 알고 샀을 것이니 막대한 돈이 오
고갔을 것임에 분명하다.
　한편 아마추어 필름 제작자인 닉 헤지스는 〈더 선〉의 경쟁사인 〈데
일리 미러〉지에,
　'이 필름은 자신과 두 명의 출연자들이 코미디 일거리를 얻는 데 도
　움이 될 것 같아서 제작한 것인데 도난당했다.'
고 주장하면서 저작권과 소유권 침해 등을 이유로 〈더 선〉지를 고발
하겠다며 벼르고 나섰다.
　다이애나는 진실이 밝혀진 이상, 문제삼지 않겠다고 생각하고 변호
사에게 통보했다. 문제삼을 경우 또다시 각 신문사에서 시시비비를 가
리지 않고 대서특필할 것이니, 자기 이름이 국민들 입에 그 따위 일로

회자되는 것은 바람직하지 않다고 생각한 다이애나였다.
 모든 언론들, 특히 이른바 옐로 페이퍼들은 다이애나에 관한 일이라면 이처럼 사실 확인도 하지 않고 마구 기사화했다. 음으로 양으로 피해를 당하는 쪽은 다이애나일 수밖에 없었다.
 훤칠한 키에 빼어난 미모, 영국의 왕세자와 이혼한 35세의 전(前) 왕세자비, 전세계의 패션을 주도하며 염문도 뿌리는 귀부인에게 언론의 초점이 맞춰지는 것은 어쩌면 당연한 일인지도 모른다. 언론에게 있어 다이애나는 스캔들 메이커요, 가십의 보고(寶庫)였던 것이다. 그러나 다이애나도 밝혔듯이 그녀는 '언론에서 관심을 가지면 가질수록 자신은 소외당하는 느낌'이었다. 어디엔가 숨고만 싶은 심정이었으리라.
 1996년 11월에는 다이애나와 음유시인인 스팅의 눈빛이 심상치 않다며 입방아를 찧었다. 〈스타〉지는 최근 오스트레일리아에서 자선행사에 참석한 다이애나가 마치 록 그룹의 공연을 보러 온 소녀처럼 스팅의 노래부르는 모습에 넋을 잃었었다고 보도했다. 스팅 역시 9백여 명의 참석자를 제쳐두고 오직 다이애나에게만 시선을 고정시키고 노래를 불러, 뜨거운 눈길에 화답했다고 대서특필했던 것이다.
 또 다이애나가 이혼에 합의한 다음 할리우드 톱스타인 톰 행크스에게 끈질긴 구애를 퍼부었다고 〈내셔널 인콰이어러〉지가 보도하기도 했다. 행크스가 주연한 영화 〈필라델피아〉를 본 다이애나가 그에게 직접 전화를 걸어 '지금 켄싱턴 궁에서 이야기를 나누고 싶다'고 말했다는 것이다.
 그녀의 목소리를 알아들은 행크스는 전화 건 여인이 다이애나인 것을 확인한 다음 '한 가지 문제가 있군요. 우리는 지금 너무 멀리 떨어져 있어요'라며 일단 그녀의 초대를 정중히 거절했다고 했다.
 다이애나는 이어서 '지금 비행기를 타고 오실 수는 없나요?'라며 어린아이처럼 졸랐고, 행크스는 영화 촬영 스케줄이 바쁘다고 평계를 대며 거절했는데 그녀의 끈질긴 공세에 행크스는 1년 후 자신이 주연한 영화 〈아폴로 13〉이 영국에서 시사회를 가질 때 만나기로 약속을 했다고 〈내셔널 인콰이어러〉지는 쓰고 있었다.

어디 그뿐인가? 몇 달 후인 1997년 6월 하순, 미국의 주간 〈스타〉지는 6월 초 다이애나가 시카고를 방문하여 46시간을 머무는 동안, '시카고 불스의 NBA 농구 스타 데니스 로드먼과 사랑의 물밑작업중'이라는 기사를 내보내어 세인들을 경악케 했다. 머리에 괴상한 물감을 들이고 코트를 누비는 이 로드먼과 금발미인 다이애나 왕세자비의 염문설은 누가 들어도 놀라지 않을 수 없었다. 그러나 〈스타〉지는 그럴듯하게 보도했다.

다이애나의 두 아들 윌리엄과 해리는 NBA 농구를 즐겨 시청했는데, 엄마에게도 재미있다며 텔레비전을 보도록 권했었다. 그때 다이애나는 이 로드먼을 유심히 보았고 그후 시카고 방문 때 로드먼에게 전화를 걸어,

"아이(왕자)들이 보고 싶어하니 여름에 켄싱턴 궁에서 만나주기 바랍니다."

라며 초청했다고 다이애나의 한 측근자가 말했다는 것이다.

한때 팝스타 마돈나와 염문을 뿌리기도 했던 로드먼은 그의 별명 '악동'이 말해주듯 숱한 화제를 뿌리고 다니는 농구 스타이다. 그는 다이애나가 시카고에 오자 자신의 자서전 《내가 원했던 악동(Bad As I Wanna Be)》을 다이애나가 묵고 있는 호텔로 보냈는데, 그 책 표지에 '내가 농구를 하는 한, 나는 내가 원하는 어떤 여자든지 얻을 수 있다'라고 적었다고 한다.

그리고 로드먼은 친구들에게 '시즌이 끝나면 나는 유니언 잭(영국 국기)을 머리에 그리고 다이애나를 만나러 영국에 갈 것이다. 그녀에게 진정한 남자가 무엇인지 보여 주겠다'며 흰소리를 쳤다는 내용도 〈스

타〉지는 덧붙였다.

다이애나는 이런 스캔들을 모두 코웃음으로 받아넘겼으니 사실 여부를 알 길은 없다. 그러나 전혀 근거가 없는 이야기를 마구 써댔을 리는 없을 것이고 보면 뭔가 의심받을 말을 흘렸는지도 모를 일이다. 요컨대 그런 가십거리를 마구 써대어 독자들의 흥미를 유도하려는 언론도 문제려니와 다이애나란 제목만 보아도 바싹 입맛을 다시는 독자들에게도 문제는 많다고 해야 할 것이다.

이런 스캔들을 다이애나는 대부분 무시해 버리고 말았지만 해스냇 칸과의 염문은 시인했다. 해스냇 칸은 파키스탄 출신인 심장병 전문의사로서 나이는 다이애나보다 세 살 위인 39세——.

그가 일하고 있는 브럼턴 병원은 런던에 있다. 다이애나가 이 병원에서 수술을 받고 입원중인 친구를 문병하러 간 것은 1996년 봄이었다. 자기 환자를 문병하러 온 여인이 다이애나라는 것을 안 칸은, 세심한 배려로 그녀를 정중히 대했다. 콧수염을 기른 칸의 강인한 인상에 매료된 다이애나는 그후, 친구 문병을 빙자하여 브럼턴 병원 진료실을 자주 드나들었고 그들 사이에는 사랑이 싹트기 시작했다.

다이애나가 정식 이혼을 한 후 두 남녀는 반 년 이상, 병원과 켄싱턴 궁을 오가며 은밀히 데이트를 즐겼다. 다이애나는 칸을 사귀면서 친구들에게,

"내가 오랫동안 찾던 사람이 바로 그 칸이란 생각이 들었어."
라며 솔직한 심정을 고백한 적이 있다. 어쨌든 두 사람의 사랑은 무르익어가는 듯했다.

그런데 문제가 생겼다. 칸은 독실한 이슬람교 신자이고 물론 그의 가족들도 이슬람교도들이다. 말하자면 다이애나는 타종교를 가진 타민족의 사나이와 사랑이 깊어갔던 것이다. 그들이 결혼을 하려면 넘어야

할 산이 너무나도 험준했다.

그래도 개의치 않고 다이애나는 이 이상형 남성과 결혼하기 위해 백방으로 노력했다. 결혼을 서두르기 위해서였다. 어떻게 보면 다이애나의 체면에 어울리지 않을 정도였다.

"나는 칸 박사와 재혼을 하고……. 딸을 낳고 싶어."
라는 말을 친구에게 한 것도 이렇게 뛰어다닐 때의 일이다. 그녀는 이슬람교 전통의상을 입고 파키스탄으로 칸의 부모에게 허락을 받으러 갔다. 그러나 이슬람교도인 며느리를 보기 원해 왔던 칸의 부모는 다이애나를 탐탁하게 여기지 않았다. 유명하기로 말한다면 세계에서 첫손가락 꼽히는 데 손색이 없는 다이애나였지만 남자 운(運)은 지지리도 없었다고 해야겠다.

찰스와의 이혼 협상문제로 골치아파했던 때부터 다이애나는 칸 박사에게 여러 모로 상의했고 의지해 왔으며 사랑까지 속삭여 왔던 터다. 종교와 문화의 차이란 벽이 그들의 교제에는 별 문제가 안 되었지만 막상 결혼에 있어서는 큰 걸림돌이 되고 만 것이다.

그 동안 칸은 다이애나와 교제해 오면서 그런 차이는 문제될 것이 없다고 호언장담해 왔었다. 그러나 그러던 칸도 어쩐지 자신이 없는 눈치였다. 다이애나는 또 한번 실연의 슬픔을 맛보게 된 것이다. 설상가상으로 칸이 자기 병원에서 근무하는 간호사와 밀회하는 장면이 옐로 페이퍼에 실렸다. 칸은 절대로 심각한 사이가 아니라고 변명했지만 다이애나는 칸에게서 깨끗이 돌아서고 말았다.

이야기는 잠시 거슬러 올라간다. 다이애나는 애정행각에만 빠져 있었던 것은 아니다.

1997년 2월, 정식으로 이혼한 지 4여개 월이 된 다이애나는 적십자사와의 협의 끝에 내전중인 앙골라에 청바지와 헐렁한 티셔츠 차림으로 날아갔다. 그곳은 결코 화려한 곳이 아니었다. 위험한 개인지뢰(個人地雷)가 1,500만 개나 매설되어 있는 곳으로 그녀는 직접 그 위험성을 체험하고, 또 개인지뢰로 말미암아 불구가 된 소년소녀들을 비롯, 그 나라 국민들을 위로하러 간 것이다.

앙골라는 그 동안 내전을 치르면서 3만 명의 지뢰사고 불구자를 낸 나라이다. 인구 1천만 명에 1,500만 개의 개인지뢰가 매설되어 있으니 그 위험성은 가히 짐작하고도 남는다. 인구수보다 매설된 개인지뢰의 수가 더 많은 나라가 앙골라이니 말이다.

지구상에는 현재 지뢰 매설국가가 70여개 국이나 되며, 전쟁을 한 과거사가 있거나 아직도 전쟁을 하는 곳이라면 어김없이 이 지뢰가 깔려 있는 것이다. 이렇게 지뢰가 잔뜩 깔려 있는 것도 문제지만 더 큰 문제는 이 지뢰가 전쟁이 끝났건 휴전을 했건 간에 그런 것과는 상관없이 사람을 희생시키며, 군인이건 민간인이건 가리지 않고 살상한다는 것이다.

실제로 희생자의 80%가 민간인이고 그 대다수는 어린이라고 하니 문제의 심각성은 이루 형언하기 어렵다. 지뢰 한 개의 매설 비용은 불과 3달러이지만 이것을 제거하려면 개당 2백 달러에서 1천 달러까지 든다니 빈곤한 나라에서는 제거하기가 매우 어렵다. 상황이 이러하니 지뢰가 매설되어 있는 국가에서는 위험에 직면하여 하루하루를 살아가는 수밖에 없다.

그런 곳에 다이애나는 평화의 사도(使徒)로서 직접 찾아갔고 다리를 절단당한 소년소녀들을 만나 위로와 격려를 했다. 지뢰에 희생당한 사람들은 한결같이 다이애나의 따뜻한 정을 느끼고는 크게 고무되었다고 말했다.

다이애나의 앙골라 방문은 전세계 언론에서 크게 다루었고, 그녀의 평화 애호 정신을 높이 평가했다. 다이애나가 노린 것이 이루어진 셈이다. 개인지뢰의 공포를 국제 여론에 호소하려는 것이 그녀의 목적이었던 것이다.

이어서 다이애나는 미국의 클린턴 대통령 부인 힐러리 여사를 만나, 이 개인지뢰 전면금지에 관해서 의견을 나누었다. 또, 암·에이즈 등의 퇴치를 위한 기금모집에 대해서도 의논했다. 3년 전에도 한 번 다이애나를 만난 일이 있는 힐러리는 호감을 가지고 그녀를 대했으며 이 일련의 사업에 동참할 것을 굳게 약속했다.

런던에 돌아온 다이애나는 에이즈 퇴치와 암 연구기금을 마련하기 위해 동분서주했다. 모금운동 구상을 하며 그녀가 하이드 파크의 조용한 코너를 산책하고 있을 때다. 지난날의 동서였던 퍼거슨이 웬 책 한 권을 들고 찾아왔다. 그녀들은 간단한 인사를 나누고 함께 켄싱턴 궁으로 갔다.

시녀가 차를 끓여 내왔고, 다이애나는 퍼거슨에게 차를 권했다. 퍼거슨은 차를 한 모금 마신 다음 들고 있던 책을 조심스럽게 다이애나에게 건네주었다.

《공작부인(Duchess of York) : 나의 이야기》라는 제목의 책이었다. 퍼거슨이 다이애나의 눈치를 살피며 말했다.

"내가 쓴 책인데 우선 견본으로 나온 것을 들고 왔습니다."

"그래요? 어느새 책을 다 썼습니까?"

다이애나는 책장을 넘기며 우선 목차에 눈길을 주었다. 그리고 이어서 본문 페이지를 넘겼다. 채 마르지 않은 인쇄 잉크의 냄새가 코를 찔렀다. 다이애나의 미간이 차츰 찌푸려지면서 얼굴이 일그러지기 시작했다. 그것은 잉크 냄새 때문만은 아니었다.

"아니, 퍼기! 어떻게 이런 짓을 할 수 있어! 우리는 분명 이 일에 대해 비밀로 할 것을 철석같이 약속했잖아! 그런데 이게 뭐야?"

다이애나는 두 눈을 똑바로 뜨면서 퍼거슨을 노려보았다. 그녀의 입술은 실룩거렸고 두 주먹은 불끈 쥐어져 있었다. 당장에라도 퍼거슨을 쥐어박을 것 같은 태세였다.

"사실을 리얼하게 써야 실감이 날 것 같고 그래야 반응이 좋을 것 같아서……."

퍼거슨은 얼버무렸다. 다이애나의 눈빛은 더욱 날카로워졌다.

그 책에는 지난날 다이애나와 퍼거슨이 나누었던 은밀한 이야기가 그대로 적혀 있었다. 켄싱턴 궁 다이애나의 침실 안에서 찰스에게 좀더 적극적으로 밤의 잠자리를 요구해 보라며 성희(性戱) 도구까지 가져다 주면서 한수 지도했던 퍼거슨의 이야기, 다이애나가 그후에도 휴이트와 깊은 관계를 맺으면서 퍼거슨에게 털어놓았던 은밀한 이야기들이 적나라하게 기록되어 있었던 것이다.

"아무리 돈이 궁하다 해도 이런 추잡스런 얘기를 적어 가지고 돈을 벌려고 해! 에잇! 괘씸한 사람 같으니라구! 내 앞에서 없어져! 그리고 두번 다시 나를 찾아오지 마!"

퍼거슨은 겸연쩍어하며 돌아갔다. 퍼거슨은 다이애나 말대로 돈이 궁했다. 앤드루 왕자와 이혼할 때 그녀는 이미 710만 달러의 빚을 지고 있었다. 사치와 낭비벽이 심했던 결과이다. 이혼 위자료로 받은 285만 달러 가운데 210만 달러를 두 딸을 위해 내놓아야 했던 퍼거슨은 돈이 되는 일이라면 무엇이든지 해야 했다.

이 책을 써주고 받은 돈은 짭짤했다. 그녀는 어느 정도 빚에서 헤어날 수 있었다. 그러나 다이애나가 입어야 했던 피해는 막대한 것이었다. 격심한 충격도 받았으려니와 그 책이 영국에서 베스트셀러 차트에 올랐으니 이미지면에 입은 손상은 굉장한 것이었다.

실추된 이미지를 회복하기 위해서도 다이애나는 자선사업에 밤낮을 가리지 않고 뛰었다.

그리고 자선사업 기금을 마련하기 위해 1981년 결혼한 후, 각종 공식석상에서 입었던 드레스 80점을 경매장에 내놓기로 했다. 그 드레스의 대부분은 영국 디자이너들의 제품이다. 그녀의 드레스를 만들어 주어 일약 세계적으로 유명 디자이너가 된 캐서린 워커가 만든 것이 제일 많고, 브루스 올필드, 빅터 에델스타인, 잰드러 로즈, 벨빌 샌순 등 내로라하는 디자이너들이 만든 것들도 있었다.

'역사 현장에 섰던 옷'이란 제목을 달고 미국 뉴욕 크리스티 경매장에서 경매를 하기에 앞서, 런던 크리스티 경매장에서 전시회를 가졌는데, 그보다 먼저 카탈로그를 제작 판매했다. 2백 쪽짜리 이 카탈로그는 한 권에 50달러짜리 보급판으로부터 다이애나의 친필 사인이 든 2천 달러짜리 가죽 장정본까지 세 가지로 만들었는데, 런던과 뉴욕 전시회장에서 무려 4백만 달러어치 가깝게 팔려 나갔다.

1997년 5월 25일 뉴욕 크리스티 경매장에서 경매가 있기 전, 5월 3일부터 6일까지 런던에서 있은 전시회장은 그야말로 인산인해를 이루었는데 참관자의 99%는 여성들이었다. 이 화려한 드레스를 구경이라도 하기 위해 몰려든 사람들이었다.

드레스 가운데는 1992년 찰스 왕세자와 같이 한국을 방문했을 때 청와대 만찬장에서 입었던 연보라색 바탕에 수를 놓은 드레스도 있었다. 다이애나와 찰스가 외국을 공식 방문한 것은 이 한국 방문이 마지막이었다. 그밖에도 1982년 당시 레이건 미국 대통령이 베푼 백악관 만찬 때 입은 남색 바탕의 실크드레스, 엘리제 궁 만찬 때 입었던 드레스 등등…… 영국의 젊은 왕세자비의 패션 감각을 보여주는 20세기 후반의 패션 기록이기도 했다.

80벌의 드레스 경매 가격은 무려 5천여만 달러나 되었다. 다이애나는 이 거금을 로열 마스덴 병원 암 연구기금과 에이즈 위기 재단기금으로 내놓았다.

다이애나는 이때 뉴욕에서 테레사 수녀를 또 만났다. 테레사 수녀는 투병생활을 하다가 병세가 다소 회복되자 바티칸에 가서 교황을 알현하고 선교회 지부를 찾아 이곳 뉴욕에 와있었던 것이다. 지난 1992년 다이애나는 인도 캘커타에 있는 '사랑의 선교회'로 테레사 수녀를 직접 방문한 적도 있었다. 평생 동안 가난하고 병든 자를 위해 그야말로 헌신·봉사해왔던 테레사 수녀의 키는 불과 150cm 남짓이다. 그러나 다이애나는 이 작은 체구의 87세 노인이 도저히 넘을 수 없는 큰 산처럼 보였다.

"수녀님, 또 뵙게 되어 반갑습니다."

다이애나가 말하자 테레사 수녀는 그녀의 두 손을 꼭 잡아주었다.

"귀하신 몸으로 어려운 사람, 짓눌린 사람을 위해 애쓰신다는 말, 많이 들었습니다. 참으로 훌륭하십니다."

테레사 수녀는 칭찬의 말을 아끼지 않았다. 이 두 여인의 재회를 바라보는 사람들은 인간의 양극적 대비를 보는 것 같았다.

영국의 귀족 가문 출신인 다이애나는 젊음이 넘치는 몸매에 항상 멋진 의상을 입고 다니는 매력적인 여성이다. 지금은 비록 이혼을 했지만 영국 왕세자비의 칭호는 그대로 지니고 있는 미녀이다.

그녀에 비하면 테레사 수녀는 너무나도 초라했다. 파란색 줄무늬가 쳐져 있는 새하얀 수녀복을 걸친 이 노인은 내놓고 자랑할 만한 가문 출신도 아니고, 가진 것도 없다.

그런데도 다이애나에게 있어 테레사 수녀가 태산처럼 느껴지는 것은 웬일일까? 테레사 수녀에게는 그 누구도 따를 수 없는 고귀한 사랑이 있었기 때문이리라. 평생 동안 가난한 사람 곁에서 묵묵히 봉사만 해온 그 따뜻한 실천적 사랑이 있었기 때문이리라. 비록 다이애나도 자선사업에 적극성을 띠고 맹활약을 한다고 하지만, 테레사 수녀 앞에서 그것은 한 낱 소꿉장난에 불과한 것이란 생각이 앞섰고, 그래서 자신은 왜소해 질 수밖에 없었다.

그들은 자선사업에 더욱 힘써 일할 것을 굳게 약속하고 아쉬운 작별을 했다. 짧은 시간의 만남이었지만 다이애나에게 있어 테레사 수녀와의 재회는 큰 용기를 불어넣어 주는 계기가 되었다.

런던으로 돌아온 다이애나는 이제 자신만의 인생을 개척해 나가기로 맹세했다. 주변에서, 특히 영국 왕실이나 언론에서 무어라 비판을 하더라도 자기 인생의 목표를 뚜렷하게 세워놓고 흔들리는 일 없이 밀고 나갈 것을 거듭거듭 굳게 다짐하는 다이애나였다.

그녀는 자신이 직접 관여하고 있는 6개의 자선 단체(그 중 2개는 자신이 회장직을 맡고 있다)와, 다소라도 연관되어 있는 1백여 개의 단체를 위해, 전력을 기울여 모금운동을 전개하는 한편, 자기 자신이 지니고 있는 결혼 패물을 비롯 온갖 귀중품들까지도 경매에 내놓을 생각을 했다.

그 가운데는 '사랑의 매듭'이라고 하는 아주 로맨틱한 이름의 왕관도 포함되었다. 이 왕관은 순수한 진주와 맑은 다이아몬드의 조화가 독특한 것으로서, 엘리자베스 여왕의 조부인 조지 5세가 메리 왕비를 신부로 맞아들일 때 씌워준 사랑의 월계관이다. 공식 시가만도 1,400만 파운드(약 21억 원)를 상회하는 이 왕관은 엘리자베스 여왕이 자신의 가문인 윈저 가(家)의 왕세자비들에게 두고두고 대물림하기로 작정한 보물 중의 보물인 만큼 경매장에 내놓을 경우, 천정부지의 값을 받게 될 것이다.

그밖에 중요 품목으로는 찰스 왕세자와 다이애나가 약혼식 때 주고받은 약혼반지를 비롯하여 사우디아라비아 왕자가 선물한 사파이어 귀걸이 등을 꼽을 수 있는데 하나같이 신데렐라적인 것들이다.

다이애나가 분신(分身)처럼 아껴왔던 이런 보물들을 경매장에 내놓겠다는 생각을 한 것은 솔선하여 자선기금을 마련하겠다는 뜻도 있었지만 날로 소원하게 대해주는 영국 왕실, 특히 엘리자베스 여왕에 대한 반발심도 작용했다.

다이애나는 고문 변호사에게 이런 사실을 알렸고 그 변호사는 경매회사들과 연락을 긴밀히 취했다. 그런 정보를 입수한 영국 왕실에서는 이 보물들의 경매를 사전에 막기 위해 모든 채널을 총동원하고 있었다.

그런 때 혜성처럼 나타난 사나이가 바로 도디 알 파예드이다. 그가 개최한 초호화판 파티석상에서 도디 파예드를 소개한 사람은,

"할리우드 영화 제작자이십니다. 〈화차〉 〈훅〉 등의 영화를 제작하신 분이지요."

라며 입에 침이 마르도록 그를 추켜세웠다. 단단한 몸매에 준수한 용모, 영어를 막힘없이 구사하는 능변가인 도디는 영국 태생이지만 그의 아버지 모하메드 알 파예드는 이집트 출신인 재벌이라는 것도 그날 알았다.

다이애나는 접근해 오는 도디에게서 매력을 느꼈다. 그리고 그후 자주 만나는 사이에 어느덧 사랑이 싹트기 시작했다. 도디는 만날 때마다 자기 집안의 부(富)를 하나하나 이야기했고, 그런 부를 배경으로 엄청난 선물공세를 폈으며, 다이애나가 손대고 있는 자선사업에도 기꺼이 후원자가 되겠노라고 했다.

'도디라면 깊이 사귀어 보고, 재혼을 해도 좋겠어.'

다이애나가 이 정도까지 마음이 기울어져 갈 때 도디는, 아버지 모하메드를 소개했다. 모하메드는 다이애나를 보자 매우 흡족하다는 듯 극진히 대접했다. 그리고 다이애나가 돌아가자 아들에게 이렇게 말했다.

"다이애나를 우리집 며느리로 맞아들일 수만 있다면 나는 그녀를 영국의 어느 왕족보다도 더 호강을 시켜줄 것이다."

모하메드가 이런 말을 한 데는 그만한 이유가 있었다. 이집트에서 맨손으로 이 영국 땅에 건너온 그는 온갖 사업에 다 손을 대어, 마침

내 자수성가를 했다. 그는 1997년도 영국 갑부 순위 14번째에 오를 만큼 부를 축적한 입지전적인 인물이다.

런던에 있는 헤롯 백화점을 비롯하여 파리에 있는 리츠 호텔 등은 그의 소유이다. 런던의 헤롯 백화점에서 세일을 할 때면 중동에 사는 갑부들이 자가용 비행기까지 몰고 와서 엄청난 매상을 올려줄 정도로 중동의 부호들과도 교분이 두터운 사이이다.

그는 또 영국 정가(政街)에도 영향력을 끼치는 인물이다. 1986~1988년에는 닐 헤밀턴에게 막대한 돈을 제공하여 자신의 상업적 이익을 보호하면서 그와 동시에 보수당의 몰락을 재촉하도록 공작했다는 혐의로 비난을 받은 바 있기도 했다.

그 정도의 막강한 재력을 가진 모하메드였지만 영국 국적을 얻는 데는 실패했다. 아들 도디가 다이애나를 사귀는 낌새를 알아차린 모하메드는 영국의 전(前) 왕세자비 다이애나를 며느리로 맞아들임으로써 영국 국적을 얻지 못한 자신의 한풀이를 하려고 했다.

물론 도디는 아버지의 그런 의중을 짐작하고 있었다. 그러기에 그는 다이애나에게 더욱 적극적으로 접근해 갔다.

다이애나는 도디와 교제하면서 그의 과거를 캐보았다.

도디는 다이애나보다 다섯 살 연상인 41세——. 영국 샌드허스트 육군 사관학교를 졸업했고, 그후로는 한때 영국 주재 아랍에미리트 육군 장교로 근무했으며 아버지 모하메드의 사업을 도왔다. 그러다가 2년 전부터 할리우드에 진출하여 영화 제작자로 변신했는데 〈화차〉〈훅〉 등의 영화를 제작했다.

억만장자인 아버지 모하메드는 이 아들의 생일에는 선물로 미국 로스앤젤레스의 별장을 사주기도 했고, 뉴욕의 아파트, 런던의 저택, 페라리 승용차 등을 사줄 정도로 아들을 사랑했다. 그처럼 호화로운 선물을 사준 것은 1988년 아들이 이혼한 후부터 더욱 심해졌다.

도디는 1987년 미국 캘리포니아 출신인 톱모델 수잔 그레가드와 결혼했다가 8개월 만에 이혼한 경험이 있는데 그때 수잔에게 준 위자료는 2백만 달러였다. 그런 후로 도디는 런던의 자기 호화주택에서 초호화판 파티를 개최하고는 유명인사를 초치하여 사교계의 명사로 떠오르기 시작했다.

　도디는 런던에서만 호화판 파티를 연 것이 아니다. 뉴욕, 로스앤젤레스의 자기 저택과 별장에서, 그리고 아버지 소유인 파리의 리츠 호텔 등지에서도 유명인사들을 초대하여 파티를 열었다.

　그러는 사이에 도디도 숱한 염문을 뿌렸다. 옐로 페이퍼에 오르내린 유명한 여인들이 한둘이 아니다. 줄리아 로버츠, 티나 시나트라, 브리트 에틀란드, 위노나 라이더, 샤를롯 루이스, 발레리 페린, 쿠 스타크, 브룩 실즈…… 등등 셀 수 없을 만큼 많았다.

　이러한 도디의 과거를 다이애나는 속속들이 다 알 수 있었다. 그러나 그런 것은 문제가 되지 않았다. 과거사는 과거사이며 현재의 도디가 자신을 사랑해 주면 되는 것이고, 자기가 도디를 사랑하면 되는 것이다.

　다이애나는 도디가 그 많은 재산으로 자신의 자선사업을 돕겠다는 데 현혹된 것은 아니다. 그녀는 진정으로 도디를 사랑했다.

　'그라면 내 여생을 맡길 수 있겠어. 그는 나를 이해해 줄 것이고 행복하게 해줄 거야.'

　다이애나는 조용히 앉아서 지금 이 시점에서의 자기 자신을 곰곰이 생각해 보았다. 물론 도디도 자기 인생에 곁들여 가면서…….

　다이애나로서는 어쩌면 도디의 아버지인 모하메드의 생각과 비슷한 생각을 하고 있었는지도 모른다. 날로 푸대접하는 영국 왕실에 대한 복수심의 일환으로 도디를 선택하려고 했는지도 모른다. 그러나 그보다 앞서 도디를 사랑하고 있었던 것은 분명하다.

　그런 도디가 다이애나에게,

"이번 여름 휴가는 생 트로페즈에서 함께 즐기도록 하지요?"
라고 제안해 온 것은 8월 초순——.

"생각해 보겠습니다."

다이애나는 생긋 웃으면서 대답했다. 그리고 8월 중순, 그들은 프랑스 남부의 휴양지인 생 트로페즈로 향했다. 두 사람은 기자들을 따돌리기 위해 철저히 변장을 했고 각각 출발하여 약속한 장소에서 만났다. 그들은 지중해의 쪽빛 바다 위에 호화판 요트를 띄우고 사랑을 불태웠다. 창공에서 이글거리는 태양만큼이나 뜨거운 사랑을 마음껏 불태웠다. 살갗도 타고 가슴도 타고 입술도 타오른다. 그들은 진한 입맞춤으로 타는 입술을 적셨다.

파파라치(paparazzi)가 그들의 밀애 장면을 카메라에 담은 것은 바로 이때이다. 그리하여 그들의 애정행각이 옐로 페이퍼를 장식했다.

파파라치——. 우리에게는 '자유 사진사' 또는 '프리랜서 사진 기자' 등으로 번역 소개된 이 단어는 이탈리아어이며 파파라초(paparazzo)는 파파라치의 단수형(單數形)이다.

파파라치는 유명인사들의 뒤를 따라다니면서 사진을 찍는 사람들이다. 특히 가십이 될 만한 스캔들 장면을 찍는다. 그들은 왜 이런 사진을 찍는 데 몰두하는 것일까?

한마디로 큰 돈이 될 수 있기 때문이다. 유명인사들의 사생활을 전문적으로 파헤쳐서 보도하는 옐로 페이퍼들이 앞다투어 파파라치가 찍은 사진을 비싼 값에 사들인다. 어떤 사진은 한 컷에 수억 원대를 받기도 한다. 그러니 그들은 목숨을 내걸고 유명인사의 뒤를 추적하고 며칠씩 잠복하며 중요한(?) 장면을 찍으려고 필사적일 수밖에 없다.

원래 이 파파라초란 말의 어원은 타계한 이탈리아의 명감독 페데리코 펠리니가 만들어냈다. 펠리니 감독은 그의 대표작 가운데 하나인 〈달콤한 인생(라돌체 비차)〉이란 영화를 1960년도에 감독했는데, 그 내용은 영화계와 상류사회를 기웃거리는 사진 기자의 생활을 그린 것이다. 그 영화 속에서 상류사회 여인들과 놀아나는 바람둥이 기자 역을 당시의 명배우 마르첼로 마스트로얀니가 연기했는데 그들을 추적하고 다니는 사진 기자 이름이 파파라초였다. 그 이후 이런 부류의 사진 기자를 가리켜 파파라초라고 부르게 되었다.

그야 어쨌든 간에 파파라치는 다이애나와 도디의 요트 속 밀애장면을 찍었고, 그 사진을 영국의 〈선데이 미러〉지에 2만 파운드(약 3억 6천만 원)에 팔았으며, 그밖에도 여러 옐로 페이퍼에 이 사진을 팔아서 2백여만 달러나 벌어들였다.

파파라치에게 밀애장면을 들킨 다이애나와 도디는 몹시 불쾌했다. 그러나 그들을 제재할 법률이 없는 이상, 그리고 자기네들이 떳떳한 사이가 아닌 이상 그들을 피하는 수밖에 없다. 유명세를 치른 것으로 간주할 수밖에 없는 처지였다.

그들은 가급적 바다에 나가지 않고 호텔 안에 있으면서 장래를 설계했다. 거창한 결혼식을 거행하고 조용히 허니문을 보낸 다음, 영국 런던을 근거지로 하되, 온세계에 영향력을 끼치는 사업계획을 구상했다. 그 가운데는 물론 다이애나의 자선사업도 포함되어 있었고, 그 든든한 후원자가 되어 줄 것을 도디는 몇번이고 맹세했다.

그리고 런던으로 돌아가기 위해 8월 30일 오후, 파리로 돌아왔다. 그들은 곧 리츠 호텔로 들어갔고 그곳에서 저녁 식사를 했다.

식사를 하기 전에 우선 와인을 한 잔씩 따라놓았다. 도디는 이 자리에서 준비했던 반지를 다이애나에게 끼워주었다. '디 무아 위(나에게 예라고 말해 줘요)'란 이름이 붙은 약혼반지 세트의 일부분으로서 다이아몬드 반지이다. 시가로 20만 5,400달러(약 1억 8천만 원)를 호가하는 고급 반지이다. 다이애나는 도디를 바라보며 미소를 머금었다.

식사를 끝내자 도디는 디저트를 들면서 다이애나에게 말했다.

"일단 내 아파트로 갔다가 그곳에서 런던으로 출발하지요."

다이애나가 돌연 겁먹은 눈으로 도디를 응시했다.

"파파라초들이 밖에서 우리가 나오기를 기다리고 있지 않을까요?"

생 트로페즈에서 파리까지는 용케도 그들을 따돌리고 온 터다. 그러나 다이애나의 스케줄을 꿰뚫고 있는 파파라치는 다이애나가 오늘쯤 리츠 호텔로 왔다가 런던으로 갈 것이고, 9월 1일 캐나다 오슬로에서 개최되는 '개인지뢰 금지를 위한 국제회의'에 참석하기 위해 캐나다로 떠난다는 것까지도 환히 알고 있을 것이다.

파파라치는 도처에 정보망을 가지고 있기 때문에 그 정도쯤 알고 있는 것은 기본이다. 그래서 다이애나는 걱정을 하고 있는 것이다.

"따돌려야지요. 그들이 호텔 밖에서 진을 치고 있다면 무슨 수를 쓰더라도 우리가 그들을 따돌리면 됩니다."

도디가 자신있게 말했다.

"어떻게요?"

"내게 맡겨 주십시오. 그 정도의 일이라면 얼마든지 해낼 수 있습니다."

도디는 호텔 전속 운전사들을 불러놓고 말했다.

"장, 자네는 내가 신호를 하거든 밖에 나가서 내 리무진을 몰고 루브르 박물관 쪽으로 달리게. 그리고 샘, 자네도 호텔 VIP 전용차를 몰고 그 뒤를 따라갔다가 개선문 쪽으로 가는 거야. 무슨 말인지 알겠지?"

"예."

도디의 승용차는 리무진. 운전사는 장이었다. 도디는 이렇게 해서 파파라치를 따돌리려고 했던 것이다.

그런 다음 도디는 벤츠 S-280을 렌트했고, 앙리 폴에게 직접 전화를 걸었다. 전화를 받은 폴이 허겁지겁 달려왔다.

"이 밤중에 무슨 일로 갑자기 부르셨습니까?"
폴은 충혈된 눈을 번득이며 도디에게 물었다.
"수고 좀 해줘야겠소. 실은……."
도디는 폴에게 중요임무를 명했다. 그러나 도디는 폴이 잔뜩 취해 있다는 것을 확인하지는 못했다.

폴은 이 리츠 호텔에서 경호차장으로 일하고 있는 경호의 베테랑이다. 공정대 대위 출신인 폴은 1990~1991년 사이, 독일 호켄하임에서 극도의 위기 상황 속에 있는 요인을 운송하기 위한 특수훈련을 받은 일도 있었다. 그는 파예드 가(家)의 자가용 비행기를 정규적으로 조종해 오기도 했다.

폴은 파예드 가문의 계승자인 도디가 자신을 인정해 주는 것이 기뻤다. 그래서 신바람이 난 그는 차렷자세로 허리를 굽실거리면서,
"예, 알겠습니다. 걱정마십시오."
라고 자신있게 대답했다.

그날 폴은 정시에 퇴근했고, 친구들과 어울려 기울인 술이 위스키로 다섯 잔이었다. 그리고 집에 돌아와서는 맥주 두 병을 마시고 막 잠자리에 들었다가 도디의 급한 전화를 받고 달려나온 터다. 만취상태라 할 수 있을 정도인 것이다.

다이애나가 핸드백을 집어들며 일어섰다. 도디도 따라 일어났다.

도디가 장 등에게 눈짓을 한 것은 밤 11시 30분경——. 운전사들은 고개를 끄덕이며 나갔고, 호텔 현관 앞에 세워둔 차에 올라 시동을 걸었다. 도디와 다이애나로 변장한 남녀 한 쌍이 도디의 차인 리무진에 탄 것은 물론 파파라치를 따돌리기 위함이다. 샘이 모는 차에도 변장한 남녀가 탔다. 그들은 루브르 박물관 쪽과 개선문 쪽을 향하여 10분 간격으로 출발했다.

그런 다음 진짜 도디와 다이애나는 경호원 리스 존스와 함께 벤츠

S-280에 다가갔고, 그 차에는 폴이 이미 올라타 시동을 걸고 있었다. 리스 존스가 다이애나를 위해 차 뒷문을 열어 주려는 순간, 카메라 플래시가 터졌다. 다이애나 바로 뒤를 따르던 도디는 도끼눈을 뜨고 노려보았다. 파파라치였다.

한참을 노려보던 도디는 다이애나의 뒤를 따라 뒷좌석에 앉았다. 경호원 리스 존스는 문을 닫고 앞좌석에 앉으면서 안전벨트를 조여맸다.

"알마교로 빠져서 우리집으로!"

도디가 볼멘소리로 명령했다.

"예! 알겠습니다!"

폴이 악셀을 서서히 밟았고 차는 미끄러지듯이 호텔에서 빠져나갔다. 그러자 뒤에서 오토바이 소리가 요란하게 들려왔다. 이어 7대의 오토바이가 마치 레이스를 벌이듯 도디가 탄 차를 전후좌우에서 따라붙었다.

"자신 있으면 따라오라지. 좋다, 따라잡아봐!"

폴이 중얼거렸다. 술은 때로 만용을 부르는 법이다. 폴은 취한 터라 겁이 나지 않았고 또 도디로부터 인정을 받았다는 생각에 그 만용은 더했다. 그는 좌우를 돌아보며, 또 중얼거렸다.

"헛수고 말아. 우리를 따라잡을 생각은 아예 하지 말라구!"

차는 콩코드 광장 북쪽 도로를 질주하다가 좌회전하여 센 강 쪽으로 달렸다. 속도계기판의 바늘이 춤을 추며 120을 가리키다가 150, 160…… 점점 돌아갔다. 파파라치의 오토바이가 내는 굉음이 귀를 때렸다.

차는 다시 우회전을 하여 센 강 북쪽 강변로를 바람처럼 달렸고 알마교 바로 앞 교차로의 지하터널로 접어들었다. 이 지하도를 빠져나가야 알마교를 건널 수 있다.

자동차가 급하게 좌회전하자 귀를 찢을 것 같은 마찰음이 났고, 다이애나의 몸은 도디의 가슴에 던져졌다. 그리고 바로 그 순간, 차는 지하도의 중앙분리대를 받았고 튕겨나가 콘크리트 터널 벽에 충돌했다.
"쾅! 쾅!"
보닛에서는 연기와 김이 솟아올랐고 사방은 먼지가 자욱했다.
운전하던 폴과 뒷좌석의 도디는 그 자리에서 즉사했다. 다이애나와 경호원은 중상을 입은 채 신음했다. 파파라치도 오토바이를 급정지시켰다. 그들은 휴지조각처럼 구겨진 자동차에 카메라를 들이댔고, 피투성이가 된 사상자들까지 마구 찍어댔다. 이때가 31일 0시 35분경이었다.
경찰차가 달려온 것은 한참 후였다. 경찰과 의사가 중상을 입은 다이애나와 에어백 덕택에 목숨을 겨우 건진 경호원 리스 존스를 라 피티에 살페트리에르 병원으로 급송하면서 응급치료를 시작한 것이 2시쯤이었다. 그녀가 의사에게 마지막으로 한 말은,
"나를…… 홀로…… 내버려 둬요."
였다. 그리고 다이애나는 흉부 과다출혈로 4시쯤 영원히 세상을 떠나고 말았다.
파리 경찰청에서는 7명의 파파라치를 현장에서 체포하고 '사생활보호권'과 '긴급 구난 방치' 혐의로 철저한 조사에 들어갔다.
현장에 달려온 모하메드 파예드는 아들 도디의 시신을 수습하여 그날 오후 런던으로 운구했고, 리젠트 파크에 위치한 이슬람 사원에서 25분간의 약식 장례식을 치른 다음 곧바로 서리주 브룩우드 묘지에 안장했다.
그날, 왕실 휴양지인 스코틀랜드 발모럴 성에서 이 비보를 접한 찰스 왕세자는 두 아들 윌리엄과 해리를 불러놓고 엄마의 타계를 알려주었다.
찰스의 충격도 컸지만 윌리엄과 해리가 받은 충격은 너무너무 컸다.
"엄마는 어제 전화를 했었어요. 오늘은 켄싱턴 궁에 오셔서 우리와

함께 지내시겠다구요."

윌리엄은 엄마의 죽음을 믿을 수 없다는 듯 고개를 가로저었다. 해리는 소리내어 통곡했다. 그러는 해리를 아버지 찰스보다도 형 윌리엄이 달래느라 더 애썼다.

찰스는 가까운 교회로 두 아들을 데리고 가서 다이애나의 영혼을 위해 기도했다.

외신을 타고 다이애나의 변사(變死)가 전해지자, 교황 요한 바오로 2세, 유엔 사무총장 코피 아난을 비롯, 클린턴 미국 대통령, 넬슨 만델라 남아프리카공화국 대통령, 자크 시라크 프랑스 대통령, 테레사 수녀…… 등등 세계 각국의 정상들이 엘리자베스 여왕에게 조위 전문을 쳤다. 그들은,

'헌신적인 인류사랑을 실천했던 다이애나 왕세자비……'
'훌륭한 친선 대사를 우리는 잃었다.'
'다이애나는 전세계의 지뢰 희생자들과 전쟁고아, 환자, 약자들을 위한 사절이었다.'

등등 다이애나를 추모하는 뜻을 전했다.

영국에서는 웨스트민스터 의사당을 비롯해 주요 건물마다 반기(半旗)를 게양하여 다이애나 왕세자비의 죽음을 애도했고, 켄싱턴 궁 앞에는 밤낮을 가리지 않고 손에손에 꽃다발을 들고 찾아드는 조문객이 끊이지 않았다. 또 영국의 모든 텔레비전과 라디오 방송은 광고를 중단하고 뉴스 속보와 추모 음악을 내보냈다.

그날 오후 찰스 왕세자는 파리로 달려갔고 다이애나의 시신을 수습하여 런던으로 돌아왔다. 다이애나의 시신은 런던 교외 억스브리지 노스올트에 임시로 안치되었다가 세인트 제임스 궁 안의 교회로 옮겨졌다.

영국 왕실에서는 다이애나의 장례를 국장(國葬)에 준한 장례식으로

치른다고 발표했다. 이혼한 왕세자비이므로 장례식의 격식에도 문제가 많았던 것이다. 장례식은 9월 6일로 정해졌다.

1주일 내내 런던에 밤낮으로 모여들어 추모하던 영국 국민들의 수는 수백만 명을 웃돌았다. 그들 중에는 길가에서 아예 밤샘을 하는 사람도 많았다. 정부에서는 각 지방에서 런던까지 임시열차를 운행해야 할 정도였다. 그토록 많은 추모인파가 몰리자 왕실도 깜짝 놀랐다. 군중들은,

"우리 마음속의 세자비 다이애나의 죽음에 대해 왕실은 어째서 냉담한가?"

라며 항의했다. 침묵을 지키고 있던 엘리자베스 여왕은 이례적으로 다이애나 사거(死去)에 대한 애도사를 발표했고, 4일에는 필립 공과 함께 찰스 왕세자, 두 왕손을 대동하고 발모럴 궁 정문 앞에 나가서 국민들이 바친 조화를 어루만지며 다이애나의 죽음에 관심이 있음을 나타내 보였다.

그리고 대변인을 통해 성명을 발표하여 버킹엄 궁에 유니언 잭을 조기로 내걸어 조의를 표한다는 조처도 취했다. 버킹엄 궁에서는 엘리자베스 여왕이 있지 않을 경우 여왕기만을 게양하는 것이 관례였던 것이다.

같은 날, 4일에는 크라이스교구 교회에서 다이애나 세자비 추모 예배가 있었다. 엘리자베스 여왕을 비롯한 왕실들은 이 예배에 참석했다.

장례식은 9월 6일──. 세인트 제임스 궁에 안치되어 있던 다이애나의 유해는 5일 밤에 그녀가 15년 간 살았던 켄싱턴 궁으로 옮겨졌다.

그리고 9월 6일 오전 9시 8분. 붉은 바탕의 왕실 문장이 덮이고 그 위에 하얀 백합꽃과 장미, 튤립 등이 장식된 다이애나의 관은 화포(火砲)를 끄는 포가(砲架) 위에 얹혀졌고 6마리의 말에 이끌려 켄싱턴 궁 석주문(石柱門)을 나섰다.

전후좌우에서는 왕실 근위대들이 말을 타고, 또는 도보로 호위하며 따랐다. 이날 포가를 끄는 말과 근위병이 탄 말은 1주일 전부터 특별 훈련을 받았다. 연도에 몰려든 추모객들이 던지는 꽃송이에도 놀라지 않도록 훈련을 시킨 것이다.

　그러나 켄싱턴 궁에서 장례식장인 웨스트민스터 성당까지의 거리에 운집한 수백만 인파가 손에손에 든 꽃송이를 다이애나의 관에 던지자 훈련받은 말들도 그만 놀라서 머리를 마구 흔들어댔다.

　왕실에서는 당초의 운구 행진 코스를 3배로 늘려, 운집한 추모인파에게 운구 행렬을 볼 수 있도록 배려했다. 1.23km에 이르는 운구 코스 연도에는 애도 인파가 말 그대로 인산인해를 이루었고, 그들은 눈시울을 붉히며 다이애나의 마지막 길을 지켜보았다.

　켄싱턴 궁을 나온 운구 행렬은 동남쪽으로 방향을 틀어, 팰리스 애비뉴—켄싱턴 하이스트리트—앨버트 메모리얼—하이드 파크 코너—콘스티튜션 힐을 거쳐 버킹엄 궁에 이르렀다. 그러자 엘리자베스 여왕을 비롯 왕실들이 나와서 다이애나에게 조의를 표했다.

　그리고 다시 운구 행렬이 세인트 제임스 공원에 당도했을 때 찰스 왕세자와 두 아들, 다이애나의 동생인 스펜서 백작 등이 대기하고 있다가 다이애나의 뒤를 따랐고, 이어서 다이애나가 생전에 음으로 양으로 관여했던 110개 자선단체의 대표 550명이 뒤를 따랐다.

　운구 행렬은 계속해서 말 가(街)—호스가드 아치를 지나 관청들이 즐비하게 들어서 있는 화이트홀과 무명용사비—웨스트민스터 성당이 있는 의회 광장을 거쳐 11시 정각에 웨스트민스터 성당에 도착했다.

　웨스트민스터 성당의 웨슬리 카 주임신부가 다이애나의 유해를 영접하여 성당 중앙에 안치했고 기도를 드림으로써 장례식은 시작되었다. 이어서 다이애나의 두 언니 사라와 제인의 추모시 낭독이 있었고 토니 블레이 수상이 성경을 봉독했다. 그는 차분한 목소리로,

"내가 사람의 방언과 천사의 말을 할지라도 사랑이 없으면 소리나는 구리와 울리는 꽹과리가 되고…… 그런즉 믿음, 소망, 사랑, 이 세 가지는 항상 있을 것인데 그 중에 제일은 사랑이라."
라며 《신약성경》〈고린도전서〉 13장을 읽어나갔다. 그 다음에는 다이애나의 동생 스펜서 백작의 헌사(獻辭)가 이어졌으며 캔터베리 대주교의 설교로 장례식은 절정을 이루었다.

이어서 소프라노 린 도슨이 BBC 방송 합창단과 함께 베르디의 진혼곡을 불렀고, 다이애나와 친구 사이였던 팝가수 엘튼 존이 다이애나를 추모하는 노래〈안녕, 영국의 장미여〉를 부르기 위해 피아노 앞에 앉았다. 자그마한 키의 엘튼 존은 50세 나이에 비해 너무 젊어 보였다. 그는 스스로 피아노 반주를 해가면서 열창했다. 이날 장례식에 참석한 2천여 명의 조객들은 하나같이 숙연한 자세로 엘튼 존의 노래에 귀를 기울였다.

영국의 장미여, 안녕.
당신은 우리 마음에 영원히 피어날 겁니다.
당신은 생명이 갈갈이 찢긴 곳에 놓인 우아함 그 자체였습니다.
당신은 우리 조국을 소리쳐 구해냈고
고통에 빠진 사람들에게 속삭여 줬습니다.
이제 당신은 천국에 계시고
별들은 당신의 이름을 수놓고 있습니다.

당신은 바람 속의 촛불처럼 사라졌습니다.
비가 몰려와도 해가 저물어도 꺼지지 않는
당신의 발은 항상 여기에 머무를 것입니다.
영국의 가장 푸르른 언덕과 함께

당신의 촛불은 오래 전에 꺼졌으나
당신의 전설은 영원할 것입니다.

우리가 잃어버린 사랑스러움.
당신의 미소가 없는 날들은 공허하기만 합니다.
우리는 이 횃불을 계속 운반해 갈 것입니다.
우리나라의 황금빛 아이를 위해
우리가 아무리 참으려 해도
진실은 우리를 눈물 속으로 데려갑니다.
수많은 세월 동안 당신이 가져다준 기쁨을 어떤 말로도 표현할 수가 없습니다.

영국의 장미여, 안녕.
당신의 영혼을 잃은 이 땅에서 우리는 당신의 연민의 날개들을
당신이 생각했던 것보다 훨씬 더 그리워할 것입니다.

이 노래는 1973년 엘튼 존이 발표한 〈바람 곁의 촛불(Candle In The Wind)〉로, 여배우 마릴린 먼로에게 바친 노래였다. 그는 '안녕 노마 진(먼로의 본명)'으로 시작되는 원래 가사를 다이애나를 위해 완전히 개사해서 불렀다. 이제는 멀리 떠나 자신의 마음속에 남아 있을 뿐인 '영원한 여왕' 다이애나를 아마 똑같은 아픔을 느낄 것인 영국 국민에게 전하고 싶은 메시지였을 것이다. 그리고 사랑하던 친구에게 고하는 작별인사이기도 했을 것이다.

전세계 20억 인구가 텔레비전 중계를 지켜보았고, 런던 시내 한복판에 위치한 하이드 파크에 설치된 대형 텔레비전 스크린 3대를 5만여 명의 일반 조객들이 지켜보며 다이애나의 명복을 비는 가운데 장례식

은 무사히 끝났다.

　운구 행렬은 자동차 편으로 웨스트민스터 성당을 떠나 런던 북쪽 노샘프턴셔 그레이트 브링턴 앨소프로 향했다. 그리고 스펜서 집안 소유의 옛 교회당 터에서 간단한 예배를 드린 다음 다이애나의 시신은 스펜서 가족 묘지에 안장됐다.

　36세의 짧은 생애 속에서 파란만장한 인생의 고비고비를 넘으며 영원한 사랑을 심어 주었던 다이애나는 그곳에 영원히 잠든 것이다. 그리고 영국 국민의 가슴속에는 다이애나가 '영원한 왕비'로 남게 되었고——.

편자
●
정규상
학력 및 경력
1946년 경북 달성에서 태어남
경북대학교 문리대 사회과 졸업
계몽사 편집과장・어깨동무사 편집차장・
소년경향 편집차장・경향신문사 편집차장 역임
저서
《이야기 속담》《이야기 대학 중용》
《사랑어 사전》

비운의 왕세자비 다이애나

初版 印刷●1997年 9月 25日	
初版 發行●1997年 10月 1日	
編 者●정 규 상	
發行者●金 東 求	
發行處●明 文 堂	

서울특별시 종로구 안국동 17~8
대체 010041-31-0516013
전화 (영) 733-3039, 734-4798
      (편) 733-4748
FAX 734-9209
등록 1977. 11. 19. 제1~148호

● 낙장 및 파본은 교환해 드립니다.

값 7,000원
ISBN 89-7270-562-4 03990